L'autore

Aurelio Agostino d'Ippona (latino: Aurelius Augustinus Hipponensis; Tagaste, 13 novembre 354 – Ippona, 28 agosto 430) è stato un filosofo,vescovo e teologo latino.

Padre, dottore e santo della Chiesa cattolica, dove è conosciuto semplicemente come sant'Agostino, è detto anche Doctor Gratiae ("Dottore della Grazia"). Secondo Antonio Livi, filosofo, editore e saggista italiano di orientamento cattolico, è stato «il massimo pensatore cristiano del primo millennio e certamente anche uno dei più grandi geni dell'umanità in assoluto».

Agostino ha ritenuto che tutto l'universo è stato creato da Dio allo stesso tempo, e non in sette giorni di calendario come un normale conto della Genesi richiederebbe. Egli ha sostenuto che i sei giorni della creazione struttura presentata nel libro della Genesi rappresenta un quadro logico , piuttosto che il passare del tempo in modo fisico - che dovrebbe sostenere un spirituale, piuttosto che fisica, significato, che non è meno letterale

Agostino insegnava che il peccato originale di Adamo ed Eva era o un atto di follia (insipientia) seguito da orgoglio e disobbedienza a Dio o il contrario: l'orgoglio è venuto prima. La prima coppia disobbedito a Dio, che li aveva detto di non mangiare l' albero della conoscenza del bene e del male (Gn 2,17). L'albero era il simbolo dell'ordine della creazione. L'egocentrismo ha fatto Adamo ed Eva mangiano di esso, non ha quindi considerato riconoscere e rispettare il mondo è stato creato da Dio, con la sua gerarchia degli esseri e dei valori. Essi non sarebbe caduto in orgoglio e la mancanza di saggezza, se Satana non aveva seminato nei loro sensi "la radice del male" (radix Mali). La loro natura è stato ferito dalla concupiscenza o di libido , che ha colpito l'intelligenza e la volontà umane, così come gli affetti e desideri, tra cui il desiderio sessuale. In termini di metafisica , concupiscenza non è una qualità, ma essere cattivo, il privazione di bene o di una ferita.

GENESI ALLA LETTERA

Agostino d'Ippona

LIBRO PUBBLICATO DA LIMOVIA.NET

TWITTER: @EBOOKLIMOVIA

ISBN: 978-1-78336-233-2

E Dio disse: «Facciamo l'uomo a nostra immagine, a nostra somiglianza, e domini sui pesci del mare e sugli uccelli del cielo, sul bestiame, su tutte le bestie selvatiche e su tutti i rettili che strisciano sulla terra».

Genesi 1: 26

Indice dei libri

LIBRO PRIMO...7

LIBRO SECONDO..37

LIBRO TERZO...68

LIBRO QUARTO..98

LIBRO QUINTO...144

LIBRO SESTO..178

LIBRO SETTIMO...210

LIBRO OTTAVO..240

LIBRO NONO..280

LIBRO DECIMO..308

LIBRO UNDECIMO...348

LIBRO DODICESIMO...394

LIBRO INCOMPIUTO...450

LIBRO PRIMO

Senso letterale e senso figurato nella sacra Scrittura.

1. 1. La sacra Scrittura nel suo complesso è divisa in due parti, come indica il Signore quando afferma che uno scriba istruito nelle cose del Regno di Dio è come un padre di famiglia che trae fuori dal suo tesoro cose nuove e cose antiche 1, come si chiamano anche i due Testamenti. In tutti i Libri sacri si devono poi distinguere le verità eterne che vi sono inculcate e i fatti che vi sono narrati, gli eventi futuri che vi sono predetti, le azioni che ci si comanda o consiglia di compiere. Rispetto dunque al racconto dei fatti sorge la questione se tutto dev'essere inteso in senso figurato oppure si deve affermare e sostenere anche l'autenticità dei fatti attestati. Poiché nessun cristiano oserà affermare che nessun passo [della Scrittura] dev'essere inteso in senso figurato qualora consideri attentamente le parole dell'Apostolo: Tutte queste cose però accaddero loro in figura 2, e ciò che sta scritto nella Genesi: E saranno due in una sola carne 3, ch'egli dichiara essere una gran verità misteriosa in rapporto a Cristo e alla Chiesa 4.

Significato di "principio", "cielo e terra".

1. 2. Se dunque la Scrittura dev'essere interpretata in entrambi i predetti sensi, in qual senso, all'infuori di quello allegorico, è stato detto: Nel principio Dio creò il cielo e la terra 5? Forse "all'inizio del tempo" o perché furono fatti "prima di tutte le cose" oppure "nel Principio, ch'è il Verbo di Dio, suo unico Figlio"? Inoltre, in qual modo potrebbe dimostrarsi che Dio crea esseri mutevoli e temporali senza subire alcun mutamento di se stesso? E che cosa potrebbe essere indicato con le parole "cielo" e "terra"? Ha forse il nome di "cielo e terra" la creatura spirituale e corporale o soltanto quella corporale? Bisognerebbe allora pensare che la Scrittura in questo libro ha passato sotto silenzio la creatura spirituale e ha usato

l'espressione cielo e terra per indicare l'insieme delle creature corporali, sia quelle superiori che quelle inferiori? O forse è stata chiamata "cielo e terra" la materia informe delle une e delle altre creature: cioè da una parte la vita spirituale, quale può essere in sé prima di volgersi verso il Creatore - proprio grazie a questo suo volgersi verso il Creatore essa viene formata e resa perfetta, ma rimane informe se non si volge verso di Lui -; da un'altra parte la vita corporale, se fosse possibile concepirla interamente priva delle proprietà corporee che appaiono nella materia formata, quando i corpi hanno già le forme specifiche percettibili con la vista o con un altro senso.

Che significa "cielo e terra".

1. 3. Oppure per "cielo" si deve intendere forse la creatura spirituale, perfetta e beata per sempre fin dal primo istante della sua creazione, per "terra" al contrario la materia corporea ancora imperfetta? Infatti la terra - è detto - era invisibile e confusa e le tenebre erano sopra l'abisso 6, parole con cui [la Scrittura] sembra indicare lo stato informe della sostanza corporea. O forse con queste ultime parole della frase viene indicato anche lo stato informe di entrambe le creature, cioè della corporea, per il fatto ch'è detto: La terra era invisibile e confusa; di quella spirituale, invece, per il fatto ch'è detto: Le tenebre erano sopra l'abisso? In questo caso, l'abisso tenebroso sarebbe un'espressione metaforica per denotare la natura della vita ch'è informe, se non si volge verso il Creatore, poiché solo in questo modo può assumere la forma per cessare d'essere abisso, e può venire illuminata per cessare d'essere tenebrosa. Inoltre, in qual senso è detto: Le tenebre erano sopra l'abisso? Forse perché non c'era ancora la luce? Poiché, se la luce fosse esistita, sarebbe stata sopra l'abisso e, per così dire, diffusa sulla sua superficie: ciò avviene nella creatura spirituale quando si volge alla luce immutabile e incorporea che è Dio.

Creazione della luce.

2. 4. Inoltre, in qual modo Dio disse: Vi sia la luce 7? Nel tempo o nell'eternità del Verbo? Ma se lo disse nel tempo, lo disse anche nel mutamento. In qual modo, allora, si potrebbe pensare che Dio pronunci questa frase se non mediante una creatura? Egli infatti è immutabile. Ma se Dio disse: Vi sia la luce mediante una creatura, in qual modo la luce sarebbe la prima creatura, se già esisteva un'altra creatura per mezzo della quale Dio potesse dire: Vi sia la luce? O forse la luce non sarebbe la prima creatura poiché era già stato detto: Nel principio Dio creò il cielo e la terra 8? Inoltre, si sarebbe potuto pronunciare l'ordine: Vi sia la luce mediante una creatura celeste nel tempo e nel mutamento? Se la cosa sta così, questa luce fisica che noi vediamo con gli occhi del corpo, Dio l'ha fatta dicendo: Vi sia la luce mediante una creatura spirituale, creata già prima da lui quando nel principio creò il cielo e la terra, in modo che, in virtù d'un interno e misterioso impulso di tale creatura impressole da Dio, questi avrebbe potuto dire: Vi sia la luce?

La voce di Dio nel creare la luce.

2. 5. O forse la voce di Dio risonò anche materialmente allorché disse: Vi sia la luce, allo stesso modo che risonò materialmente la voce di Dio quando disse: Tu sei il Figlio mio prediletto 9? E ciò [avvenne forse] per mezzo d'una creatura fisica che Dio avrebbe creata quando nel principio creò il cielo e la terra, prima che vi fosse la luce, che fu creata quando risonò questa voce? Ma se la cosa sta così, in quale lingua risonò questa voce allorché Dio disse: Vi sia la luce, dato che non c'era ancora la diversità delle lingue avvenuta in seguito durante la costruzione della torre dopo il diluvio 10? Qual era quell'unica e sola lingua, in cui Dio pronunziò: Vi sia la luce? E chi era colui al quale potesse una tale parola esser rivolta e che avrebbe dovuto ascoltarla e capirla? O non è forse, questa, un'idea e un'ipotesi illogica e carnale?

La voce di Dio e il Verbo di Dio nel creare la luce.

2. 6. Che diremo dunque? Conviene forse che per "voce di Dio" s'intenda il senso espresso dalla voce che dice: Vi sia la luce? e non lo stesso suono materiale? Inoltre la stessa voce non appartiene forse alla natura del suo Verbo di cui è detto: In principio era il Verbo e il Verbo era presso Dio, e il Verbo era Dio 11? Quando infatti la Scrittura afferma che: Tutto è stato fatto per mezzo di Lui 12, dimostra assai chiaramente che anche la luce fu fatta per mezzo di Lui, allorché Dio disse: Vi sia la luce. Se la cosa sta così, la parola: Vi sia la luce, detta da Dio, è eterna, poiché il Verbo di Dio, Dio in Dio, Figlio unico di Dio, è coeterno col Padre, sebbene la creatura, fatta per mezzo di quella Parola di Dio pronunciata nel suo Verbo eterno, sia temporale. Anche se, quando noi diciamo "quando" e "un giorno", queste sono parole relative al tempo, tuttavia, nel Verbo di Dio, è fissato dall'eternità "quando" una cosa dev'esser fatta e viene fatta "allorquando" è fissato che si sarebbe dovuta fare per mezzo del Verbo, in cui non c'è né "quando" né "un giorno" poiché il Verbo è il "Tutto eterno".

Natura della luce creata da Dio.

3. 7. Ma cos'è propriamente la luce che fu creata? È forse qualcosa di spirituale o di materiale? Se infatti è spirituale, essa potrebbe essere la prima creatura resa ormai perfetta da questa Parola, mentre dapprima fu chiamata "cielo", quando fu detto: Nel principio Dio creò il cielo e la terra 13. In tal modo le parole: Dio disse: Vi sia la luce. E vi fu la luce 14, potrebbero essere intese nel senso che si volse verso di Lui e fu illuminata nel momento in cui il Creatore la richiamò a sé.

Forse Dio creò "dicendo" nel suo Verbo?

3. 8. E perché mai la Scrittura dice: Nel principio Dio creò il cielo e la terra e non: "Nel principio Dio disse: "Vi sia il cielo e la terra"? " E vi furono il cielo e la terra", allo stesso modo ch'è narrato a

proposito della luce: Dio disse: Vi sia la luce. E vi fu la luce? Forse che prima con l'espressione "cielo e terra" bisognava abbracciare e affermare genericamente ciò che Dio aveva fatto e di poi spiegare in particolare come lo aveva fatto, dicendo per ogni creazione: Dio disse, nel senso che tutto ciò che Dio fece lo fece mediante il suo Verbo?

Come vien creata la creatura informe.

4. 9. O forse non era conveniente usare l'espressione: Dio disse: Vi sia... nell'atto che veniva creata la materia informe, tanto la spirituale quanto la corporale, poiché l'imperfezione non imita la forma del Verbo sempre unito al Padre, cioè del Verbo per mezzo del quale Dio chiama eternamente all'esistenza tutte le cose, non con il far risonare delle parole, né mediante il pensiero che si svolge nella durata delle parole pronunciate, ma in virtù della luce della Sapienza da lui generata e a lui coeterna? Essendo dissimile da chi "è" in sommo grado e in modo originario, la materia, per una sorta d'informità, tende verso il nulla; [la creatura] invece imita la forma del Verbo sempre e immutabilmente unita al Padre, quando anch'essa col volgersi, in modo proporzionato al suo genere, verso Chi è veramente ed eternamente, cioè verso il Creatore della propria sostanza, ne riceve la somiglianza e diventa perfetta? In tal modo quanto narra la Scrittura: E Dio disse: Vi sia... potremmo intenderlo come la parola incorporea di Dio emanante dalla natura del suo Verbo coeterno, che richiama a sé la creatura ancora imperfetta affinché non resti informe ma riceva la forma adatta a ciascuno degli esseri che la Scrittura espone successivamente. Per via di questa conversione e formazione ciascuna creatura, secondo la propria capacità, imita il Verbo di Dio, ossia il Figlio di Dio sempre unito al Padre in virtù della sua piena somiglianza e dell'uguale essenza per cui egli e il Padre sono uno 15, ma non imita questa forma del Verbo se, allontanandosi dal Creatore, resta informe ed imperfetta; per questo motivo il Figlio è ricordato non perché Verbo ma solo perché principio quando è detto: Nel principio Dio creò il cielo e la terra 16;

poiché viene indicato l'esordio della creatura nello stato informe dell'imperfezione. Del Figlio invece, in quanto è anche il Verbo, si fa menzione nella frase: E Dio disse: Vi sia... Per conseguenza, quando si fa menzione del Figlio come principio, la Scrittura ci mostra un esordio della creatura che riceve da lui un'esistenza ancora imperfetta, mentre, quando lo menziona come Verbo, essa ci mostra la perfezione della creatura richiamata verso di lui per assumere la sua forma unendosi al Creatore e imitando, in proporzione del suo grado di essere, la Forma eternamente e immutabilmente unita al Padre, dal quale essa riceve subito d'essere ciò ch'è lui stesso.

Rapporto tra il Verbo (la Sapienza) e la creatura.

5. 10. Il Verbo, Figlio [di Dio], non ha una vita informe, poiché per lui non solo l'essere è lo stesso che il vivere ma il vivere per lui è anche lo stesso che vivere nella sapienza e nella felicità. La creatura, al contrario, sebbene spirituale e intelligente o razionale, che pare più vicina al Verbo, può avere una vita informe poiché per essa il vivere non è lo stesso che vivere nella sapienza e nella felicità, come l'essere è per essa la medesima cosa che il vivere. Essa infatti, una volta allontanatasi dall'immutabile Sapienza, vive nella stoltezza e nella miseria, e questo stato corrisponde alla sua informità. Essa invece riceve la sua forma quando si volge verso l'immutabile luce della Sapienza ch'è il Verbo di Dio: per vivere infatti sapiente e felice essa si volge verso Colui dal quale è stata tratta all'esistenza per avere l'essere e una vita come che sia. Il principio della creatura intelligente infatti è l'eterna Sapienza; di modo che, pur rimanendo in se stesso immutabile, questo principio non cesserebbe mai di parlare, con la voce misteriosa della sua ispirazione, alla creatura di cui è il principio, perché si volgesse verso Colui dal quale ha l'essere, poiché in altro modo non potrebbe ricevere la forma e la perfezione. Ecco perché, essendogli stato chiesto chi egli fosse, [Cristo] rispose: Io sono il Principio e per questo vi parlo 17.

"Acqua": materia corporea o vita spirituale fluttuante?

5. 11. Ora, ciò che dice il Figlio, lo dice il Padre poiché, quando parla, il Padre pronuncia il suo Verbo ch'è il Figlio; parlando nel suo modo eterno di essere - se pur si può parlare di modo di essere - Dio pronuncia il Verbo a lui coeterno. In Dio infatti è [per sua essenza] la somma, santa, giusta benevolenza e uno speciale amore verso le proprie opere non derivante dalla necessità ma dalla sua bontà. Ecco perché la frase della Scrittura: Dio disse: Vi sia la luce 18 è preceduta da quest'altra: E lo Spirito di Dio si portava sopra le acque 19. Con il termine "acqua" la Scrittura ha voluto indicare una di queste due cose: o l'insieme della materia fisica facendo così vedere ciò di cui sono fatte e formate tutte le cose che noi ormai possiamo distinguere quanto alla loro specie - la Scrittura chiama acqua la materia poiché noi vediamo tutte le cose sulla terra formarsi e crescere, secondo le varie loro specie, grazie all'elemento umido - oppure denota una sorta di vita spirituale indeterminata e, per così dire, allo stesso fluido prima di ricevere la sua forma col volgersi verso Dio. Di certo però lo Spirito di Dio si portava al di sopra [della materia], poiché alla buona volontà del Creatore soggiaceva tutto ciò a cui aveva cominciato a dar forma e perfezione di modo che, dicendo Dio, mediante il suo Verbo: Vi sia la luce, l'essere creato sarebbe stato permanente, secondo la capacità della sua specie, nel beneplacito di Dio, sarebbe cioè continuato a piacergli. È quindi buono ciò ch'è piaciuto a Dio, poiché la Scrittura dice: E vi fu la luce. E Dio vide che la luce è buona 20.

La Trinità operante nell'origine e nella perfezione della creatura.

6. 12. In tal modo la Trinità del Creatore è presentata proprio all'inizio della creazione appena abbozzata; essa è ricordata con il termine di "cielo e terra" in vista di ciò che doveva esser portato a termine a partire da essa - poiché quando la Scrittura dice: Nel principio Dio creò il cielo e la terra 21, con il nome di "Dio" noi intendiamo il Padre, con il nome di "Principio" il Figlio, ch'è

principio non del Padre, ma anzitutto e soprattutto della creatura spirituale creata da Lui e per conseguenza lo è anche di tutte le altre creature -; quando invece la Scrittura dice: Lo Spirito di Dio si portava sulle acque 22, noi riconosciamo la menzione completa della Trinità; ugualmente nell'atto con cui la creatura si volge a Dio e viene resa perfetta in modo che vengono distinte le diverse specie degli esseri, ci viene fatta conoscere la medesima Trinità e cioè da una parte il Verbo di Dio e Colui che genera il Verbo, quando la Scrittura dice: E Dio disse, e dall'altra la santa Bontà - per la quale a Dio piace qualunque essere gli piace d'aver reso perfetto nei limiti della capacità della sua natura - quando la Scrittura dice: Dio vide ch'è una cosa buona 23.

Che vuol dire: Lo Spirito aleggiava sulle acque.

7. 13. Ma perché mai è menzionata prima la creatura ancora imperfetta e poi lo Spirito di Dio? La Scrittura infatti prima disse: La terra però era invisibile e caotica e le tenebre erano sopra l'abisso 24, e dopo soggiunse: e lo Spirito di Dio si portava al di sopra delle acque 25. Forse perché l'amore indigente e bisognoso [delle cose amate] ama in modo da rimanere soggetto alle cose che ama, perciò quand'era menzionato lo Spirito di Dio, nella cui persona si lascia intendere la sua santa bontà e amore, la Scrittura dice che si portava al di sopra, perché non si pensasse che Dio fosse portato ad amare le opere, che avrebbe fatto, per la necessità dei bisogno anziché per la sovrabbondanza della sua bontà? Memore di ciò l'Apostolo, sul punto di parlare della carità, dice che mostrerà una via sovreminente 26, e in un altro passo parla della carità di Cristo ch'è al di sopra d'ogni conoscenza 27. Dovendosi dunque indicare lo Spirito di Dio col dire che si portava al di sopra, era più conveniente che prima fosse presentato qualcosa solo appena avviato, al di sopra del quale si potesse dire ch'Egli si librava non per la posizione ma per la sua potenza che sorpassa e trascende ogni cosa.

Dio ama le sue creature perché esistano e sussistano.

8. 14. Così pure, dopo che le cose appena abbozzate furono portate alla perfezione e ricevettero la loro forma, Dio vide ch'è una cosa buona 28; egli infatti si compiacque di ciò ch'era stato fatto grazie alla medesima bontà con cui gli era piaciuto di farlo. Poiché due sono i motivi per cui Dio ama la propria creazione: perché esista e perché sussista. Affinché dunque esistesse la creazione capace di sussistere, lo Spirito di Dio si portava al di sopra dell'acqua 29, affinché invece sussistesse Dio vide ch'è buona. E ciò ch'è detto della luce è detto di tutte le altre creature. Esse infatti sussistono, alcune soggette a Dio in gran santità dopo essersi elevate al di sopra del volgere d'ogni tempo, altre invece seguendo la misura del tempo loro assegnato, venendosi così a tessere, con la recessione e successione delle cose, la bellezza dei secoli.

Quando Dio pronunciò: Vi sia la luce?

9. 15. La frase che disse Dio: Vi sia la luce! E la luce fu fatta 30, fu dunque pronunciata in un giorno determinato o prima di qualunque giorno? Se infatti Dio la pronunciò mediante il suo Verbo coeterno, certamente la pronunciò fuori del tempo; se invece la pronunciò nel tempo, non la pronunciò mediante il suo Verbo coeterno ma per mezzo di qualche creatura temporale. La luce quindi non sarà la prima creatura, poiché ce n'era già un'altra mediante la quale sarebbe stato detto nel tempo: Vi sia la luce! Si comprende inoltre che ciò di cui è detto: Nel principio Dio creò il cielo e la terra 31, fu creato prima di qualsiasi giorno, di modo che con il termine "cielo" s'intende la creatura spirituale già fatta e formata e che è, per così dire, il cielo di questo cielo che occupa il grado più alto tra i corpi. In realtà solo nel secondo giorno fu fatto il firmamento che Dio chiamò di nuovo "cielo". Col termine invece di "terra invisibile e caotica" e di "abisso tenebroso" fu denotata la sostanza materiale ancora imperfetta, con cui sarebbero stati fatti gli esseri temporali, dei quali la prima sarebbe stata la luce.

Di che specie era la "voce" di Dio con cui creò la luce?

9. 16. In qual modo però nel tempo Dio potè dire: Vi sia la luce 32 servendosi d'una creatura fatta prima del tempo, è difficile scoprirlo. Noi non pensiamo affatto che quella fosse una parola prodotta dal suono d'una voce, poiché ogni parola di tal genere è il prodotto d'un corpo. O forse con quella sostanza imperfetta fece una voce corporea con cui far sentire la parola: Vi sia la luce? Sarebbe dunque stata creata e formata una voce corporale prima della luce. Ma se la cosa sta così, esisteva già il tempo attraverso il quale scorreva la voce e passavano gli intervalli dei suoni che si succedevano. Ora, se esisteva già il tempo prima che fosse creata la luce, in quale tempo fu creata la voce capace di far sentire: Vi sia la luce? A qual giorno apparteneva quel tempo? Poiché comincia ad esser contato come "uno" ed insieme come "il primo" quel giorno in cui fu creata la luce. O forse fa parte dello stesso giorno tutto lo spazio di tempo sia quello in cui fu creata la voce fisica mediante la quale risonasse: Vi sia la luce, sia quello in cui fu creata la stessa luce? Ma qualsiasi voce di tal genere è proferita da uno che parla affinché giunga al senso fisico d'un altro che ascolta, poiché questo senso è fatto in modo da percepire i suoni attraverso le vibrazioni dell'aria. Aveva forse, dunque, un siffatto udito quella materia invisibile e disordinata, quale ch'essa fosse, alla quale potesse in tal modo far sentire la sua voce e dire: Vi sia la luce? Lungi perciò, dall'animo di chi pensa, quest'ipotesi assurda!

La parola di Dio fu pronunciata nel tempo o fuori del tempo?

9. 17. Forse era dunque spirituale, ma tuttavia temporale, il movimento con cui intendiamo sia stata detta l'espressione: Vi sia la luce prodotto dall'eterno Dio mediante il Verbo a lui coeterno nella creatura spirituale da lui già creata quando la Scrittura dice: Nel principio Dio creò il cielo e la terra 33, cioè nel cielo del cielo? Oppure si può intendere che questa parola, non solo senza alcun suono ma anche senza alcun movimento temporale della creatura

spirituale, fu in qualche modo fissata e impressa nella sua mente e nella sua ragione dal Verbo coeterno al Padre e, in conseguenza di quella parola, la sostanza corporea imperfetta, inferiore e tenebrosa, si sarebbe mossa e volta verso la sua Forma e sarebbe diventata luce? Ma se l'ordine di Dio non è dato in modo temporale e se la creatura spirituale che, mediante la contemplazione della verità, trascende qualsiasi tempo, non lo ascolta in un modo temporale, ma trasmette alle creature inferiori, come enunciati intelligibili, le ragioni in essa impresse intellettualmente dall'immutabile Sapienza di Dio, è estremamente difficile comprendere come si possa affermare che si formano movimenti di natura temporale negli esseri temporali affinché siano formati o governati. Se invece si deve intendere che la luce, la prima [creatura] di cui fu detto: Vi sia e: Vi fu, ha pure la preminenza sulle altre creature, è la stessa vita intellettuale che, se non si volgesse verso il Creatore per essere illuminata, rimarrebbe fluttuante e informe. Ma una volta rivoltasi [a Dio] e illuminata che fu, allora fu creato ciò ch'era stato detto mediante il Verbo di Dio: Vi sia la luce.

Da Gen 1, 5 pare che la luce fu creata nello spazio di un giorno.

10. 18. Ciononondimeno, allo stesso modo che questo fu detto al di fuori del tempo, in quanto il Verbo coeterno al Padre non è soggetto al tempo, si potrebbe porre il quesito se anche quell'opera fu fatta al di fuori del tempo. Ma come si può intendere una simile cosa, dal momento che dopo la creazione della luce, la sua separazione dalle tenebre e dopo la denominazione di "giorno" e di "notte", la Scrittura afferma: E fu sera e fu mattina: un giorno 34? Da questo testo pare che quell'opera di Dio fu compiuta nello spazio d'un giorno, trascorso il quale si giunse alla sera, ch'è l'inizio della notte. Parimenti, trascorso lo spazio della notte, fu completato l'intero giorno e, per conseguenza, il mattino diede inizio ad un altro giorno, in cui Dio portò successivamente a termine altre opere.

Creazione istantanea della luce e sua separazione dalle tenebre.

10. 19. Ma se Dio disse: Vi sia la luce 35 mediante la ragione eterna del suo Verbo senza alcun intervallo di sillabe, è assai strano come mai la luce fu creata in un sì gran lasso di tempo, fin tanto cioè che passasse lo spazio d'un giorno e venisse la sera. O forse la creazione della luce fu, sì, istantanea, ma la durata del giorno passò mentre la luce veniva separata dalle tenebre e a tutt'e due le creature separate veniva assegnato il proprio nome? Ma sarebbe strano se anche ciò poté esser fatto da Dio in tanto spazio di tempo quanto quello in cui lo diciamo noi. Poiché la distinzione della luce dalle tenebre risultò dall'atto stesso con cui fu creata la luce; la luce infatti non ci sarebbe potuta essere, se non fosse stata separata dalle tenebre.

Dio chiamò luce il giorno, cioè nelle ragioni eterne della sua Sapienza.

10. 20. Rispetto però al fatto che Dio chiamò la luce giorno e le tenebre notte 36, in quanto spazio di tempo poteva fare ciò, anche se l'avesse fatto pronunciando vocalmente le parole sillaba per sillaba, se non quanto occorre anche a noi per dire: "La luce si chiami giorno e le tenebre si chiamino notte"? Salvo che uno sia per caso tanto insensato da pensare che, siccome Dio è più grande d'ogni cosa, le sillabe pronunciate dalla bocca di Dio - quantunque assai poche - poterono riempire tutto lo spazio d'un giorno. A ciò s'aggiunge il fatto che Dio chiamò giorno la luce e notte le tenebre servendosi non del suono d'una voce corporea ma del Verbo a lui coeterno, cioè delle ragioni interne ed eterne della sua immutabile Sapienza. D'altra parte, se Dio avesse usato le parole di cui ci serviamo noi, di nuovo sorge il quesito in quale lingua parlò e quale bisogno c'era d'una successione di suoni ove non esisteva l'udito fisico di nessuno, e a tale quesito non si trova risposta.

Il giorno e la notte si avvicendano lungo il percorso del sole nelle 24 ore.

10. 21. Si deve forse dire che, pur essendo stata quest'opera di Dio compiuta in un istante, la luce perdurò senza che sopraggiungesse la notte finché non fosse compiuto lo spazio d'un giorno e che la notte, succedendo al giorno, durò tanto a lungo finché non passasse lo spazio della notte e si facesse il mattino del giorno seguente dopo ch'era passato il primo e unico giorno? Ma se io dirò così, ho paura d'essere deriso sia da coloro che hanno nozioni scientifiche molto esatte sia da coloro che assai facilmente possono osservare che quando da noi è notte, la presenza della luce illumina le altre parti del mondo che il sole percorre prima di tornare dalla parte ove tramonta a quella ove sorge; per questo motivo nello spazio di tutte le ventiquattro ore c'è sempre, lungo il percorso circolare del sole, una parte [della terra] ov'è giorno e un'altra ov'è notte. Collocheremo dunque Dio in una parte di questo percorso ove per lui fosse sera quando la luce lasciasse quella parte per andare in un'altra? In realtà nel libro chiamato Ecclesiaste sta scritto: Il sole sorge e il sole tramonta e ritorna al proprio luogo 37, cioè nel luogo d'onde sorge. Subito dopo infatti è detto: Il sole sorgendo va verso il Sud e poi gira verso Settentrione 38. Quando dunque le regioni australi hanno il sole, per noi è giorno, quando invece il sole, facendo il suo giro, attraversa le regioni settentrionali, per noi è notte. Non è tuttavia da credere che non sia giorno nelle altre regioni ove c'è il sole, salvo che le finzioni poetiche c'inducano a credere che il sole s'immerge nel mare e, dopo essersi bagnato, risorge la mattina dalla parte opposta. D'altronde anche se fosse così, lo stesso abisso sarebbe illuminato dalla presenza del sole e vi sarebbe il giorno. Esso infatti potrebbe illuminare anche le acque, dal momento che il sole non potrebbe essere spento da esse. Ma il solo immaginare [possibile] una cosa simile è un'assurdità. E che dire del fatto che il sole ancora non c'era?

Luce spirituale o luce fisica?

10. 22. Se dunque la luce spirituale fu creata il primo giorno, tramontò forse perché le succedesse la notte? Se invece era una luce fisica, qual è mai la luce che non possiamo vedere dopo il tramonto del sole, dato che non esistevano ancora né la luna né le stelle? Oppure, se quella luce si trova sempre nella parte del cielo ov'è il sole senz'essere la luce del sole ma, per così dire, la sua compagna e ad esso tanto strettamente unita da non potersi distinguere e discernere, si torna alla difficoltà della presente questione che si deve risolvere. Poiché anche questa luce, allo stesso modo che il sole, di cui sembra esser la compagna, nel suo percorso, dal luogo ove tramonta ritorna a quello dove sorge ed è in un'altra parte del mondo al momento che questa parte, ove siamo noi, si copre di tenebre per la notte. Da ciò si dovrebbe concludere - cosa inammissibile - che Dio si sarebbe trovato in un luogo d'onde questa luce si sarebbe separata affinché per lui potesse essere sera. O forse Dio aveva creato la luce solo in quella regione in cui aveva intenzione di creare l'uomo e perciò [la Scrittura] dice ch'era sera quando la luce, allontanatasi per risorgere il mattino seguente dopo aver compiuto il suo percorso, fosse in un'altra regione?

La luce primordiale o la successione dei giorni?

11. 23. Perché dunque il sole fu creato per essere a capo del giorno 39 e per illuminare la terra se, a produrre il giorno, era sufficiente la luce ch'era stata chiamata anche "giorno"? Quella luce primordiale illuminava forse regioni superiori tanto lontane dalla terra da non poter essere percepita sulla terra e così era necessario fosse creato il sole affinché per mezzo suo il giorno apparisse alle regioni inferiori del mondo? Si potrebbe anche dire che lo splendore del giorno fu accresciuto con l'aggiunta del sole, e perciò si potrebbe credere, che in virtù di quella sola luce, il giorno sarebbe stato meno splendente di quanto è adesso. Io so che da un esegeta è stata proposta anche un'altra soluzione: tra le opere del Creatore sarebbe

stata prodotta dapprima la sostanza della luce quando [Dio] disse: Vi sia la luce, e vi fu la luce 40; in seguito invece, quando si parla dei luminari [del cielo], la Scrittura avrebbe ricordato quali corpi [luminosi] furono creati con la stessa luce secondo l'ordine dei giorni in cui il Creatore decise di compiere tutte le sue opere. Ma dove sia andata a finire quella sostanza luminosa quando fu sera, quell'esegeta non l'ha detto e penso che non è facile poterlo sapere. Non si può, infatti, credere ch'essa si fosse spenta perché prendessero il suo posto le tenebre della notte, e si fosse accesa di nuovo perché ricominciasse il mattino prima che fosse prodotto per mezzo del sole questo avvicendamento che cominciò dal quarto giorno, come attesta la stessa Scrittura.

Luce e ombra: giorno e notte prima della creazione del sole.

12. 24. Ma è difficile trovare e spiegare con qual percorso circolare - prima della comparsa del sole - si sarebbe potuta avere la successione di tre giorni e di tre notti, se continuava a risplendere quella luce creata all'origine [delle cose], supposto ch'essa sia da intendere come una luce materiale. Uno però potrebbe avanzare l'ipotesi che l'ammasso delle terre e delle acque, prima che queste fossero separate le une dalle altre - cosa che la Scrittura dice avvenuta solo il terzo giorno - Dio lo chiamò "tenebre" a causa della densità più spessa del suo volume impenetrabile alla luce o a causa dell'oscurità assai fitta d'un ammasso sì grande che, se occupava uno degli emisferi di questa sostanza materiale, necessariamente l'altro era illuminato. Poiché nella parte d'un corpo qualunque, alla quale la sua massa non permette ch'arrivi la luce, c'è l'oscurità; ciò infatti che si chiama oscurità non è altro che la mancanza di luce sopra una superficie che sarebbe illuminata, se non lo impedisse un corpo posto davanti ad essa. Se questo corpo è talmente voluminoso da occupare tanta superficie della terra quanta ne occupa la luce dalla parte opposta, l'oscurità si chiama notte. Ma non ogni specie di tenebre è notte. Così nella profondità di spelonche assai vaste, ove la luce non può penetrare a causa della massa di terra interposta, ci

sono - è vero - le tenebre, poiché non c'è la luce e tutto quello spazio ne è privo, tuttavia siffatte tenebre non si chiamano "notte" ma solo quelle che sottentrano in una parte della terra dalla quale se n'è andata la luce. Così pure non ogni specie di luce è chiamata "giorno" - c'è infatti anche la luce della luna, delle stelle, delle lampade, dei lampi e di tutto ciò che splende allo stesso modo - ma si chiama "giorno" solo la luce alla quale, allorché si ritira, succede la notte.

Con qual luce si succedevano i tre giorni e le tre notti?

12. 25. Ma se quella luce primordiale ricopriva da ogni parte la terra attorno alla quale era diffusa, sia che restasse ferma sia che le girasse attorno, non c'era regione da cui permettesse che le succedesse la notte, poiché non si allontanava da nessun luogo per farle posto. O forse la luce era stata creata in una sola parte [della terra] in modo che, nel compiere il suo percorso circolare, lasciasse compiere successivamente il percorso circolare dall'altra parte anche alla notte? Dato infatti che l'acqua ricopriva ancora tutta la terra, nulla impediva che su una faccia di questa massa sferica d'acqua producesse il giorno la presenza della luce e che nell'altra faccia l'assenza della luce producesse la notte che, a cominciar dalla sera, succedesse sulla faccia dalla quale la luce s'allontanava verso l'altra faccia.

Dove si raccolsero le acque che coprivano la terra?

12. 26. In qual luogo dunque si raccolsero le acque, se prima occupavano tutta quanta la terra? In qual luogo cioè si raccolsero le acque che si ritirarono affinché la terra fosse messa a nudo? Se infatti v'era già qualche parte nuda della terra, ove le acque potessero ammassarsi, la terra appariva già asciutta e l'abisso non ne occupava l'intera superficie; se invece le acque ne coprivano tutta la superficie, qual era il luogo in cui potevano raccogliersi affinché apparisse la terra asciutta? Si radunarono forse verso l'alto come avviene quando la messe, dopo essere stata trebbiata, viene lanciata in alto per essere

vagliata e, raccolta così in un mucchio, sgombra il luogo che aveva ricoperto quando era sparsa? Chi potrebbe asserire una simile cosa quando vede il mare che si estende dappertutto come una superficie tutta piana, poiché anche quando le acque agitate si alzano a guisa d'un monte, si appianano di nuovo dopo essersi placate le tempeste? Inoltre, se le spiagge sono messe a nudo per larghi tratti, non può dirsi che le acque ritirandosi non vadano ad occupare altre terre, dalle quali tornano poi ad occupare di nuovo i luoghi donde s'erano ritirate. Ma poiché tutta la terra era completamente coperta dall'acqua, ove mai questa si sarebbe ritirata per lasciare scoperte alcune regioni? O forse l'acqua meno densa copriva le terre come una nuvola ma poi divenne più densa nell'ammassarsi per mettere a nudo, tra molte regioni, quelle in cui potesse apparire la terra ferma? Sennonchè anche la terra, abbassandosi in vaste estensioni, avrebbe potuto offrire delle depressioni in cui si sarebbero potute raccogliere le acque che, affluendo, vi si sarebbero precipitate in massa e sarebbe potuta apparire asciutta nelle regioni dalle quali l'acqua si sarebbe ritirata.

12. 27. Ma la materia non sarebbe del tutto informe, se poteva apparire anche sotto una forma nebulosa.

Quando furono create la terra e l'acqua sotto forma visibile?

13. 27. Ecco perché può sollevarsi anche il quesito in qual momento Dio creò le forme visibili e le proprietà delle acque e delle terre, poiché ciò non si trova ricordato in nessuno dei sei giorni [della creazione]. Ammettiamo pertanto che Dio le creò prima che iniziassero i giorni, allo stesso modo che prima della menzione di quei giorni sta scritto: Nel principio Dio creò il cielo e la terra 41, in modo che mediante il nome di "terra" noi intendiamo la terra già formata con il suo aspetto esteriore, ricoperta dalle acque già mostrate chiaramente nella loro propria forma visibile; in tal caso, riguardo a ciò che la Scrittura soggiunge dicendo: La terra però era invisibile e confusa e le tenebre erano sopra l'abisso: e lo Spirito si

librava al di sopra delle acque 42, non dobbiamo pensare a uno stato informe della materia, ma alla terra e all'acqua prive di luce - che ancora non era stata fatta - ma create con le proprietà che ormai conoscono tutti. Per conseguenza la terra è chiamata "invisibile" nel senso che, essendo coperta dalle acque, non poteva essere vista, anche se ci fosse stato uno che potesse vedere; è poi detta "confusa" perché non era ancora separata dal mare né circondata di spiagge né adornata dei suoi prodotti e animali. Se dunque è così, perché mai queste forme - che senza dubbio sono materiali - furono create prima di qualsiasi giorno? Per qual motivo la Scrittura non dice: "Dio disse: "Vi sia la terra". E vi fu la terra", e così pure: "Dio disse: "Vi sia l'acqua". E vi fu l'acqua", o anche, accomunando entrambi gli elementi - essendo essi uniti per così dire dalla legge che assegna loro il gradino più basso -: "Dio disse: "Vi sia la terra e l'acqua". E così fu?".

L'essere mutevole proviene da materia informe creata da Dio.

14. 27. Per qual motivo, dopo la creazione di questi elementi, la Scrittura non dice: "Dio vide ch'è una cosa buona"?

14. 28. A persuaderci basta la seguente considerazione: è chiaro che ogni essere mutevole è formato a partire da uno stato d'informità; nello stesso tempo non solo la fede cattolica ci comanda di credere, ma anche la ragione c'insegna con solidi argomenti che la materia di tutte le nature non sarebbe potuta esistere se non per opera di Dio, primo autore e creatore non solo delle nature formate, ma anche di quelle formabili. Di questa materia parla a lui anche l'agiografo che dice: Tu hai creato il mondo dalla materia informe 43. Questa considerazione c'insegna inoltre che la Scrittura, secondo lo spirito della Sapienza, per adattarsi anche a lettori o a uditori piuttosto tardi di mente, fa allusione a questa materia con le parole che precedono l'enumerazione dei giorni, allorché dice: Nel principio Dio creò il cielo e la terra ecc. fino alle parole: E Dio disse, venendo in seguito esposto il racconto ordinato degli altri esseri formati.

Sono concreate la materia e la forma delle cose.

15. 29. Non si deve pensare però che la materia informe sia anteriore in ordine di tempo alle cose formate, essendo stato concreato simultaneamente sia ciò da cui una cosa è fatta, sia ciò ch'è fatto. Così, per esempio, la voce è la materia delle parole e le parole invece indicano la voce formata; tuttavia chi parla non emette prima una voce informe ch'egli potrebbe in seguito determinare e formare per farne delle parole; allo stesso modo Iddio creatore non creò dapprima la materia informe e in seguito, grazie - per così dire - a una seconda considerazione, la formò seguendo l'ordine delle diverse nature, poiché egli creò la materia formata. Ora, ciò a partire da cui una cosa è fatta, è anteriore - se non quanto al tempo, almeno quanto a quella che impropriamente potrebbe chiamarsi origine - a ciò ch'è fatto per mezzo di quello; per questo motivo la Scrittura ha potuto separare nei momenti della narrazione ciò che Dio non separò nei momenti della creazione. Se infatti ci si chiedesse se formiamo la voce servendoci delle parole o le parole servendoci della voce, difficilmente si troverebbe alcuno sì tardo d'ingegno che non risponderebbe che sono piuttosto le parole a esser formate con la voce; così, quantunque chi parla faccia nello stesso tempo le due azioni, basta un'attenzione ordinaria per scoprire qual è quella formata con l'altra. Per questo motivo, poiché Dio creò simultaneamente l'una e l'altra cosa, sia la materia da lui formata sia le cose per le quali l'aveva formata, la Scrittura doveva da una parte parlare di entrambe le cose e dall'altra non poteva parlare simultaneamente; chi potrebbe dubitare che doveva parlare di ciò con cui un essere fu fatto per mezzo di quello? Infatti anche quando nominiamo la materia e la forma, noi comprendiamo che l'una e l'altra esistono simultaneamente, ma non possiamo pronunciarle entrambe simultaneamente. Orbene, allo stesso modo che, quando pronunciamo queste due parole, succede che in breve tratto di tempo pronunciamo l'una prima dell'altra, così in un racconto piuttosto lungo era necessario riferire la creazione della materia prima di quella della forma benché Dio - come ho già detto - creasse l'una e

l'altra simultaneamente. Per conseguenza ciò che nell'atto del creare è primo solo quanto all'origine, nella narrazione è primo anche quanto al tempo; se infatti due cose, di cui l'una non è per nulla anteriore all'altra, non possono essere nominate nello stesso tempo, tanto meno possono raccontarsi nello stesso tempo. Non si deve dunque dubitare che questa materia informe, quale che sia la sua natura, è tanto vicina al nulla che fu concreata con le cose formate a partire da essa.

In che modo la Scrittura denota l'informità della materia.

15. 30. Se dunque è ragionevole credere che la Scrittura indica questa materia quando dice: La terra era invisibile e confusa e le tenebre regnavano sopra l'abisso, e lo Spirito di Dio si librava al di sopra delle acque 44, eccettuato ciò che vi si afferma dello Spirito di Dio, dobbiamo intendere che tutti gli altri termini, con cui sono indicate le cose visibili, sono stati usati per indicare, per quanto era possibile, a persone piuttosto tarde d'ingegno questa informità della materia; questi due elementi infatti, cioè la terra e l'acqua, nelle mani degli artigiani sono più docili degli altri per fare qualcosa e perciò più adatti a denotare quell'informità.

Altra ipotesi sul giorno e sulla notte: effusione e contrazione della luce.

16. 30. Se dunque una tale ipotesi è ragionevole, la terra non era una massa già formata, della quale la luce avrebbe illuminato un emisfero mentre l'altro sarebbe rimasto nelle tenebre, potendo così la notte succedere al ritirarsi del giorno.

16. 31. Ma se volessimo intendere per "giorno" e "notte" l'emissione e la contrazione di quella luce, da una parte non si vede la ragione perché la cosa fosse così - poiché non c'erano ancora esseri viventi cui potesse giovare un siffatto avvicendarsi [del giorno e della notte] come lo vediamo presentarsi adesso agli esseri creati in seguito, a causa del percorso circolare del sole - d'altra parte non si trova alcun

fatto simile con cui potremmo provare una siffatta emissione e contrazione della luce perché potessero verificarsi le alternanze del giorno e della notte. Senza dubbio i raggi emessi dai nostri occhi sono veramente emissione di una specie di luce che può restringersi quando guardiamo l'aria vicina ai nostri occhi e allungarsi quando guardiamo nella stessa direzione oggetti siti a distanza. Ma anche quando si restringe, il nostro sguardo non cessa del tutto di vedere gli oggetti lontani, sebbene li veda di certo meno chiaramente di quando lo sguardo si estende fino ad essi. È tuttavia certo che la luce, che si trova nel senso di chi vede, è tanto debole che, senza l'aiuto d'una luce esterna [all'occhio], non potremmo veder nulla; e, poiché non può distinguersi da quella esterna, è difficile - come ho già detto - trovare qualcosa di simile con cui si possa provare che l'emissione della luce produce il giorno e la sua contrazione la notte.

La luce spirituale, la luce increata e l'illuminazione delle creature spirituali e razionali.

17. 32. Se al contrario, quando Dio disse: Vi sia la luce 45, fu creata la luce spirituale, non si deve pensare che fosse la luce vera, coeterna al Padre, per mezzo della quale fu creata ogni cosa e che illumina ogni uomo, ma quella di cui la Scrittura ha potuto dire: Tra tutte le cose fu creata per prima la Sapienza 46. Quando infatti la Sapienza eterna ed immutabile, non creata ma generata, si comunica alle creature spirituali e razionali, come alle anime sante 47, affinché [da essa] illuminate possano risplendere, allora si costituisce in esse uno - per così dire - stato della ragione illuminata, che può concepirsi come la creazione della luce quando Iddio disse: Vi sia la luce. Se già esisteva una creatura spirituale indicata con il nome di "cielo" nel passo ove sta scritto: Nel principio Dio creò il cielo e la terra 48, questo cielo non è quello corporale ma il cielo incorporale, vale a dire il cielo superiore a ogni corpo, non per la disposizione dello spazio a piani ma per l'eccelsa dignità della sua natura. Come tuttavia poté esser creato nello stesso tempo non solo ciò ch'era capace d'essere illuminato, ma anche la stessa illuminazione, e come

la Scrittura avrebbe dovuto esporre le due cose una dopo l'altra, lo abbiamo detto poco prima quando abbiamo parlato della materia.

Spiegazione allegorica della separazione della luce dalle tenebre.

17. 33. Ma in qual senso potremo intendere il subentrare della notte alla luce affinché venisse la sera? Da quale specie di tenebre quella luce poté essere separata quando la Scrittura dice: E Dio separò la luce dalle tenebre 49? C'erano forse già dei peccatori e degli stolti che s'allontanavano dalla luce della verità, sicché Dio avrebbe separato quelli da coloro che rimanevano nella medesima luce, come la luce dalle tenebre, e chiamando "giorno" la luce e "notte" le tenebre, avrebbe voluto mostrare che egli non è l'autore dei peccati ma il giudice che retribuisce secondo i meriti? O forse il termine "giorno" denota qui la totalità del tempo e con questo termine si abbraccia lo svolgersi di tutti i secoli? Per questo, forse, la Scrittura non parla di "primo" giorno ma di "un" giorno? Essa infatti dice: E fu sera e fu mattina: un giorno 50, sicché la sera rappresenterebbe il peccato della natura razionale e il mattino il suo rinnovamento.

Che cosa fu propriamente la separazione della luce dalle tenebre.

17. 34. Ma questo è [il tentativo di] una interpretazione propria dell'allegoria profetica che noi non ci siamo proposti in questo trattato. Adesso infatti ci siamo proposti di commentare le Scritture nel senso proprio dei fatti storici in esse registrati, non nel senso allegorico di realtà future. Per render dunque conto della creazione e della costituzione delle nature, in qual modo possiamo scoprire una sera e un mattino nella luce spirituale? La separazione della luce dalle tenebre è forse la distinzione delle cose già formate da quelle informi, mentre la denominazione di "giorno" e di "notte" alluderebbe alla disposizione con cui s'indica che Dio non lascia nulla nel disordine, e la stessa informità - a causa della quale le cose cambiano passando in certo qual modo da una forma in un'altra - non resta caotica? Oltre a ciò lo stesso regresso e progresso della

creatura, per cui le cose temporali si succedono le une alle altre, non mancano di concorrere alla bellezza dell'universo? La notte infatti non è altro che la tenebra regolata da un ordine.

Che cosa denoterebbe il mattino e la sera precedente i luminari.

17. 35. Ecco perché, dopo essere stata creata la luce, la Scrittura dice: Dio vide che la luce è buona 51, mentre ciò poteva dirlo dopo tutte le opere compiute nel medesimo giorno; ossia, dopo aver esposto le singole opere: Dio disse: Vi sia la luce. E vi fu la luce. E Dio separò la luce dalle tenebre; e Dio chiamò giorno la luce e notte le tenebre 52, allora avrebbe potuto dire: E Dio vide ch'è una cosa buona 53 e poi aggiungere: E fu sera e fu mattina 54, come fa per le altre opere, alle quali dà un nome. Qui dunque non fa così per il fatto che l'informità è distinta dalla cosa formata al fine di mostrare ch'essa non aveva ricevuto la completezza del suo essere, ma doveva ricevere la forma mediante le altre creature già corporee. Se pertanto, dopo che la luce e le tenebre erano state separate e avevano ricevuto il nome, la Scrittura avesse detto: Dio vide che ciò è una cosa buona 55, avremmo potuto pensare che s'indicavano creature alle quali non si sarebbe ormai dovuto aggiungere nulla per quanto riguarda la loro forma specifica. Ma poiché Dio aveva creato nella sua forma compiuta soltanto la luce, la Scrittura dice: Dio vide che la luce è una cosa buona, e la distinse dalle tenebre dando [a queste e a quella] nomi diversi; ma in tal caso non è detto: Dio vide ch'è una cosa buona, poiché l'informità era stata separata affinché servisse a formare ancora altre nature. Quando, al contrario, la notte che noi conosciamo assai bene - essa infatti è prodotta dal percorso circolare del sole attorno alla terra - viene distinta dal giorno mediante la disposizione dei luminari, dopo la separazione stessa del giorno dalla notte, la Scrittura dice: Dio vide ch'è una cosa buona. La notte, di cui si tratta, non era infatti una specie di sostanza informe che dovesse servire a formare altre nature, ma era uno spazio pieno d'aria privo della luce del giorno: a questa notte non si sarebbe certamente dovuto aggiungere alcuna caratteristica specifica perché fosse più

bella e più distinta. Quanto invece alla sera, durante tutto lo spazio di quei tre giorni precedenti alla creazione dei luminari, forse non è illogico pensare che indichi il termine dell'opera compiuta, mentre il mattino indicherebbe l'opera che sarebbe stata compiuta in seguito.

Dio opera mediante le ragioni eterne del Verbo e l'amore dello Spirito Santo.

18. 36. Ma dobbiamo anzitutto ricordarci di ciò che abbiamo detto più volte: che cioè Dio non agisce con una specie di moti spirituali o corporali misurabili nel tempo, così come agisce l'uomo o l'angelo, bensì mediante le ragioni eterne immutabili e stabili del Verbo a lui coeterno e, per così dire, mediante una specie d'incubazione del suo Spirito Santo parimenti a Lui coeterno. Poiché anche ciò che la Scrittura dice in latino e in greco dello Spirito di Dio che si librava al di sopra delle acque, secondo l'interpretazione data dalla lingua siriaca, ch'è più vicina all'ebraica - come si dice sia stato spiegato da un dotto cristiano siro - si dimostra che significa non si librava al di sopra, ma piuttosto riscaldava covando, non già come si curano i gonfiori o le piaghe d'un corpo con applicazioni d'acqua fredda o mescolata in giusta misura con acqua calda, ma come sono covate dagli uccelli le uova, nel qual caso il calore del corpo materno contribuisce in certo qual modo a formare i pulcini grazie a una specie d'istinto che, nel suo genere, è un sentimento d'amore. Non dobbiamo dunque immaginare che Dio abbia pronunciato delle parole - diciamo così - temporali per ciascun giorno di quelle opere divine. La Sapienza di Dio infatti, assumendo la nostra debole natura, venne a raccogliere sotto le sue ali i figli di Gerusalemme come la gallina raccoglie i suoi pulcini [56], non perché restassimo sempre piccoli, ma perché, restando piccoli quanto a malizia, cessassimo d'esser bambini quanto al giudizio [57].

Occorre cautela nell'interpretare le sacre Scritture.

18. 37. Riguardo poi a realtà oscure e assai lontane dai nostri occhi,

ci potrebbe capitare di leggere anche nella sacra Scrittura passi che, salvando la fede in cui siamo istruiti, possono dar luogo a interpretazioni diverse l'una dall'altra; in tal caso dobbiamo stare attenti a non precipitarci a sostenere alcuna di esse, per evitare di andare in rovina qualora un esame della verità più attento la demolisse mediante sicuri argomenti. In tal caso combatteremmo per difendere non già il senso delle Scritture divine ma quello nostro personale sì da sostenere come senso delle Scritture quello ch'è nostro, mentre dovremmo piuttosto sostenere come nostro quello ch'è il senso delle Scritture.

Nell'interpretare passi oscuri della sacra Scrittura non si deve affermare nulla temerariamente.

19. 38. Supponiamo per esempio che riguardo all'affermazione della Scrittura: Dio disse! Vi sia la luce. E la luce vi fu 58, uno pensi che si tratti della creazione della luce materiale e un altro della luce spirituale. Che nella creatura spirituale vi sia una luce spirituale, non è messo in dubbio dalla nostra fede; d'altra parte pensare che vi sia una luce materiale, celeste o anche supercelestiale o esistente prima del cielo, alla quale poté succedere la notte, non è contrario alla fede fin tanto che ciò non venga confutato da una verità evidente. Qualora ciò si avverasse, non era quello il senso della sacra Scrittura, ma un'opinione dell'umana ignoranza. Qualora, al contrario, quell'opinione fosse dimostrata da ragioni fondate, rimarrebbe ancora incerto se quello fosse il senso voluto attribuire dall'autore dei Libri sacri a quelle parole, o fosse non meno vero qualche altro senso. Se invece tutto il contesto del passo mostrerà non essere ciò ch'egli voleva dire, non sarà falsa ma vera e più utile a conoscersi l'altra interpretazione che lo scrittore voleva far intendere. Se però il contesto della Scrittura non esclude che lo scrittore volesse far intendere questo senso, rimarrà ancora da esaminare se non poteva farne intendere un altro. E se scopriremo che anche quest'altro senso è possibile, sarà incerto quale dei due sensi egli voleva far intendere, e non sarà illogico pensare che abbia voluto suggerire l'uno e l'altro

senso, qualora tutt'e due i sensi siano suffragati da tutto il restante contesto.

19. 39. Accade infatti assai spesso che, riguardo alla terra, al cielo, agli altri elementi di questo mondo, al moto e alla rivoluzione o anche alla grandezza e distanza degli astri, intorno alle eclissi del sole e della luna, al ciclo degli anni e delle stagioni, alla natura degli animali, delle piante, delle pietre e di tutte le altre cose di tal genere, anche un pagano abbia tali conoscenze da sostenerle con ragionamenti indiscutibili e in base ad esperienza personale. Orbene, sarebbe una cosa assai vergognosa e dannosa e da evitarsi a ogni costo, se quel pagano sentisse quel tale parlare di questi argomenti conforme - a suo parere - al senso delle Scritture cristiane dicendo invece tali assurdità che, vedendolo sbagliarsi - come suol dirsi - per quanto è largo il cielo, non potesse trattenersi dal ridere. Ma è spiacevole non tanto il fatto che venga deriso uno che sbaglia, quanto il fatto che da estranei alla nostra fede si creda che i nostri autori [sacri] abbiano sostenuto tali opinioni e, con gran rovina di coloro, della cui salvezza noi ci preoccupiamo, vengano biasimati come ignoranti e rigettati. Quando infatti, riguardo ad argomenti ben noti ad essi, i pagani sorprendono un cristiano che sbaglia e difende una sua opinione erronea appoggiandola ai nostri Libri sacri, in qual modo potranno prestar fede a quei Libri quando trattano della risurrezione dei morti, della speranza della vita eterna e del regno dei cieli, dal momento che penseranno che questi scritti contengono errori relativi a cose che hanno potuto già conoscere per propria esperienza o in base a sicuri calcoli matematici? Non può dirsi abbastanza qual pena e tristezza rechino ai fratelli assennati questi cristiani temerari e presuntuosi quando, allorché vengono criticati e convinti d'errore a proposito delle loro erronee e false opinioni da parte di coloro che non sono vincolati dall'autorità dei nostri Libri sacri. Costoro inoltre, al fine di sostenere ciò che affermano con sventatissima temerarietà e chiarissima falsità, si sforzano di addurre i medesimi Libri sacri con cui provare le loro opinioni e arrivano perfino a citare a memoria molti passi da loro ritenuti come valide

testimonianze in proprio favore, senza comprendere né quel che dicono né ciò che danno per sicuro 59.

Si deve interpretare la Genesi senza asserire un'unica opinione ma proponendone varie.

20. 40. Considerando questa presunzione e al fine di guardarmene, io stesso ho cercato di spiegare in diversi sensi - per quanto sono stato capace - e di proporre [diverse] interpretazioni delle frasi del libro della Genesi, enunciate in modo oscuro per tenerci in [continua] riflessione. Per questa ragione non ho voluto sostenere alla leggera un'unica interpretazione con pregiudizio d'un'altra spiegazione forse migliore, in modo che, ciascuno possa scegliere secondo la propria capacità il senso ch'è in grado di capire; quando però non riesce ad intendere, alla Scrittura di Dio renda onore ma per sé abbia timore. D'altra parte, siccome le espressioni della Scrittura da noi commentate offrono tante possibili interpretazioni, dovrebbero una buona volta imporsi un freno coloro che, gonfi di cultura profana, criticano queste espressioni, destinate a nutrire le anime pie, come cose prive di scienza e d'eleganza mentre essi, privi di ali, strisciano per terra e alzandosi in volo non più alto del salto delle ranocchie, si beffano degli uccelli nei loro nidi. Ma più pericoloso è l'errore di certi nostri deboli fratelli di fede, i quali ascoltando cotesti infedeli discorrere con facondia e sottigliezza sulle leggi che regolano i corpi celesti e su qualsiasi problema relativo alle cause fisiche di questo mondo, perdono il controllo di sé e sospirando si reputano inferiori a quei tali credendoli dei grandi personaggi e solo con ripugnanza riprendono in mano i Libri della fede, ch'è la fonte preziosa della salvezza, e mentre dovrebbero assaporarne la dolcezza, li toccano a malincuore, sentendo avversione per l'asprezza delle messi, mentre agognano i fiori dei rovi. Essi, infatti, non si danno cura di vedere quanto è dolce il Signore 60 e non hanno fame nel giorno di sabato e, sebbene dal Signore del Sabato ne abbiano avuto il permesso, sono pigri a coglier le spighe, a rigirarle a lungo tra le mani 61 e, sfregandole, nettarle dalla pula fino ad arrivare al chicco nutriente.

Qual senso scegliere nelle frasi spiegabili in diverso modo od oscure.

21. 41. Qualcuno mi dirà: "Dopo tanto battere il grano con questa tua dissertazione, quali chicchi ne hai ricavati? Che cosa hai trovato? Perché mai in coteste questioni quasi tutto rimane ancora oscuro? Pronùnciati per una delle tante interpretazioni che hai dimostrato possibili". A costui rispondo d'esser giunto proprio al nutrimento gustoso, grazie al quale ho imparato che uno non si trova imbarazzato quando risponde conforme alla fede ciò che si deve rispondere agli individui che si piccano di muovere obiezioni capziose contro i Libri della nostra salvezza. In tal modo le tesi relative alla natura delle cose ch'essi potranno dimostrare con argomenti sicuri noi dobbiamo provare che non sono contrarie alle nostre Scritture, mentre tutto ciò che dai diversi loro libri addurranno contrario alle nostre Scritture, cioè alla fede cattolica, dovremo a nostra volta dimostrare, se ne avremo la capacità o, in caso contrario, credere senza la minima esitazione, che quelle tesi sono del tutto false: così crederemo fermamente al nostro Mediatore, in cui sono nascosti tutti i tesori della sapienza e della nostra scienza 62, e per conseguenza non ci lasceremo lusingare dalla facondia d'una falsa filosofia né spaventare dalla superstizione d'una falsa religione. Quando però leggiamo i Libri sacri, fra i tanti sensi legittimi che si possono ricavare da una breve frase e si basano sulla sana dottrina della fede cattolica, dobbiamo scegliere di preferenza il senso che risulterà certamente conforme al pensiero dell'autore da noi letto; se invece quel senso ci sfugge, dobbiamo scegliere almeno un senso ch'è permesso dal contesto e che si accorda con la retta fede. Se poi non è possibile esaminare e discutere tale senso basandosi sul contesto della Scrittura, dobbiamo scegliere almeno solo il senso che ci viene prescritto dalla retta fede. Una cosa infatti è non discernere il senso inteso principalmente dallo scrittore sacro, un'altra è allontanarsi dalla regola della retta fede. Se si eviterà l'una e l'altra eventualità, il lettore ne ricaverà un pieno profitto; se invece non potrà evitarsi né l'una né l'altra, anche se l'intenzione dello scrittore

rimarrà incerta, non sarà inutile trarne un senso conforme alla retta fede.

LIBRO SECONDO

Il firmamento nel mezzo delle acque.

1. 1. Dio inoltre disse: Vi sia un firmamento in mezzo alle acque e tenga separate le acque dalle acque. E così avvenne. E Dio fece il firmamento e separò le acque ch'erano al di sopra del firmamento. E Dio chiamò "cielo" il firmamento. E Dio vide ch'essa è cosa buona. E venne sera e poi mattina: secondo giorno 1. Riguardo alla parola di Dio che disse: Vi sia un firmamento ecc. e al compimento con cui vide ch'è una cosa buona e riguardo alla sera e alla mattina non è necessario ripetere le spiegazioni analoghe [già date]. Avvertiamo perciò che ogniqualvolta, in seguito, troviamo ripetute queste espressioni, devono essere intese frattanto alla stregua dell'esame fattone in precedenza. Possiamo, al contrario, proporci con ragione il quesito se il cielo, di cui ora si tratta, è quello situato fuori dei limiti dell'atmosfera e al di sopra degli spazi più elevati, ove al quarto giorno vengono stabiliti anche i luminari e le stelle, oppure se è l'atmosfera stessa ad esser chiamata "firmamento".

Alcuni negano che le acque siano al di sopra del cielo sidereo.

1. 2. Molti però sostengono che, per loro natura, queste acque non possono trovarsi al di sopra del cielo stellato poiché, a causa del loro peso, sono costrette a scorrere sulla terra oppure, evaporando, ad esser trasportate nell'atmosfera vicina alla terra. Ma nessuno deve confutare questi tali, dicendo che, in considerazione dell'onnipotenza di Dio, al quale tutto è possibile, noi dovremmo credere che queste acque, tanto pesanti come noi sappiamo anche per esperienza, siano state sparse al di sopra del cielo fisico ove sono le stelle. Adesso invece è bene che noi cerchiamo di sapere in qual modo Dio ha costituito la natura delle cose attenendoci alle sue Scritture e non che cosa in esse o per mezzo di esse Egli voglia compiere per mostrare miracolosamente la sua potenza. Se infatti Dio volesse che l'olio

restasse al di sotto dell'acqua, ciò avverrebbe senz'altro, ma tuttavia non per questo noi non conosceremmo la natura dell'olio la quale è fatta in modo che, se l'olio viene versato nel fondo d'un recipiente, tende verso il suo proprio posto e s'apre un varco attraverso l'acqua che è al di sopra, e si colloca sulla sua superficie. Adesso dunque noi indaghiamo se il Creatore delle cose, il quale ha disposto ogni cosa con misura, numero e peso 2, ha assegnato come unico luogo proprio al peso delle acque non solo lo spazio attorno alla terra, ma anche quello al di sopra del cielo, che Egli ha steso attorno [alla terra] e ha stabilito saldamente oltre il limite dell'atmosfera.

Loro argomenti.

1. 3. Coloro che rigettano questa ipotesi, adducono la prova tratta dal peso degli elementi, affermando che il cielo al di sopra di noi non è stato per nulla stabilito tanto saldamente come una specie di soffitto da poter sostenere il peso delle acque, poiché, secondo loro, una siffatta compattezza non può averla se non la terra, e tutto ciò ch'è tale non è cielo ma terra. Gli elementi infatti si distinguono non solo per il luogo loro proprio, ma anche per le loro proprietà, in modo da occupare anche i propri luoghi in ragione delle loro proprietà. Così, naturalmente, l'acqua sta sulla terra; anche se si trova o scorre sotterra, come avviene nelle profondità delle grotte e delle caverne, non è tuttavia sostenuta dalla terra soprastante ma da quella sottostante. Poiché, se dalla parte superiore [d'una caverna] si stacca un pezzo di terra, non rimane sulla superficie dell'acqua, ma passandovi attraverso vi si sommerge e va a finire nel fondo: arrivato là vi si posa come nel luogo suo proprio, restando l'acqua al di sopra e la terra al di sotto. Da ciò si comprende che, anche quand'era al di sopra delle acque, quel pezzo di terra non era sostenuto dalle acque, ma dall'ammasso compatto della terra, come avviene per le volte delle caverne.

La sacra Scrittura e le scienze naturali.

1. 4. A questo punto mi si presenta alla mente di ricordare che bisogna evitare un errore che ho già ammonito di evitare nel primo libro. Poiché sta scritto nei Salmi: [Dio] ha stabilito la terra sulle acque 3, nessuno di noi pensi di basarsi su questo testo delle Scritture per combattere coloro che ragionano con sottili disquisizioni sul peso degli elementi. Quei tali infatti, non essendo trattenuti dall'autorevole testimonianza delle nostre Scritture e non sapendo intenderne il senso, più facilmente si prenderanno gioco dei Libri santi anziché respingere ciò che hanno compreso con sicure dimostrazioni o hanno conosciuto per via d'esperienze evidenti. Quella frase dei Salmi può infatti essere intesa in due sensi. Può intendersi cioè bene in senso figurato; poiché con il termine di "cielo e terra" vengono spesso denotati gli spirituali e i carnali nella Chiesa, il Salmista ha voluto mostrare che i cieli raffigurano la serena intelligenza della verità quando afferma: [Dio] ha creato i cieli con intelligenza 4; la terra invece raffigura la fede semplice dei piccoli, non quella incerta ed ingannatrice basata su opinioni menzognere, ma quella saldamente basata sull'insegnamento dei Profeti e del Vangelo e viene consolidata dal battesimo; ecco perché aggiunge: Ha stabilito la terra sull'acqua. Oppure, se ci si vuol costringere a intendere quella frase in senso letterale, non è illogico intendere che denoti le regioni più elevate della terra - tanto dei continenti quanto delle isole che emergono al di sopra delle acque - o le stesse volte delle caverne rese stabili da una massa solida, sospesa sulle acque. Per questo motivo nessuno può intender neppure nel senso letterale la frase: Ha stabilito la terra sulle acque, in modo da pensare che il peso delle acque sia stato posto come un basamento ordinato naturalmente a sopportare il peso della terra.

L'aria al di sopra delle acque.

2. 5. L'aria al contrario si trova al di sopra delle acque sebbene, per gli spazi più vasti da essa occupati, ricopra anche la terraferma. Ciò

si comprende considerando il fatto che un recipiente immerso [nell'acqua] con la bocca rivolta verso il basso non può riempirsi d'acqua: questa è una prova sufficiente che l'aria tende per sua natura verso l'alto. Il recipiente sembra bensì vuoto ma si dimostra esser pieno d'aria quando lo s'immerge nell'acqua con la bocca rivolta verso il basso; in realtà poiché [l'aria] non trova una via d'uscita attraverso la parte rivolta verso l'alto e, data la sua natura, non può passare sotto l'acqua penetrandovi a forza, la respinge dal recipiente ch'è pieno e non ve la lascia entrare. Quando invece il recipiente viene posto [sull'acqua] in modo d'aver l'apertura non rivolta verso il basso ma inclinata su un fianco, l'acqua entra dal di sotto mentre l'aria esce dal di sopra. Parimenti quando in un vaso diritto con la bocca rivolta verso l'alto si fa entrare l'acqua, l'aria esce verso l'alto dall'altra parte in cui non si fa entrare l'acqua e fa posto all'acqua di entrare verso il basso. Se però il recipiente viene immerso con forza piuttosto grande in modo che le acque - entrando tutto ad un tratto di fianco a dal di sopra - coprano da ogni parte l'apertura del recipiente, l'aria che tende verso l'alto esce aprendosi un varco attraverso le acque per far loro posto nel fondo; ma nell'aprirsi il varco attraverso le acque, l'aria, uscendo da diverse parti, produce un gorgoglio nel vaso poiché non può uscire subito tutta insieme a causa della strettezza dell'apertura. Se dunque l'aria è costretta a risalire al di sopra delle acque, riesce a fenderle anche se affluiscono in massa allorché - spinte dal suo urto - si precipitano fuori ribollendo e attraverso bolle gorgoglianti mandano fuori l'aria che si precipita verso il suo luogo naturale e dà alle acque la possibilità di cadere al fondo. Se al contrario si pretendesse di far uscir l'aria dal recipiente sotto le acque in modo che, ritirandosi l'aria, si volesse riempire il recipiente, dalla parte della sua apertura immersa verso il basso, sarebbe più facile che il recipiente rovesciato venisse coperto da ogni parte dall'acqua anziché una gocciolina trovasse il posto per entrarvi attraverso l'apertura rivolta verso il basso.

Il fuoco al di sopra dell'aria.

3. 6. Ora poi, chi non vede che il fuoco, lanciandosi in alto, tende ad oltrepassare perfino la stessa natura dell'aria? Se infatti si tiene una torcia con la sua testa volta all'ingiù, la chioma della fiamma tende tuttavia verso l'alto. A causa però della condensazione assai forte dell'aria che si stende intorno e al di sopra di essa, il fuoco spesso si spegne e, sotto la pressione d'una gran massa di questo elemento, si cambia spesso e si trasforma nella proprietà dell'aria; ecco perché non può sussistere a lungo per oltrepassare l'altezza di tutta la massa dell'aria. Si dice perciò che il cielo è un puro fuoco al di sopra dell'aria; fuoco di cui si congettura siano costituite anche le stelle e i luminari risultanti costituiti da una massa di forma sferica e dalla natura della luce ignea distinta nelle forme che vediamo nel cielo. Perciò, allo stesso modo che l'aria e l'acqua cedono al peso degli elementi terrestri perché possano arrivare fino alla terra, così anche l'aria cede al peso dell'acqua perché arrivi fino all'acqua o alla terra. Da questa costatazione gli scienziati pretendono di dedurre che anche l'aria, qualora se ne potesse lanciare una particella nelle regioni più alte del cielo, ricadrebbe necessariamente a causa del suo peso fino ad arrivare alle regioni inferiori occupate dall'aria. Concludono, per conseguenza, che tanto meno le acque possono avere un luogo al di sopra del cielo di fuoco dato che l'aria, molto più leggera dell'acqua, non può rimanere lassù.

Perché secondo un esegeta l'aria atmosferica, detta cielo, è chiamata anche firmamento.

4. 7. Incalzato da siffatti argomenti, un esegeta lodevolmente s'è sforzato di dimostrare che vi sono acque al di sopra dei cieli, al fine di confermare la veridicità della Scrittura, basandosi sui fenomeni naturali visibili e manifesti. Egli fa vedere innanzitutto - cosa ch'era assai facile - che anche l'aria della nostra atmosfera è chiamata cielo non solo nel linguaggio comune, secondo il quale chiamiamo sereno e nuvoloso il cielo, ma anche nel modo d'esprimersi ordinario delle

stesse nostre Scritture come quando parlano degli uccelli del cielo 5, mentre è evidente che gli uccelli volano nell'aria; il Signore inoltre, parlando delle nuvole, dice: Voi siete in grado d'interpretare l'aspetto del cielo 6. Noi poi vediamo spesso che le nubi si addensano anche nell'aria in prossimità della terra quando esse si posano lungo i pendii dei monti in modo che spesso vengono superate dalle vette dei monti. Dopo aver dunque dimostrato che quest'aria è chiamata cielo, egli sostiene l'opinione che è chiamata anche firmamento per la sola ragione che lo spazio occupato da essa divide alcuni vapori delle acque e le acque che scorrono più dense sulla terra. Le nubi infatti, come sanno quanti le hanno attraversate camminando sui monti, presentano questo aspetto per il fatto di raccogliersi in massa e dell'agglomerarsi di gocce minutissime; se le nubi si condensano maggiormente in modo che più gocce assai piccole si riuniscano per formare una goccia grossa, l'aria non può trattenerla nel suo grembo ma cede al suo peso che la porta in basso: si ha così la pioggia. Questo autore dunque, argomentando dall'aria che si trova fra i vapori umidi - con i quali si formano, al di sopra, le masse delle nubi - e i mari che si estendono al di sotto, ha voluto dimostrare che il cielo è situato tra acqua e acqua. Questa acuta osservazione mi pare veramente degna di lode; poiché ciò ch'egli afferma non solo non è contrario alla fede, ma può esser creduto sulla base d'una prova evidente.

Le acque al di sopra dell'aria.

4. 8. Si potrebbe per altro pensare che il peso naturale dei vari elementi non impedisca che anche al di sopra del cielo più alto possano esserci delle acque sotto forma di minutissime gocce, grazie alle quali esse possono stare sospese anche al di sopra dello spazio occupato dall'aria che avvolge la terra. Quest'aria, sebbene più pesante e situata al di sotto del cielo superiore, è senza dubbio più leggera dell'acqua e tuttavia quei vapori si trovano al di sopra di quest'aria senza che il loro peso lo impedisca. Può darsi dunque che anche al di sopra di quel cielo si stendano vapori di acqua più leggeri

delle gocce più minute, il cui peso non le costringe a cadere. Gli scienziati, infatti, mediante un sottilissimo ragionamento, dimostrano che non esiste alcun corpo, piccolo quanto si voglia, nella divisione del quale si possa mettere un limite, ma tutti i corpi sono divisibili illimitatamente, poiché ogni parte d'un corpo è anch'essa un corpo e ogni corpo è necessariamente divisibile nelle sue due metà. Se perciò l'acqua, come noi vediamo, può ridursi in gocce tanto minute da potersi elevare in forma di vapore al di sopra dell'aria ch'è attorno a noi e che per natura è più leggera dell'acqua, perché mai non potrebbe rimanere anche al di sopra di quel cielo più leggero [dell'aria] trovandosi nello stato di gocce più minute e di vapori più leggeri?

Le acque al di sopra del cielo sidereo.

5. 9. Anche alcuni scrittori cristiani, in base alle proprietà e ai movimenti degli astri, si sforzano di confutare coloro i quali negano che, a causa del loro peso, le acque possano stare al di sopra del cielo stellato. I medesimi affermano che il pianeta chiamato Saturno è assai freddo ed impiega trent'anni per compiere la sua rivoluzione percorrendo la fascia zodiacale, per il fatto che percorre un'orbita più lontana dal centro del mondo e perciò più ampia [di quella degli altri pianeti]. Il sole infatti compie il medesimo percorso in un anno e la luna in un mese, cioè - come affermano - in un tempo più breve quanto meno elevata è quella, in modo che lo spazio del tempo è proporzionato allo spazio percorso. Quei nostri autori si domandano pertanto perché quel pianeta è freddo, mentre avrebbe dovuto esser tanto più caldo quanto più alto è il cielo in cui si muove. Non v'è infatti dubbio che quando una massa sferica si muove con moto circolare, le sue parti più interne si muovono più lentamente, quelle esterne invece più velocemente in modo che ai medesimi giri il percorso delle distanze più grandi corrisponda contemporaneamente a quello delle distanze minori: ma le zone che si muovono più veloci si riscaldano, naturalmente, di più. Ecco perché il suddetto pianeta dovrebbe essere piuttosto caldo anziché freddo. È vero bensì ch'esso

impiega trent'anni a compiere l'intera sua rivoluzione, dato il grande spazio che deve percorrere; tuttavia, poiché gira in senso contrario al moto del cielo e in modo più veloce, cosa che fa necessariamente ogni giorno - così, a quanto si dice, ogni rivoluzione del cielo corrisponde a un giorno - dovrebbe riscaldarsi di più a causa del moto celeste più rapido. Ciò che dunque rende, senza dubbio, freddo quel pianeta è la sua vicinanza dalle acque che si trovano al di sopra del cielo, cosa questa che non vogliono riconoscere coloro dei quali ho esposto in breve le spiegazioni relative al moto del cielo e degli astri. In base a tali congetture alcuni dei nostri studiosi s'ingegnano di controbattere coloro che rifiutano di ammettere l'esistenza di acque al di sopra del cielo e affermano che quel pianeta, il quale compie la sua rivoluzione vicino alla volta del cielo, è freddo, perché quelli siano costretti ad ammettere che le acque sono lì sospese non in virtù della leggerezza dei vapori, ma della solidità del ghiaccio. Ad ogni modo, quale che sia la natura delle acque e la forma sotto cui esse stanno lassù, non dobbiamo dubitare affatto ch'esse ci stiano; poiché ha più valore l'autorità della sacra Scrittura che la capacità di qualsiasi ingegno umano.

Che significano: "sia", "così fu", "fece".

6. 10. Da alcuni però è stata fatta un'osservazione che nemmeno io credo di dover passare sotto silenzio. Non senza motivo - essi affermano - avendo detto Dio: Vi sia un firmamento in mezzo alle acque per tener separate le acque dalle acque 7, all'autore sacro non parve sufficiente aggiungere: E così fu fatto, se non fosse stato aggiunto: E Dio fece il firmamento e separò le acque ch'erano al di sopra del firmamento dalle acque ch'erano al di sotto del firmamento 8. Essi per vero interpretano quest'aggiunta nel senso che - così dicono - è indicata la persona del Padre nella frase: E Dio disse: vi sia un firmamento in mezzo alle acque per tener separate le acque dalle acque. E così fu fatto; e di poi, per far comprendere ch'è stato il Figlio a fare ciò che dal Padre era stato detto, perché fosse fatto, pensano che fu aggiunto: E Dio fece il firmamento e

separò etc.

Con "sia" e "così fu" s'indica la persona del solo Padre o anche quella del Figlio?

6. 11. Ma quando precedentemente si legge: E così fu fatto, da chi dobbiamo intendere che fu fatto? Se dal Figlio, che bisogno c'era di dire prima: E Dio fece con quel che segue? Se invece la frase: E così fu fatto l'intenderemo come un'azione del Padre, allora non è più il Padre a dire e il Figlio a fare, e il Padre potrebbe fare qualcosa senza il Figlio, in modo che il Figlio in seguito potrebbe fare non la medesima cosa ma un'altra somigliante; ma ciò è contrario alla fede cattolica. Se al contrario l'azione di cui è detto: E così fu fatto, è la medesima che viene fatta allo stesso modo quando viene detto: E Dio fece, che cosa c'impedisce di supporre che Colui il quale espresse il comando fu parimenti colui che lo eseguì? Cotali esegeti vogliono forse che, anche escludendo l'affermazione della Scrittura: E così avvenne, nell'espressione: E Dio disse: Sia fatto, e poi nella seguente: E Dio fece s'intenda la persona del Padre solo nella prima e la persona dei Figlio nella seconda?

Altra ipotesi: la creazione è opera di tutta la Trinità?

6. 12. D'altra parte noi potremmo anche domandarci se dobbiamo intendere la frase: E Dio disse: Vi sia.... come se il Padre avesse dato un ordine al Figlio. Perché mai però la Scrittura non s'è preoccupata di presentarci anche la persona dello Spirito Santo? Forse che nelle tre frasi: E Dio disse: Vi sia... - E Dio fece - E Dio vide ch'è una cosa buona 9 si fa allusione alla Trinità? Ma non pare conciliabile con l'unità della Trinità il fatto che il Figlio agisse come se ne avesse avuto l'ordine e che lo Spirito Santo, senza che alcuno glie l'ordinasse, vedesse - di propria iniziativa - che è buono quanto era stato fatto. Poiché mediante quali parole avrebbe il Padre ordinato al Figlio di fare, dal momento ch'è proprio il Figlio la Parola originaria del Padre, mediante la quale è stata fatta ogni cosa 10? Oppure

proprio per il fatto che sta scritto: Vi sia un firmamento 11, questa azione di dire è forse il Verbo del Padre, il Figlio suo unico, in cui sono tutte le cose create anche prima d'esser create e tutto ciò ch'è in lui è vita? Poiché tutto ciò che da lui è stato fatto è vita in lui e precisamente vita creatrice, mentre sotto il suo potere è invece la creatura. In un modo sono dunque in lui le cose fatte da lui, poiché è lui che le governa e le contiene, in un modo diverso invece sono in lui le cose che sono lui stesso. Egli infatti è la vita, che in lui è di tal natura da essere identica a lui stesso, poiché egli, ch'è la vita, è la luce degli uomini 12. Nulla dunque sarebbe potuto essere prima dei tempi - un essere siffatto non è coeterno con il Creatore - o all'inizio del tempo o nel corso del tempo, salvo che la sua ragione - seppure è esatto chiamare ciò "la ragione" dell'essere da creare - vivesse d'una vita coeterna nel Verbo di Dio coeterno con il Padre. Per questo motivo la Scrittura, prima d'indicare ciascuna creatura secondo l'ordine in cui ne racconta la creazione, si riferisce al Verbo di Dio dicendo: E Dio disse: Vi sia [tale creatura]. Essa infatti non trova alcun'altra causa perché una cosa venga creata, se non perché la ragione per cui doveva esser creata si trova nel Verbo di Dio.

Ogni creatura ha la sua ragione nel Verbo.

6. 13. Dio dunque non disse: "Vi sia tale o tal'altra creatura" ogni volta che in questo libro viene ripetuta la frase: E Dio disse. Egli infatti ha generato un unico Verbo, mediante il quale ha detto tutte le cose prima che fosse creata ciascuna di esse. Ma il linguaggio della Scrittura, che si abbassa alla capacità intellettiva dei semplici, indicando a una a una le varie specie di creature, ha presente la ragione eterna di ciascuna loro specie nel Verbo di Dio. Senza ripetere quella ragione, tuttavia il libro sacro ripete: E Dio disse. Se infatti avesse voluto dire prima: "Fu fatto il firmamento in mezzo alle acque perché ci fosse la separazione delle acque dalle acque" 13 e gli fosse stato chiesto in qual modo fosse stato fatto il firmamento, avrebbe risposto giustamente: Dio disse: Sia fatto, ossia: "Era nel Verbo eterno di Dio la ragione perché fosse

fatto". Il libro [della Genesi] comincia dunque a esporre la creazione di ciascuna creatura partendo da ciò che, anche dopo la narrazione dell'opera compiuta, avrebbe dovuto rispondere per renderne ragione a chi gli avesse chiesto in qual modo fosse stata fatta.

Le cose, create mediante il Verbo, sussistono per la bontà dello Spirito Santo.

6. 14. Allorché dunque sentiamo: E Dio disse: Sia fatto, noi comprendiamo ch'era nel Verbo di Dio la ragione perché quella cosa fosse fatta. Quando invece sentiamo: E così fu fatto, noi comprendiamo che la creatura fatta non aveva oltrepassato i limiti fissati alla sua specie nel Verbo di Dio. Quando poi sentiamo: E Dio vide che è una cosa buona, noi comprendiamo che Dio, per la bontà del suo Spirito, si compiacque di essa, non come se l'avesse conosciuta dopo averla creata, ma che, una volta creata se ne compiacque - sicché potesse permanere nell'essere - grazie alla bontà per cui gli piacque prima che fosse fatta.

Che vuol dire: fece.

7. 15. Ci rimane quindi ancora da ricercare perché mai, dopo aver detto: E così fu fatto - con la quale frase s'indica il compimento già avvenuto dell'opera - la Scrittura aggiunse: E Dio fece, dal momento che, per il fatto stesso che dice: E Dio disse: Sia fatto ciò. E così fu fatto, si comprende già che Dio disse ciò col suo Verbo e fu fatto mediante il suo Verbo, e da quelle parole può già apparire non solo la persona del Padre ma anche quella del Figlio. Poiché, se viene ripetuto e viene detto: E Dio fece, per indicare la persona del Figlio, bisognerebbe forse pensare che non fu per mezzo del Figlio che Dio radunò il terzo giorno l'acqua affinché apparisse la terraferma, per il fatto che in quel passo non è detto: "E Dio fece far radunare l'acqua" oppure: "E Dio radunò l'acqua"! Eppure anche in quel passo, dopo la frase: E così fu fatto, la Scrittura ripete dicendo: E l'acqua ch'è sotto il cielo fu radunata 14. Forse che anche la luce non fu fatta per

mezzo del Figlio per il fatto che in quel passo la frase non è affatto ripetuta? Anche in quel passo l'agiografo avrebbe potuto dire: "E Dio disse: Sia fatta la luce. E così fu 15. E Dio fece la luce. E vide ch'è una cosa buona" o per lo meno, come a proposito dell'ammasso delle acque [in un sol luogo], senza dire: "E Dio fece", avrebbe potuto ripetere soltanto: "E Dio disse: Vi sia la luce. E così fu. E la luce fu fatta. E Dio vide che la luce è una cosa buona". Ma senz'affatto ripetere, dopo aver enunciato: E Dio disse: Vi sia la luce, aggiunge unicamente: E la luce fu fatta e in seguito, senza ripetere la [solita] formula, riferisce il compiacimento [di Dio] per la luce, la separazione di questa dalle tenebre e i nomi con cui furono denotate la luce e le tenebre.

Perché, a proposito della luce, non fu aggiunto: e Dio fece.

8. 16. Che significa dunque la suddetta ripetizione in tutto il resto del racconto? Forse che in tal modo ci si vuol fare intendere che nel primo giorno, in cui fu creata la luce, con il termine "luce" viene denotata la creazione della creatura spirituale e intellettuale, natura che comprende gli angeli santi e le Virtù? Forse, per questo, dopo aver detto: E la luce fu fatta, [la Scrittura] non ripete il fatto per la ragione che la creatura razionale non conobbe prima la sua formazione e di poi fu formata, ma la conobbe proprio nella sua formazione, cioè mediante la luce della Verità voltandosi verso la quale essa fu formata, mentre le creature inferiori ad essa vengono create essendo fatte dapprima nella conoscenza della creatura razionale e di poi nella loro propria specie? Per questo motivo la creazione della luce è dapprima nel Verbo di Dio secondo la ragione mediante la quale è creata, cioè nella Sapienza sussistente in eterno con il Padre, e in seguito nella creazione stessa della luce secondo la natura creata, e cioè: nel Verbo, luce non creata, ma generata; negli angeli, luce creata poiché formata col passare dal suo [primordiale] stato informe. Ecco perché Dio disse: Vi sia la luce. E la luce fu fatta 16, affinché ciò ch'era già nel Verbo fosse poi nell'opera. La creazione del cielo, al contrario, era dapprima nel Verbo di Dio in

quanto Sapienza generata, di poi fu effettuata nella creatura spirituale, cioè nella conoscenza degli angeli in quanto sapienza creata in essi: in seguito fu fatto il cielo, perché ormai lo stesso cielo esistesse come creatura costituita nella sua propria specie. Allo stesso modo avvenne anche la separazione o specificazione delle acque e delle terre, allo stesso modo furono fatte le diverse nature degli alberi e delle erbe, i luminari del cielo e gli esseri viventi nati dalle acque e dalla terra.

La conoscenza della ragione delle cose negli angeli e la loro creazione.

8. 17. Gli angeli infatti non vedono gli oggetti sensibili del nostro mondo solo con i sensi del corpo alla maniera degli animali bruti, ma, anche ammesso che si servano di qualche senso di tal genere, riconoscono piuttosto le realtà sensibili, che essi conoscono più perfettamente mediante la facoltà interiore nel Verbo di Dio dal quale vengono illuminati al fine di vivere nella sapienza, poiché in essi fu creata per prima la luce, se ammettiamo che nel primo giorno fu creata la luce spirituale. Allo stesso modo quindi che la ragione, per la quale viene creata una creatura, preesiste nel Verbo di Dio alla creatura che viene creata, così anche la conoscenza della stessa ragione è prodotta dapprima nella creatura intellettuale, non offuscata dal peccato, e in seguito viene creata la stessa creatura. Poiché non alla nostra maniera gli angeli facevano progressi per ottenere la sapienza contemplando con l'intelletto le invisibili perfezioni di Dio attraverso le opere da lui compiute 17. Essi invece, dal momento in cui furono creati, godono la visione dello stesso Verbo eterno mediante una santa e pia contemplazione e, riguardando di lassù le cose della terra alla luce della visione interiore, approvano le azioni giuste e riprovano quelle cattive.

Dio rivelò agli angeli gli esseri che volle creare.

8. 18. Non c'è però da meravigliarsi che ai suoi angeli santi, creati

per primi quando fu creata la luce, Dio mostrasse prima ciò che aveva intenzione di creare in seguito. Essi infatti non avrebbero potuto conoscere il pensiero di Dio se non nella misura in cui l'avesse loro mostrato. Chi mai, infatti, ha potuto conoscere il pensiero del Signore? O chi mai è stato suo consigliere? O chi è stato il primo a dargli qualcosa, sicché debba riceverne il cambio? Poiché tutte le cose derivano da lui, esistono in forza di lui e tutte tendono a lui 18. Da lui dunque gli angeli venivano a sapere il suo pensiero quando in loro si effettuava la conoscenza della creatura che sarebbe stata creata in seguito e che poi veniva creata nella sua propria specie.

Conclusione sulle formule del racconto genesiaco.

8. 19. Per conseguenza, dopo essere stata fatta la luce, termine con cui intendiamo la creatura razionale formata dalla luce eterna, allorché a proposito della creazione delle restanti creature noi sentiamo la frase: E Dio disse: Sia fatto, dobbiamo intendere l'intenzione della Scrittura rivolta all'eternità del Verbo di Dio. Quando invece sentiamo la frase: E così fu fatto, dobbiamo intendere che nella creatura intellettuale fu prodotta la conoscenza della ragione - esistente nel Verbo di Dio - della creatura che sarebbe stata creata, sicché questa fu in certo qual modo creata dapprima nella natura [intellettuale] che, per una sorta d'ispirazione antecedente fu la prima a conoscere, nel Verbo di Dio, che quella sarebbe stata creata. Quando alla fine sentiamo ripetere la frase: Dio fece, dobbiamo intendere che la stessa creatura è formata nella sua specie. Quando inoltre sentiamo dire: E Dio vide ch'è una cosa buona, dobbiamo intendere che la bontà di Dio si compiacque dell'opera fatta affinché sussistesse conforme alle leggi della sua specie l'opera che si era compiaciuto di fare quando lo Spirito di Dio aleggiava sulle acque 19.

La Scrittura vuole insegnare la salvezza dell'anima, non la figura del cielo o verità scientifiche.

9. 20. Di solito si pone altresì il quesito su quale forma e figura dobbiamo credere abbia il cielo stando alle nostre Scritture. Molti infatti discutono molto su questi argomenti che invece i nostri scrittori sacri con maggior saggezza hanno lasciato da parte, poiché a coloro che li studiano non giovano per ottenere la felicità e, ciò che è peggio, occupano spazi di tempo molto preziosi che dovrebbero essere impiegati per i problemi della salvezza eterna. Che importa infatti se il cielo racchiude da ogni parte, come una sfera, la terra mantenuta in equilibrio al centro del mondo oppure la copra come un disco solo dalla parte superiore? Ma qui è in gioco la credibilità della Scrittura per il motivo più volte da me ricordato. Occorre cioè evitare che uno, il quale non comprende la sacra Scrittura, incontrando nei nostri libri [sacri] o sentendo da altri citare qualche testo [sacro] relativo a tali argomenti che gli pare in contrasto con le verità da lui conosciute con evidenza mediante la ragione, non presti affatto fede agli altri utili insegnamenti o racconti o profezie della stessa Scrittura. Ecco perché è necessario dire in breve che i nostri agiografi conoscevano quanto è conforme alla verità per ciò che riguarda la figura del cielo, ma lo Spirito di Dio, che parlava per mezzo di essi, non ha voluto insegnare agli uomini queste cognizioni per nulla utili alla salvezza dell'anima.

La Scrittura non può essere in contraddizione con se stessa o con la scienza.

9. 21. Ma - dirà qualcuno - come mai non è in contrasto con l'opinione di coloro, i quali attribuiscono al cielo la figura d'una sfera, quanto sta scritto nei nostri Libri sacri e cioè: Tu che hai steso il cielo come una pelle 20? Ciò sarà senz'altro contrario se è falso quanto affermano coloro; poiché sono vere le affermazioni della divina Scrittura anziché le congetture dell'umana infermità. Ma se per caso quelli potessero provare la loro opinione con argomenti di

cui non si dovrebbe dubitare, bisognerebbe dimostrare che l'immagine della pelle usata dai nostri Libri sacri non è in contraddizione con quelle argomentazioni razionali, altrimenti ci sarebbe una contraddizione anche nelle stesse nostre Scritture rispetto a un altro passo in cui si dice che il cielo sta sospeso come una volta 21. In realtà che c'è di tanto diverso e contrario quanto la superficie piana e distesa d'una pelle e la curva d'una volta convessa? Se invece è necessario - com'è necessario - intendere queste due affermazioni in modo da trovarle entrambe concordanti e non contrastanti fra loro, è ugualmente anche necessario che l'una e l'altra di esse non siano in contraddizione con le dimostrazioni - purché riconosciute vere da una sicura ragione - con le quali si mostra che il cielo ha la figura d'una sfera da ogni parte convessa, sempre tuttavia che ciò sia provato.

Come spiegare le immagini di "volta" e di "pelle" usate per indicare il cielo.

9. 22. D'altra parte l'immagine della volta usata dalla Scrittura, anche se presa alla lettera, non si oppone a coloro che parlano d'una sfera; poiché a giusta ragione si può credere che la Scrittura ha voluto parlare della forma del cielo solo rispetto alla parte ch'è al di sopra di noi. Se dunque il cielo non è sferico, è una volta solo dalla parte in cui il cielo copre la terra; se invece è sferico, esso è una volta in ogni sua parte. Una difficoltà maggiore presenta invece l'immagine della pelle se miriamo ad evitare la contraddizione non solo con quella della sfera - che forse è un'immaginazione umana - ma proprio con l'immagine che abbiamo della volta. Quale significato allegorico abbia a mio parere questo passo si trova nel tredicesimo libro delle nostre Confessioni 22. Sia dunque che il cielo disteso come una pelle si debba intendere nel senso ivi esposto, sia che lo si debba intendere in qualche altro senso, per i sostenitori pedanti ed eccessivi dell'esegesi letterale dirò una cosa che credo sia chiara per tutte le intelligenze. Ambedue le immagini, della pelle e della volta, possono intendersi forse in senso figurato, ma bisogna vedere come l'una e

l'altra possa intendersi alla lettera. Se infatti una volta può chiamarsi correttamente non solo curva ma anche piatta, certamente anche una pelle può essere stesa non solo come una superficie piana ma anche in forma d'una tasca rotonda. In realtà sono una pelle non solo un otre ma anche una vescica.

Il moto del cielo e l'appellativo di "firmamento".

10. 23. Riguardo al moto celeste alcuni fratelli pongono il quesito se il cielo stia fermo oppure si muova. Poiché, se si muove - dicono - come mai può essere "firmamento"? Se invece sta fermo, come mai le stelle, che si crede siano fisse in esso, ruotano da Oriente a Occidente, mentre quelle settentrionali compiono giri più brevi verso il polo? Sembrerebbe quindi che il cielo, se esiste al vertice opposto un altro polo a noi nascosto, gira come una sfera e, se non esiste nessun altro polo, come un disco. Io rispondo loro che, per sapere con sicurezza se le cose stiano o non stiano così, occorrono ricerche razionali molto delicate e laboriose, per dedicarmi alle quali e svolgerle non solo io non ho più il tempo, ma non debbono averne neppure coloro che noi desideriamo istruire per la loro salvezza e per il bene ch'esige la santa Chiesa. Costoro dunque sappiano che da una parte il termine "firmamento" non ci costringe a credere che il cielo sia immobile, dato che si può pensare sia stato chiamato "firmamento" non già a causa della sua immobilità, ma della sua solidità o a causa del limite invalicabile che separa le acque superiori da quelle inferiori; d'altra parte se la verità [scientifica] ci persuade che il cielo è immobile, il moto degli astri non c'impedisce di pensare che sia così. Inoltre anche da quelli stessi che hanno fatto queste ricerche con la massima diligenza e con tutto il tempo disponibile, è stato scoperto che anche nel cielo immobile, con il solo moto circolare degli astri, si potevano produrre tutti i fenomeni [astronomici] notati ed osservati nelle stesse rivoluzioni siderali.

Le acque separate dalla terra e l'informità di questa.

11. 24. E Dio disse: L'acqua ch'è sotto il cielo si raccolga nella sua massa e appaia l'asciutto. E così avvenne. E l'acqua che è sotto il cielo si raccolse nella sua massa e apparve l'asciutto. E Dio chiamò "terra" l'asciutto e "mare" la massa delle acque. E Dio vide ch'è una cosa buona 23. Di quest'opera di Dio abbiamo già trattato abbastanza nel nostro primo libro 24, dovendo rispondere a un altro quesito. Qui perciò diamo un breve avvertimento: se per caso uno non si preoccupa di sapere quando furono create le forme specifiche delle acque e delle terre, può ammettere che in quel giorno fu fatta solo la separazione di questi due elementi inferiori. C'è però chi si preoccupa di sapere perché mai la luce e il cielo furono fatti in giorni diversi, mentre l'acqua e la terra furono fatte al di fuori dei giorni o prima di tutti i giorni e perché la luce e il cielo furono fatti mediante la Parola di Dio che diceva: Sia fatto, mentre si trova scritto che l'acqua e la terra furono sì separate mediante la Parola di Dio ma furono create senza che Dio pronunciasse alcuna parola. Costui può, senza pregiudizio della fede, intendere la cosa nel senso che le parole la terra era invisibile e confusa 25 - parole dette prima dell'enumerazione dei giorni, quando la Scrittura spiega di qual natura era la terra fatta da Dio, avendo detto in precedenza: Nel principio Dio creò il cielo e la terra 26 - vogliono soltanto suggerire lo stato informe della materia fisica, e ciò perché la Scrittura preferisce denotarla con termini più comuni che oscuri; purché tuttavia una persona tarda d'ingegno, per il fatto che la Scrittura separa a parole la materia e la forma, non si formi inavvertitamente una falsa idea e tenti di separarle anche nel tempo, come se prima esistesse la materia e in seguito, dopo un certo lasso di tempo, fosse aggiunta la forma, mentre Dio le ha create ambedue simultaneamente e ha costituito una materia formata, la cui informità è denotata dalla Scrittura in precedenza - come ho già detto - con i termini usuali di "terra" e di "acqua". In realtà la terra e l'acqua, benché esistano anche con le proprietà che vediamo essere possedute da esse, tuttavia a causa della facilità, con cui si corrompono, sono

più vicine allo stato informe che non i corpi celesti. Inoltre, poiché tutte le opere [della creazione] compiute nei diversi giorni vengono descritte come formate a partire da uno stato informe ciascuna nel suo proprio giorno e l'agiografo aveva già narrato che il cielo era stato creato a partire da questa materia fisica - la cui natura è molto diversa da quella delle cose terrestri - adesso, trattandosi di quel che restava da formare mediante quella materia nella più bassa graduatoria degli esseri, non ha voluto includerlo nella successione ordinata delle cose usando l'espressione: Sia fatto. Il resto di questa informità non era destinato a ricevere una forma simile a quella ricevuta dal cielo, ma una inferiore e di minor pregio e molto vicina allo stato informe. Per conseguenza la Scrittura preferisce usare un'altra espressione dicendo: Si ammassino le acque e: Appaia l'asciutto 27; in tal modo questi due elementi ricevettero le loro particolari forme specifiche che ci sono ben note e possiamo toccare con le mani, l'acqua mobile, la terra immobile: e di quella è detto: si ammassi, di questa: appaia; l'acqua infatti è dolcemente fluida mentre la terra solidamente ferma.

La creazione dei vegetali.

12. 25. E Dio disse: La terra produca erbe del prato che portino seme secondo la loro specie e la loro somiglianza, e alberi fruttiferi che producano sulla terra frutti contenenti seme in se stessi. E così avvenne. E la terra fece spuntare erbe del prato per il nutrimento contenenti in sé il seme secondo la loro specie e la loro somiglianza, e alberi fruttiferi portanti ciascuno frutto e contenenti il loro seme in se stessi conforme alla loro specie sulla terra. E Dio vide ch'è una cosa buona. E venne sera e poi mattina: terzo giorno 28. A questo punto occorre considerare il modo d'agire del [sommo] Ordinatore. Le erbe e gli alberi, quanto alla loro specie, sono creature distinte dalla terra e dalle acque; non potendosi annoverare tra gli elementi, con un ordine distinto fu ordinato che uscissero dalla terra e in un modo distinto sono state applicate le solite formule ed anche quest'altra: E così avvenne, ed in seguito è stato ripetuto ciò che fu

fatto; in modo anche distinto è indicato che Dio vide ch'è una cosa buona. Ciononostante, poiché queste creature restano fisse con le loro radici, unite e attaccate alla terra, Dio volle che la loro creazione appartenesse al medesimo giorno.

Creazione dei luminari.

13. 26. E Dio disse: Ci siano dei luminari nel firmamento del cielo perché risplendano per l'inizio del giorno e della notte e distinguano il giorno dalla notte e servano da segni per indicare i tempi, i giorni e gli anni e servano da luce nel firmamento del cielo, per far luce sulla terra. E così avvenne. Dio fece i due luminari grandi: il luminare maggiore per l'inizio del giorno e il luminare minore per l'inizio della notte, e le stelle. Dio le pose nel firmamento del cielo perché splendessero sulla terra e fossero per [indicare] l'inizio del giorno e della notte e perché distinguessero la luce dalle tenebre. E Dio vide ch'è una cosa buona. E venne sera e poi mattina: quarto giorno 29. A proposito di questo quarto giorno ci si deve chiedere che significa questa successione ordinata con cui furono create o divise la terra dall'acqua e la terra produsse germogli prima che fossero creati gli astri nel cielo. Non possiamo infatti dire che furono scelte le creature più eccellenti con cui distinguere la serie dei giorni cosicché l'ultimo e quello di mezzo spiccassero per una bellezza maggiore, dal momento che il quarto giorno è nel mezzo dei sette. Si può infatti obiettare che nel settimo giorno non fu fatta alcuna creatura. Forse che la luce del primo giorno corrisponde meglio al riposo del settimo e perciò in tal modo viene ordita la trama di questa successione ordinata, in cui gli estremi si corrisponderebbero, mentre al centro avrebbero risalto i luminari del cielo? Se però il primo giorno corrisponde al settimo, anche il secondo deve per conseguenza corrispondere al sesto. Ma quale somiglianza ha il firmamento del cielo con l'uomo fatto ad immagine di Dio? Forse perché il cielo occupa tutta la parte superiore del mondo, e all'uomo è stato dato il potere di dominare su tutta la parte inferiore? Ma che dire degli animali e delle bestie che la terra produsse nel medesimo sesto

giorno ciascuno secondo la sua specie? Qual rapporto può esserci tra essi e il cielo?

L'ordine e la finalità della creazione.

13. 27. O non era forse piuttosto logico che, essendo prima intesa la formazione della creatura spirituale sotto il nome di luce, fosse fatta anche la creatura materiale, cioè il nostro mondo visibile, che fu creato in due giorni a causa delle due grandi parti di cui risulta composto l'universo, e cioè il cielo e la terra, secondo l'analogia per cui anche tutto l'insieme della creatura spirituale e materiale è spesso chiamato "cielo e terra"? In tal modo anche la massa d'aria assai spesso agitata farebbe parte della sfera terrestre poiché si condensa a causa delle evaporazioni umide, mentre, al contrario, se c'è una regione tranquilla dell'atmosfera, ove non si possono formare moti di venti e di tempeste, questa apparterrebbe alla sfera celeste. Una volta creata questa massa dell'universo fisico, situato completamente in un sol luogo ov'è collocato il mondo, era logico fosse riempito di esseri, che quali parti nel tutto potessero spostarsi da un luogo a un altro mediante movimenti appropriati. Questa facoltà non l'hanno invece né l'erbe né gli alberi, poiché sono fissi con le radici alla terra e, benché siano dotati di movimenti appropriati alla loro crescita, non possono tuttavia spostarsi dal loro luogo con i loro sforzi, ma là si nutrono e crescono ove sono fissi e perciò appartengono alla terra piuttosto che alla specie degli esseri che si muovono nelle acque e sulla terra. Poiché dunque alla costituzione del mondo visibile, cioè del cielo e della terra, sono stati assegnati due giorni, resta che i rimanenti tre giorni vengano assegnati alla creazione degli esseri dotati di movimento e visibili che ne fanno parte. E allo stesso modo che il cielo fu creato al principio, così prima dev'essere sistemato con gli esseri della stessa specie: ecco perché al quarto giorno vengono create le stelle, mediante la luce delle quali, diffusa sulla terra, venga illuminata anche la regione inferiore del mondo affinché i suoi abitanti non vengano inviati in un'abitazione invasa dalle tenebre. E perciò, poiché a causa della loro debolezza fisica gli

abitanti del mondo inferiore hanno bisogno, per riprender forza, del riposo che subentra ai movimenti, fu fatto sì che il giro del sole e l'alternarsi del giorno e della notte procurasse loro l'alternarsi del sonno e della veglia senza che la notte restasse priva di bellezza ma, con la luce della luna e delle stelle, fosse di sollievo a quegli uomini costretti a lavorare per necessità anche durante la notte, e fosse illuminata a sufficienza per alcuni animali che non possono tollerare la luce del sole.

Relazione tra i luminari e la successione dei giorni e delle notti.

14. 28. Quanto poi alle parole: Servano da segni per i tempi, per i giorni e per gli anni 30, chi non vede quanto oscura è l'espressione secondo cui i tempi sarebbero cominciati il quarto giorno come se i tre giorni precedenti fossero potuti passare al di fuori del tempo? Chi dunque potrebbe capire come quei tre giorni trascorsero prima che avessero inizio i tempi che, secondo l'affermazione della Scrittura, cominciarono il quarto giorno o se quei giorni trascorsero davvero? O forse il termine "giorno" denota la forma specifica della cosa creata e quello di "notte" la mancanza della forma? Così, con il nome di "notte" sarebbe stata indicata la materia ancor priva della forma specifica, la materia cioè con cui si sarebbero dovute formare tutte le altre cose, allo stesso modo che anche nelle cose, sebbene formate, si può tuttavia intendere l'informità della materia considerandone proprio la mutevolezza, poiché non si può distinguere come se fosse una cosa più lontana nello spazio o anteriore nel tempo. O forse il termine "notte" denoterebbe piuttosto, perfino quando si tratta d'una cosa creata e formata, la medesima mutabilità, ossia la possibilità di cessare - per così dire - d'essere, poiché nelle cose create è insita la possibilità di mutare, anche se non cambiano? Riguardo alla sera e al mattino, sono termini con cui non sarebbe denotato un tempo passato o futuro ma un certo limite, grazie al quale si capirebbe fin dove può arrivare il modo d'essere proprio della natura particolare d'ogni giorno e da qual momento comincia in seguito un'altra natura? Oppure si deve forse indagare

più accuratamente qualche altra spiegazione di queste parole?

In qual senso e di che cosa gli astri sono "segni".

14. 29. Quando la Scrittura, a proposito degli astri, dice: Servano da segni 31, chi potrebbe, senza fatica, penetrarne il senso occulto e dire di quale specie di segni essa parla? La Scrittura infatti non parla di segni, l'osservanza dei quali è indice di vanità, ma evidentemente di quelli utili e necessari all'esigenze di questa vita come quelli che osservano i marinai per governare le loro navi o che osservano gli uomini per prevedere le condizioni atmosferiche durante l'estate e l'inverno, durante la stagione autunnale e primaverile. D'altra parte la Scrittura chiama senza dubbio "tempi" questi che scorrono col moto degli astri, non la durata dei vari spazi di tempo, ma le variazioni atmosferiche e quelle del clima. Se infatti la creazione di questi corpi luminosi fu preceduta da un qualche movimento di natura fisica o spirituale affinché una cosa, attesa per il futuro, divenisse passata attraverso il presente, non poté esistere senza che esistesse anche il tempo. E d'altronde chi potrebbe sostenere che il tempo cominciò solo con la creazione degli astri? Ma l'indicazione precisa delle ore, dei giorni e degli anni, la cui conoscenza ci è abituale, non si potrebbe avere se non mediante il movimento degli astri. Supponiamo pertanto d'intendere "i tempi", i giorni, gli anni in tal senso, cioè come alcune suddivisioni del tempo, misurate dagli orologi o dai moti del cielo che noi conosciamo, quando il sole sorge dall'Oriente fino a raggiungere il suo zenit e di lì cala in senso opposto fino all'Occidente affinché, subito dopo il suo tramonto, possiamo vedere la luna oppure qualche altro astro spuntare dall'Oriente, salire fino allo zenit ad indicare la mezzanotte e poi tramontare quando, al ritorno del sole, appare il mattino: un giorno corrisponde allora al giro completo del sole da Oriente a Oriente; gli anni, al contrario, o corrispondono alle rivoluzioni regolari del sole - non a quelle che compie nel tornare all'Oriente come fa ogni giorno ma a quelle che compie nel tornare in prossimità dei medesimi luoghi delle costellazioni; cioè le effettua solo dopo il trascorrere di

365 giorni e 6 ore le quali sono la quarta parte del giorno - frazione che, ripetuta quattro volte, costringe ad intercalare un giorno chiamato dai Romani "bisèsto", affinché il sole torni al punto di partenza della sua rivoluzione; oppure si tratta di anni anche più lunghi e piuttosto misteriosi, poiché si dice che si compiono anni più lunghi misurati dalle rivoluzioni degli altri astri -; se dunque dobbiamo intendere i tempi, i giorni e gli anni in questo senso, nessuno dubita che siano misurati dagli astri e dai luminari del cielo. La Scrittura infatti si esprime in modo ch'è incerto se la frase: Servano da segni per i tempi, per i giorni e gli anni si riferisce a tutti gli astri oppure se i segni e i tempi sono in rapporto agli altri astri e gli anni e i giorni soltanto in rapporto al sole.

In qual fase fu creata la luna?

15. 30. Molti, inoltre, indagano esprimendosi con un diluvio di ciance, in quale stato fu creata la luna. Volesse il cielo ch'essi parlassero come persone impegnate nella ricerca e non piuttosto a farla da maestri! Essi infatti dicono che fu creata piena poiché non era conveniente che Dio, a proposito degli astri, facesse qualcosa d'imperfetto nel giorno in cui la Scrittura dice che furono creati. Coloro che si oppongono a questa opinione obiettano: "La luna dunque doveva essere al suo primo giorno e non al decimoquinto; chi mai infatti comincia a contare da questo numero?". Io invece sto a ugual distanza tra gli uni e gli altri senza difendere nessuna delle due opinioni, ma affermo chiaramente che Dio creò la luna perfetta sia che la creasse quando è al novilunio che quando è nel plenilunio. Dio infatti è l'autore e ordinatore delle stesse nature. Orbene, tutto ciò che una cosa produce in qualsiasi modo con un processo naturale attraverso tempi convenienti, lo conteneva anche prima allo stato latente, se non nella sua forma visibile o nella sua massa corporea, almeno nella sua essenza e nella ragione della propria natura, salvo che si debba dire che un albero, privo di frutti e spogliato delle sue foglie durante l'inverno, è imperfetto, oppure che, anche nei suoi primordi quando non aveva dato alcun frutto, quella natura era

imperfetta. Ma ciò non sarebbe giusto affermarlo non solo dell'albero ma nemmeno del suo germe, in cui tutto ciò che si sviluppa in un modo o in un altro, in progresso di tempo, rimane latente sotto forme invisibili. D'altronde, anche se si affermasse che Dio fece qualcosa d'imperfetto perché lo rendesse perfetto in seguito lui stesso, che ci sarebbe di biasimevole in una tale opinione? Sarebbe giustamente da riprovare se si affermasse che fu resa perfetta da un altro una cosa iniziata da lui.

Si spiegano le varie fasi della luna.

15. 31. Coloro dunque che, a proposito della terra creata da Dio quando egli fece il cielo e la terra, non si lamentano ch'essa era invisibile e caotica ma poi al terzo giorno fu resa visibile e disposta in ordine, perché mai si creano problemi avvolti da oscuri misteri a proposito della luna? Oppure, se ciò che la Scrittura dice a proposito della terra lo interpretano non come fatti avvenuti nel corso del tempo, avendo Dio creato simultaneamente la materia insieme alle cose, ma come si possono esporre in un racconto, perché mai a proposito d'un fatto che si può osservare pure con gli occhi, non vedono che la massa della luna è intera e perfetta in tutta la sua rotondità anche quando risplende in forma di falce, sia che cominci sia che termini di proiettare la sua luce sulla terra? Se dunque in essa la luce cresce arrivando alla sua completezza e decresce, non è la luna stessa a mutare ma la parte che viene illuminata. Se, al contrario, essa risplende sempre da una sola parte della sua piccola sfera, pare crescere mentre rivolge quella parte verso la terra sino a quando non si sia rivolta completamente - ciò che avviene dal primo giorno al decimoquarto -, essa è sempre piena ma non sempre appare così agli abitanti della terra. La spiegazione è la medesima anche se la luna è illuminata dai raggi del sole. Infatti anche così non può apparire, quando è vicina al sole, se non con i corni illuminati, poiché tutta l'altra faccia illuminata del suo globo è invisibile non essendo rivolta verso la terra; solo quando la luna si trova in opposizione al sole, appare alla terra l'intera sua faccia illuminata dal

sole.

Si spiega Ps 135, 8-9.

15. 32. Non mancano tuttavia di quelli che dicono di credere che la luna fu creata originariamente al suo quattordicesimo giorno, non perché si debba credere ch'essa sia stata creata piena, ma perché nella Scrittura le parole di Dio sono del seguente tenore: La luna fatta per l'inizio della notte 32. Ora, la luna appare all'inizio della notte solo quando è piena; altre volte, al contrario, comincia ad apparire anche durante il giorno prima d'esser piena e nel corso tanto più avanzato della notte, quanto più essa decresce. Ma chi per "inizio" della notte non intende se non il "dominio" sulla notte - poiché anche il testo greco indica ciò meglio usando il termine ἀρχήν, e nei Salmi sta scritto più chiaramente: [Ha fatto] il sole che presieda al giorno e la luna e le stelle che presiedano alla notte 33 - non è costretto a contare cominciando dal quattordicesimo giorno e credere che la luna sia stata creata originariamente al primo giorno della lunazione.

Hanno gli astri il medesimo splendore?

16. 33. Si è anche soliti discutere se questi luminari visibili del cielo, ossia il sole, la luna e le stelle abbiano uno splendore uguale ma, poiché hanno una distanza diversa dalla terra, appaiono perciò con uno splendore più o meno grande ai nostri occhi. Veramente, a proposito della luna, coloro che la pensano così non dubitano ch'essa splende meno del sole dal quale affermano ch'è illuminata. Essi però osano dire che molte stelle hanno la stessa grandezza del sole o sono anche più grandi ma, essendo situate più lontano, appaiono più piccole. Quanto a noi, comunque stia la cosa, ci basta sapere che gli astri sono stati creati da Dio. Dobbiamo tuttavia ritenere quanto è detto dall'autorità dell'Apostolo: Altro è lo splendore del sole, altro lo splendore della luna e altro lo splendore delle stelle; perché ogni stella differisce da un'altra quanto allo splendore 34. Essi però, pur

senza contraddire l'Apostolo, potrebbero ancora rispondere: "Differiscono - è vero - quanto allo splendore, ma solo allo sguardo degli abitanti della terra", oppure: "L'Apostolo si esprimeva così per analogia con coloro che risorgeranno e che alla vista non appariranno diversi da quello che sono in se stessi; gli astri, però, anche se considerati in se stessi, differiscono quanto a splendore, ma tuttavia alcuni sono anche più grandi del sole"; sta perciò ad essi di vedere come mai attribuiscono al sole una superiorità sì grande da affermare che trattiene con sé i suoi raggi spingendole a retrocedere nella loro corsa alcune stelle e proprio le principali, alle quali essi rivolgono le loro preghiere più che alle altre. Non è infatti verosimile che stelle più grandi o della stessa grandezza possano essere sopraffatte dalla veemenza dei suoi raggi. Oppure, se affermano che sono più grandi le stelle superiori delle costellazioni o del settentrione che non subiscono alcuna influenza da parte del sole, perché mai venerano maggiormente le stelle che girano lungo i segni dello zodiaco? Per qual motivo le presentano "domicili" delle costellazioni? Sebbene si sostenga che quelle retrocessioni, o forse ritardi degli astri, non dipendono dal sole, ma da altre cause più misteriose, dai loro libri appare tuttavia evidente che costoro nelle loro stravaganze con cui, allontanandosi dalla verità, congetturano il significato effettivo dei destini, attribuiscono al sole il più grande potere.

Le stelle sono diverse fra loro.

16. 34. Ma lasciamo che riguardo al cielo dicano ciò che vogliono coloro che sono estranei al Padre ch'è nei cieli; a noi invece non conviene né giova far ricerche più sottili su la distanza e la grandezza delle stelle e spendere in siffatta ricerca il tempo necessario a occupazioni più serie e più importanti. Noi d'altra parte preferiamo credere che sono più grandi di tutti gli altri luminari quelli ai quali la Scrittura dà risalto dicendo: Dio fece i due luminari grandi 35; essi però non sono uguali poiché la Scrittura, dopo aver dato loro la preminenza rispetto a tutti gli altri, aggiunge che sono

diversi tra loro. Dice infatti: Il luminare maggiore per l'inizio del giorno e il luminare minore per l'inizio della notte 36. Concederanno senz'altro, per lo meno, che quei luminari splendono evidentemente più degli altri sulla terra, e il giorno non splende se non grazie alla luce del sole e la notte, pur essendo visibili tante stelle, se manca la luna, non risplende come quando è illuminata dalla sua presenza.

Contro gli indovini poiché si basano su princìpi e calcoli falsi.

17. 35. Per quanto riguarda il destino [degli uomini] dobbiamo respingere assolutamente, per preservare l'integrità della nostra fede, i cavilli di qualunque specie e le presunte osservazioni scientifiche desunte dall'astrologia che i suoi seguaci chiamano ἀποτελέσματα; con tali disquisizioni infatti si sforzano di toglierci perfino i motivi di pregare e, nel caso di azioni cattive con tutta ragione biasimate, c'inducono con la loro falsa ed empia dottrina ad accusare Dio, creatore delle costellazioni, anziché l'uomo, autore delle scellerate azioni. Ma che le nostre anime non sono, per loro natura, soggette neppure all'influsso dei corpi celesti dovrebbero ascoltarlo anche dai loro filosofi. Che poi i corpi celesti non siano superiori ai corpi terrestri quanto ai fenomeni di cui essi si occupano, dovrebbero riconoscerlo una buona volta anche solo dal fatto che, sebbene molti corpi di specie diverse - d'animali, d'erbe o di piante - vengono seminati insieme in un medesimo istante e ne nascono innumerevoli altri in un medesimo istante, tuttavia non solo in luoghi diversi ma addirittura in un medesimo luogo della terra è tale e tanta la varietà del loro sviluppo, delle loro attività e delle loro malattie, che questi astrologi, se osservassero attentamente tali fenomeni, perderebbero davvero - come suol dirsi - le stelle.

Argomento contro gli astrologi; è il caso dei gemelli.

17. 36. Quando gli astrologhi vengono confutati vittoriosamente con questi fatti, che cosa c'è di più insulso e balordo dell'affermare che l'influsso esercitato dalle stelle sul destino riguarda solo gli uomini?

Anch'essi tuttavia proprio a proposito degli uomini vengono confutati con l'esempio dei gemelli, perché gli astrologhi ammettono che questi nascono per lo più sotto una medesima costellazione, mentre poi vivono in modo diverso e sono felici o infelici in misura diversa e muoiono anche in maniera diversa; poiché, anche se al momento d'essere partoriti esiste qualche intervallo tra l'uno e l'altro, nel caso di alcuni l'intervallo è tuttavia sì piccolo da non poter - essere calcolato da codesti astrologhi. Al momento della nascita di Giacobbe si costatò che la mano di lui, che veniva dopo di Esaù, teneva il calcagno del fratello che lo precedeva: fino al punto che [i gemelli] nacquero in modo da dare l'impressione che nascesse, per così dire, un unico bambino di dimensioni doppie 37. Certamente le loro "costellazioni", come le chiamano gli astrologhi, non potevano essere in alcun modo diverse. Che c'è dunque di più sciocco del credere che un astrologo, contemplando quelle costellazioni riguardo al medesimo oroscopo e alla medesima luna, avrebbe potuto predire che uno dei gemelli sarebbe stato benvoluto dalla madre e l'altro no? Se infatti avesse predetto un'altra cosa, avrebbe certamente predetto il falso; se invece avesse detto così, avrebbe detto di certo il vero ma non in base alle sciocche canzonette dei loro libri. Se invece non vogliono credere a questo racconto storico poiché è tratto dalle nostre Scritture, potranno forse distruggere anche la natura delle cose? Poiché dunque affermano di non ingannarsi affatto nel caso che hanno conosciuto l'ora del concepimento, non disdegnino almeno di prendere in considerazione - in quanto uomini - il concepimento di gemelli.

Perché alle volte gli indovini predicono il vero.

17. 37. Si deve quindi ammettere che quando costoro predicono il vero, le loro predizioni sono causate da un'ispirazione affatto misteriosa che le menti umane subiscono a loro insaputa. Ma quando ciò accade per ingannare gli animi è opera di spiriti seduttori: a questi è permesso di conoscere certe verità relative ai fenomeni temporali non solo a causa dei loro sensi più acuti poiché

posseggono corpi di natura più sottile dei nostri e non solo a causa di un'esperienza meglio informata grazie alla loro vita più lunga, ma anche grazie agli angeli santi che rivelano loro quanto apprendono dall'onnipotente Dio, anche dietro ordine di Colui che distribuisce agli uomini i meriti secondo una giustizia perfetta e assai misteriosa. Talvolta al contrario questi medesimi spiriti malvagi, facendo finta di pronosticarlo, rivelano ciò che hanno intenzione di fare essi stessi. Ecco perché un buon cristiano deve guardarsi non solo dagli astrologhi ma anche da qualsiasi indovino che usi mezzi contrari alla religione, soprattutto quando dicono il vero, per evitare che ingannino l'anima mettendola in rapporto con i demoni e la irretiscano in una specie di patto d'alleanza con loro.

Si suole indagare se le stelle sono animate da spiriti.

18. 38. Si è soliti porre anche il quesito se questi luminari visibili del cielo siano solo dei corpi o abbiano ciascuno uno spirito che li governi e, qualora li avessero, se ricevono da questi spiriti anche il soffio vitale, come la carne riceve la vita dall'anima degli animali, o se gli spiriti li governano con la sola presenza pur restando distinti da quelli. Sebbene sia difficile saperlo, credo tuttavia che nel corso della presente esposizione delle Scritture potranno presentarsi dei passi più adatti con cui sarà possibile, se non dimostrare qualcosa di certo, almeno mettere in chiaro su questo problema la nostra fede secondo le norme della sacra Scrittura. Per ora, osservando sempre una saggia e religiosa prudenza, non dobbiamo, a proposito d'un problema sì oscuro, credere nulla temerariamente, per evitare che, se in seguito si venisse a scoprire la verità, sebbene questa non possa essere affatto in contraddizione con i Libri sacri dell'Antico e del Nuovo Testamento, la rifiutassimo tuttavia per affezione al nostro errore. Ma ormai dobbiamo passare al terzo libro della nostra opera.

LIBRO TERZO

Creazione degli animali dall'acqua e dalla terra: relazione tra questi elementi.

1. 1. E Dio disse: Le acque produrranno rettili dotati di anime viventi e uccelli che volino lungo il firmamento del cielo al di sopra della terra. E ciò avvenne. Dio creò anche i grandi cetacei e tutti i rettili prodotti dalle acque secondo la loro specie e i volatili alati secondo la loro specie. E Dio vide che sono esseri buoni. Dio li benedisse dicendo: Crescete e moltiplicatevi e riempite le acque nel mare, e i volatili si moltiplichino sulla terra. E venne sera e poi venne mattina: il quinto giorno 1. Vengono ora creati, nella parte inferiore del mondo, gli esseri che sono mossi dallo spirito vitale, e in primo luogo quelli che vivono nelle acque, l'elemento più vicino alla natura propria dell'aria, poiché l'aria è così vicina al cielo, ove sono i luminari, che ha ricevuto anch'essa il nome di "cielo"; ma non so se può chiamarsi anche "firmamento". Il termine "cielo" al plurale si usa per denotare la medesima identica realtà che viene denotata con il termine "cielo" al singolare. Sebbene, infatti, in questo libro il cielo, che divide le acque superiori da quelle inferiori, sia usato al singolare, tuttavia nel Salmo è detto: Le acque che sono al di sopra dei cieli, lodino il nome del Signore 2, e l'espressione "cielo dei cieli", se ben comprendiamo, denota la regione siderale superiore dei cieli inferiori. Questi cieli l'intendiamo così anche nel medesimo Salmo ove è detto: Lodatelo, cieli dei cieli 3. È ben evidente che l'aria della nostra atmosfera è chiamata dalla Scrittura non solo "cielo" ma anche "cieli"; allo stesso modo che noi diciamo anche "le terre" volendo indicare soltanto quella che chiamiamo "terra" al singolare quando diciamo "globo delle terre" e "globo della terra".

Difficoltà a proposito del diluvio.

2. 2. In una delle lettere chiamate canoniche leggiamo che anche i

cieli dell'atmosfera andarono distrutti a causa del diluvio 4. Infatti l'elemento liquido, che era cresciuto tanto da superare di quindici cubiti le cime delle montagne più alte 5, non poté raggiungere gli astri. Ma poiché esso aveva riempito tutto o quasi tutto lo spazio di quest'atmosfera d'aria più umida in cui volano gli uccelli, quella lettera scrive che perirono quelli ch'erano stati i cieli. Io non so come si possa intendere ciò se non nel senso che quest'aria nello stato più denso fu trasformata in acqua, altrimenti questi cieli non sarebbero scomparsi allora ma sarebbero stati elevati più in alto quando l'acqua occupava il loro spazio. Attenendoci pertanto all'autorità di quella lettera noi preferiamo credere che quei cieli andarono distrutti e che altri cieli, come in essa sta scritto, furono messi al loro posto 6 dopo essersi naturalmente diffusi i vapori umidi, anziché credere che quei cieli furono spinti in alto in modo da occupare lo spazio ch'è proprio del cielo superiore.

Affinità di natura dell'acqua e dell'aria.

2. 3. In rapporto alla creazione degli esseri destinati ad abitare questa parte inferiore del mondo denotata spesso globalmente con il nome di terra, era conveniente che prima fossero prodotti gli animali tratti dalle acque e poi quelli tratti dalla terra; e ciò per il fatto che l'acqua è tanto simile all'aria che, secondo i dati dell'esperienza, si condensa a causa dei suoi vapori e produce il soffio delle tempeste, cioè il vento, e addensa le nubi e può sostenere il volo degli uccelli. È vero pertanto, come dice uno dei nostri poeti pagani, che l'Olimpo sorpassa le nubi esulle sue vette regna la pace 7. Si dice infatti che sulla vetta dell'Olimpo l'aria sia tanto rarefatta che non è né offuscata da nubi né turbata dal vento né può sostenere il volo degli uccelli e che, se alcuni salgono per caso fin lassù, l'aria non è abbastanza densa per mantenerli in vita, come invece sono abituati [a vivere] nell'aria di quaggiù; ma ciononostante è anch'essa aria e perciò si mescola con le acque per la sua natura ch'è simile a quelle e pertanto si crede che anch'essa si mutasse nella sostanza liquida al tempo del diluvio. Poiché non è pensabile ch'essa occupasse una parte del cielo

sidereo allorché l'acqua arrivò a sorpassare i monti più alti.

Mutua trasformazione degli elementi, secondo l'opinione di alcuni.

3. 4. Riguardo alla trasmutazione degli elementi esiste d'altronde una discussione non piccola anche tra coloro stessi che hanno esaminato questi fenomeni con gran diligenza senz'essere occupati in altre faccende. Alcuni infatti dicono che tutto può mutarsi e trasformarsi in tutto; altri al contrario affermano che ciascun elemento ha qualcosa di esclusivamente proprio, che non può in alcun modo trasformarsi nella natura d'un altro elemento. Di questo problema tratteremo forse a suo tempo, se piacerà al Signore; adesso invece, per quanto concerne l'argomento che stiamo trattando, ho creduto opportuno di farne solo un cenno per far capire che nella narrazione dei fatti è stato osservato un ordine secondo il quale era conveniente narrare la creazione degli animali acquatici prima di quelli terrestri.

I quattro elementi.

3. 5. Non si deve però pensare affatto che la Scrittura abbia omesso di parlare d'alcun elemento di questo mondo, che - come tutti ritengono per certo - risulta dei quattro elementi ben noti, per il fatto che in questo passo la Scrittura sembra ricordare solo il cielo, l'acqua e la terra, senza invece dire nulla dell'aria. Le nostre Scritture infatti sono solite chiamare il mondo con i termini di cielo e terra o aggiungere talvolta anche il mare. Si comprende quindi che l'aria fa parte del cielo, negli spazi perfettamente sereni e tranquilli dei suoi strati superiori, o fa parte della terra a causa di questa nostra zona soggetta alle tempeste e nuvolosa, la quale si condensa a causa dei suoi vapori umidi, sebbene anch'essa molto spesso sia denotata con il nome di "cielo". Ecco perché la Scrittura non dice: "Le acque producano rettili dotati d'anime viventi", e poi: "L'aria produca volatili che volino al di sopra della terra", ma narra che entrambe le specie di animali furono prodotte dalle acque. Tutta la massa delle

acque, dunque, sia quella scorrente in forma di fluide onde, sia quella leggera e sospesa sotto forma di vapore - quella essendo destinata ai rettili dotati d'anime viventi, questa ai volatili - nell'uno e nell'altro stato è tuttavia considerata come sostanza liquida.

Relazione dei cinque sensi dell'uomo con i quattro elementi.

4. 6. Ci sono perciò anche degli scrittori che, in base a sottilissime considerazioni, distinguono [i caratteri essenziali dei] nostri cinque sensi, a tutti ben noti, in relazione ai quattro elementi comunemente conosciuti, dicendo che gli occhi hanno relazione con il fuoco, gli orecchi con l'aria. I sensi dell'odorato e del gusto li mettono in rapporto con l'elemento liquido; l'odorato in rapporto con l'esalazioni umide che rendono densa l'aria in cui volano gli uccelli; il gusto con le molecole fluide dei liquidi. Infatti tutto ciò che si gusta nella bocca si mescola proprio con la saliva della bocca perché abbia sapore anche se quando vi s'introduce sembra secco. Il fuoco tuttavia penetra ogni corpo per produrvi il movimento. D'altra parte un liquido si congela per mancanza di calore ma, laddove tutti gli altri elementi possono riscaldarsi, il fuoco non può raffreddarsi, perché più facilmente si spegne cessando d'essere fuoco anziché restar freddo o intepidirsi a contatto con qualche sostanza fredda. Quanto invece al tatto, il quinto dei sensi, esso ha maggiore attinenza con l'elemento terrestre; ciò spiega perché ogni sensazione tattile si estende a tutto il corpo animato risultante soprattutto di terra. [Quei filosofi] dicono inoltre che senza fuoco non si può veder nulla, e senza terra non si può toccar nulla, e perciò ogni elemento è presente in tutti gli altri, ma ciascuno ha ricevuto il nome dalla sua proprietà fisica predominante. Ecco perché quando il corpo si raffredda eccessivamente per mancanza di calore, il senso s'intorpidisce poiché diviene più tardo il moto inerente al corpo ed è prodotto dal calore, dal momento che il fuoco influisce sull'aria, l'aria sull'elemento liquido, questo su tutti gli elementi terrestri, per il fatto che gli elementi più sottili penetrano in quelli più densi.

4. 7. Ora, quanto più sottile è un elemento di natura materiale, tanto più si avvicina alla natura spirituale, sebbene sia di specie molto differente, dal momento che l'uno è materia e l'altro no.

La sensazione in rapporto ai quattro elementi.

5. 7. Per conseguenza, poiché il sentire non è una proprietà del corpo ma dell'anima per mezzo del corpo, per quanto si cerchi di dimostrare con acuti ragionamenti che i sensi del corpo sono distribuiti in relazione ai diversi elementi materiali, la facoltà di sentire è tuttavia nell'anima che però, non essendo materiale, esercita questa sua facoltà mediante un corpo più sottile. Essa quindi comincia il movimento riguardo a tutti i sensi servendosi della sottigliezza del fuoco ma non in tutti arriva al medesimo effetto. Nella vista infatti arriva fino alla luce del fuoco sopprimendone il calore; nell'udito, mediante il calore del fuoco, penetra fino all'aria più pura; nell'odorato invece attraversa l'aria pura e arriva fino all'esalazioni umide che rendono più densa l'aria dell'atmosfera che noi respiriamo; nel gusto oltrepassa l'esalazioni umide e arriva fino alle molecole umide più corpulente; dopo averle penetrate e attraversate, quando arriva alla densità pesante della terra, mette in moto il tatto, l'ultimo dei sensi.

L'aria in rapporto al cielo e all'acqua.

6. 8. Non ignorava dunque né la natura né la serie ordinata degli elementi colui che, mettendoci sotto gli occhi la creazione degli esseri visibili, che per la loro natura si muovono entro gli elementi di questo mondo, ricorda dapprima i luminari del cielo, poi gli animali acquatici e infine quelli terrestri. Non ha certo tralasciato di menzionare l'aria, ma se vi sono regioni d'aria, assolutamente priva di nubi e calma ove si dice che non possono volare gli uccelli, esse sono congiunte al cielo superiore e le Scritture chiamandole con il termine di "cielo" ci fanno capire che fanno parte della regione superiore del mondo; perciò con il termine "terra" s'intende in genere

tutto il nostro mondo di quaggiù, partendo dal quale [il Salmista] procedendo dall'alto verso il basso dice: Lodate il Signore fuoco, grandine, neve, ghiaccio, venti di tempesta e tutti gli abissi 8 finché si giunge all'asciutto cioè alla terra propriamente detta. Pertanto l'aria dell'atmosfera superiore, sia perché - fa parte della zona celeste di questo mondo, sia perché non è abitata da nessun essere visibile di cui adesso parla il narratore, non è stata passata sotto silenzio per il fatto ch'egli la denota con il termine "cielo", ma non l'annovera tra gli elementi in cui saranno creati gli animali. L'aria dell'atmosfera inferiore, al contrario, che s'impregna delle evaporazioni umide del mare e della terra e in una certa misura si condensa affinché possa sostenere gli uccelli, non possiede se non animali nati dalle acque. Ciò che c'è d'umido sostiene il corpo degli uccelli che si servono delle ali nel volare, come i pesci si servono di pinne, simili ad ali nel nuotare.

Perché la Genesi dice che gli uccelli sono nati dalle acque.

7. 9. Ecco perché a ragion veduta lo Spirito di Dio, in quanto ispirava lo scrittore sacro, dice che gli uccelli nacquero dalle acque. Queste, benché siano di una stessa natura, ebbero in sorte due zone differenti, cioè una inferiore per le acque che sono labili, e una superiore per l'aria ove soffiano i venti: quella destinata agli animali che nuotano, questa agli animali che volano. Così pure vediamo che agli animali furono dati anche due sensi confacenti a questo elemento: l'odorato per fiutare i vapori, il gusto per assaggiare i liquidi. In realtà, che noi possiamo percepire le acque e i venti anche con il tatto si deve al fatto che la sostanza compatta dalla terra risulta un miscuglio di tutti gli elementi, ma viene percepita maggiormente negli elementi più densi in modo che, toccandoli, si possono anche palpare. Ecco perché, a proposito delle due parti più grandi del mondo, anche l'aria umida e l'acqua vengono riunite sotto il nome comprensivo di "terra", come è mostrato dal Salmo quando enumera tutte le realtà esistenti nelle regioni superiori dicendo al principio: Lodate il Signore dall'alto dei cieli 9, e tutte le altre realtà

inferiori, dicendo al principio della seconda parte: Lodate il Signore dalla terra 10, ove sono nominati anche i venti delle bufere e tutti gli abissi e anche il fuoco di quaggiù che brucia chi lo tocca, poiché nasce dai moti dell'elemento terrestre e di quello liquido per trasformarsi poi a sua volta nell'altro elemento. Sebbene, inoltre, con il salire in alto il fuoco mostri la sua tendenza naturale, non potrebbe tuttavia salire fino alla regione serena del cielo superiore perché, essendo sopraffatto dalla gran massa d'aria e trasformandosi in essa, si spegnerebbe. Per conseguenza in questa regione del creato più corruttibile e più pesante è agitato da moti burrascosi adatti a temperare il freddo della terra per essere utile ai mortali e incutere ad essi terrore.

Perché la Genesi chiama gli uccelli: volatili del cielo.

7. 10. Poiché dunque il flusso delle onde e il soffio dei venti possono percepirsi anche per mezzo del tatto, la cui caratteristica è d'essere legato strettamente alla terra, per conseguenza anche gli stessi animali acquatici non solo si nutrono di alimenti terrestri, ma anche, specialmente gli uccelli, si riposano e si riproducono sulla terra; in effetti una parte dell'umidità che esala in vapori si estende anche al di sopra della terra. Ecco perché la Scrittura, dopo aver detto: Le acque producano rettili dotati d'anima vivente e i volatili che volano al di sopra della terra, aggiunge esplicitamente: lungo il firmamento 11, inciso dal quale può apparire più chiaro quanto prima pareva oscuro. In realtà non dice: "Nel firmamento del cielo", come aveva detto dei luminari, ma dice: I volatili che volano al di sopra della terra lungo il firmamento del cielo, cioè: "presso il firmamento, poiché questa nostra regione caliginosa e umida in cui volano gli uccelli è naturalmente contigua alla regione ove non possono volare e, in virtù della sua calma e serenità, fa già parte del firmamento del cielo. Gli uccelli dunque volano sì nel cielo ma in questo che il Salmo denota globalmente con il nome di "terra". Proprio in relazione a quel cielo in molti passi della Scrittura gli uccelli vengono chiamati "creature volanti del cielo", non tuttavia

"nel firmamento", ma "lungo il firmamento".

Perché i pesci sono chiamati: rettili d'animali viventi. Prima opinione.

8. 11. Alcuni pensano che i pesci sono stati chiamati non "esseri viventi dotati di anima", ma rettili d'esseri viventi dotati di anima, per il fatto che i loro sensi sono rudimentali. Ma se fossero stati chiamati così per questo motivo, agli uccelli sarebbe stato dato il nome di "esseri viventi dotati di anima". Allo stesso modo che quelli sono stati chiamati "rettili", rimanendo sottinteso "di esseri viventi dotati di anima"; si deve quindi ammettere, a mio giudizio, che la Scrittura s'è espressa così, come se si fosse detto: "I rettili e i volatili che sono tra gli esseri animati viventi", allo stesso modo che si potrebbe dire: "i plebei tra gli uomini" per indicare tutti gl'individui che tra gli uomini sono plebei. Sebbene infatti vi siano anche degli animali terrestri che strisciano sulla terra, tuttavia sono molto più numerosi quelli che si muovono con i loro piedi, e quelli che strisciano sulla terra sono forse tanto pochi quanto quelli che si muovono nelle acque.

Seconda opinione.

8. 12. Alcuni pensatori invece credono che i pesci sono stati chiamati non "anime viventi" ma rettili d'anime viventi perché sono affatto privi di memoria e d'una esperienza che rassomigli in qualche modo alla ragione. Costoro però s'ingannano perché manca loro una sufficiente esperienza dei fatti. Quanto dico è provato dal fatto che alcuni hanno lasciato scritte molte meravigliose osservazioni che poterono fare nei vivai dei pesci. Ma anche se per caso hanno scritto delle cose prive di fondamento, è tuttavia certissimo che i pesci hanno memoria. Ciò l'ho constatato io stesso e potrebbero constatarlo anche quanti ne hanno la possibilità e la volontà. C'è infatti una grande sorgente nelle parti di Bulla Regia rigurgitante di pesci. La gente, che li guarda dall'alto, è solita gettar loro qualche

briciola: i pesci accorrono in frotta per afferrarla per primi o lottano tra di loro per strapparsela. Abituati a un tal pasto, mentre la gente cammina al margine della sorgente, anch'essi nuotando in frotta, vanno e vengono, con la gente, in attesa che coloro, dei quali avvertono la presenza, gettino loro qualche boccone. Non mi pare dunque che gli animali acquatici siano stati chiamati "rettili" senza ragione, come sono stati chiamati "volatili" gli uccelli; la ragione è la seguente: nell'ipotesi che ai pesci non fosse stato dato il nome di "anime viventi" perché sono affatto privi di memoria o perché hanno una conoscenza sensibile piuttosto tarda, questo nome sarebbe stato dato almeno agli uccelli che vivono sotto i nostri occhi e non solo sono dotati di memoria e sono garruli, ma sono anche abilissimi a costruirsi i nidi e ad allevare i loro piccoli.

Ripartizione degli animali secondo gli elementi.

9. 13. Non ignoro, inoltre, che alcuni filosofi hanno distribuito gli esseri viventi secondo l'elemento proprio di ciascuna loro famiglia, affermando che sarebbero terrestri non solo gli animali che strisciano e camminano sulla terra, ma anche gli uccelli, per il fatto che anch'essi vi si posano quando si sono stancati nel volare; gli esseri viventi dell'aria invece sarebbero i demoni, e quelli del cielo gli dèi; noi tuttavia chiamiamo una parte di essi luminari, un'altra parte angeli. I medesimi, tuttavia, attribuiscono alle acque i pesci e gli altri mostri marini, sicché nessun elemento è privo dei propri esseri viventi, come se sotto le acque non ci fosse che terra o come se potessero provare che i pesci non vi si riposino e non vi ristorino le loro forze per nuotare, allo stesso modo che gli uccelli ristorano le forze per volare. Sennonchè i pesci forse vi si riposano più raramente perché l'acqua è più resistente dell'aria per portare i corpi, tanto da sostenere anche gli animali terrestri quando nuotano, sia che abbiano imparato a farlo con l'esercizio come gli uomini, sia che l'abbiano imparato per istinto naturale come i quadrupedi e i serpenti. Oppure, se non credono che i pesci siano animali terrestri perché non hanno le zampe, neppure i vitelli marini e le foche sono

animali acquatici, né sono animali terrestri i serpenti e le chiocciole poiché quelli hanno zampe e questi altri, privi di zampe, non dico che riposano sulla terra ma che appena o mai s'allontanano da essa. Quanto poi ai draghi si dice che sono privi di zampe e si sollevano nell'aria; benché siano difficilmente conosciuti, non tacciono di questa specie d'animali non solo le nostre sacre Scritture ma nemmeno gli scritti dei pagani.

Il "luogo" dei demoni.

10. 14. Per questo motivo, anche se i demoni sono esseri viventi dell'aria, poiché sono dotati di corpi di natura aerea, e perciò non finiscono nella dissoluzione causata dalla morte per il fatto che prevale in essi un elemento più adatto ad essere attivo che ad essere passivo, superiore agli altri due elementi, cioè all'acqua e alla terra, ma inferiore all'altro ch'è il fuoco sidereo - infatti due elementi, cioè l'acqua e la terra, sono classificati tra quelli soggetti a essere passivi; gli altri due invece, e cioè l'aria e il fuoco, hanno la proprietà d'essere attivi -; se dunque essi sono di natura aerea, questo carattere distintivo non è affatto in contraddizione con la nostra Scrittura, la quale c'insegna che i volatili sono stati prodotti a partire non dall'aria ma dall'acqua. Il ruolo assegnato ai volatili è costituito in effetti da evaporazioni diffuse nell'aria, poco dense - è vero - ma tuttavia prodotte dall'acqua. L'aria inoltre si estende dalla linea di confine del cielo pieno di luce fino alle acque fluide e alle terre nude; tuttavia i vapori umidi non offuscano tutto lo spazio occupato dall'aria ma fino alla linea di confine ove comincia già quella che il Salmo chiama "terra", là ove dice: Lodate il Signore dalla terra 12. La parte superiore dell'aria, al contrario, a causa della sua assoluta tranquillità, è unita, con una pace abituale, al cielo con il quale essa confina e di cui condivide lo stesso nome. Se in questa parte superiore dell'aria prima della loro ribellione v'erano gli angeli prevaricatori insieme con il loro capo, adesso diavolo, allora angelo - alcuni scrittori cristiani infatti pensano ch'essi non erano angeli dei cieli o dei cieli più sublimi - non c'è da stupirsi che dopo il loro

peccato furono cacciati giù in questa regione inferiore caliginosa ove tuttavia non solo c'è l'aria ma essa è anche impregnata di vapori leggeri: se è agitata con più violenza produce anche fulmini con lampi e tuoni, se è condensata produce le nubi, se compressa produce la pioggia, quando le nubi si congelano produce la neve; quando poi le nubi più dense si congelano con un movimento più turbinoso produce la grandine; quando si è rarefatta produce il sereno. Tutto ciò avviene per effetto dell'occulta volontà e dell'azione di Dio che governa tutte le sue creature, dalle più eccelse alle infime. Ecco perché nel Salmo succitato, dopo aver enumerato il fuoco, la grandine, la neve, il ghiaccio, il vento delle bufere 13, perché non si pensasse che quei fenomeni avvengano o siano eccitati senza l'intervento della divina provvidenza, il Salmista soggiunge immediatamente: che ubbidite al suono della sua parola 14.

Il corpo aereo dei demoni.

10. 15. Se gli angeli ribelli prima della loro ribellione avevano un corpo celeste, non c'è nemmeno da stupire che esso per castigo si sia mutato in un corpo aereo in modo da poter provare qualche tormento da parte del fuoco, d'un elemento cioè di natura superiore, per sua natura, a quella dell'aria; ma non è stato loro nemmeno permesso di abitare nelle regioni più alte e più serene dell'atmosfera ma in queste caliginose di quaggiù che, in rapporto alla loro natura, sono per essi come una specie di prigione fino al giorno del giudizio. Se però occorre fare indagini più accurate su questi angeli ribelli, si faranno più opportunamente se ci si presenterà qualche altro passo della Scrittura. Per ora quindi ci basterà dire: se queste regioni burrascose e tempestose, per la natura dell'atmosfera che si estende fino alle acque e alle terre, possono sostenere corpi aerei, possono sostenere anche il corpo degli uccelli, prodotti a partire dalle acque, grazie ai leggeri vapori che esalano dalle acque; questi vapori, cioè, esalando penetrano nell'aria medesima che circola presso le acque e le terre ed è perciò assegnata alla parte più bassa e terrestre del mondo e con l'aria forma il complesso dell'atmosfera. Le suddette esalazioni rese

pesanti dal freddo della notte si depositano anche in gocce sotto forma di rugiada quando è sereno e, se il freddo è più acuto, sotto forma di brina biancheggiante.

Gli animali terrestri.

11. 16. E Dio disse: La terra faccia uscire esseri viventi secondo la loro specie: quadrupedi e rettili e fiere terrestri secondo la loro specie, animali domestici secondo la loro specie. E così avvenne. E Dio fece le fiere terrestri secondo la loro specie, gli animali domestici secondo la loro specie e tutti i rettili della terra secondo la loro specie. E Dio vide che sono cose buone 15. Era logico che ormai Dio dotasse di esseri viventi appropriati la seconda parte più bassa nel mondo, cioè la terra propriamente detta, sebbene in altri passi la Scrittura denoti globalmente con il termine "terra" tutta la regione più bassa con tutti gli abissi e l'atmosfera in cui si formano le nubi. Sono d'altronde ben note le specie degli animali fatte uscire dalla terra in virtù della parola di Dio. Ma poiché sovente sotto il nome di "animali domestici" o di "fiere" si è soliti intendere tutti gli animali privi di ragione, possiamo chiederci giustamente quali sono qui chiamate "fiere" e quali "animali domestici" in senso proprio. Non c'è dubbio che per animali striscianti e rettili della terra la Scrittura vuole intendere ogni specie di serpenti, sebbene possano chiamarsi anche fiere ma nel linguaggio comune non si adatta ai serpenti il nome di animali domestici. Per contro, ai leoni, ai leopardi, alle tigri, ai lupi, alle volpi, perfino ai cani e alle scimmie e a tutti gli altri animali dello stesso genere si adatta secondo l'uso comune della lingua il nome di "fiere". Il nome di "animali domestici", invece, siamo soliti applicarlo in senso più appropriato agli animali che sono al servizio degli uomini sia per aiutarli nei lavori, come i buoi, i cavalli e gli altri animali di tal genere, sia per dare la lana e il nutrimento, come le pecore e i maiali.

I quadrupedi.

11. 17. Che cosa sono dunque i quadrupedi? Poiché, sebbene tutti questi animali camminino su quattro zampe, eccettuati alcuni che strisciano, tuttavia, qualora [l'agiografo] non avesse voluto denotare con questo termine alcune specie determinate di animali, quantunque non ne parli più nel ripetere l'elenco. Sono forse chiamati quadrupedi in senso proprio i cervi, i caprioli, gli asini selvatici e i cinghiali - non possono infatti annoverarsi nella categoria delle belve in cui sono annoverati i leoni e, sebbene simili agli animali domestici, non sono tuttavia come quelli oggetto delle cure dell'uomo - come se questi animali fossero i rimanenti ai quali sarebbe data quella denominazione che in genere denota molti animali - è vero - a causa d'un certo numero di zampe, ma che ha tuttavia un significato speciale? Oppure, dato che ripete tre volte: secondo la loro specie 16, c'invita forse a considerare tre specie d'animali? Dapprima i quadrupedi e i rettili secondo la loro specie: [l'agiografo] indicherebbe, a mio avviso, quelli da essa chiamati quadrupedi, quelli cioè annoverati nella classe dei rettili come le lucertole, le tarantole e altri dello stesso genere. Ecco perché nel ripetere l'enumerazione non ripete una seconda volta il termine "quadrupedi" poiché, probabilmente, li comprende sotto il nome di "rettili" e perciò nel ripetere l'enumerazione non dice semplicemente "i rettili", ma dice: tutti i rettili della terra 17, ove aggiunge della terra perché vi sono anche i rettili delle acque e aggiunge: tutti poiché vi sono anche quelli che camminano su quattro zampe e che prima erano stati indicati col nome di "quadrupedi". Le fiere, invece, di cui [l'agiografo] dice ugualmente:secondo la loro specie, comprenderebbero, a eccezione dei serpenti, tutti gli animali che aggrediscono con i denti o con gli artigli. Al contrario gli animali di cui per la terza volta [lo scrittore sacro] dice: secondo la loro specie, sarebbero quelli che non feriscono né con i denti né con gli artigli o con le corna o neppure con queste. Ho già detto più sopra infatti che il termine "quadrupedi" è molto generico e si applica facilmente a tutti gli animali riconoscibili dalle quattro zampe e ho

detto anche che sotto il nome di animali domestici e di fiere sono compresi talora tutti gli animali privi di ragione. Ma anche il termine fera ("belva, bestia selvatica") ha spesso in latino il medesimo significato. Io non dovevo tuttavia trascurare di esaminare come questi termini, che non senza motivo sono usati in questo passo delle Scritture, possono essere destinati a indicare anche un senso preciso e speciale che si può riconoscere facilmente nel linguaggio comune d'ogni giorno.

La formula: secondo la loro specie e le ragioni eterne.

12. 18. Anche il lettore non senza motivo resta imbarazzato nel risolvere il quesito se [lo scrittore sacro], senza un'intenzione particolare e, diciamo così, per caso o per una ragione speciale, usi la formula: secondo la loro specie, come se le specie esistessero anche prima degli esseri di cui è narrata la creazione la prima volta. O si deve forse pensare che quelle specie esistevano nelle regioni superiori ossia spirituali, conformi alle quali sono creati gli esseri di quaggiù? Ma se la cosa stesse in questi termini, la stessa formula sarebbe stata usata a proposito della luce, del cielo, delle acque e delle terre e dei luminari del cielo. Qual è infatti, tra quelli suddetti, l'essere la cui eterna e immutabile ragione di esistere non risieda con la sua potenzialità nella stessa Sapienza di Dio, la quale si estende da un confine all'altro con forza e governa tutto con bontà 18? Ora, [l'agiografo] usa questa formula per la prima volta quando parla delle erbe e degli alberi fino a quando narra la creazione degli animali terrestri. D'altra parte, benché la formula non ricorra nella prima menzione degli animali che Dio creò traendoli dalle acque, tuttavia nella ripetizione della frase si trova detto: E Dio fece i grandi mostri marini e ogni essere vivente degli animali che strisciano, fatti uscire dalle acque secondo la loro specie e tutti i volatili pennuti secondo la loro specie 19.

Altre spiegazioni possibili.

12. 19. Forse per il fatto che questi esseri furono creati perché da essi ne nascessero altri e nella successione conservassero la stessa natura originaria, [l'agiografo] usa la formula:secondo la loro specie per indicare la propagazione della stirpe grazie alla quale erano destinati a perdurare com'erano stati creati? Ma per qual motivo, a proposito degli alberi e delle erbe non solo è usata l'espressione: secondo la loro specie, ma anche quest'altra: a loro somiglianza, sebbene anche gli animali, tanto acquatici che terrestri, generino i discendenti a loro somiglianza? O forse perché la somiglianza è una conseguenza di una data specie, [lo scrittore sacro] non ha voluto ripetere la seconda formula? In realtà non sempre ha ripetuto neanche il termine "seme", pur essendo insìto non solo nelle erbe e negli alberi ma anche negli animali, anche se non in tutti; poiché è stato osservato che alcuni animali nascono dalle acque o dalla terra senza avere alcun sesso e perciò il loro seme non è insito in essi ma negli elementi da cui nascono. La formula: secondo la loro specie è dunque da intendersi solo riguardo agli animali che hanno sia il potere del seme per riprodursi sia la somiglianza di quelli che succedono a quelli che scompaiono, poiché nessuno di essi è stato creato in modo da esistere una volta per sempre, tanto se destinato a perdurare quanto se destinato a sparire senza alcuna discendenza.

Perché quella formula non è usata per l'uomo.

12. 20. E allora per qual motivo anche dell'uomo non è detto: "Facciamo l'uomo a nostra immagine e somiglianza secondo la propria specie", essendo evidente che anche l'uomo si riproduce? Forse perché Dio aveva creato l'uomo in modo che non dovesse morire, qualora avesse voluto osservare il precetto e perciò non era necessario chi succedesse a lui una volta scomparso? Ma dopo il peccato l'uomo fu paragonato e divenne simile agli animali privi di ragione 20, di modo che ormai i figli di quel mondo generano e sono generati affinché la specie dei mortali possa sussistere col mantenere

la discendenza. Che significa, dunque, la benedizione pronunciata dopo la creazione dell'uomo [nei seguenti termini]: Crescete e moltiplicatevi, riempite la terra, dato che ciò poteva avvenire [solo] con la generazione? Dobbiamo forse astenerci dall'avventare alcune ipotesi in proposito finché non arriveremo a quel passo della Scrittura ove tale problema dev'essere esaminato e spiegato con maggior attenzione? Per adesso infatti potrebbe forse essere sufficiente pensare che a proposito dell'uomo sarebbe stata omessa l'espressione: secondo la sua specie, per il fatto ch'egli fu creato da solo, mentre da lui fu tratta anche la donna quando fu creata. In realtà non vi sono molte specie di uomini come invece ve ne sono d'erbe, di alberi, di pesci, di volatili, di serpenti, d'animali domestici, di belve. Per conseguenza l'espressione: secondo la loro specie la dovremmo intendere nel senso di: "per via della riproduzione" per distinguere dalle altre creature gl'individui simili tra loro e che derivano da un unico germe originale.

Perché la benedizione fu da Dio impartita, oltre all'uomo, ai soli animali acquatici.

13. 21. Viene posto anche quest'altro quesito: per qual motivo gli animali prodotti dalle acque meritarono un sì grande onore di ricevere, da parte del Creatore, soltanto essi la benedizione come gli uomini? Dio infatti benedisse anch'essi dicendo: Crescete e moltiplicatevi e riempite le acque del mare, e i volatili si moltiplichino sulla terra 21. Secondo questa ipotesi la benedizione avrebbe dovuto essere pronunciata per la prima creatura capace di riprodursi, vale a dire per l'erba e per l'albero. O forse il Creatore pensò che la benedizione espressa con le parole: Crescete e moltiplicatevi fosse fuor di proposito se rivolta a creature in cui non esiste alcun desiderio di propagare la prole e generano senza alcuna coscienza, mentre, per gli animali che hanno siffatto desiderio, il Creatore avrebbe pronunciato per la prima volta la detta benedizione in modo che, senz'essere ripetuta, la s'intendesse valida anche per gli animali terrestri? Sarebbe invece stato necessario ch'essa fosse

ripetuta per l'uomo affinché non si dicesse che nella funzione di generare i figli c'è qualche peccato come invece è non solo nella passione carnale della fornicazione ma anche nell'uso smodato dello stesso matrimonio.

I problemi relativi agli insetti.

14. 22. C'è ancora un altro problema riguardante certi animali piccolissimi, se cioè furono creati al principio della corruzione o derivarono in seguito dalla corruzione degli esseri mortali. La maggior parte d'essi infatti nasce o da alterazioni patologiche dei corpi viventi o dai loro escrementi o dalle loro esalazioni oppure dai cadaveri putrefatti, alcuni altri nascono anche dalle parti marcite della legna e delle erbe, alcune dal marciume dei frutti. A proposito di tutti questi animaletti non abbiamo tuttavia il diritto di dire che non ne sia creatore Dio, poiché tutti hanno una sorta di bellezza naturale propria della loro specie, una bellezza tale da suscitare una meraviglia maggiore in chi li considera attentamente e da far lodare di più l'Artefice onnipotente che tutto ha fatto mediante la Sapienza 22 la quale, estendendosi da un confine all'altro e governando tutto con bontà 23, non lascia allo stato informe neppure gl'infimi esseri della natura, che si corrompono conforme al grado della loro specie - la cui dissoluzione c'inorridisce a causa del castigo che ci ha resi mortali -, crea però animali dal corpo piccolissimo ma dai sensi acuti sicché, se li osservassimo con maggiore attenzione, dovremmo stupirci più dell'agilità d'una mosca che vola anziché della potenza d'un giumento che cammina e dovremmo ammirare di più le opere delle formiche che non i carichi pesanti portati dai cammelli.

La creazione degli insetti e il problema della generazione spontanea.

14. 23. Ma veniamo al problema già accennato, se cioè dobbiamo pensare che questi esseri piccolissimi furono creati anch'essi nella

prima creazione delle cose, o come conseguenza della decomposizione dei corpi corruttibili. Si può tuttavia dire che gli esseri piccolissimi, che traggono origine dall'acqua e dalla terra, furono fatti nella creazione primitiva. Tra essi non è illogico annoverare altresì quelli che nascono dalle piante, prodotte dalla forza generatrice della terra, sia perché queste creature avevano preceduto la creazione non solo degli animali ma anche dei luminari, sia perché mediante la stretta connessione delle radici sono collegate alla terra, dalla quale spuntarono il giorno in cui apparve la terra asciutta. Dovremmo per conseguenza pensare che questi animali minutissimi sono un'integrazione della terra abitabile piuttosto che appartenenti al numero degli abitanti. Quanto invece a tutti gli altri esseri che nascono dal corpo degli animali e soprattutto dai cadaveri è del tutto irragionevole affermare che furono creati contemporaneamente ai medesimi animali se non nel senso che in tutti i corpi animati erano insiti una certa potenza naturale e i germi, diciamo così, seminati in antecedenza e in certo qual modo abbozzati degli animali futuri destinati a nascere - ciascuno conforme alla propria specie e alle proprie caratteristiche - dalla corruzione di quei corpi grazie all'ineffabile governo del Creatore che tutto muove senza subire mutamenti.

Perché furono creati gli animali nocivi.

15. 24. Anche a proposito delle specie degli animali velenosi e nocivi si suol porre il quesito se furono creati dopo il peccato dell'uomo allo scopo di punirlo o se invece, creati dapprima innocenti, solo in seguito cominciarono a esser nocivi per i peccatori. Ma neppure ciò deve sorprenderci, dal momento che nel corso di questa vita, piena d'affanni e d'afflizioni, nessuno è talmente virtuoso da osare di dirsi perfetto, come attesta sinceramente l'Apostolo che dice: Non ch'io abbia conquistato il premio o sia già arrivato alla perfezione 24. Inoltre tentazioni e molestie corporali sono ancora necessarie per esercitare e perfezionare la virtù nella debolezza, come dichiara ancora il medesimo Apostolo, il quale dice

che, affinché non montasse in superbia per le grandi rivelazioni, gli fu messa una spina nella carne, un angelo di Satana perché lo schiaffeggiasse e, pur avendo pregato per tre volte il Signore d'allontanarlo da lui, ebbe la seguente risposta: Ti basta la mia grazia, perché la mia potenza si manifesta appieno nella debolezza 25; ciononostante anche il servo di Dio, Daniele, visse senza paura e incolume in mezzo ai leoni 26; eppure egli nella preghiera innalzata a Dio, confessa schiettamente non solo i peccati del suo popolo, ma anche i suoi personali 27; e così pure una vipera morse lo stesso Apostolo senza però fargli alcun male 28. Questi animali, dunque, anche se creati all'origine del mondo, sarebbero potuti essere innocui, se non vi fosse stato alcun motivo di far temere e punire i vizi o di mettere alla prova e portare a perfezione la virtù, poiché è necessario mostrare esempi di pazienza per il progresso spirituale degli altri; l'uomo inoltre nelle prove acquista una migliore conoscenza di se stesso; è infine giusto che la salvezza eterna, perduta vergognosamente a causa del piacere, venga recuperata coraggiosamente mediante il dolore.

Perché furono create le bestie che si danneggiano a vicenda.

16. 25. Qualcuno però obietterà: "Per qual motivo dunque le bestie si danneggiano a vicenda, dato ch'esse non hanno alcun peccato perché possa parlarsi d'un castigo, né acquistano alcuna virtù con l'esercizio di tale attività?". Evidentemente il motivo è che le une sono cibo delle altre e perciò avremmo torto a dire: "Non ci dovrebbero essere bestie che fossero cibo delle altre". Tutte le creature infatti, fintanto che esistono, hanno le loro misure, i loro ritmi di sviluppo, le loro leggi: tutte cose queste che, se considerate come si deve, meritano lode, e le loro trasformazioni, anche quando si tratta d'un passaggio da un bene a un altro, obbediscono all'economia specifica ma occulta della bellezza del divenire. Se queste leggi sfuggono agli stolti, appaiono invece in una luce fioca ai progredienti ma in piena luce ai perfetti. Tutte queste attività delle creature inferiori offrono all'uomo salutari ammaestramenti: gli fan capire quanto deve impegnarsi per

arrivare alla salvezza eterna dell'anima, grazie alla quale egli è superiore a tutti gli animali irragionevoli, al vedere che tutte le bestie, dai più grossi elefanti ai più piccoli vermiciattoli, fanno tutto ciò di cui sono capaci sia lottando sia mettendosi in guardia per conservare l'esistenza fisica e temporale data loro in sorte dalla posizione inferiore nella graduatoria conforme alla loro specie. Questo non appare se non quando alcuni animali, cercano il ristoro per il loro corpo nel corpo degli altri, resistendo altri con tutte le forze o ricorrendo alla fuga o mettendosi al riparo nei nascondigli. In verità anche lo stesso dolore fisico in ogni essere animato è una grande e meravigliosa potenza dell'anima in quanto mantiene in vita la compagine corporea in virtù della sua misteriosa fusione e la riduce a una certa unità conforme alla propria natura, poiché soffre non con indifferenza ma, per così dire, con indignazione che tale unità venga alterata e dissolta.

Perché gli animali dilaniano i cadaveri per cibarsene.

17. 26. Uno forse potrebbe fare anche un'altra obiezione, e cioè: ammettiamo pure che gli animali nocivi facciano del male alle persone viventi per castigarle o le esercitino ai fini della loro salvezza o le mettano alla prova per loro vantaggio o le istruiscano a loro insaputa; ma per quale motivo dilaniano perfino i cadaveri umani per cibarsene? Come se importasse alcunché alla nostra utilità sapere per quali vie la nostra carne esanime vada nelle segrete profondità della natura dalle quali dovrà poi essere tirata fuori per essere formata di nuovo dalla mirabile potenza del Creatore! Anche da questo fatto, peraltro, si può trarre un ammonimento per i saggi: quello cioè d'affidarsi alla fedeltà del Creatore, il quale con ordini misteriosi governa gli esseri tutti, dai più piccoli ai più grandi, e conosce perfino il numero dei capelli della nostra testa 29, e ciò affinché non abbiano orrore d'alcun genere di morte a causa di vane preoccupazioni per i propri cadaveri, ma non siano esitanti a preparare il vigore della fortezza prodotta dalla fede per affrontare qualsiasi evenienza.

Perché e quando furono creati i rovi e le spine.

18. 27. Una simile questione suole sorgere anche a proposito delle spine e dei rovi oltre che di certi alberi non fruttiferi e cioè per qual motivo e quando sono stati creati, dal momento che Dio disse: La terra produca l'erba commestibile avente in sé il seme e alberi fruttiferi che producano frutti 30. Ma coloro che si lasciano impressionare da questa obiezione non comprendono nemmeno quale senso ha il termine "usufrutto" nelle comuni formule del diritto umano. Con il termine "frutto", s'intende infatti qualsiasi utilità derivante a chi usa qualcosa. Orbene dei numerosi vantaggi, sia palesi che occulti, di tutto ciò che la terra produce e nutre mediante le radici, alcuni possono vederli da se stessi, mentre riguardo agli altri si possono informare da coloro che li conoscono.

Una risposta più esauriente sui rovi.

18. 28. Quanto alle spine e ai rovi si può dare una risposta ancor più esauriente, poiché dopo il peccato, a proposito della terra, fu detto all'uomo: Spine e rovi produrrà per te 31. Non si deve tuttavia affermare senz'altro che la terra cominciò a produrli solo allora. Infatti, poiché anche tra le varie specie di semi si trovano molte utilità, forse potevano aver il loro posto nella natura senza costituire alcun castigo per l'uomo. Ma quanto al fatto che le spine nascessero anche nei campi in cui ormai l'uomo era condannato a lavorare, si può pensare che ciò fosse un aggravio del suo castigo, poiché sarebbero potute nascere in altri luoghi sia per nutrimento degli uccelli e del bestiame, sia per altri bisogni degli stessi uomini. C'è pertanto un'altra interpretazione che non è incompatibile con queste parole: produrrà per te spine e rovi, se le prendiamo nel senso che la terra avrebbe prodotto spine anche prima del peccato per procurare non già afflizione all'uomo ma un nutrimento adatto ad ogni sorta d'animali: ce ne sono infatti alcuni che si cibano di questa specie di piante, siano esse tenere o secche, come d'un nutrimento adatto e gradito. Il suolo al contrario avrebbe cominciato a produrre queste

spine per procurare una fatica penosa all'uomo quando, dopo il peccato, cominciò a lavorare la terra. Non già che le spine in precedenza nascessero in altri luoghi e dopo il peccato nei campi coltivati dall'uomo per raccoglierne le messi, ma sia prima che dopo nascevano nei medesimi luoghi; tuttavia non nascevano per l'uomo in precedenza, ma in seguito, essendo ciò indicato dall'inciso aggiunto alla frase, poiché la Scrittura non dice solo: spine e rovi produrrà, ma:produrrà per te, vale a dire: "queste spine cominceranno a nascere per te al fine di procurarti fatica, mentre prima nascevano solo per essere il nutrimento di altri animali".

Perché solo quando creò l'uomo Dio disse: Facciamo...

19. 29. E Dio disse: Facciamo l'uomo a nostra immagine e somiglianza e domini sui pesci del mare e sugli uccelli del cielo e su tutto il bestiame, su tutta la terra e su tutti i rettili che strisciano sulla terra. E Dio creò l'uomo, lo creò a immagine di Dio, maschio e femmina li creò. E Dio li benedisse dicendo: Crescete e moltiplicatevi e riempite la terra e assoggettatela e dominate sui pesci del mare e su gli uccelli del cielo, su tutto il bestiame, su tutta la terra e su tutti i rettili che strisciano sulla terra. E Dio disse: Ecco, io vi ho dato ogni erba commestibile che produce seme che si trova su tutta la terra, e ogni albero che ha in sé frutto produttore di seme: sarà cibo per voi e per tutte le bestie della terra, per tutti gli uccelli del cielo e per tutti i rettili che strisciano sulla terra, e hanno il soffio vitale, e così per nutrimento [vi do] ogni specie d'erba verdeggiante. E così avvenne. E Dio vide tutte le cose che aveva fatte ed ecco: sono cose molto buone. E fu sera e mattina: il sesto giorno 32. Avremo in seguito più volte occasione più opportuna di considerare e discutere con maggior attenzione la natura dell'uomo. Per adesso tuttavia, al fine di concludere la nostra investigazione e la nostra spiegazione sulle opere dei sei giorni, diciamo anzitutto, brevemente, che si deve porre in rilievo il significato del fatto che, mentre a proposito delle altre opere la Scrittura dice: Dio disse: Sia fatto, qui invece dice: Dio disse: Facciamo l'uomo a nostra immagine e

somiglianza, allo scopo naturalmente d'indicare, per così dire, la pluralità delle persone a motivo del Padre, del Figlio e dello Spirito Santo. Tuttavia, per ricordarci che quella pluralità dobbiamo intenderla come l'unità divina, [l'agiografo] soggiunge immediatamente: E Dio fece l'uomo a immagine di Dio, e non come se il Padre lo [avesse fatto] a immagine del Figlio o il Figlio a immagine del Padre - altrimenti l'espressione: a nostra immagine non sarebbe giusta se l'uomo fosse stato fatto a immagine del solo Padre o del solo Figlio - ma la Scrittura dice: Dio lo fece a immagine di Dio, come se dicesse: "Dio lo fece a sua immagine". Ma poiché ora dice: a immagine di Dio, dopo aver detto poco prima: a immagine nostra, vuole indicarci che la pluralità delle persone non deve indurci a dire o credere o intendere che ci siano più dèi, ma dobbiamo intendere che il Padre, il Figlio e lo Spirito Santo - cioè la Trinità a cui si riferisce l'espressione: a nostra immagine - sono un solo Dio conforme all'espressione: a immagine di Dio.

Rispetto a che cosa l'uomo è immagine di Dio.

20. 30. A questo punto non si deve neppure passare sotto silenzio che, dopo aver detto: a nostra immagine, la Scrittura soggiunge immediatamente: e abbia dominio sui pesci del mare e sugli uccelli del cielo 33 e su tutti gli altri animali privi di ragione, per farci intendere, appunto che l'uomo è fatto a immagine di Dio in relazione alla facoltà per cui è superiore agli animali privi di ragione. Orbene, questa facoltà è proprio la ragione o mente o intelligenza o con qualunque altro nome voglia chiamarsi questa facoltà. Ecco perché l'Apostolo dice: Rinnovatevi nello spirito della vostra mente e rivestitevi dell'uomo nuovo 34, che si rinnova per la conoscenza di Dio secondo l'immagine di Colui che l'ha creato 35. Queste espressioni mostrano assai bene in rapporto a che cosa l'uomo è stato creato a immagine di Dio, e cioè non rispetto alle fattezze del corpo ma alla natura - diciamo così - intelligibile dell'anima quando è stata illuminata.

Perché nella creazione dell'uomo non fu detto: e così avvenne.

20. 31. Ecco perché la Scrittura non dice: " E così fu fatto ", per ripetere: E Dio fece, come dice a proposito della luce primordiale - se è giusto pensare che, mediante quel termine è denotata la luce intellettuale, partecipe dell'eterna e immutabile sapienza di Dio - poiché, come abbiamo spiegato nella misura della nostra capacità, non aveva luogo alcuna conoscenza del Verbo di Dio nella prima creatura, affinché in seguito a quella conoscenza fosse creato quaggiù ciò ch'era creato nel Verbo; ma in primo luogo veniva creata la luce mediante la quale potesse avvenire la conoscenza del Verbo di Dio, per mezzo del quale veniva creata, conoscenza consistente precisamente nel volgersi dal proprio stato informe verso Dio, che la formava, e nell'essere, così, creata e formata. In seguito, però, a proposito della creazione degli altri esseri, la Scrittura dice: E così fu fatto, espressione con cui si vuole indicare che la conoscenza del Verbo di Dio fu effettuata prima in quella luce, vale a dire nella creatura intellettuale; quando poi in seguito essa dice: E Dio fece, mette in evidenza che viene creata la specie della stessa creatura pronunciata nel Verbo di Dio e predestinata a esser fatta. Questa formula è conservata anche a proposito della creazione dell'uomo. Dio infatti disse: Facciamo l'uomo a nostra immagine e somiglianza 36, ecc.; ma in seguito l'agiografo non dice: E così fu fatto, ma aggiunge: E Dio fece l'uomo a immagine di Dio, poiché anche questa stessa natura è intellettuale come la [prima] luce, e di conseguenza per essa l'essere fatta è lo stesso che riconoscere il Verbo di Dio, mediante la quale è stata creata.

E così avvenne indica la conoscenza degli esseri irrazionali nel Verbo.

20. 32. Se infatti la Scrittura avesse detto: E così fu fatto e poi avesse aggiunto: E Dio fece, si sarebbe potuto intendere che quell'essere fu dapprima creato nella conoscenza della creatura razionale e in seguito in qualche altra creatura che non sarebbe stata razionale; ma,

poiché anche l'anima è una creatura razionale, è anch'essa fatta perfetta in virtù della medesima conoscenza. In effetti, allo stesso modo che dopo la caduta a causa del peccato l'uomo è rinnovato nella conoscenza di Dio per essere immagine di Colui che lo ha creato, così è stato creato nella stessa conoscenza prima che invecchiasse a causa del peccato, condizione questa da cui esce rinnovato per la medesima conoscenza. Riguardo invece a certe creature che sono state create senza questa conoscenza, perché si trattava d'anime irrazionali, la loro conoscenza fu prodotta dapprima nella creatura intellettuale dal Verbo, mediante il quale fu detto: "Esistano". A proposito di questa conoscenza la Scrittura dice dapprima: E così fu fatto, per mostrare che questa conoscenza dell'essere da creare fu prodotta nella creatura ch'era capace di conoscere ciò dapprima nel Verbo di Dio; in seguito furono create le stesse creature corporee e irrazionali e per questo motivo la Scrittura aggiunge: E Dio fece.

Immortalità dell'uomo e generazione.

21. 33. Come mai però l'uomo, sebbene fosse stato creato immortale, ricevette ciononostante per alimento, come gli altri animali, l'erba dei campi produttrice di seme, i frutti degli alberi e l'erba verdeggiante, è difficile a dirsi. Se infatti l'uomo divenne mortale a causa del peccato, non aveva certamente bisogno di cibi siffatti prima del peccato, poiché il suo corpo non sarebbe potuto morire di fame. In realtà, benché sembri che l'ordine: Crescete e moltiplicatevi e riempite la terra 37, supponga che ciò non potesse avvenire senza l'amplesso coniugale del maschio e della femmina - cosa che sarebbe un altro indizio che i corpi erano mortali - si potrebbe tuttavia affermare che ci potesse essere un altro modo d'unione nei corpi mortali. In tal caso i figli sarebbero nati da un fervido sentimento d'amore di benevolenza, privo di qualsiasi sensualità del corpo corruttibile, e i genitori, senza morire, avrebbero avuto come successori i figli non destinati neppure essi a morire, fino a quando la terra non sarebbe stata ripiena d'uomini immortali: in tal modo,

dopo essersi formato un popolo giusto e santo, come quello che speriamo sarà dopo la risurrezione, sarebbe stato messo anche un termine alle nascite. Una simile ipotesi potrebbe essere avanzata, ma in qual modo possa essere sostenuta è un'altra faccenda. Nessuno però oserà affermare neppure che soltanto i corpi mortali hanno bisogno di mangiare per ristorare le loro forze.

Secondo alcuni la creazione dell'anima è indicata con il verbo "fece", quella del corpo con "plasmò".

22. 34. Alcuni poi hanno fatto anche un'altra ipotesi, che cioè allora fu creato solo l'uomo interiore, mentre il corpo dell'uomo sarebbe stato creato in seguito, quando la Scrittura dice: E Dio plasmò l'uomo con la polvere della terra 38, cosicché la parola fece si riferirebbe alla creazione dello spirito, plasmò invece a quella del corpo. Costoro però non hanno considerato che la creazione del maschio e della femmina non poté avvenire se non rispetto al corpo. Si potrebbe - è vero - ricorrere a una spiegazione molto sottile, che cioè l'anima dell'uomo, riguardo alla quale egli fu creato a immagine di Dio, sia una specie di vita razionale e abbia due attività distinte: quella di contemplare la verità eterna, e quella di guidare le cose temporali, e in tal modo verrebbe a essere - diciamo così - maschio e femmina, una parte prendendo le decisioni e l'altra obbedendo; tuttavia, se si accettasse questa distinzione, potrebbe chiamarsi giustamente immagine di Dio solo la parte che attende alla contemplazione della verità immutabile. Secondo questo significato simbolico l'apostolo Paolo dice che l'uomo soltanto è immagine e gloria di Dio, la donna invece - dice - è la gloria dell'uomo 39. Sebbene dunque questi due aspetti differenti che si prendono in senso figurato come presenti interiormente soltanto nell'anima dell'uomo, siano simbolizzati esternamente e fisicamente in due creature umane di sesso diverso, tuttavia anche la donna, poiché è femmina solo per il corpo, viene rinnovata anch'essa nello spirito della sua mente per la conoscenza di Dio per essere immagine di colui che l'ha creata, cosa questa per la quale non c'è né maschio né

femmina. Allo stesso modo, infatti, che le donne non sono escluse da questa grazia del rinnovamento e della restaurazione dell'immagine di Dio - benché nel loro sesso fisico ci sia un diverso simbolismo nel senso che la Scrittura dice essere immagine e gloria di Dio soltanto l'uomo - così anche nella stessa prima creazione dell'uomo, in quanto la donna era anch'essa una persona umana, aveva di certo la sua anima parimenti razionale, rispetto alla quale è stata anch'essa creata a immagine di Dio. Ma a causa dell'unità [di natura] dei sessi la Scrittura dice: Dio fece l'uomo a immagine di Dio 40; affinché però non si pensasse che allora fu creato soltanto lo spirito dell'uomo - sebbene fosse creato a immagine di Dio solo quanto allo spirito - soggiunse: Dio lo fece, maschio e femmina li fece 41, per farci intendere che allora fu creato anche il corpo. D'altra parte perché non si pensasse che l'uomo fu creato in modo che i due sessi fossero sviluppati in una singola persona umana - come alle volte nascono individui chiamati androgini - la Scrittura lascia intendere d'aver usato il singolare per indicare l'unità dei due sessi, e dice che la donna fu creata venendo tratta dall'uomo, come è detto chiaramente in seguito, quando sarà spiegato più accuratamente ciò che qui è detto brevemente. Ecco perché la Scrittura subito dopo usa il plurale allorché dice: li fece e li benedisse 42. Ma, come ho già detto, esamineremo più attentamente la creazione dell'uomo nel seguito dell'esposizione della Scrittura.

A che si riferisce e che significa: così avvenne?

23. 35. Si deve ora considerare che la Scrittura, dopo aver detto: E così fu fatto, immediatamente aggiunge: E Dio vide tutto ciò che aveva fatto ed ecco è una cosa molto buona 43. Con questa frase ci fa capire che Dio diede alla materia umana il potere e la facoltà stessa di prendere per cibo l'erba dei campi e i frutti degli alberi. Per questo l'espressione: E così fu è in relazione con ciò che aveva narrato a cominciare dal passo ove dice: E Dio disse: Ecco: vi ho dato l'erba che porta il seme 44, ecc.; se infatti l'espressione: E così fu la riferissimo a tutto ciò ch'è detto prima, dovremmo ammettere

anche, per conseguenza, che gli uomini erano già cresciuti e s'erano moltiplicati riempiendo la terra nel medesimo sesto giorno, mentre ciò, per attestazione della stessa Scrittura, si avverò solo dopo molti anni. Per questo motivo, dopo che fu data la facoltà di mangiare quegli alimenti e l'uomo ne ebbe conoscenza mediante la parola di Dio, la Scrittura dice: E così fu, nel senso che l'uomo n'ebbe conoscenza per mezzo della parola di Dio. Poiché se anche allora avesse compiuto quell'azione, se cioè avesse preso e mangiato quegli alimenti datigli per cibo, la Scrittura avrebbe continuato a esprimersi secondo il suo solito formulario e, per conseguenza, dopo aver detto: E così fu - che mira ad indicare la suddetta conoscenza -, avrebbe ricordato l'azione stessa e avrebbe detto: "Ne presero e ne mangiarono". La cosa avrebbe potuto essere espressa così, anche senza che venisse nominato la seconda volta Dio, come nel passo ove, dopo aver detto: L'acqua ch'è sotto il cielo s'ammassi in un sol luogo e appaia la terra asciutta 45, soggiunge: E così fu, senza dire di seguito: E Dio fece, benché ripeta: E l'acqua si ammassò nei suoi propri luoghi ecc.

Perché non è detto che l'uomo era buono.

24. 36. Si potrebbe porre poi, a buon diritto, il quesito per quale ragione, a proposito della creatura umana, la Scrittura non dice in particolare come di tutte le altre creature: E Dio vide che è una cosa buona ma, dopo aver narrato la creazione dell'uomo e il potere datogli sia di dominare che di nutrirsi, a proposito di tutte le creature soggiunge: E Dio vide tutte le cose che aveva fatte ed ecco sono assai buone 46. La Scrittura infatti avrebbe potuto esprimere dapprima per l'uomo in particolare la compiacenza espressa in particolare per gli altri esseri creati in precedenza e poi, alla fine, dire a proposito di tutte le cose create da Dio: Ed ecco che sono cose molto buone. Oppure si può pensare che, essendo stata compiuta nel sesto giorno tutta la creazione, la Scrittura doveva dire di tutte le cose: Dio vide tutte le cose che aveva create ed ecco che sono molto buone, e non in particolare degli esseri creati quello stesso giorno?

Ma allora perché mai siffatta approvazione fu pronunciata a proposito del bestiame, delle bestie selvatiche e dei rettili della terra creati nel medesimo sesto giorno? Forse perché quegli animali meritarono d'essere proclamati buoni, da una parte singolarmente e riguardo alla specie di ciascuno di essi, e dall'altra globalmente con le altre creature, mentre l'uomo fatto a immagine di Dio avrebbe meritato quella approvazione solo rispetto all'insieme di tutte le altre creature? Oppure si potrebbe supporre che l'uomo non era ancora perfetto non essendo stato ancora posto nel paradiso? Come se la Scrittura quella compiacenza, omessa a questo punto, l'avesse espressa dopo che l'uomo vi fu posto.

La natura può essere deformata dal peccato, ma l'universo resta bello.

24. 37. Che diremo dunque? La spiegazione è forse che, prevedendo Dio che l'uomo avrebbe peccato e non sarebbe rimasto nella perfezione dell'immagine di Dio, l'agiografo ha voluto esprimere l'approvazione ch'esso è buono considerandolo non già nella sua individualità ma solo nell'insieme delle creature come per farci capire che cosa sarebbe avvenuto? Poiché, dal momento che le creature che sono state create, le quali rimangono nello stato in cui sono state create possedendo la perfezione da esse ricevuta - sia quelle che non peccarono, sia quelle che non possono peccare - da una parte sono buone individualmente, da un'altra sono tutte molto buone prese nel loro insieme. Non senza un motivo è stato aggiunto l'avverbio *molto*, poiché anche le membra del corpo sono belle anche se considerate a una a una, ma sono tuttavia molto più belle se viste tutte nell'intero organismo umano; poiché se per esempio l'occhio, attraente e ammirato, lo vedessimo separato dal corpo, non lo diremmo tanto bello quanto lo è se unito alle altre membra e se visto situato al suo posto nell'intero corpo. Al contrario le creature, le quali peccando perdono la loro propria bellezza, non causano in alcun modo la conseguenza di non essere buone anch'esse, regolate come sono con la totalità e l'insieme degli esseri. L'uomo, quindi, prima

del peccato era buono anche se considerato [separatamente] nella sua propria natura specifica, ma la Scrittura tralasciò di dirlo enunciando una cosa per predire qualche altra cosa che doveva avvenire. La Scrittura infatti non dice nulla di falso a proposito dell'uomo. Poiché, se uno è buono individualmente, lo è certamente ancor di più preso in unione con tutti; ma non ne viene di conseguenza che, se uno è buono nell'insieme di tutti, lo sia anche individualmente. L'agiografo pertanto ha seguito un giusto criterio dicendo ciò ch'era vero per allora e indicando ciò che Dio prevedeva sarebbe avvenuto. Poiché Dio, creatore sommamente buono delle nature, è sommamente giusto ordinatore di quelle che peccano, in modo però che anche se alcune creature diventano individualmente brutte a causa del peccato, ciononostante l'universo con l'inclusione di esse, resta sempre bello. Ma ora dobbiamo trattare nel seguente libro gli altri argomenti che vengono in seguito.

LIBRO QUARTO

In qual senso intendere i sei giorni.

1. 1. E così furono compiuti il cielo e la terra e tutto il loro assetto. Dio allora nel sesto giorno concluse le opere che aveva fatte e nel settimo giorno Dio cessò da ogni opera che aveva fatta, Dio inoltre benedisse il settimo giorno e lo rese sacro, poiché in esso aveva cessato da tutte le sue opere che aveva cominciato 1. È un compito arduo e assai difficile per le forze della nostra facoltà intellettuale penetrare con la vivacità del nostro spirito in ciò che ha voluto dire lo scrittore sacro a proposito dei sei giorni [della creazione]. Volle forse indicare che quei giorni erano passati e, se vi si aggiunge il settimo, essi si ripetono ora nel corso del tempo non realmente uguali [a quelli] ma solo con lo stesso nome? Infatti nel trascorrere del tempo si succedono molti giorni simili a quelli passati, ma nessuno torna identico [agli altri]. Quei giorni dunque sono forse passati, oppure - dato che i giorni di quaggiù, denotati con lo stesso nome e numero, sono solo i giorni che passano quotidianamente nella successione dei tempi - sono giorni permanenti nella costituzione stessa delle cose? In tal caso, quando si parla non solo dei tre giorni precedenti la creazione degli astri ma anche degli altri tre, dovremmo forse intendere il termine "giorno" nel senso di forma specifica dell'essere creato e il termine "notte" nel senso di privazione o deficienza o nel senso di qualunque altro termine più adatto a esprimere il concetto, quando un essere perde la sua forma specifica a causa di una trasformazione che lo fa allontanare dalla propria forma e lo fa cadere nell'informità. Questa trasformazione è insita in ogni creatura, sia come possibilità, ancorché non si effettui realmente, come nel caso degli esseri celesti superiori, sia come realtà, quando si effettua negli esseri di questo basso mondo per produrre una bellezza completa attraverso le vicende ordinate di qualunque essere mutevole che appare e scompare, come è evidente nel caso degli esseri terrestri e mortali. Con il termine "sera" invece

dovremmo forse intendere il limite in cui si compie la creazione di tutti gli esseri, mentre "mattino" denoterebbe il principio di ciò che comincia a esistere, poiché ogni natura creata è circoscritta nei limiti del suo inizio e della sua fine? È difficile indagarlo! Ma, sia che si abbracci la prima o la seconda ipotesi, sia che possa trovarsene una terza più plausibile per spiegare - come forse apparirà chiaro nel seguito dell'esposizione - in qual senso occorre intendere, a proposito di quei sei giorni, i termini "notte", "sera" e "mattina", non è tuttavia fuori luogo considerare la perfezione del numero sei alla stregua della natura intrinseca dei numeri, osservando la quale con l'intelligenza noi contiamo le cose da noi percepite anche mediante i sensi del corpo e le disponiamo in un ordine numerico.

La perfezione del numero sei.

2. 2. Il primo numero perfetto che noi troviamo è il sei perché è uguale alla somma delle sue parti; ci sono infatti altri numeri perfetti ma lo sono per altre cause e ragioni. Diciamo quindi che il numero sei è perfetto per la ragione che è uguale alla somma delle sue "parti" ed esattamente alla somma delle "parti" che, moltiplicate, possono formare il numero di cui sono "parti", poiché una "parte" di questa specie può essere chiamata "divisore". Il numero tre può dirsi infatti una "parte" di sei, di cui è la metà, ma è anche un componente di tutti gli altri numeri che gli sono superiori. Così, ad esempio, il numero 3 è la parte maggiore di 4 e di 5 in quanto il 4 può essere scomposto in 3 + 1 e il 5 in 3 + 2. Il 3 inoltre è anche un componente di 7, di 8, di 9 o di tutti gli altri numeri più grandi, componente non maggiore o uguale alla metà, ma inferiore. In realtà il 7 può scomporsi in 3 + 4 e l'8 in 3 + 5, il 9 in 3 + 6; ma il 3 non può dirsi aliquota di nessuno dei detti numeri, tranne solo del 9, di cui è la terza parte, e del 6 di cui è la metà. Pertanto nessuno dei numeri, che ho ricordati, è multiplo di 3, eccetto il 6 e il 9; poiché il primo è il prodotto di 2 x 3, e 9 il prodotto di 3 x 3.

Il numero sei è il primo dei numeri perfetti.

2. 3. Il numero sei dunque, come avevo detto all'inizio, è uguale alla somma dei suoi divisori. Ci sono in realtà alcuni numeri i cui divisori addizionati insieme fanno una somma inferiore o superiore; in base però a intervalli calcolati con precisione s'incontrano in quantità minore numeri che si completano addizionando i loro divisori, la cui somma non è né inferiore né superiore ma corrisponde precisamente al numero stesso di cui sono divisori. Il primo di questi numeri è il sei. Tra i numeri infatti l'uno non ha divisori, poiché tra i numeri di cui ci serviamo per i nostri computi, l'uno è il solo a non avere né la metà né un'altra parte, ma è veramente, puramente e semplicemente uno. Del due è divisore l'uno, che n'è la metà, ma non ha alcun altro divisore. Il tre invece ha due componenti: l'uno dei quali può dirsi suo divisore - e cioè l'uno che n'è la terza parte - e un altro più grande, cioè il due, che non può dirsi suo divisore; non si possono dunque computare come parti di cui trattiamo, che possano cioè chiamarsi divisori. Proseguiamo: il quattro ha due divisori, cioè l'uno, ch'è un quarto di esso, e il due che ne è la metà; ma la somma di entrambi, cioè 1 + 2 fa 3 e non 4. Non corrisponde quindi alla somma dei suoi divisori, poiché la loro addizione dà un numero inferiore. Il cinque ha un solo divisore, e precisamente l'unità, che è la quinta parte di esso (5:5), poiché né il 2, ch'è il minore dei suoi componenti, né il 3, che ne è il maggiore, possono dirsi divisori di 5. Il sei al contrario ha tre divisori: la sua sesta parte (6:6), la sua terza parte (6:3) e la sua metà (6:2): un sesto di 6 è 1, un terzo di 6 è 2 e la metà di 6 è 3 (= 1; = 2; = 3). Questi numeri, cioè 1, 2, 3, addizionati insieme, compongono esattamente il numero 6.

Esame degli altri numeri.

2. 4. Viene ora il numero sette. Questo ha come suo divisore soltanto la sua settima parte (7:7) cioè l'unità; 8 ne ha tre: la sua ottava parte (8:8), la quarta (8:4) e la metà (8:2), cioè 1, 2 e 4; ma questi,

addizionati insieme fanno 7, numero inferiore, non già uguale a 8. Il nove ha due divisori: la sua nona parte (9:9), cioè l'unità, e la sua terza parte, cioè 3: questi due numeri addizionati insieme fanno 4, che è molto inferiore al 9. Il dieci ha tre divisori: l'1, la sua decima parte (10:10), il 2, la sua quinta parte (10:5) e il 5, la sua metà (10:2); questi tre numeri addizionati insieme fanno 8 e non 10. L'undici ha come divisore soltanto la sua undicesima parte (11:11), come il sette non ha altro divisore che la sua settima parte (7:7), e il cinque solo la sua quinta parte (5:5), il tre la sua terza parte, e il due la sua metà (2:2) cioè l'unità, che è il divisore di tutti i numeri. Il dodici non risulta dall'addizione dei suoi divisori ma ne è superato poiché la somma di essi fa un numero superiore in quanto arriva al totale di 16. In realtà il 12 ha cinque parti: la sua dodicesima, la sua sesta, la sua quarta, la sua terza e la sua metà. Infatti 12:12 corrisponde a 1, 12:6 a 2, 12:4 a 3, 12:3 a 4, 12:2 a 6. Ma 1 + 2 + 3 + 4 + 6 addizionati fanno 16.

Diverso rapporto tra numeri perfetti, imperfetti e più che perfetti.

2. 5. Ma per non tirare in lungo la discussione, dirò che nella serie infinita dei numeri se ne trovano parecchi i quali hanno come divisori soltanto l'unità - come il 3, il 5 e tutti gli altri della stessa specie - oppure altri che hanno parecchi divisori i quali, riuniti in una totalità addizionandoli insieme, danno una somma inferiore - come l'8 e il 9 e moltissimi altri - oppure superiore, come il 12 e il 18 e moltissimi altri simili a questi. Di numeri aventi questa caratteristica se ne trovano molto più numerosi di quelli chiamati perfetti per il fatto che sono formati dalla somma dei loro divisori. Dopo il 6, per esempio, risultante allo stesso modo composto della somma dei suoi divisori s'incontra il 28, poiché ne ha cinque 28:28, 28:14, 28:7, 28:4, 28:2 e cioè 1, 2, 4, 7 e 14: questi numeri, addizionati insieme, danno il medesimo numero. Ma quanto più progredisce la serie dei numeri, tanto più a distanza, tanto più, proporzionalmente, grande si trovano i numeri che corrispondono alla somma dei loro divisori, e

sono chiamati "perfetti". Al contrario i numeri, i cui divisori addizionati insieme danno un totale inferiore ai medesimi, sono chiamati "imperfetti", mentre quelli, i cui divisori danno un totale superiore, sono chiamati "piuccheperfetti".

Ordine della creazione secondo i numeri.

2. 6. In un numero perfetto di giorni, cioè in sei, completò Dio le opere fatte da lui. Così infatti sta scritto: E Dio nel sesto giorno portò a termine le opere fatte da lui 2. Su questo numero tanto più si fissa la mia attenzione quando considero anche la serie ordinata in cui furono fatte le opere. Poiché allo stesso modo che i divisori del medesimo numero si elevano gradualmente fino al trigono - infatti 1, 2 e 3 si susseguono in modo che nessun altro numero può essere interposto tra loro, ciascuno dei quali è divisore di 6, che risulta dalla loro somma, e cioè l'1, ch'è la sua sesta parte, il 2, che n'è la terza, e il 3 che n'è la metà - così il primo giorno fu creata la luce, nei due seguenti fu fatta la creazione di questo mondo: in uno di questi la parte superiore, vale a dire il firmamento, in un altro la parte inferiore, vale a dire il mare e la terra. La parte superiore Dio la lasciò tuttavia priva d'ogni specie di alimenti corporali, poiché non aveva intenzione di porvi alcun corpo che avesse bisogno dei cibi materiali; al contrario, la parte inferiore che aveva deciso di abbellire d'animali adatti a essa, Dio l'arricchì in precedenza di cibi necessari a soddisfare i loro bisogni. Nei restanti tre giorni furono dunque creati gli esseri visibili che, in virtù di movimenti particolari e appropriati, si muovono in questo mondo, cioè in questo universo visibile formato da tutti gli elementi. Dapprima creò le stelle nel firmamento, poiché questo era stato creato prima, e in seguito gli esseri animati nella parte inferiore secondo quanto esigeva l'ordine stesso delle cose, in un giorno le creature delle acque, in un altro giorno quelle della terra. Ma nessuno è così pazzo da osar dire che Dio, se avesse voluto, non avrebbe potuto creare tutte le cose in un sol giorno oppure, se avesse voluto, in due giorni: nel primo giorno la creatura spirituale, e il secondo giorno la creatura corporale, oppure in un

giorno il cielo con tutte le creature celesti, e nel seguente la terra con tutto ciò che è in essa. E tutto ciò Dio lo creò quando volle, in qualunque periodo di tempo volle, e come volle; chi oserebbe dire che qualcosa avrebbe potuto opporsi alla sua volontà?

Sap 11, 21: Hai disposto ogni cosa secondo misura, numero e peso.

3. 7. Quando perciò leggiamo che Dio portò a termine tutte le opere [della creazione] in sei giorni e, nel considerare il numero 6, scopriamo ch'esso è un numero perfetto e che l'ordine delle creature fatte si snoda in modo da apparire come la distinzione progressiva degli stessi divisori che compongono questo numero, ci dovrebbe venire in mente anche l'espressione rivolta a Dio in un altro passo delle Scritture: Tu hai disposto ogni cosa con misura, numero e peso 3. Dovremmo altresì domandarci - e lo possiamo se invocheremo l'aiuto di Dio che ce lo concederà e ce ne infonderà le forze - se queste tre proprietà [delle cose]: misura, numero e peso - secondo le quali la Scrittura afferma che Dio ha disposto ogni cosa - erano in qualche luogo prima che fosse creato l'universo oppure furono create anch'esse e, se già esistevano, dov'erano. In effetti prima della creazione non esisteva nulla all'infuori del Creatore. Esse dunque erano in Lui. Ma come? Poiché noi leggiamo che anche queste cose, che sono create, erano in Lui 4. Identificheremo forse quelle proprietà con Lui stesso, o invece diremo forse che le opere della creazione sono, per così dire, in Lui che le guida e le governa? Ma in qual modo quelle proprietà possono essere identificate con Dio? Egli infatti non è né misura, né numero, né peso, né tutte queste proprietà insieme. Oppure si deve forse pensare che Dio sia da identificare con queste proprietà come noi le conosciamo nelle creature, e cioè il limite nelle cose che noi misuriamo, il numero nelle cose che noi contiamo, il peso nelle cose che noi sentiamo? Dovremo forse, al contrario, pensare che, nel senso in cui la misura assegna a ciascuna cosa il suo limite, il numero dà a ciascuna cosa la sua forma specifica, e il peso trascina ogni cosa al suo riposo e alla

sua stabilità, è Dio che s'identifica con queste tre perfezioni nel senso fondamentale, vero e unico, poiché è Lui a limitare, a dare la forma specifica e a dare ordine a ogni cosa? Ecco perché la frase: Tu hai disposto ogni cosa con misura, numero e peso nel modo che poté esprimersi l'intelligenza e il linguaggio dell'uomo non significa altro che: "Tu hai disposto ogni cosa in te stesso".

3. 8. È un beneficio cospicuo e concesso a pochi oltrepassare tutto ciò che può essere misurato, per contemplare la Misura senza misura, oltrepassare tutto ciò che può essere numerato, per contemplare il Numero senza numero, oltrepassare tutto ciò che può essere peccato, per contemplare il Peso senza peso.

Misura, numero e peso della realtà morale e spirituale; numero senza numero.

4. 8. In effetti misura, numero e peso non si possono percepire soltanto nelle pietre, negli alberi e nelle altre masse terrestri o celesti di tal genere, qualunque sia la loro grandezza. C'è anche una misura che regola un'azione e le impedisce di svolgersi senza controllo e di là dai limiti; c'è anche un numero dei sentimenti dell'animo e delle virtù, mediante il quale l'anima è tenuta lontano dalla deformità della stoltezza e ricondotta alla forma e alla bellezza della sapienza; e c'è anche un peso della volontà e dell'amore, per mezzo del quale appare quanto occorre pesare ogni cosa nel desiderarla, nell'evitarla, nel valutarla preferibile o trascurabile. Ma questa misura delle anime e delle intelligenze è determinata da un'altra Misura, questo numero è formato da un altro Numero e questo peso è attratto da un altro Peso. La Misura senza misura è quella alla quale si adatta ciò che viene da essa, mentre essa non viene da nessuna altra cosa; il Numero senza numero è quello in base al quale è formata ogni cosa, ma esso non viene formato; il Peso senza peso è quello al quale sono attirati per riposarvisi, coloro il cui riposo è gioia purissima, ma esso non è attirato più verso alcuna altra cosa.

In qual senso intendere i termini suddetti.

4. 9. Ma chi sa il significato dei termini "misura", "numero" e "peso" unicamente in rapporto ad oggetti visibili, li conosce solo come può comprenderli uno schiavo. Costui pertanto deve elevarsi al di sopra di tutto ciò che conosce in questo modo oppure, se non è capace, non deve attaccarsi agli stessi termini, a proposito dei quali non può che avere pensieri grossolani. Queste cose infatti sono tanto più care a chi le vede nelle realtà di lassù, quanto meno è carne lui stesso nelle cose di quaggiù. Se però uno rifiuta di usare questi termini, di cui ha imparato il senso in rapporto a realtà infime e assai sprevegoli, per denotare realtà sublimi al fine di contemplare le quali si sforza di purificare il suo spirito, non dev'essere costretto a farlo, poiché - purché s'intenda ciò che si deve intendere - non bisogna preoccuparsi molto dei termini che si usano. Importante è invece sapere quale rapporto di somiglianza intercorre tra le realtà inferiori e quelle superiori. In caso contrario la ragione non potrebbe partire logicamente dalle realtà di quaggiù e sforzarsi di tendere verso [quelle di] lassù.

Si spiega Sap 11, 21.

4. 10. Ma allora, se uno dice che sono cose create la misura, il numero e il peso, con cui la Scrittura attesta che Dio ha disposto ogni cosa, e se Dio ha disposto ogni cosa per mezzo di esse, con che cosa Dio ha disposto le tre medesime cose? Se con altre cose, come mai tutte le cose sono state disposte mediante quelle, quando quelle stesse sarebbero state disposte mediante altre cose? Non si può dunque dubitare che quelle tre perfezioni con le quali sono state disposte tutte le cose sono fuori delle cose, che sono state disposte.

In Dio la ragione della misura, del numero e del peso, secondo cui tutto è stato disposto.

5. 11. Ma si potrebbe forse pensare che la frase della Scrittura: Tu hai disposto ogni cosa con misura, numero e peso 5, equivale a

quest'altra: "Tu hai disposto tutte le cose in modo che avessero misura, numero e peso"? Poiché, se la Scrittura dicesse: "Tu hai disposto tutte le cose materiali con dei colori", non ne seguirebbe doversi pensare che la Sapienza divina, dalla quale sono state fatte tutte le cose, avesse prima in sé dei colori con cui avrebbe poi fatto le cose materiali; ma la frase: "Tu hai disposto tutte le cose materiali con dei colori" dovrebbe essere intesa nel senso di: "Tu hai disposto tutte le cose materiali in modo che avessero dei colori". Come se il fatto che Dio creatore ha disposto tutte le cose materiali con dei colori - disposte cioè in modo che fossero colorate - potesse avere un senso diverso dal seguente: nella Sapienza di Colui che dispone [con ordine] ogni cosa non mancò una certa "ragione" dei colori da distribuire nelle diverse cose materiali, sebbene in rapporto a essa il termine "colore" non convenga. Questo è in realtà quanto avevo in mente dicendo che non ci si deve preoccupare dei termini, purché si sia d'accordo sulle cose.

Ipotesi per spiegare Sap 11, 21.

5. 12. Supponiamo dunque che la frase della Scrittura: Tu hai disposto ogni cosa con misura, numero e peso 6 voglia dire che le creature sono state disposte in modo che abbia ciascuna le proprie misure, i propri numeri e il proprio peso, capaci di cambiamento conforme alla mutabilità di ciascuna specie in rapporto a quella proprietà, aumentando o diminuendo, divenendo più numerose o più rare, più leggere o più pesanti secondo la disposizione di Dio; diremo forse che, allo stesso modo che le cose mutano, così è mutevole lo stesso disegno di Dio, secondo il quale ha disposto le creature? Allontani egli da noi un'idea così pazza!

6. 12. Allorché dunque le cose venivano disposte in modo che avessero la loro misura, il proprio numero e peso, ove le vedeva Dio che le disponeva in quel modo? Egli non vedeva fuori di se stesso, come vediamo noi, con gli occhi le cose materiali, che certamente non esistevano ancora quando venivano disposte per essere create. E

neppure vedeva le cose in se stesso come noi vediamo nella mente le immagini sensibili delle cose materiali che non sono davanti ai nostri occhi, ma che rammentiamo al nostro spirito immaginando gli oggetti già visti o formati a partire da quelli già visti. In qual modo vedeva dunque Dio le cose per disporle così? In qual altro modo se non nel modo che può lui solo?

6. 13. Ciononostante anche noi siamo mortali e peccatori, e il nostro corpo appesantisce l'anima e la nostra abitazione terrestre è un gravame per l'anima dai molti pensieri 7; ma, anche se avessimo il cuore del tutto puro e l'anima del tutto limpida e fossimo già uguali agli angeli santi, sicuramente non conosceremmo l'essenza di Dio com'essa conosce se medesima.

Dove vedeva Dio le cose da disporre?

7. 13. Ciononostante noi non vediamo questa perfezione del numero sei né fuori di noi, come i nostri occhi vedono le cose materiali, né dentro di noi come ci rappresentiamo i fantasmi dei corpi e le immagini degli oggetti visibili, ma in un altro modo di gran lunga diverso. Poiché allo sguardo dello spirito può presentarsi - è vero - come una specie di piccole immagini corporee quando pensiamo alla posizione del numero sei tra gli altri numeri o alla sua divisione in parti, ma la ragione, più penetrante e più vigorosa, poiché le trascende, rigetta tali immagini e contempla interiormente l'intimo significato del numero. Grazie a questa intuizione la ragione afferma con sicurezza che ciò che, a proposito dei numeri, chiamiamo l'unità, è indivisibile, mentre non esistono cose materiali se non divisibili all'infinito, e che passeranno più facilmente il cielo e la terra creati secondo il numero sei anziché sia possibile che questo numero non corrisponda alla somma delle sue parti. Lo spirito umano ringrazi quindi sempre il Creatore, che l'ha creato capace di vedere ciò che non è in grado di vedere nessun uccello, nessuna bestia, che pure vedono come noi il cielo, la terra, le stelle, il mare, la terraferma e tutto ciò che vi si trova.

Dio compì le sue opere in sei giorni. Perché il sei? È numero perfetto?

7. 14. Noi quindi non possiamo dire che il sei è un numero perfetto per il fatto che Dio ha compiuto tutte le sue opere in sei giorni, ma possiamo dire che Dio ha compiuto le sue opere in sei giorni per il fatto che il sei è un numero perfetto. Questo numero perciò sarebbe perfetto anche se queste opere non ci fossero state; se invece esso non fosse perfetto, Dio non avrebbe compiuto le sue opere attenendosi a questo numero.

Come intendere il riposo di Dio al settimo giorno.

8. 15. Passiamo ora all'affermazione della Scrittura secondo la quale nel settimo giorno Dio si riposò da tutte le opere che aveva fatto e benedisse e dichiarò sacro questo giorno poiché in esso egli si era riposato da tutte le sue opere. Ma per cercare d'affermare con l'intelletto la verità di questa affermazione nella misura della nostra capacità e dell'aiuto che ci darà Dio, dobbiamo prima scacciare dal nostro spirito ogni congettura d'interpretazione carnale. Poiché è forse lecito dire o credere che Dio si affaticasse nell'agire quando fece le creature descritte nella Scrittura, dal momento che gli bastò pronunciare una sola parola e quelle erano fatte? In realtà neppure l'uomo s'affatica se, dovendo compiere qualche opera, questa è subito fatta appena egli pronuncia una parola. È bensì vero che le parole umane sono proferite mediante suoni di modo che un discorso prolungato affatica: quando tuttavia le parole sono tanto poche quanto quelle che leggiamo nella Scrittura, allorché Dio disse: Vi sia la luce; vi sia il firmamento 8, e così via fino al termine delle opere che Dio compì il sesto giorno, sarebbe il colmo della pazzia pensare che per un uomo, a più forte ragione per Dio, quelle parole fossero causa di fatica.

Interpretazione figurata.

8. 16. Si potrebbe forse affermare che Dio si affaticasse non già nel

pronunciare l'ordine ch'esistessero le creature che furono fatte sull'istante, ma forse nel riflettere e considerare che cosa avrebbe dovuto fare? Si potrebbe forse affermare allora che, liberato, per così dire, da quella preoccupazione col compiere la creazione, Dio si sarebbe riposato e, in considerazione di ciò, avrebbe voluto benedire e dichiarare sacro il giorno in cui per la prima volta si sarebbe liberato da ogni preoccupazione e da quello sforzo? Ma ragionare così è una gran pazzia, poiché in Dio è incomparabile e ineffabile tanto la facoltà quanto la facilità di creare le cose.

Dio si riposò è un'espressione con il verbo causativo.

9. 16. Qual altra soluzione ci resta per interpretare questo riposo se non forse quella che Dio alle creature razionali, tra cui creò anche l'uomo, ha offerto il loro riposo in se stesso dopo che saranno perfezionate dal dono dello Spirito Santo - che diffonde la sua carità nei nostri cuori 9 - affinché la tendenza del desiderio ci trascini là ove, quando ci arriveremo, potremo riposarci, non dovremo cioè cercare più nient'altro? Allo stesso modo infatti ch'è giusto dire ch'è Dio a fare tutto ciò che facciamo noi, in virtù della sua azione in noi, così è giusto dire che Dio si riposa quando siamo noi a riposarci per suo dono.

9. 17. Questa interpretazione è giusta poiché è vero e non occorre un grande sforzo per capire che la Scrittura dice che Dio si riposa quando fa sì che noi ci riposiamo, allo stesso modo che si dice che egli conosce quando fa in modo che noi conosciamo. Dio infatti non conosce nel tempo una cosa che precedentemente ignorasse e tuttavia dice ad Abramo: Ora so che temi Dio 10, frase che noi prendiamo soltanto nel senso seguente: "Ora ho fatto sì che tu conoscessi". Quando parliamo di cose che non succedono a Dio come se gli succedessero, mediante queste figure retoriche riconosciamo ch'è lui a far sì che accadano a noi, purché si tratti solo di cose lodevoli e nella misura consentita dal modo di parlare della Scrittura. Poiché a proposito di Dio non dobbiamo fare alla leggera

alcuna affermazione che non leggiamo nella sua Scrittura.

Altre espressioni della sacra Scrittura con verbi causativi.

9. 18. Io penso che l'Apostolo usa una simile figura retorica quando esorta dicendo: Non rattristate lo Spirito Santo di Dio, col quale siete stati segnati per il giorno della redenzione 11. Poiché la natura dello Spirito Santo, in virtù della quale esistono tutti gli esseri che esistono, non può venire rattristata in quanto possiede una beatitudine eterna e immutabile o, meglio, per il fatto ch'è essa stessa l'eterna e immutabile beatitudine; ma egli abita nei fedeli in modo da riempirli di carità, grazie alla quale gli uomini non possono non rallegrarsi fin d'ora del progresso [spirituale] e delle opere buone dei fedeli e, per conseguenza, neppure non rattristarsi dei falli o dei peccati di coloro della cui fede e pietà essi provavano gioia. Siffatta tristezza è lodevole poiché viene dall'amore soprannaturale infuso dallo Spirito Santo. Ecco perché la Scrittura dice che lo Spirito Santo in persona viene rattristato da coloro i quali, con le loro azioni, agiscono in modo da rattristare i buoni cristiani per il semplice motivo che questi posseggono lo Spirito Santo, grazie al cui dono sono così buoni da sentirsi addolorati a causa dei cattivi, soprattutto di quelli ch'essi hanno conosciuti o ritenuti buoni. Siffatta tristezza non solo non è per nulla riprovevole, ma è anche lodevole ed encomiabile.

Si spiega un'altra metonimia di Gal 4, 9.

9. 19. Un'altra stupenda espressione di tal genere usa di nuovo il medesimo Apostolo quando afferma: Ora però voi conoscete Dio o meglio siete conosciuti da Dio 12. Non fu, infatti, allora che Dio li conobbe avendoli conosciuti, naturalmente, prima della creazione del mondo 13; ma poiché era stato allora ch'essi lo avevano conosciuto per grazia di Dio, non in virtù dei loro meriti o del loro potere, l'Apostolo preferì usare un'espressione figurata dicendo ch'erano stati conosciuti da Dio al momento in cui concesse loro di

esser conosciuto da essi e preferì correggersi come se avesse espresso il concetto poco esattamente quando aveva parlato in senso proprio, anziché permetter loro d'arrogarsi un potere ch'era stato concesso loro da Dio.

Si chiede se Dio poté riposare in senso proprio.

10. 20. Ad alcuni dunque basterà forse questa interpretazione del passo ove si dice che Dio si riposò da tutte le sue opere molto buone da lui fatte, prendendolo nel senso ch'è lui a farci riposare quando avremo fatto opere buone. Quanto a noi però, dopo aver intrapreso l'attento esame di questa frase delle Scritture, ci sentiamo spinti a cercare in qual modo poté riposarsi anche Dio, sebbene con l'accennare al suo riposo c'inviti a sperare di trovare in lui il nostro riposo futuro. Infatti allo stesso modo ch'è stato lui a creare il cielo e la terra e quanto in essi si trova, e a portare a termine ogni cosa il sesto giorno - e non si può dire che siamo stati noi a creare alcuna di quelle cose in virtù d'un suo dono per cui le creassimo e perciò la Scrittura direbbe: Dio compì nel sesto giorno tutte le opere che aveva fatte 14, nel senso che sarebbe stato lui a concederci di portarle a termine - così anche la frase della Scrittura: Dio si riposò il settimo giorno da tutte le opere che egli aveva fatte 15, non dobbiamo intenderla precisamente del nostro riposo che otterremo per un dono della sua grazia, ma intenderla anzitutto del suo riposo che prese il settimo giorno dopo aver compiuto le sue opere: per conseguenza deve prima mostrarsi che quanto dice la Scrittura è realmente accaduto e in seguito, se c'è bisogno, si può insegnare che quel fatto è simbolo di qualche altra cosa. È, sì, giusto dire: "Allo stesso modo che Dio, dopo aver compiuto le sue opere buone, si riposò, così ci riposeremo anche noi dopo che avremo compiuto le nostre opere buone", ma per la stessa ragione è giusto esigere che, allo stesso modo che abbiamo trattato delle opere di Dio che sono, con tutta evidenza, opera sua, così dobbiamo trattare sufficientemente del riposo di Dio che dalla Scrittura è mostrato propriamente suo.

In che modo può essere vero che Dio si riposò al settimo giorno e che ancora adesso continua ad agire.

11. 21. Proprio per un motivo assai giusto siamo quindi spinti ad indagare, se ne saremo capaci, e a spiegare come sono vere le due affermazioni, cioè quella della Genesi in cui si dice che il settimo giorno Dio si riposò da tutte le sue opere che aveva fatte, e quella del Vangelo in cui il Signore in persona, dal quale sono state fatte tutte le cose, dice: Il Padre mio opera sempre e così faccio anch'io 16. Così infatti egli rispose a coloro che gli facevano le loro rimostranze di non osservare il sabato, com'era prescritto fin dai tempi antichi dall'autorità di questo passo della Scrittura relativo al riposo di Dio. Può dirsi però con fondatezza che l'osservanza del sabato fu prescritta ai Giudei a causa della sua funzione profetica che prefigurava il riposo spirituale che Dio, mediante quel simbolo recante un significato misterioso, servendosi del proprio riposo come esempio, prometteva ai fedeli che fanno opere buone. Anche il Signore Gesù Cristo, che soffrì solo quando lo volle, confermò il simbolismo di quel riposo nella sua sepoltura. Egli infatti riposò nel sepolcro il giorno di sabato e passò tutto quel giorno in una specie di santa inoperosità, dopo che nel sesto giorno, cioè nella Parasceve, chiamata il sesto giorno della settimana, aveva portato a compimento tutte le sue opere quando sul patibolo della croce fu compiuto tutto ciò che le Scritture avevano predetto di lui. Questa infatti è la parola usata da lui quando disse: Tutto è compiuto; e chinato il capo spirò 17. Che c'è dunque di strano se Dio, volendo anche in tal modo prefigurare il giorno in cui il Cristo si sarebbe riposato nel sepolcro, si riposò dalle sue opere quel solo giorno per produrre in seguito la successione dei secoli? E ciò perché fosse vera anche l'affermazione della Scrittura: Il Padre mio opera sempre.

Un altro modo di conciliare il riposo di Dio e la sua continua attività.

12. 22. Si potrebbe anche pensare che Dio si riposò dal creare altre

specie di creature poiché in seguito non creò più nuove specie, ma da allora egli opera fino al presente e continuerà anche dopo a operare governando le medesime specie di esseri che furono create allora; nondimeno neppure in quello stesso settimo giorno Dio cessò di governare con la sua potenza il cielo, la terra e tutti gli altri esseri ch'egli aveva creato, altrimenti sarebbero caduti nel nulla. In effetti la potenza del Creatore e l'energia dell'Onnipotente e dell'Onnipresente è la causa per cui sussiste ogni creatura; se questa energia cessasse un sol momento di governare gli esseri creati, finirebbe allo stesso tempo anche la loro essenza, e ogni natura cadrebbe nel nulla. Poiché Dio non è come un costruttore che, dopo aver costruito un edificio, se ne va, ma la sua opera sussiste anche quando egli cessa di agire e se ne va; il mondo invece non potrebbe continuare a esistere neppure un batter d'occhio se Dio gli sottraesse la sua azione reggitrice.

Ancora lo stesso argomento.

12. 23. Ecco perché anche l'affermazione del Signore: Il Padre mio opera ancora fino al presente 18 mostra una - diciamo così - continuazione dell'opera del Padre, grazie alla quale mantiene e governa tutto il creato. Diverso infatti potrebbe essere il senso di queste parole, se il Signore avesse detto: "e opera adesso", poiché non sarebbe necessario che l'intendessimo come continuazione della stessa opera. Ma un altro è il senso che ci è imposto dall'espressione: fino al presente, vale a dire: "dal momento in cui egli operò creando tutte le cose". Inoltre quando la Scrittura dice riguardo alla Sapienza di Dio: Si estende da un confine all'altro con forza e governa con bontà ogni cosa 19, della quale la stessa Scrittura dice parimenti: il suomovimento è più veloce di tutti i moti 20, appare assai evidente, a chi bene osserva, ch'essa comunica questo medesimo suo movimento, incomparabile e ineffabile - che potremmo chiamare stabile se potessimo concepire un simile attributo - alle cose per disporle con bontà; se però questo movimento venisse loro sottratto, se cioè Dio cessasse di esercitare

questa sua azione, le cose scomparirebbero immediatamente. Quanto poi all'affermazione che fa l'Apostolo parlando di Dio agli Ateniesi: È in lui che noi abbiamo la vita, il movimento e l'essere 21, se viene intesa chiaramente nella misura concessa alla mente umana, essa suffraga la convinzione per cui crediamo e affermiamo che Dio agisce continuamente riguardo agli esseri da lui creati. Noi infatti non esistiamo in lui come un elemento che costituisca la sua natura nel senso in cui la Scrittura dice ch'egli ha la vita in se stesso 22; ma pur essendo esseri certamente differenti da lui, noi siamo in lui solo perché egli effettua ciò mediante la sua azione e quest'azione è quella per cui egli mantiene tutto e per cui la sua Sapienza si estende da un confine all'altro con forza e governa tutto con bontà; è in virtù di questo divino governo che noi abbiamo la vita, il movimento e il nostro essere in lui. Per conseguenza, se Dio sottraesse alle creature questa sua virtù operativa, noi cesseremmo di vivere, di muoverci e di essere. È chiaro dunque che Dio non ha cessato nemmeno per un sol giorno la sua azione di governare le creature da lui create, per evitare che perdessero sull'istante i loro movimenti naturali mediante i quali si muovono e vivono e così sono nature complete e ciascuna continua a rimanere nello stato ch'essa ha conforme alla sua propria specie; altrimenti le creature cesserebbero completamente di esistere, se fosse loro tolto il movimento della divina Sapienza con cui Dio governa tutto con bontà. Noi perciò intendiamo il fatto che Dio si riposò da tutte le sue opere che aveva fatte, nel senso che da quel momento in poi non creò più nessun'altra natura nuova, non nel senso che cessò dal mantenere e governare gli esseri da lui creati. È dunque vero non solo che Dio si riposò il settimo giorno 23, ma altresì ch'egli continua ad agire fino al presente 24.

Il sabato giudaico e quello cristiano.

13. 24. Le opere buone di Dio noi le vediamo, ma il suo riposo lo vedremo quando avremo compiuto le nostre opere buone. Per simboleggiare questo riposo Dio prescrisse l'osservanza d'un dato giorno al popolo ebraico: precetto che gli Ebrei eseguivano in modo

così carnale che incolparono il Signore, nostro Salvatore, quando lo videro compiere delle azioni in quel giorno 25, e perciò diede loro una risposta del tutto giusta ricordando loro l'attività del Padre, con il quale anch'egli operava ugualmente non solo per governare tutte le creature ma anche per procurare la stessa nostra salvezza. Ora invece, nel tempo in cui è stata rivelata la grazia, l'osservanza del sabato, ch'era simboleggiata nel riposo d'un giorno determinato, è stata abrogata per i fedeli. Infatti nel presente ordine della grazia è ormai osservato un sabato eterno da chi compie tutto il bene che fa nella speranza del riposo futuro e non si vanta delle proprie azioni buone come d'un bene ch'egli possederebbe senza averlo ricevuto. In tal modo quando egli riceve il sacramento del battesimo nel suo vero significato, intendendolo cioè come il giorno del sabato, ossia come il giorno del riposo di nostro Signore nel sepolcro, egli si riposa dalle sue opere precedenti sicché, percorrendo ormai il cammino d'una vita nuova 26, riconosca che ad agire in lui è Dio il quale è attivo e si riposa nello stesso tempo somministrando da una parte il governo conveniente alla creatura e dall'altra possedendo in se stesso un'eterna tranquillità.

Perché Dio consacrò il giorno del suo riposo.

14. 25. In breve, Dio non sentì stanchezza quando creò, né ristorò le sue forze quando cessò di creare, ma per mezzo della sua Scrittura volle solo esortarci a bramare il riposo col rivelarci di aver dichiarato sacro il giorno in cui si riposò da tutte le sue opere. Poiché in nessun [passo del racconto] di tutti i sei giorni, in cui furono create tutte le cose, si legge che dichiarasse sacra alcuna sua opera, e neppure prima [del racconto] degli stessi sei giorni, ove sta scritto: Nel principio Dio creò il cielo e la terra 27, la Scrittura aggiunse: E li dichiarò sacri; ma Dio volle dichiarare sacro questo giorno in cui si riposò da tutte le opere che aveva fatte, come se anche per lui, che non prova alcuna fatica nell'agire, il riposo è più importante dell'azione. Questa verità riferita all'uomo ci è insegnata dal Vangelo quando il nostro Salvatore afferma che la parte di Maria, la quale

seduta ai suoi piedi si riposava nell'ascoltare la sua parola, era migliore di quella di Marta, sebbene questa fosse occupata in molte faccende per servirlo, e così facesse un'opera buona 28. Ma in qual senso esista, a proposito di Dio, questa superiorità del riposo sull'azione e in qual modo intenderla è difficile dirlo, anche se con la riflessione si può arrivare a capire un poco perché Dio dichiarò sacro il giorno del suo riposo, mentre non dichiarò sacro alcun altro giorno della sua opera, neppure il sesto, in cui creò l'uomo e contemporaneamente portò a termine tutte le cose. E innanzitutto, di quale specie è lo stesso riposo di Dio? Qual è l'intelligenza umana il cui acume sarebbe capace di comprenderlo? E tuttavia, se questo riposo non fosse una realtà, la sacra Scrittura non ne parlerebbe affatto. Io, comunque, esporrò la mia opinione personale, premettendo le seguenti verità sicure: Dio non ha goduto una specie di riposo temporale come dopo una fatica o come dopo la fine sospirata d'un suo lavoro; inoltre le Scritture che a buon diritto occupano un posto superiore ad ogni altro scritto per la loro eccezionale autorità, non hanno affermato, né senza motivo né a torto, che Dio si riposò il settimo giorno da tutte le opere che aveva fatte e perciò dichiarò sacro quel giorno.

Si risolve la questione precedente.

15. 26. È senza dubbio un difetto e una debolezza dell'anima quello di compiacersi delle proprie opere al punto di riposarsi in esse anziché trovar riposo da esse in se stessa, poiché essa possiede certamente una facoltà con cui quelle opere sono compiute, facoltà superiore alle stesse opere compiute. Per questo motivo il passo della Scrittura in cui si dice che Dio si riposò da tutte le opere che aveva compiute ci fa capire che Dio non si compiacque di nessuna sua opera come se avesse avuto bisogno di compierla o gli sarebbe mancato qualcosa non facendola, o sarebbe stato più beato facendola. Poiché tutto ciò che deriva da Dio è di tal natura che gli è debitore del proprio essere, mentre Dio non è debitore della propria felicità a nulla che deriva da lui stesso; ecco perché, amando se

stesso al di sopra delle cose fatte da lui, non dichiarò sacro il giorno in cui cominciò a farle né quello in cui le portò a termine, perché non si pensasse che fosse aumentata la sua gioia di farle o d'averle fatte, ma consacrò il giorno in cui si riposò in se stesso dopo averle fatte. Egli, certamente, non è stato mai privo di questo riposo, ma ce ne ha rivelato il senso mediante il settimo giorno. Con ciò ha voluto anche mostrarci che solo i perfetti possono conseguire il suo riposo, dal momento che, per inculcarcelo, destinò solo il giorno che seguì al compimento di tutte le cose. Poiché egli, ch'è sempre in riposo, si riposò riguardo a noi quando ci fece conoscere d'essersi riposato.

Dio non ha bisogno delle opere da lui fatte.

16. 27. Occorre considerare attentamente anche il fatto ch'era necessario che ci fosse rivelato il riposo di Dio, per cui egli è felice per virtù propria, affinché noi comprendessimo in qual senso è detto che Dio si riposa in noi. Quest'affermazione va presa solo nel senso che Dio ci rende partecipi del riposo ch'egli ha in se stesso. Il riposo di Dio, quindi, se viene inteso come si deve, consiste nel non aver bisogno d'alcun bene estraneo; anche per noi quindi il riposo è in lui, poiché noi pure siamo resi felici dal bene ch'è lui stesso, mentre Dio non è reso felice dal bene che siamo noi. Anche noi infatti siamo un bene creato da lui, che ha fatto tutte le cose molto buone, tra le quali ha fatto anche noi. D'altra parte fuori di lui non esiste alcun essere buono, di cui egli non sia il creatore e perciò non ha bisogno d'alcun altro bene all'infuori di lui, poiché non ha bisogno del bene da lui creato. È questo il suo riposo da tutte le opere ch'egli ha fatto. Di quali beni avrebbe potuto Dio gloriarsi di non aver bisogno, se non ne avesse fatto alcuno? Si potrebbe infatti anche dire che Dio non ha bisogno d'alcun bene non per il fatto che si riposerebbe in se stesso dalle opere fatte, ma perché non ne avrebbe fatta assolutamente nessuna; ma nell'ipotesi che Dio non potesse creare cose buone, non avrebbe alcuna potenza; se invece ne avesse la potenza e non le facesse, avrebbe una gran gelosia. Poiché dunque Dio è onnipotente e buono, ha fatto tutte le cose molto buone; ma, poiché è

perfettamente felice per il bene che è lui stesso, si riposò in se stesso da tutte le opere che aveva fatte, in virtù cioè del riposo di cui godette sempre. D'altronde, se la Scrittura dicesse che Dio si riposò dalle opere che doveva fare, noi non potremmo intendere ciò se non nel senso che non le fece; se d'altra parte non dicesse che si riposò dalle opere già fatte, ci persuaderebbe in modo meno convincente che Dio non ha bisogno delle cose fatte da lui.

Ecco perché si riposò dopo il sesto giorno.

16. 28. Se uno chiedesse: "Quale giorno, se non il settimo, era opportuno per farci capire questo insegnamento?", lo comprenderà se rammenterà come la perfezione del numero sei, di cui abbiamo parlato più sopra, è adatta a rappresentare la perfezione della creazione. Se infatti la creazione doveva essere portata a perfezione secondo il numero sei - come lo fu in realtà - e se ci doveva essere fatto conoscere il riposo di Dio con cui ci fosse mostrato ch'egli non è reso felice dalle sue creature neppure dopo ch'esse sono state portate a termine, era ovvio che in questo racconto della rivelazione il giorno da dichiarare sacro doveva essere quello che viene dopo il sesto, per eccitarci a desiderare questo riposo, e così trovare noi pure il nostro riposo in lui.

Il nostro riposo in Dio.

17. 29. Ora, se desiderassimo somigliare a Dio, in modo da riposarci anche noi dalle nostre opere in noi stessi allo stesso modo ch'egli si riposò dalle sue opere in se stesso, questa somiglianza non sarebbe santa, poiché noi dobbiamo riposarci in un bene immutabile e per noi questo bene è Colui che ci ha fatti. Questo sarà quindi il nostro supremo riposo completamente privo d'orgoglio e veramente santo. Per conseguenza, come Dio si riposò da tutte le sue opere, poiché per lui non le sue opere, ma è lui stesso il suo proprio bene e fonte della propria felicità, così anche noi dobbiamo sperare di trovare in lui solo il nostro riposo da tutte le opere non solo nostre ma anche

sue; è questo ciò che dobbiamo desiderare dopo aver compiuto le opere buone che, sebbene si trovino in noi, le riconosciamo come sue anziché nostre. In tal modo si riposerà anche lui, dopo aver compiuto le sue opere buone, quando ci concederà di riposarci in lui in seguito alle opere buone che faremo dopo essere stati giustificati da lui. È un gran dono di Dio l'aver ricevuto l'esistenza da lui, ma sarà un dono più grande l'avere in lui il riposo, allo stesso modo che Dio è felice non perché fece le sue opere, ma perché non avendo bisogno neppure delle opere fatte, si riposò in se stesso anziché in esse. Ecco perché Dio dichiarò sacro non il giorno del suo operare, ma quello del suo riposo, poiché volle farci capire d'esser felice non già per aver fatto quelle opere ma per il fatto di non aver bisogno delle opere da lui compiute.

Conclusione: Dio si riposa sempre in se stesso poiché trova la sua felicità solo in se stesso.

17. 30. Che cosa c'è dunque di più semplice e facile a dirsi, ma anche più sublime e più difficile a concepirsi che Dio riposantesi da tutte le opere che aveva compiute? E dove mai Dio si riposa se non in se stesso, poiché è beato solo in se stesso? E quando, se non sempre? Rispetto però ai giorni riguardo ai quali la Scrittura narra il compimento delle cose create da Dio, dalle quali è distinto il racconto del riposo di Dio, quando mai Dio si riposò se non nel settimo, quello successivo al perfetto compimento delle creature? Dio infatti si riposa dopo aver portato a termine la creazione delle creature, ma, per poter essere più felice, non ha bisogno di esse neppure dopo averle compiute.

Perché il riposo di Dio non ha mattino né sera.

18. 31. Per quanto riguarda Dio è bensì vero che il suo riposo non ha né mattina né sera poiché non si apre con un inizio né si conchiude con una fine, ma per quanto riguarda le opere portate a compimento da Dio, il suo riposo ha un mattino ma non una sera, poiché la

creatura perfetta ha una specie d'inizio della sua conversione verso il riposo del Creatore, ma essa non ha una fine paragonabile al termine della sua perfezione come l'hanno gli esseri che sono stati creati. Di conseguenza il riposo di Dio non comincia per lo stesso Dio ma per la perfezione delle cose create da lui, cosicché ciò ch'è portato alla perfezione da lui comincia a riposare in lui e ad avere in lui il mattino - poiché per quanto concerne il suo genere è limitato come da una sera - ma considerato in Dio non può aver più sera, per il fatto che non ci sarà nulla di più perfetto di quella perfezione.

Prima spiegazione: la fine del giorno è la sera, cioè la notte, e l'altro inizio è il mattino.

18. 32. Nell'interpretare i giorni della creazione noi prendevamo la sera nel senso ch'essa indicasse il limite della natura creata e il mattino seguente come indicante l'inizio di un'altra natura che doveva essere creata. Per conseguenza la sera del quinto giorno è il termine della creazione compiuta il quinto giorno, mentre il mattino susseguente alla sera dello stesso quinto giorno è l'inizio della creazione che doveva essere fatta il sesto giorno; compiuta la creazione di questo giorno venne di seguito la sera che fu per esso una specie di termine. E poiché non era rimasto nient'altro da creare, dopo quella sera venne il mattino affinché fosse non l'inizio della creazione d'un'altra creatura, ma l'inizio del riposo di tutte le creature nel riposo del Creatore. Poiché cielo e terra e tutto ciò che essi contengono, ossia tutto il mondo creato, spirituale e materiale, non sussiste in se stesso ma in Colui del quale la Scrittura dice:In lui viviamo, ci muoviamo e siamo 29, poiché, sebbene ciascuna parte possa essere nell'intero di cui è parte, tuttavia lo stesso intero è soltanto in Colui dal quale è stato creato. Non è quindi illogico pensare che al termine del sesto giorno successe il mattino alla sera non a significare l'inizio della creazione di un'altra creatura come nei giorni precedenti, bensì ad indicare l'inizio della permanenza e del riposo di tutto ciò ch'è stato creato nel riposo di Colui che l'ha creato. In Dio questo riposo non ha né inizio né fine; nella creatura invece

ha un inizio ma non ha un termine. Per la stessa creatura il settimo giorno cominciò quindi con un mattino ma non termina con alcuna sera.

I giorni della creazione e quelli della nostra settimana.

18. 33. In effetti, se negli altri [sei] giorni [della creazione] la sera e il mattino indicano l'avvicendarsi dei tempi come quello che si compie nell'attuale durata d'ogni giorno, non vedo che cosa avrebbe impedito che anche il settimo giorno terminasse con una sera, e la notte terminasse con un mattino e di conseguenza la Scrittura - come per gli altri giorni - dicesse: "E fu sera e fu mattino: settimo giorno", dal momento che anch'esso è uno dei giorni - sette in tutto -, la cui ripetizione forma i mesi, gli anni e i secoli. In questa ipotesi il mattino successivo al settimo giorno sarebbe l'inizio dell'ottavo, di cui non sarebbe stato più necessario parlare in seguito, poiché sarebbe stato identico al primo, al quale si torna e dal quale ricomincia la serie dei giorni della settimana. È dunque più probabile che i giorni della nostra settimana, sebbene uguali per nome e numero a quelli della creazione, succedendosi gli uni agli altri, determinino con il loro corso la durata dei tempi, mentre quegli altri primi sei giorni si sarebbero svolti secondo un modo particolare a noi sconosciuto e inusitato durante la creazione stessa degli esseri. In quei primi sei giorni la sera e il mattino, come la luce e le tenebre, ossia il giorno e la notte, non davano origine ai nostri giorni attraverso i giri del sole: ciò siamo certamente costretti ad ammettere, almeno per i tre giorni ricordati e nominati prima della creazione dei luminari del cielo.

Come intendere il riposo di Dio e quello della creatura.

18. 34. Per questo motivo, quali che fossero in quei giorni la sera e il mattino, non si deve credere affatto che in quel mattino, successivo alla sera del sesto giorno, cominciasse il riposo di Dio - saremmo, in questo caso, sospettati d'immaginarci in modo sciocco e temerario

che un bene temporale potesse sopraggiungere all'Eterno e all'Immutabile - ma si deve credere che il riposo di Dio, con cui si riposa in se stesso ed è felice grazie al bene ch'è lui stesso per se stesso, non ha per lui né principio né fine. Al contrario, il riposo di Dio, in quanto proprio della creazione portata a compimento, ha un inizio, poiché ciascun essere, nei limiti della propria natura, trova la sua perfezione non tanto nell'universo, di cui è parte, quanto piuttosto in Colui dal quale ha l'esistenza e nel quale sussiste lo stesso universo: solo in questo modo può aver riposo, mantenere cioè il grado del proprio peso. Per conseguenza tutto l'universo delle creature, che fu compiuto in sei giorni, ha nella sua natura una condizione diversa da quella che ha nell'ordine od orientamento per cui esso è in Dio, non come lo è Dio, ma tuttavia in modo da non trovare il riposo della propria stabilità se non nel riposo di Dio, il quale all'infuori di se stesso non agogna alcun altro bene per riposarvisi una volta che l'abbia raggiunto. Egli perciò, rimanendo in sé stesso, trae a sé tutto ciò ch'è fatto da lui affinché ogni creatura abbia in sé il limite della propria natura per cui essa non è ciò ch'è lui ma abbia in lui il luogo del proprio riposo, grazie al quale rimane ciò ch'essa è. So che il termine "luogo", da me usato, è improprio poiché in senso proprio è usato per lo spazio occupato dai corpi. Ma, poiché anche gli stessi corpi non restano fermi se non nel luogo in cui arrivano come spinti dal desiderio ch'è una specie di peso e, una volta trovatolo, sono in riposo, non è illegittimo usare questo termine trasportandolo dal senso concreto a quello spirituale, e parlare di luogo in questo senso, benché si tratti d'una cosa assai diversa.

Perché al mattino del settimo giorno non segue la sera.

18. 35. A mio parere, dunque, l'inizio del riposo nel Creatore goduto dalla creazione è significato nel mattino che venne dopo la sera del sesto giorno, poiché non avrebbe potuto riposarsi in lui se non dopo essere stata compiuta. Ecco perché, dopo che nel sesto giorno era stata compiuta la creazione di tutti gli esseri, alla sera successe il mattino a indicare il momento in cui la creazione finalmente

terminata cominciò a riposarsi in Colui dal quale era stata creata. In questo inizio essa trovò Dio riposante in se stesso e in lui trovò ove poter riposarsi anch'essa in modo tanto più stabile e sicuro quanto più aveva essa bisogno di lui per riposarsi, e non lui di essa per il proprio riposo. Ma poiché tutto il mondo creato, nonostante ciò che potrà divenire a causa dei suoi mutamenti, di qualunque genere essi saranno, non cesserà di esistere e perciò rimarrà sempre nel suo Creatore, per conseguenza a quel mattino non seguì alcuna sera.

18. 36. Ciò abbiamo esposto al fine di spiegare perché il settimo giorno, in cui Dio si riposò da tutte le sue opere, ebbe il mattino dopo la sera del sesto ma non ebbe la sera.

Perché il settimo giorno non ebbe la sera: seconda spiegazione.

19. 36. A proposito di questo argomento c'è un'altra spiegazione che, a mio modesto avviso, ci può far capire nel senso più appropriato e migliore, ma un po' più difficile ad esporsi, come cioè il riposo della creazione ma anche di Dio in se stesso il settimo giorno ebbe un mattino senza una sera, cioè un inizio senza fine. Se infatti la Scrittura dicesse: "Dio si riposò il settimo giorno", senza aggiungere: "da tutte le sue opere che aveva compiute" sarebbe inutile indagare sull'inizio di questo riposo. Dio infatti non comincia a riposarsi poiché eterno è il suo riposo, senza inizio e senza fine. Ma poiché egli si riposò da tutte le sue opere che aveva compiute senza aver bisogno di esse, si comprende che il riposo di Dio non ha avuto né inizio né fine, mentre il suo riposo da tutte le opere da lui compiute comincia dal momento in cui le ha terminate. In realtà dalle sue opere, di cui non aveva bisogno, Dio non si sarebbe riposato prima che esistessero, pur non avendone bisogno neppure dopo il loro compimento. E poiché di esse egli non ha assolutamente mai avuto bisogno, e poiché la sua felicità, grazie alla quale non ne ha bisogno, non avrà bisogno di perfezionarsi con nessuna specie d'incremento, il settimo giorno non ebbe la sera.

Si pone il quesito se il settimo giorno fu creato.

20. 37. Ma possiamo porci senza dubbio - anche per l'imbarazzo causato da una doverosa riflessione - il quesito in qual senso intendere che Dio si riposò in se stesso da tutte le opere che aveva compiute, dal momento che sta scritto: E Dio si riposò nel settimo giorno 30. Poiché la Scrittura non dice: "in se stesso", ma solo: nel settimo giorno. Che cos'è dunque questo settimo giorno? È una creatura o solo uno spazio di tempo? Ma anche uno spazio di tempo è concreato insieme con la creatura temporale e perciò anch'esso è senza dubbio una creatura. Poiché non c'è e non avrebbe potuto esserci stato né potrà esserci alcuno spazio di tempo del quale Dio non sia il creatore. Se dunque anche questo settimo giorno è uno spazio di tempo, chi lo creò se non il Creatore di tutti i tempi? D'altra parte il precedente testo della sacra Scrittura mostra chiaramente con quali o in rapporto a quali creature furono creati quei sei giorni. Per quanto riguarda quindi questi sette giorni della nostra settimana, dei quali ci è familiare la natura, essi in realtà trascorrono ma in certo qual modo trasmettono i loro nomi agli altri giorni che loro succedono affinché quei sei giorni possano avere un nome; noi sappiamo - è vero - quando furono creati i primi sei di essi, ma il settimo giorno, chiamato con il nome di sabato, noi non vediamo quando Dio lo creò. Nel settimo giorno infatti Dio non creò nulla, anzi in quel medesimo giorno si riposò dalle opere ch'egli aveva compiute nei sei giorni precedenti. In qual modo si riposò, dunque, in un giorno ch'egli non aveva creato? Oppure, in qual modo lo creò subito dopo quei sei giorni, dal momento che nel sesto giorno terminò tutto ciò che aveva creato e nel settimo giorno non creò nulla, ma al contrario in quel giorno si riposò da tutte le opere che aveva fatte? Creò forse Dio un solo giorno, la cui ripetizione producesse molti altri periodi di tempo chiamati giorni che passano e trascorrono, e non c'era bisogno che creasse il settimo giorno, dato che questo non era che la settima ripetizione del giorno che aveva creato? In realtà la luce, di cui sta scritto: E Dio disse: Vi sia la luce. E la luce fu fatta 31, Dio la separò dalle tenebre e chiamò "giorno" la

luce e "notte" le tenebre. Fu dunque allora che Dio creò il giorno, la cui ripetizione è chiamata dalla Scrittura "secondo giorno", poi "terzo" e così di seguito fino al "sesto", in cui Dio terminò le sue opere, e così poi la settima ripetizione del giorno creato per primo fu chiamato il "settimo" giorno in cui Dio si riposò. Per conseguenza il settimo giorno non è una creatura se non nel senso ch'esso è il settimo ritorno del medesimo giorno creato quando Dio chiamò "giorno" la luce e "notte" le tenebre.

La luce primordiale creata per l'avvicendarsi del giorno e della notte.

21. 38. Ricadiamo dunque nella difficoltà dalla quale ci sembrava d'essere usciti nel primo libro, e perciò dobbiamo domandarci ancora una volta in qual modo la luce potesse compiere i suoi percorsi circolari per produrre l'alternarsi del giorno e della notte non solo prima che fossero creati gli astri del cielo, ma anche prima che fosse creato lo stesso cielo chiamato firmamento, prima infine che apparisse alcuna forma visibile di terra o di mare che permettesse il ritorno circolare della luce con il succedere della notte là d'onde essa fosse sparita. Pressati dalla difficoltà di questo problema c'eravamo arrischiati di concludere la nostra discussione - diciamo così - avanzando l'opinione che la luce creata all'origine sarebbe la formazione della creatura spirituale; la notte al contrario sarebbe la materia ancor da formare nelle restanti opere della creazione, materia già creata allorché Dio in principio fece il cielo e la terra prima di fare il giorno per mezzo del suo Verbo. Ora però, considerate le riflessioni fatte riguardo al settimo giorno, è preferibile confessare che noi ignoriamo realtà molto lontane dai nostri sensi. Se la luce, chiamata "giorno", è una luce materiale, in qual modo produce continuamente la successione dei giorni e delle notti? Con il suo percorso circolare o con la sua contrazione ed emissione? Se invece è spirituale, in qual modo è stata presentata alla creazione di tutti gli esseri in modo da produrre il giorno con la sua stessa presenza e al contrario la notte con la sua assenza, la sera con l'inizio della sua

assenza e il mattino con l'inizio della sua presenza? Noi preferiamo dunque confessare la nostra ignoranza su questo punto anziché pretendere d'andare contro le parole della sacra Scrittura in un punto manifesto dicendo che il settimo giorno è qualcosa di diverso dalla settima ripetizione del giorno creato da Dio. In caso diverso dovremmo dire che Dio non creò il settimo giorno o creò qualcos'altro dopo quei sei giorni, e cioè proprio il settimo giorno; e allora sarebbe falso quanto dice la Scrittura, che cioè Dio terminò tutte le sue opere il sesto giorno e il settimo si riposò da tutte le sue opere. Ma poiché ciò non può, certamente, essere falso, si deve concludere che la presenza di quella luce, che Dio fece "giorno", si ripeté nel caso della creazione ogni qual volta è nominato un "giorno" e anche nel settimo "giorno" nel quale Dio si riposò da tutte le sue opere.

La conoscenza mattutina e vespertina della creatura spirituale.

22. 39. Ma poiché noi non sappiamo con qual percorso circolare o con qual progresso e regresso la luce materiale poteva produrre l'alternarsi del giorno e della notte prima della creazione del cielo chiamato firmamento, nel quale furono creati anche gli astri, non dobbiamo abbandonare la questione senza esporre una nostra opinione. Se quella luce, creata al principio [della creazione], non è materiale ma spirituale, essa allora fu creata dopo le tenebre, nel senso che da uno stato informe raggiunse la propria formazione essendosi volta verso il suo Creatore; così pure il mattino è fatto dopo la sera quando, dopo aver conosciuto la propria natura per cui una cosa è diversa da Dio, si riporta a glorificare la Luce, ch'è Dio in persona, nella cui contemplazione essa viene formata. E poiché le altre creature, che sono ad essa inferiori, non sono create senza ch'essa ne abbia conoscenza, è certamente per questo che l'unico e medesimo giorno è ripetuto ogni volta; per conseguenza con la sua ripetizione ricorrono tanti giorni quante sono le diverse specie di creature, il cui compimento sarebbe simboleggiato dal numero sei. La sera del primo giorno sarebbe la conoscenza che quella luce ha

pure di sé, d'essere cioè un essere diverso da Dio; il mattino successivo alla sera, con cui si conclude il primo giorno ed inizia il secondo, sarebbe invece la conversione della creatura spirituale per riferire alla gloria del Creatore il dono d'essere stata fatta e ricevere dal Verbo di Dio la conoscenza della creatura che viene dopo di lei, cioè il firmamento. Questo è fatto dapprima nella conoscenza di quella luce quando la Scrittura dice: E così avvenne e di poi è creato nella natura dello stesso firmamento prodotto quando la Scrittura, dopo aver già detto: E così avvenne, aggiunge: E Dio creò il firmamento 32. In seguito c'è la sera della luce spirituale, quando essa conosce il firmamento stesso non già nel Verbo di Dio come prima, bensì nella sua propria natura; questa natura, essendo inferiore, è giustamente denotata con il termine "sera". Viene dopo il mattino che conclude il secondo giorno e comincia il terzo. Anche in questo mattino la luce, ossia il giorno, si volge a lodare Dio per aver creato il firmamento e per ricevere dal Verbo la conoscenza della creatura che dev'essere creata dopo il firmamento. Ecco perché quando Dio dice: L'acqua che è sotto il cielo si ammassi in un sol luogo e appaia l'asciutto 33, quella luce conosce questa creazione grazie al Verbo di Dio, dal quale è proferita quella frase e perciò la Scrittura aggiunge: E così avvenne, cioè nella conoscenza che quella luce ne ha dal Verbo di Dio. In seguito, quando la Scrittura aggiunge: E l'acqua si ammassò 34 ecc., dopo aver detto già: E così avvenne, è fatta la creatura stessa nella sua propria specie. Ugualmente quando questa stessa creatura già fatta viene conosciuta da quella luce che ne aveva avuto conoscenza dal Verbo di Dio come un essere da creare, viene la sera per la terza volta, e così di seguito si susseguono le altre creazioni fino al mattino successivo alla sera del sesto giorno.

Differenza tra la conoscenza delle cose nel Verbo e quella delle cose in se stesse.

23. 40. C'è senza dubbio una gran differenza tra la conoscenza di qualunque essere nel Verbo di Dio e la conoscenza dello stesso

essere nella sua propria natura, al punto che l'una può esser paragonata giustamente al giorno e l'altra alla notte. Poiché, a paragone della luce contemplata nel Verbo di Dio, ogni conoscenza, in virtù della quale conosciamo qualunque creatura in se stessa, può con ragione chiamarsi notte; questa conoscenza, d'altra parte, dall'errore o dall'ignoranza, di coloro che non conoscono neppure la creatura in se stessa, differisce tanto che, a paragone di quell'altra, non è illogico chiamarla giorno. Allo stesso modo la vita che i fedeli conducono in questa nostra carne e in questo mondo, a paragone della vita degli infedeli e degli empi, non senza ragione è chiamata luce e giorno, conforme all'affermazione dell'Apostolo che dice: Un tempo voi eravate tenebre, ora invece siete luce nel Signore 35, e ancora: Gettiamo via le opere delle tenebre e indossiamo le armi della luce in modo da comportarci onestamente come in pieno giorno 36. Tuttavia se questo giorno non fosse anch'esso come una notte a paragone del giorno in cui, divenuti uguali agli angeli, vedremo Dio com'è realmente, in questa vita non avremmo bisogno della lampada della profezia, di cui l'apostolo Pietro dice: Noi abbiamo la saldissima parola dei Profeti, alla quale fate bene a volgere l'attenzione come a una lampada che illumina un luogo oscuro finché non spunti il giorno e la stella del mattino si levi nei vostri cuori 37.

La conoscenza degli angeli.

24. 41. Dalle precedenti considerazioni deriva quanto segue: gli angeli santi, ai quali saremo uguali dopo la risurrezione 38, se seguiremo fino alla fine la via - cioè il Cristo che s'è fatto via per noi - contemplano sempre il volto di Dio e godono del Verbo, suo unico Figlio in quanto è uguale al Padre; inoltre in essi fu creata, prima di tutte le creature, la sapienza; ecco perché senza dubbio conoscono tutto il mondo creato - in cui proprio essi sono i primi esseri creati - dapprima nel Verbo di Dio, in cui sono le ragioni eterne di tutte le cose create - anche di quelle temporali - come in Colui per mezzo del quale sono state create tutte le cose; essi poi hanno questa

conoscenza nella stessa creazione, ch'essi conoscono guardandola nel Verbo, nella cui verità immutabile vedono, come esseri creati al principio, le ragioni in base alle quali è stata fatta una creatura. Nel primo caso dunque gli angeli vedono la creazione - per così dire - nel giorno, per la qual cosa anche la loro perfetta unità, in virtù della loro partecipazione alla Verità stessa, è il giorno creato per primo; nel secondo caso invece la vedono - per così dire - nella sera; ma viene subito il mattino - cosa che si può osservare per ognuno dei sei giorni - poiché la conoscenza degli angeli non si ferma nell'essere creato ma lo riferisce subito alla gloria e all'amore soprannaturale di Colui nel quale la creatura è conosciuta non come fatta ma come avrebbe dovuto essere fatta. Gli angeli sono il giorno rimanendo in questa Verità. Poiché se la creatura angelica si volgesse anche verso se stessa e si compiacesse più di sé che di Colui, la partecipazione con il quale forma la sua beatitudine, gonfiandosi di superbia, cadrebbe come il diavolo, del quale dovrà parlarsi a suo tempo, allorché dovremo spiegare in qual modo il serpente sedusse l'uomo.

Perché la Scrittura non parla della notte per i sei giorni della creazione.

25. 42. Gli angeli dunque conoscono - è vero - le creature nelle creature stesse, ma per loro libera scelta e predilezione preferiscono a siffatta conoscenza quella che hanno nella Verità, per mezzo della quale tutto è stato fatto e della quale sono partecipi. Ecco perché durante tutti i sei giorni [della creazione] non si parla di notte ma del primo giorno dopo una sera e un mattino; ugualmente si parla del secondo giorno dopo una sera e un mattino; in seguito, dopo una sera e un mattino, si parla del terzo giorno e così di seguito fino al mattino del sesto giorno, dopo il quale viene il settimo, giorno del riposo di Dio. Sebbene i giorni avessero le loro notti, tuttavia il racconto [della Scrittura] non parla delle notti, poiché la notte appartiene al giorno e non il giorno alla notte, quando i santi angeli del cielo riferiscono la conoscenza delle creature, da essi percepita nelle creature stesse, alla gloria e all'amore di Colui nel quale

contemplano le ragioni eterne secondo le quali furono create; in virtù di questa contemplazione assolutamente unanime essi sono l'unico "giorno creato da Dio", al quale parteciperà anche la Chiesa una volta liberatasi dal peregrinare su questa terra, affinché possiamo esultare e rallegrarci in esso 39.

I sei giorni della creazione sono un unico giorno.

26. 43. Dopo che, dunque, questo giorno - la cui sera e mattino possono essere intesi nel senso già detto -, fu ripetuto sei volte, fu terminata tutta quanta la creazione e venne il mattino che compì il sesto giorno, dopo di che cominciò il settimo destinato a non aver sera perché il riposo di Dio non è una creatura. Allorché, durante tutti gli altri giorni [precedenti] venivano fatte le creature, queste una volta fatte venivano conosciute [dagli angeli] in se stesse in modo diverso da come erano conosciute in Colui, nella Verità del quale erano viste come dovevano esser fatte; questa conoscenza essendo - se così posso esprimermi - uno sbiadito aspetto della loro natura, costituiva la sera. Per conseguenza in questo racconto della creazione non si deve intendere più come "giorno" la formazione dell'opera stessa né come "sera" il suo compimento, né come "mattino" l'inizio d'un'opera nuova; altrimenti noi saremmo costretti ad affermare, contro la Scrittura, che oltre alle opere dei sei giorni fu fatta la creatura del settimo giorno oppure che lo stesso settimo giorno non è una creatura, mentre il giorno che fece Dio è lo stesso che si ripete in relazione alle opere create da Dio: questa ripetizione avviene non in base ad un percorso materiale ma alla conoscenza spirituale, quando il beato consorzio degli angeli contempla anzitutto la creatura nel Verbo di Dio, cioè nell'ordine espresso dalla Scrittura con la parola: Sia, e perciò la creatura è prodotta nella conoscenza degli angeli quando la Scrittura dice: E così fu fatto, e poi gli angeli conoscono lo stesso essere creato in se stesso - il che è simboleggiato dalla sera ch'era sopraggiunta -, e in seguito riferiscono la conoscenza dell'essere già creato a lode della Verità, in cui avevano visto la ragione dell'opera dal fare - cosa ch'è

simboleggiata dal mattino sopravveniente. Pertanto, nel succedersi di tutti quei giorni v'è un giorno solo, da non concepirsi come siamo soliti concepire i nostri giorni che vediamo calcolati e contati in base al percorso del sole ma secondo un certo altro modo d'essere, applicabile anche ai tre giorni menzionati prima della creazione degli astri del cielo. Questa natura speciale del "giorno" si estese non solo fino al quarto "giorno" a partire dal quale potremmo immaginare gli altri come quelli attuali, ma si prolungò fino al sesto e al settimo giorno. Per conseguenza il "giorno" e la "notte" che Dio distinse tra loro bisogna intenderli in modo del tutto diverso dal nostro "giorno" e dalla nostra "notte" che, secondo la sua parola, dovevano essere distinti dagli astri del cielo ch'egli aveva creati allorché disse: Distinguano il giorno e la notte 40. Fu allora in realtà ch'Egli creò il giorno attuale, quando creò il sole, la cui presenza produce il giorno stesso, mentre il "giorno" creato all'origine delle cose si era già ripetuto tre altre volte quando, al suo quarto ripetersi, furono creati questi corpi luminosi del firmamento.

Differenza fra i giorni della nostra settimana e quelli della creazione.

27. 44. Data la nostra condizione di esseri mortali e terreni noi non possiamo avere né esperienza, né un concetto del[l'unico] giorno originario o di altri giorni [della creazione] contati in base al ripetersi di quello, anche se potessimo sforzarci di farcene un'idea. Per questo non dobbiamo precipitarci ad avanzare un'opinione più conforme alla realtà e più plausibile. Dobbiamo dunque credere che questi nostri sette giorni che, sul modello di quelli [della creazione], formano la settimana - attraverso il cui corso e ritorno trascorrono i tempi e nella quale ogni singolo giorno è formato dal percorso del sole dal suo sorgere a quello successivo - mostrano in un certo senso la successione dei giorni [della creazione], ma non dobbiamo avere il minimo dubbio ch'essi non sono simili a quelli, bensì molto diversi.

L'interpretazione data sulla luce e sul giorno spirituale.

28. 45. Quanto ho detto sia della luce spirituale, sia del giorno creato nella creatura spirituale e angelica, sia della contemplazione ch'essa ha nel Verbo di Dio, sia della conoscenza con cui conosce le creature in se stesse, sia infine del suo riferirle alla lode dell'immutabile Verità, in cui essa vedeva la ragione degli esseri da creare prima di conoscerli dopo essere stati creati, nessuno deve credere che sia applicabile a spiegare il "giorno" e la "sera" e il "mattino" in senso non già proprio ma solo in un senso - per così dire - figurato ed allegorico. È vero ch'essi sono interpretati in un senso diverso da quello che siamo soliti osservare ogni giorno nell'avvicendarsi di questa nostra luce materiale, ma non è vero che quaggiù la luce sia intesa in un senso figurato. Dove infatti la luce è più eccellente e più vera, ivi anche il giorno esiste in un senso più vero. Perché dunque il giorno non dovrebbe avere anche una sera e un mattino più veri? Se infatti nei giorni di quaggiù la luce ha un certo suo declino verso il tramonto, che noi chiamiamo sera e un suo ritorno a sorgere, che noi chiamiamo mattino, perché mai anche a proposito dei giorni della Genesi non dovremmo chiamare "sera" quando [lo spirito] dalla contemplazione del Creatore scende a guardare la creatura, e "mattino" quando dalla conoscenza della creatura s'innalza alla lode del Creatore? Neppure Cristo, infatti, è chiamato "luce" 41, allo stesso modo ch'è chiamato "pietra" 42. Egli è "luce" nel senso proprio, "pietra" invece in un senso figurato. Se dunque uno non accetta l'interpretazione che secondo la nostra capacità abbiamo potuto scoprire o congetturare ma, a proposito della successione ricorrente di quei "giorni", cerca un'altra interpretazione capace di far capire meglio ciò che attiene alla creazione degli esseri, non già nel senso profetico e figurato, ma in senso proprio, la cerchi pure e riesca a trovarla con l'aiuto di Dio. Può darsi infatti che trovi anch'io un'altra spiegazione forse più appropriata a quelle parole della Scrittura. Poiché questa mia interpretazione io non la difendo in modo talmente fermo da sostenere che non se ne possa trovare un'altra che si debba preferire, sebbene io sostenga fermamente che

la sacra Scrittura non ha voluto rivelarci che il riposo di Dio fosse dovuto alla stanchezza o alla pena sofferta nell'occupazione.

Simultaneità della conoscenza angelica mattutina e vespertina.

29. 46. Qualcuno quindi potrebbe forse sostenere un'opinione in contrasto con la mia con altri argomenti e così affermare che gli angeli dei cieli più alti non contemplano prima le ragioni delle creature esistenti immutabilmente nell'immutabile verità del Verbo di Dio e poi le creature nella loro esistenza e in un terzo momento riferiscono la loro conoscenza delle creature in se stesse a lode del Creatore, ma che il loro spirito può fare tutto ciò in un solo istante con una straordinaria facilità. Potrà forse dire tuttavia - e se lo dirà, dovremo forse dargli ascolto? - che le migliaia di angeli della città celeste non contemplano l'eternità del Creatore o ignorano la mutabilità delle creature, oppure che dalla loro conoscenza di grado inferiore non si elevano a lodare il Creatore? Tutto ciò gli angeli potrebbero farlo e lo farebbero attualmente, e in realtà lo possono fare e lo fanno. Nello stesso istante dunque è per essi giorno, sera e mattina.

Negli angeli e in cielo è sempre giorno, sera e mattina rispetto alla conoscenza di Dio e delle creature.

30. 47. Non si deve infatti temere che uno, già capace di comprendere queste realtà, pensi per caso che questa simultaneità non possa aver luogo lassù, sotto il pretesto che ciò è impossibile si avveri nei giorni del mondo di quaggiù che sono effettuati dal percorso del sole che noi vediamo. Questa simultaneità non è certamente possibile in uno stesso punto della terra; chi però, volendo riflettere attentamente, non vedrebbe che il mondo nel suo insieme ha simultaneamente il giorno là dov'è il sole e la notte dove il sole non c'è, la sera dove esso tramonta e il mattino ove si presenta? D'accordo: sulla terra non possiamo di certo avere questi avvicendamenti simultanei ma non per questo dobbiamo tuttavia

paragonare questa nostra condizione terrena e il percorso circolare della luce materiale nel tempo e nello spazio con quella della patria spirituale, dov'è sempre giorno per la contemplazione dell'immutabile verità, sempre sera per la conoscenza della creatura considerata in se stessa, e sempre mattina per il fatto di risalire da quella conoscenza al fine di glorificare il Creatore. Lassù infatti a produrre la sera non è il ritirarsi della luce superiore ma la diversità che distingue la conoscenza inferiore [da quella superiore]; il mattino inoltre non viene perché la conoscenza mattinale succede alla notte dell'ignoranza ma perché anche la conoscenza vesperale s'innalza a glorificare il Creatore. Infine anche il Salmista, senza menzionare la notte, dice: Alla sera, al mattino, a mezzogiorno io racconterò, annuncerò, e tu ascolterai la mia voce 43; forse in questo passo egli ha in mente le vicissitudini del tempo, ma tuttavia io penso che voglia anche indicare la vita che sarà immune dalle vicissitudini del tempo nella patria [celeste] a cui desiderava ardentemente d'arrivare dopo il pellegrinaggio terreno.

In che modo all'inizio della creazione il giorno, la sera e la mattina non erano simultanee nella conoscenza angelica.

31. 48. Ma se adesso il consorzio degli angeli e quell'unico giorno [primordiale] creato da Dio all'origine, porta in sé e possiede tutti quei tempi in un solo istante, li ebbe forse simultanei allorché furono creati gli esseri? Durante i sei giorni, in cui furono creati gli esseri che a Dio piacque di creare in ciascuno di quei giorni, il coro degli angeli ne aveva certamente il concetto dapprima nel Verbo di Dio perché fossero creati prima nella sua conoscenza quando veniva detto: E così fu fatto, e in seguito, quando gli esseri furono costituiti nella loro propria natura, in virtù della quale esistono, e piacquero a Dio perché sono buoni, certamente la natura angelica li veniva a conoscere di nuovo allora con una conoscenza di grado inferiore indicata con il termine "sera"; infine, terminata la sera, sorgeva di certo il mattino, quando l'angelo lodava Dio per la sua opera e dal Verbo di Dio riceveva la conoscenza di un' "altra creatura", da farsi

in seguito, prima ancora d'essere fatta. Tutti questi spazi di tempo, dunque, cioè giorno, sera e mattina, non erano simultanei ma successivi, nell'ordine ricordato dalla Scrittura.

Se i giorni, sera e mattina furono simultanee nella conoscenza angelica, non furono senza un ordine.

32. 49. Si deve forse pensare invece che anche allora quei tre momenti erano simultanei, poiché non risultano gli spazi temporali simili a quelli di cui risultano i nostri giorni quando il sole sorge e tramonta e torna al suo punto di partenza, per poi sorgere di nuovo, ma erano relativi al potere spirituale dell'intelletto angelico che in un solo istante afferra tutto ciò che vuole e lo conosce senza alcuna difficoltà? Non per questo tuttavia detta conoscenza avviene senza l'ordine dal quale appare la connessione delle cause antecedenti con le conseguenti. In realtà non può darsi alcuna conoscenza se non ci sono già gli oggetti da conoscere e questi esistono nel Verbo, per mezzo del quale tutto è stato creato, prima di esistere in tutti gli esseri che sono stati fatti. L'intelligenza umana percepisce quindi prima le creature con i sensi del corpo e se ne forma un concetto secondo la capacità dell'umana debolezza, e dopo ne ricerca le cause per quanto può arrivare ad esse che risiedono originariamente e immutabilmente nel Verbo di Dio e in tal modo arrivare a vedere con l'intelletto le invisibili perfezioni di Dio nelle opere da Lui compiute 44. Con quanta lentezza e difficoltà vi riesca e con quanto tempo a causa del corpo corruttibile che aggrava l'anima 45, anche se è trascinata dal più ardente desiderio a far ciò con insistenza e con perseveranza, chi l'ignora? L'intelligenza angelica, al contrario, essendo unita al Verbo di Dio in virtù di pura carità, dopo essere stata creata secondo la gerarchia per cui doveva precedere tutte le altre creature, vide nel Verbo di Dio le cose, che dovevano essere create, prima che fossero create; in questo modo le cose furono fatte originariamente nella conoscenza angelica allorché Dio ordinò ch'esistessero, prima che fossero costituite nella loro propria natura; appena fatte l'angelo le conobbe ugualmente anche in se stesse, per

mezzo d'una conoscenza certamente inferiore chiamata "sera". Anteriori a questa conoscenza già esistevano sicuramente le cose già create, poiché tutto ciò che può esser conosciuto è anteriore alla conoscenza [che se ne può avere]; se infatti non esiste già l'oggetto da conoscersi, esso non può esser conosciuto. Se però, dopo quella conoscenza, lo spirito angelico avesse provato piacere più in se stesso che nel Creatore, non vi sarebbe stato il mattino, cioè quello spirito non si sarebbe elevato dalla sua conoscenza a glorificare il Creatore. Ma quando venne il mattino, doveva essere creata e conosciuta una nuova creatura allorché Dio disse: Vi sia.... affinché di nuovo quella creatura fosse prodotta dapprima nella conoscenza dell'intelletto angelico e di nuovo potesse esser detto: E così fu fatto, e in seguito la creatura fosse costituita nella propria natura e l'angelo la conoscesse nella "sera" che seguì.

La luce creatrice e la luce creata.

32. 50. Ecco perché, sebbene non vi siano intervalli di tempo [in quel processo], tuttavia preesisteva già nel Verbo di Dio la ragione secondo la quale doveva esser fatta la creatura, allorché Dio disse: Vi sia la luce, e immediatamente apparve la luce mediante la quale fu formato e creato lo spirito angelico nella sua propria natura, ma l'essere di quella luce non fu l'effetto di qualche altra causa né fu creato altrove. La Scrittura perciò non dice prima: E così avvenne, e poi aggiunge: "E Dio creò la luce", ma immediatamente dopo essere stata pronunciata la parola di Dio, fu creata la luce, e la luce creata aderì alla Luce creatrice, Dio, vedendo Lui e se stessa in Lui, vedendo cioè la ragione in virtù della quale essa fu creata. Vide anche se stessa in se medesima cioè nella differenza esistente tra l'essere creato e il Creatore. Quando perciò Dio vide la sua opera essere buona e se ne compiacque, e dopo che la luce fu divisa dalle tenebre e la luce fu chiamata "giorno" e le tenebre "notte", seguì anche la "sera", essendo anch'essa una conoscenza necessaria perché la creatura si distinguesse dal Creatore, conoscendosi in se stessa diversamente che in Lui. Seguì poi il mattino perché avvenisse la

conoscenza precedente di un'altra creatura che doveva esser creata dal Verbo di Dio, prima nella conoscenza dello spirito angelico e poi nella natura propria del firmamento. Ecco perché disse Dio: Vi sia il firmamento. E così avvenne 46 nella conoscenza della creatura spirituale che lo conobbe prima che fosse creato in se stesso. Di poi Dio fece il firmamento, cioè fece la natura del firmamento, la cui conoscenza meno perfetta fu - diciamo così - vespertina. E così avvenne sino alla fine di tutte le opere e fino al riposo di Dio, che non ha sera poiché non fu fatto come una creatura da poter essere oggetto d'una duplice conoscenza, e cioè una, per così dire, anteriore e più perfetta nel Verbo di Dio, paragonabile alla conoscenza nel giorno, e una conoscenza successiva e meno perfetta dello stesso riposo, paragonabile alla conoscenza nella sera.

La creazione avvenne simultaneamente o a intervalli di giorni?

33. 51. Ma se l'intelletto può afferrare simultaneamente tutte le cose che la Scrittura narra separatamente ad una ad una in base all'ordine delle cause connesse tra loro, possiamo chiederci: furono forse fatte simultaneamente anche tutte le cose, come il firmamento, l'ammassarsi delle acque in un sol luogo, l'apparire della terraferma, il germinare degli alberi e dei frutti, la formazione dei luminari del cielo e delle stelle, gli animali acquatici e terrestri? Tutte le cose non furono piuttosto create a intervalli di tempo ciascuna in un giorno fissato? O dobbiamo forse immaginare che la costituzione delle cose nella loro origine primordiale sia avvenuta non secondo l'esperienza che noi abbiamo dei loro movimenti naturali, ma secondo il mirabile e ineffabile potere della Sapienza di Dio che si estende con forza da un'estremità all'altra del mondo e governa con bontà ogni cosa 47? Infatti l'estendersi della Sapienza non èglobale né arriva - diciamo così - per passi successivi. Ecco perché quanto facile è per la Sapienza effettuare il suo movimento nella misura più efficace, altrettanto facile fu per Dio creare tutte le cose, poiché queste furono create per mezzo di essa; di conseguenza, se noi adesso vediamo le creature muoversi attraverso vari periodi di tempo per compiere le

azioni proprie della natura di ciascuna di esse, ciò deriva dalle ragioni [causali] che Dio ha inserito in esse e che ha sparso a guida di semi nell'istante della creazione, quando disse e le cose furono fatte, comandò e le cose furono create 48.

Perché si deve sostenere la creazione simultanea delle cose.

33. 52. La creazione pertanto non avvenne lentamente affinché nelle creature, che sono lente per loro natura, potesse inserirsi un lento sviluppo né i secoli furono creati nello spazio di tempo con cui essi trascorrono. I tempi infatti conducono a termine le potenzialità relative allo sviluppo degli esseri in loro inserite quando furono creati in un attimo senza tempo. In caso contrario, se pensassimo che quando le cose furono create all'origine dal Verbo di Dio, i loro movimenti naturali e l'abituale durata dei giorni fossero come quelli che noi conosciamo, ci sarebbe stato bisogno non d'un solo giorno, ma di più giorni perché le piante, che si sviluppano dalle radici e rivestono la terra, germogliassero prima sotterra e poi spuntassero verso l'alto dopo un determinato numero di giorni, ciascuna secondo la sua specie. Dovremmo inoltre supporre che ciò fosse un processo continuo anche se la Scrittura narra la creazione della loro natura come avvenuta in un sol giorno, cioè nel terzo giorno. E poi quanti giorni sarebbero occorsi perché gli uccelli volassero se, venendo alla luce da un proprio germe primordiale, arrivarono a rivestirsi di piume e di penne seguendo i ritmi propri della loro natura? Si può forse dire ch'erano state create solo le uova quando la Scrittura dice che al quinto giorno le acque produssero ogni volatile alato secondo la sua specie? Oppure, se ciò potesse esser detto ragionevolmente, poiché nella sostanza liquida delle uova c'erano già tutti gli elementi che in un determinato numero di giorni si organizzano e si sviluppano in un certo modo - dato che v'erano già le stesse ragioni [seminali] determinanti il ritmo di sviluppo intimamente inserite in modo incorporeo negli esseri corporei -, perché non sarebbe giusto dire la stessa cosa anche prima che esistessero le uova, poiché nell'elemento liquido sarebbero già state prodotte le stesse ragioni

[seminali] grazie alle quali gli uccelli sarebbero potuti nascere e arrivare al completo sviluppo nello spazio di tempo richiesto per ciascuna specie? La Scrittura infatti, a proposito del medesimo Creatore, del quale narra che terminò tutte le sue opere in sei giorni, in un altro passo, non contrastante con questo, dice che creò tutte le cose nello stesso tempo. Per conseguenza Colui che tutte le cose creò nello stesso tempo 49 anche simultaneamente fece questi sei o sette giorni o, per meglio dire, l'unico giorno ripetuto sei o sette volte. Che bisogno c'era dunque d'enumerare questi sei giorni in modo tanto preciso e ordinato? Sicuro: era necessario poiché quelli che non possono comprendere l'asserzione della Scrittura: [Dio] creò tutto nello stesso tempo 50, non potrebbero arrivare allo scopo a cui li conduce il racconto se questo non procedesse seguendo la lentezza dei loro passi.

Tutto fu creato simultaneamente ma tuttavia durante sei giorni.

34. 53. Come mai, dunque, diciamo che la presenza di quella luce fu ripetuta sei volte dalla sera al mattino nella conoscenza angelica, dal momento che le sarebbe stato sufficiente avere una sola volta simultaneamente gli stessi tre momenti di conoscenza, cioè il giorno, la sera e il mattino? Poiché, allo stesso modo che tutto l'universo fu creato nello stesso tempo, così anche all'angelo sarebbe bastato contemplarlo nello stesso tempo osservando il giorno nelle primordiali e immutabili ragioni causali, in base alle quali fu creato e osservando la sera conoscerlo nella sua propria natura e osservando il mattino elevarsi dalla stessa conoscenza inferiore e glorificare il Creatore. Oppure in qual modo precedeva il mattino per mezzo del quale la natura angelica conosceva nel Verbo ciò che Dio doveva creare per conoscere la stessa cosa anche in seguito nella sera se nulla fu creato "prima" e "dopo", poiché ogni cosa fu creata nello stesso tempo? Ma in realtà non solo le opere ricordate nel racconto [della creazione] furono fatte "prima" e "dopo" durante i sei giorni, ma ogni cosa fu creata anche simultaneamente, poiché è verace non solo il testo della Scrittura che narra le opere di Dio durante i

suddetti giorni, ma anche quello che afferma che Dio creò tutte le cose nello stesso tempo e ambedue i passi sono l'unica e medesima Scrittura, poiché essa fu composta sotto l'ispirazione dell'unico e medesimo Spirito di verità.

Nelle cose create esiste un "prima" e un "poi" che non si possono definire alla stregua dell'ordinario corso dei tempi.

34. 54. Ma a proposito di questi avvenimenti, in cui il "prima" e il "poi" non ci vengono mostrati da intervalli di tempo, sebbene si possa parlare tanto di simultaneità che di "prima" e di "poi", tuttavia è più facile capirli parlando di simultaneità anziché di "prima" e di "poi". Quando per esempio noi vediamo il sole che sorge, è senza dubbio evidente che la nostra vista non potrebbe arrivare fino ad esso senza attraversare tutto lo spazio interposto tra noi ed esso dall'atmosfera e dal cielo. Ma chi sarebbe capace di calcolarne la distanza? Nemmeno la nostra vista o il raggio dei nostri occhi arriverebbe di certo ad attraversare l'atmosfera che sta al di sopra del mare, se prima non attraversasse quella che sta al di sopra della terra da un punto qualunque dell'entroterra in cui ci troviamo fino alla spiaggia del mare. Se poi nella medesima linea della nostra vista vi sono altre terre di là dal mare, la nostra vista non può oltrepassare nemmeno l'aria che si estende su quelle terre situate di là dal mare senza percorrere prima tutta l'estensione dell'atmosfera che sta al di sopra del mare che s'incontra dapprima. Supponiamo ora che, di là da quelle terre d'oltremare non ci sia altro che l'oceano; potrebbe la nostra vista attraversare anche l'atmosfera che si estende al di sopra dell'oceano senza prima attraversare tutta l'atmosfera che si trova al di sopra delle terre situate di qua dall'oceano? L'oceano poi, a quanto si dice ha un'estensione immensa, ma per quanto grande possa essere, è necessario che il raggio dei nostri occhi attraversi prima tutta l'atmosfera, che si trova al di sopra dell'oceano, e poi tutta quell'altra, ch'è di là dall'oceano, e poi alla fine arrivi al sole che noi vediamo. Orbene, per il fatto che abbiamo usato qui tante volte i termini "prima" e "dopo", non è forse vero che la nostra vista

attraversa in un istante allo stesso tempo tutti quegli spazi? Se infatti ci mettessimo a occhi chiusi in faccia al sole con l'intenzione di vederlo, non crederemmo forse, appena riapertili, d'aver trovato il nostro sguardo nel sole prima ancora d'averlo fatto arrivare fino ad esso? In tal modo ci sembrerà che i nostri occhi non si siano ancora aperti che già lo sguardo è arrivato al punto cui tendeva! Ora è certo che questo raggio che si sprigiona dai nostri occhi è un raggio di luce fisica e raggiunge gli oggetti posti tanto lontani con tanta rapidità che non si può né calcolare né paragonare. È dunque evidente che tutte quelle estensioni tanto vaste e immense sono attraversate simultaneamente in un istante, ma non è meno evidente che se ne attraversa prima uno e poi un altro.

Tutto è stato creato simultaneamente e con ordine prestabilito.

34. 55. Con ragione l'Apostolo, volendo esprimere la rapidità della nostra risurrezione, dice che avverrà in un batter d'occhio 51. Nulla di più rapido può trovarsi tra i movimenti o gli impulsi dei corpi. Ma se la vista dei nostri occhi carnali è capace d'una siffatta rapidità, di che cosa non è capace la vista dell'intelligenza, anche di quella umana? A più forte ragione di che non è capace la vista dell'intelligenza angelica? Che dire allora della rapidità della suprema Sapienza di Dio, che arriva dappertutto grazie alla sua purezza, poiché nulla di contaminato vi s'infiltra 52? Ecco perché, riguardo alle cose che furono create simultaneamente, nessuno vede che cosa si sarebbe dovuto fare "prima" o "poi" se non lo scopre nella Sapienza, per mezzo della quale sono state create tutte le cose simultaneamente nell'ordine prestabilito.

Conclusione sui sei giorni: il "prima" e il "poi" esistono nella connessione delle creature, non nell'efficacia del Creatore.

35. 56. Se dunque il "giorno" creato da Dio all'origine è la creatura spirituale e razionale, cioè quella degli angeli dei cieli più alti e delle Potenze, esso fu fatto presente a tutte le opere di Dio [perché le

vedesse] secondo un ordine di presenza uguale all'ordine della conoscenza. Grazie a questa conoscenza l'angelo da una parte conobbe precedentemente nel Verbo di Dio le creature da fare e dall'altra conobbe in se stesse quelle già fatte, ma ciò non avvenne attraverso una successione d'intervalli di tempo, ma "prima" e "dopo", solo in relazione alle singole creature, sebbene tutto sia simultaneo nell'atto creativo dell'Onnipotente. Poiché le creature destinate ad esistere nel futuro Dio le fece in modo da non essere lui stesso soggetto al tempo mentre faceva le cose temporali; ma egli fece i tempi che sarebbero dovuti scorrere. Così dunque i sette giorni della nostra settimana, spiegati e ripiegati dalla luce d'un corpo celeste nel suo percorso, sono come un segno allegorico che ci esorta a indagare sui giorni in cui la luce spirituale creata poté esser fatta presente a tutte le opere di Dio ordinate secondo la perfezione del numero sei. Che poi al settimo giorno il riposo di Dio ebbe il mattino ma non la sera, ciò non vuol dire che il riposo del settimo giorno significhi che Dio avesse bisogno del settimo giorno per riposarsi ma che Dio si riposò alla presenza degli angeli da tutte le sue opere solo nel proprio essere increato. Ciò vuol dire che la sua creatura angelica - la quale conoscendo le opere di Dio in Lui stesso e in se stesse, fu resa presente ad esse come un giorno seguito dalla sera - dopo tutte le opere molto buone di Lui non conobbe nulla di meglio di Lui che si riposa in se stesso da tutte le sue opere, non avendo bisogno di nessuna di esse per essere più felice.

LIBRO QUINTO

I giorni della Genesi ripetizione di un unico giorno.

1. 1. Questo è il libro della creazione del cielo e della terra quando fu creato il giorno [in cui] Dio creò il cielo e la terra e ogni specie di piante selvatiche prima che fossero sulla terra e ogni specie di piante coltivate prima che germogliasse. Dio infatti non aveva [ancora] fatto piovere sulla terra e non c'era [ancora] alcun uomo che lavorasse la terra. Una sorgente però zampillava dalla terra e irrigava tutta la faccia della terra 1. Ora certamente acquista maggior peso l'opinione secondo la quale Dio creò un unico giorno, a partire dal quale si poterono contare poi i sei o sette giorni a motivo della ripetizione di quell'unico giorno. La Scrittura infatti lo afferma ormai più chiaramente, concludendo in certo qual modo tutto ciò che aveva detto dal principio fino al passo citato qui sopra quando soggiunse: Questo è il libro della creazione, ovvero della effettuazione del cielo e della terra, quando fu creato il giorno. Nessuno infatti vorrà dire che in questa frase i termini "cielo" e "terra" sono intesi nel senso in cui erano stati nominati prima che la Scrittura accennasse alla creazione del giorno [nella frase]: Nel principio Dio creò il cielo e la terra 2. Questa frase potrebbe essere intesa nel senso che Dio fece qualcosa senza il "giorno", ancor prima che avesse fatto il "giorno"; in qual senso ciò potrebbe essere interpretato l'ho esposto - per quanto ho creduto essere mio dovere esporlo - a suo luogo; in esso però non ho voluto negare ad alcuno la libertà di proporre una spiegazione migliore. Ora invece l'agiografo dice: Questo è il libro della creazione del cielo e della terra, quando fu creato il giorno, mostrando assai chiaramente - come io penso - di parlare di "cielo" e "terra" non già nel senso in cui usa questi termini al principio, prima che fosse creato il "giorno", quando le tenebre erano sopra l'abisso; adesso invece parla della creazione del cielo e della terra quando fu creato il giorno, dopo cioè ch'erano già state formate e distinte tutte le parti e le specie delle cose con cui è

disposto e composto tutto l'insieme della creazione, e per cui esso forma il cosmo chiamato "mondo".

Il cielo e la terra "prima" e "dopo" la creazione del giorno.

1. 2. In questo passo dunque l'agiografo parla del cielo - con tutto ciò ch'esso contiene - che Dio, dopo averlo creato, chiamò "firmamento" e parla della terra - con tutto ciò ch'essa contiene - che, insieme all'abisso, occupa la parte più bassa [del mondo]. L'agiografo infatti prosegue e soggiunge: Dio creò il cielo e la terra; in tal modo, col nominare il cielo e la terra prima di menzionare la creazione del giorno e ripeterla dopo aver ricordato la creazione del giorno, non permette di supporre che egli nomini adesso "cielo" e "terra" come al principio, prima ancora che fosse creato il giorno. Poiché egli prosegue così: Questo è il libro della creazione del cielo e della terra quando fu fatto il giorno [in cui] Dio fece il cielo e la terra 3. Se dunque uno volesse intendere la prima frase del testo sacro: Il libro della creazione del cielo e della terra nel senso in cui è detto: Nel principio Dio fece il cielo e la terra prima ch'egli creasse il giorno, poiché anche qui "cielo" e "terra" sono menzionati prima della creazione del giorno, dovrebbe esser corretto in considerazione delle parole che seguono poiché, anche dopo aver ricordato la creazione del giorno, la Scrittura parla di nuovo di "cielo" e di "terra".

Si spiega meglio il contesto di Gen 2, 4.

1. 3. Senonché anche la particella quando, messa in relazione all'espressione fu fatto il giorno, dovrebbe costringere qualsiasi eventuale cavillatore ad escludere la possibilità di un'altra interpretazione. Se infatti l'inciso si presentasse enunciato così: "Questo è il libro della creazione del cielo e della terra. Creato fu il giorno; Dio fece il cielo e la terra", si potrebbe forse pensare che l'agiografo parli del libro della creazione nello stesso senso in cui aveva parlato della creazione del cielo e della terra al principio, prima della creazione del giorno; si potrebbe inoltre supporre che

l'agiografo aggiungesse: fu fatto il giorno nel senso in cui prima aveva detto che Dio fece il giorno e immediatamente aveva ripetuto: Dio fece il cielo e la terra, come se già fossero stati creati come essi risultarono dopo la creazione del giorno. L'inciso invece è inserito in modo che la frase quando fu fatto il giorno, si può collegare sia alle parole precedenti, sì che ne risulti un'unica frase: Questo è il libro della creazione del cielo e della terra quando fu fatto il giorno, sia alle seguenti sì che ne risulti una frase completa, e cioè: Quando fu fatto il giorno, Dio fece il cielo e la terra; per conseguenza l'agiografo ci costringe senza dubbio ad intendere che menziona il cielo e la terra come furono fatti quando fu fatto il giorno. Di poi, dopo la frase: Dio fece il cielo e la terra, lo scrittore sacro aggiunge: e ogni piante selvatiche 4, cosa questa che fu certamente opera del terzo giorno: da ciò appare più chiaramente che quel medesimo giorno è l'unico giorno creato da Dio e mediante la sua ripetizione fu fatto il secondo, il terzo e tutti gli altri [giorni] fino al settimo.

Perché è aggiunto: la verzura campestre.

2. 4. Ma poiché l'espressione "cielo e terra" secondo l'usanza della Scrittura vuol denotare in questo passo tutto l'insieme delle creature, ci si può chiedere perché mai l'autore sacro aggiunga: e ogni specie di piante selvatiche. A me pare ch'egli abbia usato questa espressione per farci capire più chiaramente qual giorno ci vuol presentare quando dice: quando fu fatto il giorno. Facilmente infatti uno potrebbe pensare che l'agiografo abbia voluto parlare del giorno costituito dalla luce fisica, il cui percorso ci presenta l'avvicendarsi del giorno e della notte. Quando però ricordiamo l'ordine di successione con cui furono fatte le creature e vediamo che ogni specie di piante selvatiche fu creata il terzo giorno prima che fosse fatto il sole - che fu fatto solo al quarto giorno e la cui presenza misura la durata del nostro giorno quotidiano e a noi familiare - allorché sentiamo: quando fu fatto il giorno, Dio fece il cielo e la terra e ogni specie di piante selvatiche, veniamo ammoniti a

concepire un giorno preciso e particolare che dovremmo sforzarci di rappresentarci con l'intelletto, sia come un giorno fisico consistente in non so qual luce a noi ignota, o come un giorno spirituale, consistente nell'unanime coro delle creature angeliche, ma del tutto diverso da quello che noi conosciamo quaggiù sulla terra.

Dall'ordine della narrazione si comprende la simultaneità della creazione.

3. 5. Non sarà neppure inutile la seguente osservazione: l'autore sacro non disse - come avrebbe potuto dire - Questo è il libro della creazione del cielo e della terra, quando Dio fece il cielo e la terra. In questo caso, sotto i termini "cielo" e "terra" avremmo inteso anche tutto ciò che è nel cielo e sulla terra, come suole esprimersi la sacra Scrittura, poiché molto spesso con i termini "cielo" e "terra" indica l'universo, aggiungendo talora la parola "mare", tal altra aggiungendo addirittura la frase: e tutto ciò che contengono 5. In tal modo, qualunque di queste espressioni avesse usato, avremmo compreso anche il giorno, tanto quello creato al principio, quanto questo prodotto dalla presenza del sole. La Scrittura non si è espressa tuttavia così, ma ha menzionato il giorno solo nella proposizione incidentale, dicendo: Quando fu fatto il giorno. La Scrittura inoltre non dice neppure: "Questo è il libro della creazione del giorno, del cielo e della terra", come se le diverse creazioni fossero riferite secondo un ordine successivo. Essa non si è neppure espressa così: "Questo è il libro della creazione del cielo e della terra quando fu fatto il giorno, il cielo e la terra; quando Dio fece il cielo e la terra ed ogni specie di piante selvatiche". Infine non si espresse neppure così: "Questo è il libro della creazione del cielo e della terra. Dio fece il giorno, il cielo e la terra e ogni specie di piante selvatiche". Tali infatti erano le espressioni che sarebbero state richieste dal linguaggio abituale della Scrittura; essa invece dice: Questo è il libro della creazione del cielo e della terra; quando fu creato il giorno Dio creò il cielo e la terra e ogni sorta di piante selvatiche, quasi per fare intendere che Dio creò il cielo e la terra e

ogni specie di piante selvatiche quando fu creato il giorno.

La creazione dei vegetali prima del sole prova la settenaria ripetizione dell'unico giorno.

3. 6. Il racconto precedente indica d'altra parte un giorno creato originariamente e lo considera come "un" giorno, dopo il quale annovera un secondo giorno, in cui fu fatto il firmamento, e poi un terzo, in cui furono distinte le nature specifiche della terra e del mare e la terra produsse alberi ed erbe. Vuole forse ciò essere la conferma di quanto ci siamo sforzati di dimostrare nel precedente libro, che cioè Dio creò tutte le cose nello stesso tempo? In effetti il testo del racconto precedente aveva ricordato come tutte le cose furono create o compiute secondo l'ordine successivo dei sei giorni; ora invece tutte le cose son fatte rientrare in un sol giorno sotto il nome di "cielo e terra", con l'aggiunta anche delle specie vegetali. Certamente, secondo quanto ho detto sopra, se il lettore intendesse "giorno" nel senso ordinario, sarebbe poi indotto a correggere il proprio pensiero, se ricordasse che Dio ordinò alla terra di produrre la piante selvatiche prima che esistesse il nostro giorno solare. In tal modo, senza bisogno di addurre la testimonianza d'un altro libro della sacra Scrittura, la quale dice che Dio creò ogni cosa simultaneamente 6, la prossima affermazione della pagina seguente ci richiama alla mente questa verità, dicendo: Quando fu fatto il giorno, Dio fece il cielo e la terra e ogni specie di piante selvatiche. Di conseguenza dobbiamo capire non solo che quel "giorno" fu ripetuto sette volte affinché fossero fatti sette giorni ma altresì che, quando sentiamo [dalla Scrittura] che tutte le cose furono fatte simultaneamente quando fu fatto il "giorno", dobbiamo comprendere anche, se ne siamo capaci, che la ripetizione del "giorno" per sei o sette volte avvenne senza intervalli più o meno prolungati o spazi di tempo. Se invece uno non ne fosse capace, lasci esaminare questi argomenti da chi ne è capace; continui però a proseguire con la Scrittura che non lo abbandona nella sua debolezza [spirituale], ma con amore materno l'accompagna con passi più lenti, poiché essa

parla in modo da schernire i superbi con la sua sublimità, da atterrire con la sua profondità gli studiosi che riflettono, da saziare gli spiriti grandi con la sua verità e nutrire i piccoli con la sua affabilità.

Perché è detto che le verzure furono create prima che germogliassero.

4. 7. Che cosa vuol dire allora la frase che segue? Poiché il testo continua così: Quando fu fatto il giorno, Dio fece il cielo e la terra e ogni specie di piante selvatiche prima che fosse sulla terra e ogni specie di piante coltivate prima che germogliasse 7. Che cosa vuol dire ciò? Non si dovrà forse indagare dove Dio creò quelle piante prima che fossero sulla terra e prima che germogliassero? Chi non sarebbe più incline a credere che Dio le creò quando germogliarono e non prima, se questo passo della sacra Scrittura non gli insegnasse che Dio le creò prima che germogliassero? Per conseguenza se uno, che crede con sentimento religioso, non riuscisse a scoprire dove siano state create, dovrebbe tuttavia credere che furono create prima che germogliassero, poiché non si può credere senza un sentimento religioso di fede.

Le cose che sono nel Verbo prima di ogni creatura non furono create.

4. 8. Che diremo allora? Diremo forse - come hanno pensato alcuni - che tutte le cose furono create nel Verbo di Dio prima che germogliassero dalla terra? Ma se le cose sono state create così, furono create non già quando fu fatto il giorno, ma prima che fosse fatto. La Scrittura, al contrario, afferma chiaramente: Quando fu fatto il giorno, Dio fece il cielo e la terra e ogni specie di piante selvatiche prima che quella fosse sulla terra, e ogni specie di piante coltivate prima che germogliasse. Se dunque furono create quando fu fatto il giorno, non lo furono certo precedentemente e perciò non già nel Verbo, che è coeterno al Padre, esistente prima del giorno e assolutamente prima che fosse fatto alcunché; esse invece furono

fatte quando fu fatto il giorno. Infatti le cose che sono nel Verbo prima d'ogni creatura, certamente non sono state fatte; al contrario le piante selvatiche furono fatte quando fu fatto il giorno, come asserisce la frase della Scrittura, ma tuttavia prima che fossero sulla terra, anzi prima che germogliassero, come la Scrittura dice delle piante selvatiche e delle piante coltivate.

I vegetali furono creati nelle loro ragioni causali.

4. 9. Dove furono fatte, dunque, le piante selvatiche? Forse nella terra in forma di ragioni [seminali], allo stesso modo che nei semi sono già tutti gli elementi d'ogni cosa prima che si evolvano in una forma o in un'altra e sviluppino la loro crescita e i loro caratteri specifici nel corso dei tempi? Ma questi semi che noi vediamo sono già sulla terra, sono germogliati di già. Oppure diremo che i semi non erano sulla terra ma dentro la terra e perciò furono creati prima che spuntassero poiché spuntarono solo quando germogliarono e spuntarono alla luce del giorno in conseguenza del processo della loro crescita, come vediamo avvenire adesso alle piante attraverso gli spazi di tempo assegnati a ciascuna specie? I semi dunque furono forse creati quando fu creato il "giorno" e in essi era già insita ogni specie di piante selvatiche e ogni specie di piante coltivate non ancora sotto la forma con la quale appare la vegetazione dopo essere spuntata sulla terra, ma con la potenzialità con la quale sono già nelle "ragioni" seminali? Fu dunque la terra a produrre dapprima i semi? Non così però si esprimeva la Scrittura quando diceva: E la terra produsse piante alimentari, ossia piante coltivabili portanti seme secondo la loro specie e a propria somiglianza e alberi da frutto e aventi il proprio seme in se stessi secondo la propria specie sulla terra 8. Da questo passo è chiaro che i semi sono nati dalle erbe e dagli alberi e questi, al contrario, sono nati dalla terra e non dai semi, soprattutto perché le parole di Dio si esprimono proprio così. La sacra Scrittura infatti non dice: "I semi producano sulla terra piante alimentari e alberi fruttiferi", ma: la terra produca piante alimentari e contenenti il seme, indicando in tal modo che è il seme a nascere

dall'erba e non l'erba dal seme. E così fu. E la terra produsse 9, cioè: così fu nella conoscenza del "giorno" suddetto e in seguito la terra produsse le piante affinché avvenisse così anche nelle creature che furono fatte.

Le creature sono conosciute diversamente dall'angelo e dall'uomo.

4. 10. Ma come sono stati creati quei vegetali e quelle piante prima che fossero sulla terra e prima che nascessero? Forse come se per esse una cosa fosse l'esser fatte col cielo e con la terra quando fu fatto quel "giorno" affatto diverso da tutti gli altri e trascendente la nostra conoscenza, creato da Dio per primo, e un'altra cosa nascere poi sulla terra, cosa che avviene in un periodo dei giorni del nostro mondo, determinati dal corso del sole attraverso gli spazi di tempo appropriati a ogni specie di creature? Se la cosa sta così e quel "giorno" è il coro e l'unità degli Angeli e delle Virtù supercelesti, le creature di Dio sono conosciute senza dubbio dagli Angeli in un modo di gran lunga diverso da quello con cui le conosciamo noi. Prescindendo dal fatto che quella conoscenza essi l'hanno nel Verbo di Dio, per mezzo del quale è stata fatta ogni cosa, io credo che anche la loro conoscenza delle creature in se stesse è di gran lunga diversa dalla nostra. Essi infatti le conoscono nella loro, per così dire, primordialità ovvero originarietà come Dio le creò originariamente e dopo quella creazione si riposò dalle sue opere senza creare più nulla ulteriormente. La nostra conoscenza, al contrario, si basa sulle leggi con cui le cose create da lui in precedenza Dio le governa ormai attraverso la successione dei tempi, e così, mediante il governo del mondo, dopo aver completato le sue opere conforme alla perfezione del numero sei, Dio continua ad operare senza interruzione 10.

Creazione nelle ragioni causali e creazioni visibili.

4. 11. La Scrittura dunque dice che la terra produsse le erbe e gli

alberi in virtù di cause insite originariamente, nel senso cioè che ricevette la potenzialità di produrli. In essa infatti erano già stati creati, per così dire, nelle radici dei tempi, gli esseri futuri destinati a esistere nel corso dei tempi. Dio infatti piantò, in seguito, un giardino verso Oriente e vi fece germogliare ogni sorta d'alberi graditi alla vista e buoni da mangiare 11. Non dobbiamo tuttavia dire che Dio aggiunse alla creazione qualcosa che non avesse fatto prima e che si dovesse aggiungere alla completezza degli esseri, con la quale nel sesto giorno portò a termine tutte le sue opere molto buone. Al contrario tutte le nature dei cespugli e degli alberi erano già state fatte nella creazione primordiale, dalla quale Dio si riposò, dando poi impulso e governando nel corso del tempo gli stessi esseri che aveva creati e dopo la creazione dei quali si era riposato; per questo motivo Dio non solo piantò allora il giardino, ma ancora adesso pianta tutti gli alberi che nascono. Chi altro infatti crea ancora adesso questi esseri, se non chi continua a operare senza interruzione? Ma Dio adesso crea gli esseri mediante quelli che già esistono; al principio, al contrario, essi furono creati da lui quando non esistevano affatto, quando fu creato il "giorno" e cioè la creatura spirituale e intellettuale che neppure esisteva.

L'inizio del tempo.

5. 12. Così, dunque, il decorso del tempo iniziò con il movimento - mutamento delle creature; invano quindi si ricerca il tempo prima della creazione, come se fosse possibile trovare il tempo prima del tempo. Se infatti non ci fosse alcun movimento delle creature, spirituali o corporali, mediante il quale al passato succede il futuro attraverso il presente, non vi sarebbe affatto il tempo. La creatura poi non potrebbe muoversi - mutarsi, se non esistesse. Il tempo dunque è iniziato con la creazione anziché la creazione col tempo; l'uno e l'altra poi provengono da Dio, poiché da lui, grazie a lui e in lui sono tutte le cose 12. Ma l'espressione "Il tempo è cominciato con la creazione" non si deve intendere nel senso che il tempo non sarebbe una creatura, poiché il tempo è il mutamento delle creature da uno

stato in un altro, mentre le cose si succedono secondo l'ordinamento di Dio che governa tutto ciò che ha creato. Ecco perché, quando pensiamo alla creazione primordiale degli esseri, cioè alle opere dalle quali Dio si riposò il settimo giorno, non dobbiamo immaginare quei giorni come i nostri giorni solari né l'operazione di Dio come se fosse l'attività con cui ora compirebbe qualcosa nel tempo, ma dobbiamo pensare piuttosto il modo con cui operò ciò da cui cominciò il tempo, il modo cioè con cui fece tutte le cose simultaneamente dando loro anche un ordine risultante non da intervalli temporali ma dalla connessione delle cause; in tal modo gli esseri creati simultaneamente furono anche portati a compimento alla perfezione mediante la ripetizione del "giorno" [della creazione] fatto presente per sei volte.

Anteriorità temporale e anteriorità causale.

5. 13. Non quindi in un ordine cronologico ma in un ordine di causalità fu creata dapprima la materia informe e formabile, sia spirituale che corporale, a partire dalla quale fosse fatto ciò che doveva essere fatto, sebbene essa non esistesse prima d'essere creata, e non fu creata se non dal sommo e vero Dio, dal quale hanno origine tutte le cose. Essa è indicata [dalla Scrittura] alle volte con il termine di "cielo e terra", fatti nel principio da Dio prima dell'unico "giorno" creato da lui - è denotata così perché con essa furono fatti il cielo e la terra - altre volte con il termine di "terra invisibile e caotica", e di "abisso tenebroso", come ho già esposto nel primo libro.

Piano universale e ordine della creazione.

5. 14. Comunque, tra gli esseri che, da informi che erano, furono formati e dei quali la Scrittura dice più chiaramente che furono creati o fatti o prodotti, fu creato per primo il "giorno". Era infatti conveniente che tra le creature avesse il primato la natura che fosse capace di conoscere le creature mediante il Creatore e non il

Creatore mediante le creature. In secondo luogo fu creato il firmamento, con cui comincia il mondo materiale, in terzo luogo la natura del mare e della terra, e nella terra - per così dire - potenzialmente la natura delle erbe e degli alberi. Così infatti la terra, conforme alla parola di Dio, produsse le piante prima che fossero germogliate, ricevendo tutti gli impulsi dello sviluppo potenziale degli esseri ch'essa avrebbe dovuto manifestare nel corso del tempo secondo i loro caratteri specifici. In seguito, dopo la creazione di questo - diciamo così - domicilio degli esseri, il quarto giorno furono creati i luminari e le stelle affinché la parte superiore del mondo fosse corredata per prima degli esseri visibili che si muovono all'interno del mondo. Il quinto giorno fu creata la natura delle acque, poiché essa è unita al cielo e all'atmosfera e, per ordine di Dio, produsse i propri abitanti, vale a dire tutte le specie di animali natanti e volanti; li produsse in potenzialità con i ritmi del loro sviluppo che avrebbero dovuto essere manifestati attraverso convenienti spazi di tempo. Il sesto giorno furono creati similmente gli animali terrestri, ultimi elementi - diciamo così - tratti fuori dall'ultimo elemento del mondo, ma anch'essi in potenza, i cui ritmi di sviluppo li avrebbe mostrati in seguito il tempo in modo visibile.

Il giorno primordiale e gli altri sette giorni.

5. 15. Il primo "giorno" conobbe la serie di tutta la creazione ordinata gerarchicamente. Mediante quella conoscenza il "giorno" fatto presente - per così dire - sei volte, pur essendo un sol "giorno", presentò in certo qual modo come fatta in sei giorni la creazione. Esso conoscendo le creature dapprima in Dio e poi in se stesse - pur senza rimanere in esse ma riferendo anche la loro conoscenza inferiore all'amore di Dio - produsse in quei giorni una sera, un mattino e un mezzogiorno, non attraverso intervalli temporali ma attraverso la successione ordinata degli esseri creati. Quando infine il "giorno" conobbe il riposo del proprio Creatore - poiché Dio si riposa da tutte le sue opere, riposo che non ha sera - il giorno meritò per questo d'essere benedetto e santificato. Ecco perché la sacra

Scrittura 13 insegna e la Chiesa riconosce che il numero sette è in qualche modo consacrato allo Spirito Santo.

Conclusioni delle precedenti spiegazioni.

5. 16. Questo è dunque il libro della creazione del cielo e della terra, poiché nel principio Dio fece il cielo e la terra 14 nel senso che egli fece quel che potrebbe chiamarsi materia formabile, che in seguito doveva essere formata in virtù della sua parola, precedendo la propria formazione non per un'anteriorità di tempo ma di origine. Poiché, senza dubbio, quando essa ricevette una forma, fu dapprima creato il "giorno"; quando fu creato il "giorno" Dio fece il cielo e la terra e ogni specie di piante selvatiche prima che esistesse sulla terra e ogni specie di piante coltivate. Questa è la spiegazione che abbiamo data senza escludere che un altro possa aver espresso o possa esprimere in futuro un'opinione più chiara e più in armonia con il testo.

Perché l'erba creata prima che piovesse.

6. 17. A che cosa è riferita e che cosa vuole indicare la frase che segue: Poiché Dio non aveva fatto piovere sulla terra e non c'era l'uomo che la coltivasse 15? È difficile indagarlo. Si potrebbe pensare che Dio creò l'erba dei campi prima che germinasse, poiché ancora non aveva fatto piovere sulla terra; se infatti avesse creato l'erba dopo la pioggia, sarebbe potuto sembrare che fosse germinata a causa della pioggia piuttosto che creata da Dio. Ma che significa ciò? L'erba che spunta dopo la pioggia è forse creata da un altro e non da Dio? Ma come mai non c'era l'uomo che coltivasse la terra? Non aveva forse Dio creato già l'uomo il sesto giorno e non si era forse riposato da tutte le sue opere il settimo giorno? Oppure la Scrittura ricorda questi fatti riprendendo il racconto da principio poiché, quando Dio creò ogni specie di piante selvatiche e ogni specie di piante coltivate, non aveva ancora fatto piovere sulla terra e l'uomo non esisteva ancora? In realtà Dio creò i vegetali nel terzo

giorno, l'uomo invece nel sesto. Ma quando Dio fece ogni specie di piante silvestri e ogni specie di piante coltivate prima che germogliassero sulla terra, non solo non esisteva l'uomo che coltivasse la terra, ma sulla terra non c'era neppure l'erba che, secondo l'affermazione della Scrittura, fu creata prima che germogliasse. Creò forse Dio la vegetazione il terzo giorno poiché non c'era ancora l'uomo che la facesse nascere lavorando la terra? Come se tanti alberi e tante specie d'erbe non nascessero sulla terra senza alcun lavoro dell'uomo!

Pioggia e lavoro dell'uomo riguardo alle piante.

6. 18. È forse questo il motivo per cui la Scrittura ha esposto i due fatti, che cioè ancora non era piovuto sulla terra e che non c'era ancora l'uomo che la coltivasse? Poiché, anche dove non c'è il lavoro dell'uomo, questi vegetali nascono a causa della pioggia. Ce ne sono però alcuni che anche mediante la pioggia non nascono se non in seguito al lavoro dell'uomo. Ecco perché adesso è necessario il concorso dell'una e dell'altro affinché nascano tutte le piante, mentre allora non c'era né l'una né l'altro e per questo Dio le creò con la potenza del suo Verbo senza bisogno della pioggia e del lavoro dell'uomo. Anche adesso infatti è lui che crea ma ormai con il concorso della pioggia e del lavoro dell'uomo, quantunque non sia nulla né chi pianta né chi irriga, ma è Dio che fa crescere 16.

La sorgente irrigante la terra, la pioggia e la creazione dei vegetali.

6. 19. Che vuol dire dunque ciò che la Scrittura soggiunge: Ma una sorgente zampillava dalla terra e irrigava tutta la superficie della terra 17? Quella sorgente che sgorgava con tanta abbondanza sarebbe potuta essere simile a una pioggia per tutta la terra, allo stesso modo che il Nilo lo è per l'Egitto. Perché dunque la Scrittura mette in risalto come importante il fatto che Dio creò quei vegetali prima che piovesse, dal momento che la pioggia sarebbe potuta

riuscire utile nella stessa misura della sorgente che irrigava tutta la terra? Ma anche se la sorgente fosse stata un po' meno utile, sarebbero forse nate meno piante, ma non si può dire tuttavia che non ne sarebbero nate affatto. Forse che anche su questo punto la Scrittura, secondo il suo solito parlare con il linguaggio - per così dire - dei deboli, ma adatto ai deboli, inculca qualche insegnamento che può essere capito dai forti? Certamente: con il "giorno", ricordato poco prima, la sacra Scrittura ha voluto indicare l'unico "giorno" creato da Dio e che Dio fece il cielo e la terra allorquando fu creato il "giorno", perché, nei limiti della nostra capacità, comprendessimo che Dio creò tutto in una sola volta, sebbene la precedente enumerazione dei sei giorni sembrasse indicare degli intervalli di tempo; allo stesso modo la sacra Scrittura, dopo aver detto che Dio insieme col cielo e la terra creò ogni specie di piante selvatiche prima che fosse sulla terra e ogni specie di piante coltivate prima che spuntassero, aggiunge: Dio infatti non aveva ancora fatto piovere sulla terra e non c'era ancora l'uomo che la coltivasse 18, come se dicesse: "Dio [all'inizio] non creò quei vegetali come li crea attualmente quando fa piovere e quando l'uomo lavora". Essi in realtà si sviluppano attraverso spazi di tempo che non esistevano allorché Dio creò nello stesso tempo tutte le cose, con cui cominciarono anche i tempi.

Tutti i germi primordiali sono umidi e crescono con l'umidità.

7. 20. Quanto dunque alla frase che segue: Una sorgente poi sgorgava dalla terra e irrigava tutta la superficie della terra 19, essa ci fa capire - a mio parere - quali esseri vengono creati da quel momento a intervalli di tempo dopo la creazione primordiale, in cui furono create tutte le cose nello stesso tempo. Inoltre la sacra Scrittura giustamente - a mio giudizio - comincia la narrazione dall'elemento d'onde nascono tutte le specie sia degli animali che delle erbe e degli alberi perché sviluppino le loro potenzialità differenti e proprie della natura d'ogni essere. Poiché tutti i semi primordiali, sia quelli dai quali deriva ogni carne, sia quelli dai quali

nascono tutti i vegetali, sono umidi e crescono in virtù dell'umidità. In essi ci sono inoltre energie di straordinaria efficacia che portano con sé, derivanti dalle opere compiute da Dio e dalle quali egli si riposò il settimo giorno.

Qual era la "sorgente" di Gen 2, 6?

7. 21. Possiamo tuttavia domandarci a buon diritto che cosa dobbiamo immaginarci che fosse questa sorgente capace d'irrigare la superficie di tutta la terra. Se infatti essa esisteva e fu poi ostruita o s'inaridì, dobbiamo cercarne la causa, poiché adesso noi vediamo che non c'è alcuna sorgente con cui possa irrigarsi tutta la superficie della terra. Fu dunque forse il peccato del genere umano a meritare anche questo castigo, per cui quella sorgente così abbondante sarebbe stata ridotta in modo da togliere dalla terra la produttività ottenuta senza alcuno sforzo e così aumentare la fatica degli agricoltori. Sebbene non la si trovi accennata in nessun passo della Scrittura, si potrebbe fare una simile supposizione umana, se non vi si opponesse il fatto che il peccato dell'uomo, al quale fu imposto il castigo del lavoro faticoso, fu commesso dopo che l'uomo aveva goduto le delizie del paradiso [terrestre]. Il paradiso inoltre aveva una sorgente sovrabbondante - di cui si dovrà parlare più accuratamente in seguito a suo luogo - sorgente unica per la sua origine, dalla quale, secondo quanto narra la Scrittura, sgorgavano i quattro fiumi noti a tutti gli uomini. Dov'era dunque questa sorgente e dov'erano questi fiumi, dal momento che quell'unica sorgente traboccante sgorgava dalla terra e irrigava tutta la superficie della terra? Poiché non era di certo allora il Ghion - ora chiamato Nilo --, uno dei quattro fiumi, a irrigare l'Egitto quando quella sorgente sgorgava dalla terra e innaffiava largamente non solo l'Egitto ma l'intera superficie della terra.

Seconda ipotesi della spiegazione.

7. 22. Dovremo forse credere che Dio volle da principio irrigare tutta

la terra con le acque di un'unica enorme sorgente, affinché gli esseri, che aveva creati potenzialmente nella terra, nascessero da quel momento con il concorso delle acque anche nel volgere dei tempi in un numero diverso di giorni secondo la diversità della loro specie? Diremo forse che in seguito, dopo aver piantato il paradiso, ostruì la sorgente e con molte altre sorgenti riempì d'acqua la terra come la vediamo adesso? Diremo invece forse che dall'unica sorgente del paradiso fece scaturire quattro grandi fiumi distinti in modo che non solo la restante terra - piena di differenti specie delle sue creature le quali compiono il loro sviluppo nel tempo con ritmi appropriati a ciascuna specie - avesse anche le proprie sorgenti e i propri fiumi, ma che il paradiso, piantato in un luogo particolare, facesse sgorgare quei quattro fiumi da quella sorgente primordiale? Oppure si dovrà pensare che Dio con quell'unica sorgente del paradiso, che prima sgorgava più abbondante, irrigò tutta la terra e la fecondò perché, nel corso dei tempi, producesse le specie che vi aveva create senza intervalli di tempi e in seguito ridusse lì l'impetuosa ed enorme scaturigine delle acque in modo che ormai per tutta la terra si spandessero sorgenti e fiumi da diverse origini e in seguito, nel territorio di quella sorgente - che ormai non irrigava più tutta la terra ma faceva scaturire solo i quattro ben noti fiumi - piantò il paradiso per collocarvi l'uomo da lui creato?

Entro quali limiti si può congetturare su ciò che la Scrittura tace.

8. 23. La Scrittura non c'informa appieno in che modo, dopo la primordiale creazione degli esseri, trascorsero i tempi e, in seguito, furono governati gli esseri fatti nella creazione primordiale e portati a compimento il sesto giorno. La Scrittura invece ci dice solo - nella misura giudicata opportuna e sufficiente dallo Spirito che ispirava lo scrittore sacro - le notizie che potevano essere utili non solo alla conoscenza delle cose già create, ma anche alla prefigurazione di quelle future. Noi perciò, nella nostra ignoranza, possiamo solo congetturare i possibili eventi che l'autore sacro, pur non ignorandoli, tralasciò di narrare. Noi ci sforzeremo, nei limiti della

nostra capacità e con l'aiuto [di Dio], di non dar motivo a pensare che nelle Sacre Scritture vi sia qualche assurdità o contraddizione che urti il sentimento del lettore che, reputando impossibili certi fatti narrati dalla Scrittura, s'allontani dalla fede o non vi si accosti.

Difficoltà riguardo alla "sorgente" di Gen 2, 6.

9. 24. Quando perciò, a proposito di questa sorgente, ci domandiamo come mai ciò che dice la Scrittura: Sgorgava dalla terra e ne irrigava tutta la superficie 20 può sembrare non impossibile, se le ipotesi relative da noi avanzate parranno a qualcuno incapaci [di risolvere il quesito], cerchi da se stesso un'altra spiegazione, purché sia messa in evidenza la veridicità della Scrittura che è senza dubbio verace anche se ciò non è del tutto chiaro. Se infatti vorrà addurre prove per dimostrare che la Scrittura è falsa, o non potrà dir nulla di vero riguardo alla creazione e al governo delle creature oppure, se dirà cose vere, la riterrà falsa poiché non la comprende. Così accadrebbe, se uno sostenesse che tutta la superficie della terra non si sarebbe potuta irrigare con una sola sorgente, per quanto si voglia abbondante, poiché, se non irrigava anche i monti, non sarebbe stata più un'erogazione di fecondità ma l'inondazione di un diluvio: se infatti allora la terra si fosse trovata in questo stato, tutto sarebbe stato mare e la terraferma non sarebbe ancora stata distinta dalle acque.

In che senso intendere quella sorgente.

10. 25. A questo tale si risponde che ciò potrebbe verificarsi in certi periodi di tempo come fa il Nilo che in determinati periodi dell'anno straripa inondando le pianure dell'Egitto e in altri rientra nel suo alveo. Se invece si pensa che il Nilo cresce ogni anno a causa delle acque e delle nevi invernali non so di qual parte ignota e lontana del mondo, che cosa potrebbe dirsi delle alterne maree dell'Oceano, che cosa di certi litorali che sono di volta in volta scoperti per largo tratto e ricoperti poi dalle acque? Per non parlare di quanto si narra della

straordinaria intermittenza di certe sorgenti, che in determinati periodi dell'anno traboccano tanto da inondare tutta la regione in cui si trovano, mentre in altri periodi somministrano a mala pena acqua potabile sufficiente [attinta] dai pozzi più profondi? Perché dunque sarebbe incredibile che da una sola sorgente dell'abisso con l'alternanza di flusso e di riflusso fu irrigata allora tutta la terra? Ma forse è proprio questo immenso abisso che la Scrittura ha voluto chiamare "sorgente" e non "sorgenti" a causa dell'unica natura delle acque; non si tratta della massa d'acque chiamata mare, la quale con la sua enorme estensione visibile a tutti e con le sue acque salate lambisce le terre emerse, ma solo di quella contenuta nelle cavità nascoste della terra, dalle quali si diramano le sorgenti e i fiumi attraverso lunghi canaletti e vene e scaturiscono in differenti luoghi. Questa sorgente secondo la Scrittura scaturiva dalla terra attraverso innumerevoli fessure di caverne e di crepacci e irrigava tutta la superficie della terra spargendosi - per così dire - capillarmente, non formando però una superficie continua come quella del mare o di uno stagno, bensì allo stesso modo che vediamo scorrere le acque nel letto dei fiumi o nei meandri dei ruscelli e bagnare le terre vicine con il loro straripare. Chi non accoglierebbe questa congettura se non chi è pervaso da spirito litigioso? L'espressione della Scrittura infatti, secondo cui tutta la superficie della terra era bagnata, si può intendere anche nello stesso senso in cui si può dire che tutta la superficie di un vestito ha un dato colore anche se non ha una tinta unita ma ha quel colore qua e là; e ciò soprattutto perché, essendo allora la terra appena creata, si può pensare che almeno la maggior parte - se non tutta - era pianeggiante e per conseguenza i corsi d'acqua, che ne sgorgavano, potevano dividersi e spargersi più largamente.

Conclusione delle considerazioni sulla "sorgente" di Gen 2, 6.

10. 26. Per spiegare quindi l'estensione o l'abbondanza di questa sorgente possiamo avanzare varie ipotesi. O essa aveva una sola scaturigine in qualche parte della terra oppure la Scrittura parla di

un'unica sorgente - che sgorgava dalla terra e con tutte le sue diramazioni si spargeva ed irrigava tutta la superficie della terra - per indicare un'unica massa d'acqua contenuta nelle occulte cavità della terra, dalle quali sgorga l'acqua di tutte le sorgenti grandi e piccole. Oppure, poiché la Scrittura non dice: "una sola sorgente scaturiva dalla terra", ma dice: Una sorgente scaturiva dalla terra 21, possiamo anche pensare, come ipotesi più probabile, che la Scrittura usi il singolare per il plurale per farci intendere in questo modo che c'erano molte sorgenti sparse su tutta la terra e irrigavano le loro proprie località e regioni, allo stesso modo che noi diciamo: "il soldato" per indicarne molti, come la Scrittura dice "la locusta" e "la rana" a proposito delle piaghe 22 con cui furono colpiti gli Egiziani, pur essendo sterminato il numero delle locuste e delle rane. Ma non dobbiamo affaticarci più oltre su questo problema.

Creazione del tempo e fuori del tempo.

11. 27. Noi invece dobbiamo considerare assai bene se possiamo ritenere del tutto sicura l'opinione in base alla quale affermavamo che diversa fu l'azione di Dio quando fece le creature nella creazione primordiale, dalle quali si riposò il settimo giorno, e diversa è quella con cui le governa e per cui continua a operare tutt'ora. Allora Dio agì creando tutti gli esseri simultaneamente, senza intervalli di tempo, ora invece, seguendo gli intervalli di tempo per i quali vediamo gli astri muoversi da levante ad occidente, le condizioni atmosferiche mutare dall'estate all'inverno, i semi germogliare, crescere, verdeggiare, disseccare in determinati periodi di giorni, allo stesso modo che anche gli animali son concepiti, sono formati, nascono nei limiti e periodi di tempo stabiliti, e percorrendo le varie età giungono alla vecchiaia e alla morte, e così tutti gli altri esseri temporali. Orbene, chi è che produce tutti questi cambiamenti se non Dio senza alcuno di simili movimenti da parte sua? Egli infatti non è soggetto al tempo. Di conseguenza, tra le opere, da cui Dio si riposò il settimo giorno, e quelle che continua a fare tutt'ora, la Scrittura, inserendo un inciso nel suo racconto, vuol mostrare d'aver terminato

d'esporre le prime e comincia a descrivere le seconde. Ecco come la Scrittura mostra di avere esposto le prime: Questo è il libro della creazione del cielo e della terra; quando fu fatto il giorno Dio creò il cielo e la terra e ogni specie di piante selvatiche prima ch'esse fossero sulla terra e ogni specie di piante coltivate prima che germogliassero. Dio infatti non aveva ancora fatto piovere sulla terra e non c'era ancora l'uomo che la coltivasse 23. Ecco invece come comincia la descrizione delle seconde opere: Ora una sorgente sgorgava dalla terra e irrigava tutta la superficie della terra 24. Dalla menzione di quella sorgente e di poi, per tutto il racconto che segue, le cose ivi narrate sono fatte nel corso dei tempi, non tutte insieme.

Tre modi di considerare la creazione.

12. 28. Triplice è dunque il modo di essere delle creature: il primo è quello per cui sono nel Verbo di Dio le ragioni immutabili di tutte le creature, il secondo è quello delle opere fatte da lui e dalle quali si riposò il settimo giorno, il terzo è quello delle opere che continua a compiere tutt'ora dopo di quelle. Di questi tre modi di essere quello che ho ricordato per ultimo ci è noto in qualche maniera tramite i sensi del corpo e la nostra comune esperienza. I primi due invece non sono accessibili né ai nostri sensi né all'umana facoltà di pensare e perciò devono credersi anzitutto sull'autorità di Dio e poi conoscersi in qualche modo attraverso le realtà che ci sono note, secondo la maggiore o minore capacità di ciascun individuo sostenuto dall'aiuto di Dio affinché ci riesca.

a) Nella sapienza di Dio.

13. 29. La Sapienza di Dio, per mezzo della quale sono state create tutte le cose, conosceva queste cose prima che fossero create. I divini archetipi immutabili ed eterni sono attestati dalla sacra Scrittura che dice: In principio era il Verbo e il Verbo era in Dio e il Verbo era Dio. Egli era in principio in Dio. Tutte le cose furono fatte per mezzo di lui e nulla è stato fatto senza di lui 25. Chi sarà dunque tanto

insensato da affermare che Dio ha fatto delle cose senza conoscerle? Ora, se le conosceva, come le conosceva se non in se stesso nel quale era il Verbo, per mezzo del quale sono state fatte tutte le cose? Poiché, se le conosceva fuori di sé, chi gliele aveva insegnate? Chi mai infatti ha potuto conoscere il pensiero del Signore? O chi è mai stato suo consigliere? Chi mai gli ha dato qualcosa per primo e gli sarà dato il contraccambio? Poiché da lui, grazie a lui e in lui sono tutte le cose 26.

Tutto è stato creato mediante il Verbo, luce delle anime.

13. 30. D'altronde anche le parole che seguono nel Vangelo [di Giovanni] confermano assai chiaramente questa narrazione. Infatti l'Evangelista soggiunge: Ciò che è stato fatto è vita in lui e la vita era la luce degli uomini 27, poiché certamente le anime razionali, nella cui specie è incluso l'uomo fatto ad immagine di Dio, non hanno altra vera luce propria se non lo stesso Verbo di Dio, per mezzo del quale è stata fatta ogni cosa e della cui vita esse potranno divenire partecipi dopo che saranno purificate da ogni peccato ed errore.

In qual senso tutte le cose sono vita del Verbo.

14. 31. [La frase di Giovanni] perciò non dev'essere letta così: Ciò che è stato fatto in lui, è vita, separando con una virgola ciò che è stato fatto in lui e aggiungendo poi è vita. Non c'è nulla infatti che non sia stato fatto in lui, dal momento che la Scrittura, dopo aver enumerato molte creature, anche quelle della terra, dice in un Salmo: Hai fatto ogni cosa nella Sapienza 28, e l'Apostolo afferma: Poiché in lui sono state create tutte le cose nel cielo e sulla terra, quelle visibili e quelle invisibili 29. Ne verrà di conseguenza che, se punteggeremo il testo in quel modo, anche la stessa terra e tutto ciò ch'essa racchiude sono vita [in lui]. Ma se è assurdo dire che tutte quelle cose vivono, quanto più assurdo è dire che sono vita? E ciò soprattutto per il fatto che l'Evangelista determina con precisione di quale specie di vita parli quando soggiunge: e la vita

era la luce degli uomini. Dobbiamo quindi separare la frase mettendo una virgola dopo le parole: Ciò che è stato fatto aggiungendo poi [l'inciso] è vita in lui, cioè non è vita in se stesso, vale a dire nella propria natura per cui è avvenuto che esso sia creazione e creatura, ma è vita nel Verbo, poiché tutte le cose che sono state fatte per mezzo di lui le conosceva prima che esistessero. Per conseguenza tutte le cose erano in lui non come creature fatte da lui ma come la vita e la luce degli uomini che non è se non la stessa Sapienza e lo stesso Verbo, cioè l'unigenito Figlio di Dio. Le creature sono dunque vita in Lui nello stesso senso che la Scrittura dice: Come il Padre ha la vita in se stesso, così ha dato al Figlio d'avere la vita in se stesso 30.

"Vita" delle anime razionali è la luce del Verbo.

14. 32. Non si deve inoltre tralasciare neppure il fatto che i manoscritti più corretti hanno: Ciò, che è stato fatto, era vita in lui, di modo che era vita s'intende nel medesimo senso della frase: In principio era il Verbo e il Verbo era in Dio e il Verbo era Dio 31. Perciò, ciò che è stato fatto, era già vita in lui, e non una vita qualsiasi - poiché anche delle bestie si dice che vivono, ma non possono godere d'essere partecipi della sapienza - ma la vita che era luce degli uomini. Infatti le anime razionali, una volta purificate dalla sua grazia, possono giungere alla visione di quella luce, di cui non c'è nulla di più eccellente e felice.

In che modo tutte le cose create erano conosciute dal Creatore.

15. 33. Ma anche se leggiamo e comprendiamo il passo [di Giovanni così]: Ciò, che è stato fatto, è vita in lui, resta il senso che ciò che per mezzo di lui è stato fatto è vita in lui, la vita per cui Egli vide tutte le cose quando le fece e come le vide così le fece, vedendole non al di fuori di se stesso, ma in se stesso enumerò tutte le cose fatte da lui. La visione che ha lui non è diversa da quella che ha il Padre ma è un'unica visione, come unica è la loro sostanza. Infatti anche nel

libro di Giobbe si parla così della Sapienza, per mezzo della quale tutte le cose furono fatte: Ma dove si trova la Sapienza? E dov'è il luogo dell'Intelligenza? Il mortale ne ignora la via ed essa non si trova tra gli uomini 32. [L'autore sacro dice ancora] poco dopo: Abbiamo sentito parlare della sua gloria. Il Signore [solo] ne fa conoscere la via ed Egli [solo] sa dov'essa si trovi. Egli infatti vede perfettamente tutto ciò che è sotto il cielo e conosce ciò ch'esiste sulla terra, tutto ciò che Egli ha fatto; quando fece il peso dei venti e regolò le acque con misura, e come le vide così le enumerò 33. Con questi ed altri simili testi si dimostra che tutte le cose, prima d'essere fatte, erano nella conoscenza del Creatore e certamente in un modo superiore lì ove sono nella loro [piena] verità, eternità ed immutabilità. Sebbene debba esser sufficiente a ciascuno conoscere o credere senza esitazione che Dio ha fatto tutte queste cose, tuttavia non penso che ci sia qualcuno tanto stolto da credere che Dio abbia fatto cose che non conosceva. Inoltre, se le conosceva prima di farle, prima d'esser fatte erano certamente in lui, nel modo d'essere con cui vivono e sono vita [in lui] eternamente ed immutabilmente; tuttavia, in quanto cose create, esse hanno la loro esistenza come ogni altra creatura nella sua propria natura.

Con la mente percepiamo più facilmente Dio che le creature.

16. 34. La natura eterna e immutabile di Dio ha l'essere in se stesso come [da lui] fu detto a Mosè: Io sono colui che sono 34; egli cioè ha l'essere in un modo di gran lunga diverso da quello degli altri esseri che sono stati fatti, poiché esiste veramente e originariamente ciò che esiste sempre allo stesso modo e non solo non muta, ma non può mutare affatto, mentre nulla di ciò, ch'egli fece, esiste come lui e ha originariamente tutte le cose allo stesso modo che è lui. Poiché Dio non potrebbe fare gli altri esseri se, prima di farli, non li conoscesse; e non li conoscerebbe, se non li vedesse, e non li vedrebbe se non li avesse [in sé], e non avrebbe le cose ancora non fatte se non nel modo in cui è lui stesso che non è stato fatto. Sebbene - dico - la sostanza-natura di Dio non possa esprimersi con

termini umani e non possa spiegarsi in un modo o in un altro senza ricorrere a espressioni relative allo spazio e al tempo, mentre essa esiste prima di tutti i tempi e fuori da tutti gli spazi, tuttavia è più vicino a noi, lui il Creatore, che non le molteplici cose fatte da lui. In lui infatti noi abbiamo la vita, il movimento e l'essere 35; la maggior parte di quelle cose, al contrario, sono lontane dal nostro spirito poiché, essendo materiali, hanno una natura diversa e il nostro spirito non è capace di vederle in Dio considerate nelle ragioni causali secondo le quali sono state fatte e perciò non possiamo conoscerne la quantità, la grandezza, la qualità pur non vedendole con i sensi del corpo. Quelle cose infatti sfuggono ai nostri sensi poiché ci sono inaccessibili o sono separate dalla nostra vista e dal nostro tatto ostacolati da altri esseri interposti od opposti. Per conseguenza occorre uno sforzo maggiore per scoprire le cose che non il loro Creatore. È infatti una felicità incomparabilmente superiore conoscere Dio con spirito religioso anche in minima parte che comprendere l'universo nella sua totalità. Ecco perché a ragione nel libro della Sapienza sono rimproverati coloro che indagano questo mondo: Se infatti - dice - furono capaci di sapere tanto da potere scrutare il mondo, come mai non trovarono più facilmente il suo Signore? 36 Poiché le fondamenta della terra sono fuori del nostro campo visivo, ma chi l'ha fondata è vicino al nostro spirito.

Un altro modo di considerare la creazione.

17. 35. Consideriamo ormai le cose fatte da Dio tutte insieme e portate a termine il sesto giorno, dalle quali si riposò il settimo giorno; le sue opere, riguardo alle quali egli agisce fino al presente, saranno da noi considerate in seguito. Egli infatti è prima del tempo: diciamo invece che sono all'origine del tempo le cose che sono da quando cominciò il tempo, come il mondo, mentre diciamo esistenti nel tempo quelle che nascono nel mondo. La Scrittura dunque, dopo aver detto: Tutto è stato fatto per mezzo di lui, e senza di lui non è stato fatto nulla, poco dopo soggiunge: Egli era in questo mondo, e il mondo è stato fatto per mezzo di lui 37. Di quest'opera di Dio la

Scrittura in un altro passo dice che Dio aveva fatto il mondo a partire da una materia informe 38. Questo mondo - come abbiamo già ricordato - la Scrittura lo denota generalmente con il nome di "cielo e terra" e dice che è stato creato da Dio quando fu creato il "giorno". Spiegando quel passo ci siamo sforzati - nei limiti delle nostre possibilità - di mostrare che le due affermazioni della Scrittura riguardo alla creazione del mondo possono essere messe d'accordo, nel senso cioè ch'esso non solo fu portato a termine in sei giorni con tutte le cose che contiene, ma altresì che fu creato il "giorno"; in tal modo il racconto della creazione risulta d'accordo con l'affermazione della Scrittura che [Dio] fece ogni cosa simultaneamente 39.

b) nella simultaneità dell'atto creativo: La duplice conoscenza angelica.

18. 36. In questo universo creato da Dio sono molte cose che non conosciamo, sia perché troppo alte nel cielo per poter essere raggiunte dai nostri sensi, sia perché site in regioni della terra forse inabitabili, sia perché nascoste sotto la terra nelle profondità abissali del mare e nelle oscure cavità della terra. Queste cose dunque non esistevano certo prima d'essere fatte. In qual modo, allora, erano note a Dio se non esistevano? D'altronde, in che modo avrebbe fatto cose che gli erano ignote? In realtà Dio non ha fatto nulla che gli fosse ignoto. Dio pertanto ha fatto le cose che già conosceva, non le ha conosciute dopo averle fatte. Di conseguenza prima che fossero fatte, esse erano e non erano; erano nella conoscenza di Dio, ma non erano nella natura loro propria. Ecco perché fu creato il "giorno", al quale potessero farsi conoscere in entrambi i loro modi di essere: in Dio e in se stesse; in Dio mediante una conoscenza - diciamo così - mattutina o diurna, in se stesse mediante una specie di conoscenza vespertina. Quanto a Dio non m'arrischio di dire che egli le conoscesse, dopo averle fatte, in un modo diverso da quello in cui le conobbe per farle, poiché in lui non c'è variazione né ombra di mutamento 40.

Gli angeli sono messaggeri di Dio, esecutori dei suoi ordini.

19. 37. Per conoscere le cose del mondo di quaggiù Dio non ha certo bisogno di messaggeri come se egli potesse aumentare la sua conoscenza mediante il loro servizio. Egli invece conosce tutte le cose in un modo trascendente e meraviglioso mediante una conoscenza stabile e immutabile. Se Dio ha dei messaggeri, ciò è per il bene nostro e di loro stessi, poiché ubbidire in questo modo a Dio e servirlo per consultarlo circa le cose di quaggiù e ottemperare ai suoi superni precetti e comandi è per essi un bene conforme alla loro natura e sostanza. I messaggeri poi, con termine greco sono chiamati: ἄγγελοι, termine con cui è denotata l'intera Città celeste, che a nostro parere è il primo "giorno" creato.

Agli angeli fu rivelato il mistero del regno dei cieli dall'origine del tempo.

19. 38. Agli angeli non fu nascosto neppure il mistero del regno dei cieli, rivelato nel tempo opportuno per la nostra salvezza, quello cioè per cui, una volta liberati dal nostro terreno pellegrinaggio, ci uniremo alla loro schiera. Che non lo ignorassero risulta dal fatto che la discendenza, che venne al tempo opportuno, fu disposta per mezzo degli angeli nelle mani di un mediatore, cioè mediante il potere di Colui che è il loro Signore sia nella sua natura divina sia in quella di servo 41. L'Apostolo afferma ugualmente: A me, il minimo tra tutti i santi, è stata data questa grazia, d'annunciare ai pagani le insondabili ricchezze di Cristo e rivelare quale sia il piano provvidenziale del mistero nascosto dall'eternità nella mente di Dio, creatore dell'universo, affinché sia manifestato ai Principati e alle Potestà nei cieli mediante la Chiesa della multiforme sapienza di Dio, formata da lui in Cristo Gesù nostro Signore secondo il suo disegno eterno 42. Questo mistero dunque è rimasto nascosto dall'eternità in Dio in modo però che per mezzo della Chiesa della multiforme sapienza di Dio fosse manifestata ai Principati nel cielo. La Chiesa infatti esiste originariamente là dove, dopo la risurrezione,

dev'essere riunita anche la Chiesa di quaggiù, affinché noi siamo simili agli angeli di Dio 43. Ad essi perciò questo mistero era noto fin dall'origine dei secoli, poiché nessuna creatura esiste prima dei secoli ma la creazione esiste dall'origine dei secoli in poi. I secoli stessi hanno cominciato ad esistere a partire dalla creazione e questa esiste dai secoli in poi poiché il suo inizio è l'inizio dei secoli. L'unigenito Figlio di Dio, al contrario, esiste prima dei secoli poiché questi sono stati fatti per mezzo di lui 44. Ecco perché, parlando come la Sapienza identificata con se stesso come la [seconda] Persona [della Trinità] egli dice: Dio mi ha stabilita prima dei secoli 45, affinché [per mezzo della Sapienza] facesse tutte le cose Colui al quale è stato detto: Tutte le cose tu hai fatto per mezzo della Sapienza 46.

19. 39. Tuttavia il mistero nascosto non è noto solo in Dio ma si manifesta loro anche sulla terra quando esso si compie e [così] si svela; ciò è attestato dal medesimo Apostolo che dice così: E senza dubbio grande è il mistero della bontà di Dio, che si manifestò nella carne, fu giustificato nello Spirito, fu visto dagli angeli, fu annunciato ai pagani, fu creduto nel mondo, fu assunto nella gloria 47. Inoltre, se non mi sbaglio, sarebbe strano, se tutto quanto la Scrittura afferma essere conosciuto da Dio come in un presente temporale, non lo affermasse nel senso che Dio lo fa conoscere non solo dagli angeli ma anche dagli uomini. Questo modo di esprimersi con cui l'effetto è indicato da chi lo effettua è frequente nelle Sante Scritture, soprattutto quando si attribuisce a Dio qualcosa che, preso in senso letterale, non gli si confà, come proclama il sentimento della verità che presiede alla nostra mente.

c) Nel divenire temporale.

20. 40. Ormai dunque dobbiamo distinguere le opere che Dio continua a compiere da quella da cui si riposò il settimo giorno. Poiché vi sono alcuni i quali pensano che da Dio è stato fatto solo il mondo e tutto il resto è ormai fatto dallo stesso mondo secondo il

comando e l'ordine di Dio, mentre Dio non effettuerebbe più nulla. Contro l'opinione di costoro possiamo addurre l'affermazione del Signore: Mio Padre opera senza interruzione. Ma perché nessuno pensasse che il Padre agisca solo in se stesso e non anche in questo mondo, aggiunge: Il Padre che rimane in me compie le sue opere; e come il Padre risuscita i morti e dà loro la vita, così anche il Figlio dà la vita a chi vuole 48. Inoltre, siccome Dio compie non solo le opere grandi e importanti ma anche quelle infime di questa terra, l'Apostolo dice: Stolto! Ciò, che tu semini, non prende vita se prima non muore, e quello, che semini, non è il corpo che nascerà, ma un semplice chicco, per esempio di grano o di altra specie. Ma Dio gli dà un corpo come ha stabilito e dà a ciascun seme il proprio corpo 49. Che dunque Dio continui ad agire senza interruzione dobbiamo crederlo e, se possibile, comprenderlo nel senso che se la sua azione si sottraesse alle sue creature, queste cesserebbero d'esistere.

In qual senso Dio non crea nuove specie di esseri.

20. 41. Se però noi supponessimo che Dio crea ora una creatura non appartenente alle specie costituite nella creazione primordiale, contraddiremmo senz'altro apertamente alla Scrittura, la quale afferma che Dio portò a termine tutte le sue opere il sesto giorno 50. È infatti evidente che Dio, conforme alle specie da lui create all'origine, crea un gran numero d'esseri nuovi che non aveva creati allora. Ma non si può logicamente credere che Dio crei nuove specie d'esseri, poiché terminò di crearle tutte allora. Dio pertanto, mediante la sua occulta potenza imprime un impulso a tutto l'universo delle sue creature; è proprio in virtù di questo impulso che tutte le creature son messe in movimento, quando gli angeli compiono gli ordini di Dio, quando gli astri compiono la loro orbita, quando i venti soffiano ora in una direzione ora in un'altra, quando l'abisso è agitato dal precipitare delle acque e anche dai vapori condensati turbinanti nell'aria, quando il regno vegetale germoglia e sviluppa i suoi semi, quando gli animali nascono e passano la

propria vita secondo il loro proprio istinto, quando ai malvagi è permesso di tormentare i giusti. È così che Dio dispiega i secoli che aveva, per così dire, ripiegati nella creazione primordiale. Quei secoli non si svolgerebbero nel loro corso, se Colui, che li ha creati, cessasse di esercitare il suo governo provvidenziale su di essi.

Tutto è governato dalla divina Provvidenza.

21. 42. Gli esseri, che si formano e nascono nel tempo, ci devono insegnare come dobbiamo considerare queste cose. Non senza ragione infatti la Scrittura dice che la Sapienza si mostra benignamente a coloro che l'amano nei loro sentieri e va loro incontro con la sua infallibile provvidenza 51. Noi inoltre non dobbiamo ascoltare coloro, i quali pensano che dalla divina provvidenza sono governate solo le regioni più alte del mondo, quelle cioè che sono al margine esterno e al di sopra della nostra atmosfera più densa, ma che la parte più bassa che è la terra e il mare, come pure quella dell'atmosfera terrestre più vicina, che s'impregna d'umidità a causa delle esalazioni terrestri e marine - in cui si formano i venti e le nubi - sia piuttosto il gioco del caso e agitata da moti fortuiti. Contro questi tali parla il Salmo, che dopo aver espresso la lode [a Dio] degli esseri celesti, si rivolge anche a quelli della terra e dice: Lodate il Signore dalla terra, mostri marini e voi tutti, abissi; fuoco e grandine, neve e ghiaccio, venti di bufera che adempiono il suo comando 52. Ora, nulla pare essere tanto regolato dal caso quanto tutti questi fenomeni burrascosi e turbolenti, da cui è deformato e sconvolto l'aspetto di queste regioni inferiori del cielo - che non senza ragione è denotato anche con il nome di "terra" - ma quando [il Salmo] soggiunge: che adempiono il suo comando, mostra assai bene che anche l'ordinamento di questi fenomeni, soggetto al comando di Dio, anziché mancare alla natura dell'universo, sfugge piuttosto alla nostra intelligenza. Che dire dunque? Il Salvatore non ha forse detto di propria bocca che non cade in terra nemmeno un passero senza il permesso di Dio 53 e che Dio riveste tuttavia l'erba dei campi sebbene destinata poco dopo ad

essere gettata nel forno 54? Dicendo così, nostro Signore non ci assicura forse che non solo tutta questa parte del mondo assegnata agli esseri mortali e corruttibili ma anche le particelle più spregevoli e umili sono governate dalla divina provvidenza?

Argomenti comprovanti la divina Provvidenza.

22. 43. Ma coloro che negano questa verità e non credono nella grande autorità delle Sacre Scritture, pensano che la parte del mondo abitata da noi è soggetta a movimenti dovuti al caso anziché governata dalla Sapienza del sommo Dio; per provarlo ricorrono ingiustamente a due argomenti: quello della variabilità delle stagioni, da me più sopra ricordato, o quello della felicità o infelicità degli uomini che capita loro ma non corrisponde ai meriti acquisiti nella vita. Se però osservassero il meraviglioso ordine che appare nelle membra del corpo d'un qualunque essere vivente - non dico ai medici, che per la necessità della loro professione le scrutano con cura dopo averle messe a nudo e identificate sezionandole, a un individuo qualunque d'intelligenza e riflessione mediocre - non esclamerebbero forse che questi corpi non cessano neppure un istante d'essere governati da Dio, autore d'ogni regola di misura, d'ogni armonia di numeri, d'ogni misura di pesi? Quale opinione può essere più assurda e più stolta di quella secondo la quale l'universo creato sarebbe sottratto alla volontà e al governo della Provvidenza, quando si vede che le creature più infime e spregevoli sono formate con un ordine così straordinario che, se ci si riflette più attentamente, suscitano un indicibile timore reverenziale e ammirazione? Dato poi che la natura dell'anima è superiore a quella del corpo, che c'è di più insensato che pensare che la provvidenza di Dio non giudica affatto il comportamento degli uomini, dal momento che nel loro corpo appaiono con straordinaria evidenza tante prove della sapiente cura che Dio ha delle creature? Ma siccome queste piccole creature sono alla portata dei nostri sensi e possiamo indagarle facilmente, risulta evidente in esse l'ordine che le regola, mentre quelle di cui non possiamo vedere l'ordine, sono giudicate prive di ordine da coloro

che pensano non esista nient'altro all'infuori di ciò che possono vedere oppure, se credono che esista, lo suppongono della stessa natura di ciò che sono soliti vedere.

Come Dio ha creato simultaneamente ogni cosa eppure opera senza interruzione.

23. 44. Noi invece, i cui passi sono guidati dalla medesima divina provvidenza mediante la sacra Scrittura affinché non cadiamo in quell'errore, dovremmo sforzarci d'indagare, considerando le opere di Dio con il suo aiuto, dove egli aveva creato simultaneamente queste cose quando si riposò dalle opere che aveva portato a termine e delle quali produce fino al tempo presente le forme visibili attraverso la successione dei tempi. Consideriamo dunque la bellezza di un albero qualunque nel suo tronco, nei suoi rami, nelle sue foglie e nei suoi frutti; questa forma non è certo uscita all'improvviso dalla terra tale e quale in tutta la sua grandezza, ma piuttosto in seguito ad un processo di crescita che ci è noto. Esso infatti spuntò da una radice che un germe aveva piantato precedentemente nella terra e di poi tutti quegli elementi crebbero dopo aver preso la loro forma ed essersi sviluppati nelle diverse loro parti. Il germe inoltre proveniva da un seme: nel seme dunque erano originariamente tutti quegli elementi non già quanto alle dimensioni della loro massa corporea, ma come una forza e una potenza causale. Poiché le dimensioni [raggiunte dall'albero] si formarono grazie a una quantità di terra e di umidità. Ma più meravigliosa e più eccellente è l'energia insita in un piccolo granello, grazie alla quale l'umidità circostante, mescolata alla terra, forma - per così dire - una materia capace di cambiarsi in legno di tale natura, in rami che si spandono, in foglie verdi e di forma appropriata, in frutti attraenti e abbondanti, il tutto in un'ordinata diversità di tutte le sue parti. In realtà che cosa spunta o pende da un albero che non sia stato estratto o ricavato da quella sorta di tesoro nascosto che è il seme? Il seme però deriva da un albero, anche se non da quello ma da un altro, e quello deriva a sua volta da un altro seme; alle volte però l'albero deriva da un altro

quando se ne toglie un virgulto e lo si trapianta. Non solo dunque il seme deriva dall'albero ma anche l'albero deriva dal seme e l'albero dall'albero, ma il seme non può derivare mai dal seme se non per tramite di un albero; un albero invece può derivare da un albero anche senza il tramite del seme. Così dunque l'uno deriva dall'altro attraverso alterne generazioni, ma l'uno e l'altro provengono dalla terra, mentre la terra non deriva da essi, ai quali perciò è anteriore la terra che li genera. Ciò vale anche per gli animali: può rimanere il dubbio se il germe viene dagli animali o viceversa ma, qualunque sia il primo di essi, è tuttavia assolutamente certo ch'esso viene dalla terra.

Potenzialità e causalità nella creazione.

23. 45. Nel granello dunque erano già presenti invisibilmente tutti insieme gli elementi che nel corso del tempo si sarebbero sviluppati per formare l'albero; allo stesso modo dobbiamo immaginare che il mondo, quando Dio creò simultaneamente tutte le cose, conteneva simultaneamente tutti gli elementi creati in esso e con esso quando fu fatto il giorno: conteneva cioè non solo il cielo con il sole, la luna e le stelle - la cui forma specifica rimane inalterata durante il loro moto circolare - ma anche il mare e gli abissi che sono soggetti a movimenti - per così dire - incostanti ed essendo situati al di sotto [del cielo] costituiscono l'altra parte del mondo; conteneva inoltre gli esseri che l'acqua e la terra produssero virtualmente e causalmente, prima che comparissero nel corso dei tempi e che noi ormai conosciamo come opere che Dio continua a compiere fino al presente.

Conclusione.

23. 46. In questo senso quindi [è detto]: Questo è il libro della creazione del cielo e della terra; quando fu creato il giorno, Dio fece il cielo e la terra e ogni specie di piante selvatiche prima ch'esistessero sulla terra e ogni specie di piante coltivate prima che

germogliasse 55. Dio fece non già come agisce fino al presente mediante la pioggia e la lavorazione della terra praticata dagli uomini; per questo infatti [la Scrittura] aggiunge: Poiché Dio non aveva ancora fatto piovere, e non c'era ancora l'uomo che coltivasse la terra 56; ma nel modo in cui creò tutti gli esseri simultaneamente e li portò a termine in sei giorni presentando sei volte agli esseri da lui creati il giorno che aveva creato e lo presentò non già nell'avvicendarsi successivo di periodi di tempi, ma in un piano fatto conoscere qual era nelle sue cause. Dio si riposò dalle sue opere il settimo giorno, degnandosi di rivelare il suo riposo anche al "giorno" perché questo gioisse nel conoscerlo. Ecco perché Dio benedisse e dichiarò sacro quel giorno non a causa di alcuna sua opera ma del suo riposo. Da allora perciò Dio non crea più alcun'altra creatura ma agisce continuamente in quanto governa e guida con l'azione della sua assistenza tutte le creature da lui fatte simultaneamente mentre si riposa e agisce allo stesso tempo, come è stato già spiegato. Delle opere che Dio continua a compiere e che si devono sviluppare lungo il volgersi dei secoli la sacra Scrittura comincia in certo qual modo a narrarli dicendo: Una sorgente sgorgava dalla terra e irrigava tutta la superficie della terra 57. Poiché di questa sorgente abbiamo già detto tutto ciò che abbiamo creduto necessario dire, dobbiamo considerare adesso le cose seguenti come da una specie di nuovo inizio.

LIBRO SESTO

Gen 2, 7 s'intende della prima formazione dell'uomo o di quella fatta nella successione dei tempi?

1. 1. Dio allora plasmò l'uomo con la polvere della terra e soffiò sul suo volto un alito vitale. E l'uomo divenne un essere vivente 1. Qui occorre innanzitutto esaminare se questo passo è una ricapitolazione con cui la Scrittura adesso dice solo in qual modo fu fatto l'uomo, poiché abbiamo detto ch'esso fu fatto il sesto giorno, oppure se, allorquando Dio fece tutti gli esseri simultaneamente, fece tra essi anche l'uomo in germe, come l'erba della terra prima che fosse germinata. In questo caso anche l'uomo sarebbe stato fatto di già in un modo diverso, cioè - per così dire - nell'occulto recesso della natura, come erano gli esseri creati da Dio simultaneamente quando fu fatto il giorno, e di poi invece con il passare del tempo egli sarebbe stato fatto in un secondo modo cioè conforme alla natura visibile in cui vive bene o male; in questo ultimo caso egli sarebbe stato allora simile all'erba del campo che fu fatta prima che germinasse sulla terra, ma che poi, quando giunse il tempo e grazie alla sorgente che irrigava la terra, germogliò e si sparse sulla terra.

Prima ipotesi: l'uomo creato tale e quale fin dal sesto giorno.

1. 2. Sforziamoci anzitutto d'intendere questo passo nel senso che esso sarebbe una ricapitolazione del racconto precedente. Può darsi infatti che l'uomo fu creato il sesto giorno come fu creato originariamente il giorno stesso, come il firmamento, la terra e il mare. Poiché non si può affermare che questi esseri furono fatti all'origine e nascosti in una specie di elementi primordiali e che in seguito, nel tempo dovuto, vennero - per così dire - alla luce e apparvero nella forma degli esseri di cui è costituito il mondo. Al contrario quando fu creato il giorno, all'inizio del tempo, fu creato il mondo e nei suoi elementi furono creati simultaneamente gli esseri

che dovevano nascervi, gli arbusti o gli animali, ciascuno secondo la propria specie. Non è infatti pensabile che anche gli astri siano stati creati e nascosti originariamente negli elementi del mondo e, in seguito, al sopraggiungere del tempo, siano venuti fuori e siano apparsi in tutto lo splendore delle forme con cui brillano in cielo, ma furono creati tutti simultaneamente secondo la perfezione del numero sei, quando fu creato il giorno. Anche l'uomo dunque fu creato forse già nella sua forma specifica, per cui vive nella propria natura e compie il bene o il male? O fu creato forse anche lui in uno stato latente come l'erba dei campi prima che fosse germogliata, in modo che la sua comparsa [sulla terra] dopo un lasso di tempo sarebbe avvenuta quando sarebbe stato fatto con la polvere?

L'ipotesi è vagliata alla luce della sacra Scrittura.

2. 3. Supponiamo dunque che l'uomo sia stato fatto il sesto giorno con il fango nella forma attuale distinta e visibile, ma che nel primo racconto non furono menzionati i particolari riferiti ora in questa ricapitolazione; vediamo se la Scrittura s'accorda con questa nostra ipotesi. Ecco quello che dice esattamente la sacra Scrittura narrando ancora le opere del sesto giorno: E Dio disse: Facciamo l'uomo a nostra immagine e a nostra somiglianza; egli domini sui pesci del mare e su gli uccelli del cielo, su tutto il bestiame, su tutta la terra e su tutti i rettili che strisciano sulla terra. E Dio creò l'uomo, lo creò a sua immagine; li creò maschio e femmina. E Dio li benedisse dicendo: Crescete e moltiplicatevi e riempite la terra e soggiogatela, dominate sui pesci del mare e su gli uccelli del cielo, su tutte le bestie, su tutta la terra e su tutti i rettili che strisciano sulla terra 2. L'uomo dunque era già stato formato con il fango e, mentre egli era immerso in un sonno profondo, era stata formata con una sua costola la donna, ma questi particolari, che non erano stati menzionati nel primo racconto, sono ricordati adesso in questa ricapitolazione. L'uomo cioè non fu creato maschio il sesto giorno né la donna fu creata solo in seguito, nel corso del tempo, ma la Scrittura dice: Egli lo creò; maschio e femmina li creò e li benedisse. Ma in qual modo,

allora, la donna fu creata per l'uomo quando questi era già nel paradiso? Forse che la Scrittura ricorda anche questo particolare ch'essa aveva tralasciato? Anche il paradiso infatti fu piantato il sesto giorno e vi fu collocato l'uomo che cadde in un sonno profondo in modo che poté essere formata Eva e, dopo che Eva fu formata, egli si svegliò e le pose il nome. Ma questi eventi sarebbero potuti esser compiuti solo nel corso del tempo. Essi perciò non furono compiuti allo stesso modo che furono create simultaneamente tutte le cose.

La stessa ipotesi viene discussa su altri passi della Scrittura.
3. 4. Per quanto grande possa immaginarsi la facilità con cui Dio creò anche queste cose simultaneamente con tutte le altre, sappiamo in ogni caso che le parole umane non possono essere pronunciate se non a brevi intervalli di tempo. Allorché dunque noi sentiamo le parole di un uomo [Adamo], sia allorché diede il nome agli animali o alla donna, sia quando immediatamente dopo disse anche: L'uomo perciò abbandonerà suo padre e sua madre, si unirà alla sua donna e i due saranno una carne sola 3 - quali che fossero le sillabe con cui poterono essere pronunciate - neppure due sillabe qualsiasi di quelle parole poterono essere pronunciate simultaneamente; quanto meno poterono essere fatte queste cose simultaneamente con le opere che furono create nello stesso tempo! Per conseguenza, una delle due ipotesi: o anche quelle opere non furono fatte contemporaneamente all'inizio stesso dei secoli ma in differenti periodi e intervalli di tempo, e il giorno, fatto al principio non come una sostanza spirituale ma corporale, produceva un mattino e una sera mediante non so quale percorso circolare o emissione e contrazione della luce; oppure, tenuto conto di tutte le spiegazioni date da me prima in questo commento, abbiamo una fondata ragione per concludere che quel "giorno" spirituale, creato misteriosamente all'origine, fu chiamato "giorno" in quanto luce di sapienza perché quel "giorno" fu fatto presente alle opere create e ciò avvenne nella conoscenza rivelata secondo uno schema costituito conforme al numero sei. Questa spiegazione concorda con le parole della Scrittura, poiché

questa in seguito dice: Quando fu creato il giorno, Dio creò il cielo e la terra e ogni specie di piante silvestri prima che fosse sulla terra, e ogni specie di piante coltivate prima che germogliassero 4, come è attestato anche da un altro passo [della Scrittura] ove è detto: Colui che vive in eterno creò ogni cosa simultaneamente 5. Secondo quest'ipotesi senz'alcun dubbio il fatto che l'uomo fu fatto con il fango della terra e che per lui fu formata la donna con una costa di lui non fa parte della creazione in virtù della quale tutte le cose furono create simultaneamente e dalle quali Dio si riposò dopo averle compiute, ma fa parte dell'azione che ormai si compie nel volgere dei tempi e grazie alla quale Dio continua sempre ad agire.

Dio creò le cose simultaneamente ma opera fino al presente.

3. 5. A questa si aggiunge un'altra considerazione: le parole con cui la Scrittura narra come Dio piantò il paradiso e vi mise l'uomo da lui creato e gli condusse gli animali perché imponesse loro il nome e tra essi non era stato trovato uno di aiuto simile a lui e allora Dio formò per lui la donna con una costola tolta a lui. Tutti questi particolari - dico - sono una prova assai chiara ch'essi non sono da ascrivere all'attività [creatrice] di Dio, dalla quale si riposò il settimo giorno, ma piuttosto a quella con cui seguita ad operare sempre fino al presente attraverso il corso dei tempi. Ecco infatti le parole con le quali la sacra Scrittura narra come fu piantato il paradiso: Dio poi piantò il paradiso nell'Eden a Oriente e vi mise l'uomo da lui creato. Dio fece spuntare dal suolo ogni sorta di alberi belli a vedersi e buoni a mangiare 6.

4. 5. Allorché dunque [la Scrittura] dice: Dio fece inoltre spuntare dal suolo ogni specie di alberi belli a vedersi 7 dichiara apertamente che in questo caso Dio fece spuntare gli alberi dal suolo in maniera diversa da quella in cui agì allorché il terzo giorno fece spuntare dal suolo le piante foraggere producenti il seme secondo la propria specie e gli alberi recanti il frutto secondo le proprie specie. Questo infatti vuol dire la frase: fece inoltre germogliare, ossia oltre a ciò

che aveva già fatto germogliare [antecedentemente]; in quel caso Dio creò, naturalmente, le cose in potenza e nelle loro ragioni causali quando effettuò la creazione simultanea di tutti gli esseri e dalla quale si riposò il settimo giorno dopo averli compiuti; in questo caso invece creò le cose in modo visibile in un'opera che appartiene al corso dei tempi, per la quale egli agisce ognora senza interruzione.

Risposta a un'obiezione sugli alberi del paradiso.

4. 6. Si potrebbe forse obiettare che il terzo giorno non fu creata ogni specie di alberi, ma la creazione di alcune specie sarebbe stata differita al sesto giorno in cui fu creato l'uomo e messo nel paradiso. La Scrittura però indica molto chiaramente quali esseri furono creati il sesto giorno: cioè le creature viventi, ciascuna secondo la propria specie, quadrupedi, rettili, bestie selvatiche e l'uomo, maschio e femmina, fatti a immagine di Dio. Il narratore poté quindi omettere di dire come fu creato l'uomo, - sebbene narrasse il fatto della sua creazione nello stesso sesto giorno - in modo che in seguito, riprendendo di nuovo il racconto, c'informasse in qual modo fu creato, cioè col fango della terra e la donna per lui con una sua costola; d'altra parte però egli non avrebbe potuto tralasciare alcuna specie di creature sia quando Dio disse: Sia, o: Facciamo, sia quando è detto: e così fu, o: Dio fece. In caso diverso sarebbe stato inutile che ogni cosa fosse distribuita con tanta cura per ognuno di quei giorni, se ci fosse qualche sospetto che i giorni fossero confusi e per conseguenza, mentre la creazione di piante [foraggere] e di alberi è assegnata al terzo giorno, dovessimo credere che alcune specie di alberi furono create anche il sesto giorno, sebbene la Scrittura non li menzioni nel sesto giorno.

Creazione potenziale e causale dell'uomo e sua creazione nel tempo.

5. 7. Che cosa risponderemo, infine, a proposito delle bestie dei campi e degli uccelli del cielo che Dio condusse ad Adamo per

vedere come li avrebbe chiamati? Ecco che cosa dice [la Scrittura]: E il Signore Dio disse: Non è bene che l'uomo sia solo, facciamogli un aiuto simile a lui. E Dio formò ancora dal suolo ogni specie di bestie del campo e di uccelli del cielo e li condusse ad Adamo per vedere come li avrebbe chiamati; e il nome di ogni essere vivente è quello che pose Adamo. Così Adamo diede il nome a ogni specie del bestiame e degli uccelli del cielo e delle bestie dei campi. Per Adamo, al contrario, non fu trovato alcun aiuto simile a lui. Dio allora infuse in Adamo un torpore che gli fece perdere i sensi, cosicché Adamo si addormentò e Dio gli tolse una delle costole e al suo posto vi pose della carne. E il Signore Dio trasformò in donna la costola che aveva tolto all'uomo 8. Poiché dunque, per conseguenza, non era stato trovato tra il bestiame, tra le bestie del campo e tra gli uccelli del cielo un aiuto confacente, Dio fece per lui un aiuto che gli si addicesse traendolo da una costola del suo petto. Ebbene, ciò avvenne dopo che Dio ebbe formato ancora una volta dal suolo le stesse bestie del campo e gli uccelli del cielo e li ebbe condotti ad Adamo. In qual modo si può dunque concepire che ciò sia potuto avvenire il sesto giorno, dal momento che in quel giorno la terra produsse gli esseri viventi al comando di Dio mentre ugualmente, al comando di Dio, le acque produssero gli uccelli del cielo nel quinto giorno? La Scrittura quindi in questo passo non direbbe: E Dio formò ancora dal suolo ogni specie di bestie del campo e di uccelli del cielo, se la terra non avesse già prodotto tutte le specie delle bestie del campo il sesto giorno, e l'acqua ogni specie di uccelli del cielo il quinto giorno. In modo diverso dunque Dio li creò nel primo caso, cioè potenzialmente e causalmente in conformità con l'opera con cui creò simultaneamente tutte le cose da cui si riposò il settimo giorno, in modo diverso nel secondo caso, come gli esseri che noi vediamo e ch'egli crea nel corso dei tempi nel modo ch'egli continua ad agire senza interruzione. Eva quindi fu creata dal fianco di suo marito durante i giorni di luce fisica che ci sono molto ben noti e che risultano dal corso circolare del sole. Allora infatti Dio formò ancora dalla terra le bestie e gli uccelli e poiché tra essi non fu trovato un aiuto che si addicesse ad Adamo, fu formata la donna. In giorni di tal genere Dio formò anche Adamo con il fango della terra.

Seconda ipotesi: la duplice creazione dell'uomo.

5. 8. Ma non si può neppure dire che il maschio fu creato il sesto giorno e la femmina, al contrario, nel corso dei giorni posteriori, poiché è detto in modo assai chiaro che lo stesso sesto giorno [Dio] li fece maschio e femmina e li benedisse 9, con tutto il resto che [la Scrittura] dice di entrambi e a entrambi. La creazione primordiale di tutti e due fu dunque diversa da quella posteriore: nella primordiale essi furono creati per mezzo del Verbo di Dio in potenza, insita - per così dire - come un germe nel mondo allorché Dio creò simultaneamente tutte le cose dopo le quali si riposò il settimo giorno; con quelle creature sarebbero state fatte poi tutte le cose, ciascuna al proprio tempo nel corso dei secoli; nella creazione posteriore invece essi sono creati secondo l'attività creatrice [di Dio] che svolge la sua opera attraverso il corso del tempo senza alcuna interruzione e in base alla quale era stabilito che in seguito, al tempo opportuno, fosse creato Adamo col fango della terra e sua moglie dal fianco del marito.

Bisogna comprendere bene la creazione primordiale o causale.

6. 9. In quanto alla suddetta distinzione delle opere di Dio, alcune appartengono ai "giorni" invisibili in cui Dio creò tutte le cose in un solo istante, e altre ai giorni che noi conosciamo e nei quali egli produce ogni giorno tutte le cose che si sviluppano nel tempo e derivano da quelle, che si potrebbero chiamare involucri primordiali. Spiegando così le cose, credo di non aver detto nulla di errato né d'illogico, interpretando le parole della Scrittura che mi hanno indotto a fare quella distinzione. Ma poiché è un po' difficile comprendere questi argomenti che sono al di sopra della portata dei lettori piuttosto tardi d'ingegno, devo preoccuparmi che non si pensi che io pensi o affermi qualcosa che so bene né di pensare né di

affermare. Sebbene nelle mie precedenti spiegazioni io abbia premunito - per quanto possibile - il lettore, credo tuttavia che ci saranno parecchi i quali da queste spiegazioni non siano stati istruiti con sufficiente chiarezza e immaginano che nella creazione primordiale, in cui tutti gli esseri furono creati simultaneamente, l'uomo esistesse già dotato d'una certa forma di vita con cui potesse capire, credere e comprendere la frase rivoltagli da Dio allorché disse: Ecco, vi ho dato ogni specie di piante erbacee aventi in se stesse il seme 10. Chi dunque immagina ciò, sappia che io non ho né pensato né affermato una simile cosa.

L'uomo fu creato dapprima nelle sue cause.

6. 10. D'altronde se dirò che nella creazione primordiale, in cui Dio creò tutti gli esseri simultaneamente, l'uomo non era non solo come quando è giunto all'età matura ma neppure come quando è bambino, né solo come un bambino ma neppure com'è un embrione nel ventre materno - e non solo non era un embrione, ma neppure un germe visibile d'uomo - se dirò così, uno potrà credere che l'uomo non esisteva affatto. Questo eventuale individuo torni dunque alla Scrittura e vi troverà che l'uomo fu fatto ad immagine di Dio il sesto giorno e fu fatto maschio e femmina 11. Cerchi parimenti quando fu fatta la donna e troverà che fu fatta all'infuori di quei sei "giorni", poiché fu fatta quando Dio con la terra formò "ancora" le bestie del campo e gli uccelli del cielo, non già quando le acque produssero gli uccelli e la terra produsse esseri viventi, tra cui c'erano anche le bestie. Allora, nella creazione primordiale l'uomo fu fatto maschio e femmina; dunque, sia allora che dopo, non allora e non dopo o, al contrario, dopo e non allora; e neppure erano esseri diversi poi, ma erano gli stessi identici, in un modo però allora e in un altro modo poi. Mi si chiederà: "In che modo poi?". Risponderò: "Visibilmente, nella forma della struttura umana che noi conosciamo, pur non generato da genitori ma l'uomo formato dal fango e la donna formata dalla sua costola". Mi si chiederà ancora come furono fatti nella creazione primordiale e io risponderò: "Invisibilmente,

potenzialmente, nelle loro cause, come sono fatti gli esseri destinati a esser fatti ma non ancora fatti".

Le cause costitutive dell'uomo sono anteriori a tutti i germi visibili.

6. 11. Forse però quel tale non mi capirà poiché gli vengono sottratte tutte le nozioni delle cose che gli sono familiari, inclusa la materialità dei semi. L'uomo infatti non era già qualcosa di simile quando fu creato nella creazione primordiale dei sei "giorni". I semi presentano - è vero - una certa rassomiglianza con ciò, di cui qui trattiamo, per i princìpi in essi racchiusi e destinati a svilupparsi, e tuttavia le cause di cui qui parlo esistono prima di tutti i semi visibili. Quel tale però non comprende. Che dovrei fare dunque, se non dargli un consiglio salutare - per quanto mi è possibile - di credere cioè alla Scrittura di Dio, che l'uomo fu creato non solo allorché Dio, dopo aver creato il "giorno", fece il cielo e la terra; di lui in un altro passo la Scrittura dice: Chi vive per sempre ha creato ogni cosa simultaneamente 12 ma [fu creato] anche allorché Dio, creando le cose non più simultaneamente, ma ciascuna al proprio tempo, formò l'uomo con il fango della terra e la donna con un osso di lui. La Scrittura infatti non ci consente né d'interpretarla nel senso che [l'uomo e la donna] furono creati in questo modo al sesto giorno né tuttavia nel senso che non furono creati al sesto giorno.

Non si può dire che le anime sono state create prima dei corpi.

7. 12. Si potrebbe dunque supporre che nel sesto giorno erano state create le anime di Adamo e di Eva in quanto si pensa logicamente che lì, nello spirito della loro anima c'è anche l'immagine di Dio, mentre il loro corpo sarebbe stato formato in seguito? Ma la medesima Scrittura non ci permette una siffatta interpretazione: in primo luogo perché la creazione era stata completata - e io non vedo come si possa intendere questa affermazione se mancava un qualcosa che allora non era stato creato nelle sue cause per essere

creato in seguito sotto forma visibile - in secondo luogo il sesso maschile e femminile può esistere solo in rapporto ai corpi. Se invece uno penserà che i due sessi sono in certo qual modo l'intelletto e l'azione in un'unica anima, che cosa farà dei frutti degli alberi dati da Dio come alimento nello stesso giorno, dal momento che l'alimento è certamente necessario solo a un uomo dotato di corpo? Poiché, se uno vorrà prendere anche questo alimento in senso figurato, si allontanerà dal senso vero e proprio dei fatti, che innanzitutto e con ogni scrupolo dev'essere messo alla base per quanto riguarda narrazioni di tal genere.

Obiezione: la voce di Dio rivolta all'uomo il sesto giorno.

8. 13. "In qual modo allora - mi obietterà quel tale - Dio parlava ad essi che ancora non potevano né udire né comprendere, poiché nemmeno esistevano in modo da percepire le parole?". Potrei rispondere che Dio parlava loro allo stesso modo che parlava Cristo non solo a noi che non eravamo ancora nati ed eravamo destinati a nascere tanto tempo dopo, ma parlava anche a tutti coloro che verranno dopo di noi. Orbene, a tutti coloro che prevedeva sarebbero stati suoi seguaci, Cristo diceva: Ecco, io sono con voi sino alla fine del mondo 13. Allo stesso modo era noto a Dio il Profeta, al quale disse: Prima di formarti nel grembo materno io già ti conoscevo 14. Allo stesso modo Levi pagò la decima quando era ancora solo nei lombi d'Abramo 15. Perché dunque anche Abramo stesso non sarebbe stato allo stesso modo in Adamo e lo stesso Adamo nelle prime opere del mondo create da Dio tutte insieme? Ma le parole del Signore [Gesù Cristo] sono proferite dalla bocca del suo corpo e le parole di Dio dalla bocca dei Profeti per mezzo d'una voce corporea risonante nel tempo e con tutte le loro sillabe assumono e consumano convenienti spazi di tempo. Quando, al contrario, Dio diceva: Facciamo l'uomo a nostra immagine e somiglianza, e domini sui pesci del mare e su gli uccelli del cielo, su tutte le bestie e su tutti i rettili che strisciano sulla terra, e: Crescete e moltiplicatevi, riempite la terra e assoggettatela, abbiate il dominio sui pesci del

mare e su gli uccelli del cielo e su ogni specie di bestie e su tutta la terra e su tutti i rettili che strisciano sulla terra, e inoltre: Ecco, io vi ho dato ogni specie d'erba che produce seme e che si trova su tutta la terra e ogni specie d'alberi che portano frutto e hanno in sé il frutto che produce seme e che sarà il vostro nutrimento 16, queste parole di Dio proferite prima che ci fosse alcuna vibrazione di voce nell'aria e prima ch'esistesse alcuna voce proveniente dalla carne e dalla nube, furono pronunciate dalla sua sovrana Sapienza per mezzo della quale furono fatte tutte le cose. Esse non erano simili alle parole che risonavano a orecchie umane, ma nelle cose create inserivano le cause delle cose da creare mediante il suo potere onnipotente, creava ciò che sarebbe esistito nel futuro, e l'uomo che doveva essere formato a suo tempo lo creava - per così dire - nel seme e radice dei tempi allorché Dio, che esiste prima dei secoli, creava l'origine da cui dovevano cominciare i secoli. Senza dubbio certe creature ne precedono altre, alcune nel tempo, altre nelle cause, ma Dio precede non solo in ragione della sua superiorità ma anche della sua eternità tutte le cose create da lui. Ma su questo argomento si dovrà discutere forse in seguito in maniera più completa a proposito di passi della Scrittura più direttamente connessi con esso.

Dio conosce le creature prima che vengano all'esistenza.

9. 14. Dobbiamo ora concludere quanto abbiamo intrapreso a dire sull'uomo serbando una tale moderazione per cui, trattandosi della profondità di pensiero della Scrittura, dimostriamo più diligenza nel ricercare che temerarietà nel sostenere un'opinione. Che Dio conoscesse Geremia prima di formarlo nel seno materno non è lecito dubitarne. Poiché Dio dice assai chiaramente: Prima di formarti nel seno materno io ti conoscevo 17. Ma dove lo conobbe prima di formarlo? Alla nostra debolezza è difficile o impossibile saperlo. Lo conobbe forse in cause più prossime come nel caso di Levi che pagò le decime quand'era nei lombi di Abramo? Oppure nello stesso Adamo, in cui fu creato, per così dire, in radice il genere umano? Inoltre, se in Adamo, forse quando fu formato col fango oppure

quando fu creato nelle sue cause tra le opere che Dio fece tutte nello stesso tempo? Oppure, al contrario, non lo conobbe prima d'ogni creatura come scelse e predestinò i suoi santi prima della creazione del mondo 18? O piuttosto lo conobbe in tutte le cause antecedenti, sia quelle che ho ricordato o che non ho ricordato, prima ch'egli fosse formato nel seno materno? Io penso che non occorra fare questa indagine troppo scrupolosamente, purché rimanga fermo che, dal momento in cui Geremia fu dato alla luce dai genitori, condusse una sua vita personale per cui, crescendo col crescere dell'età, fu in grado di vivere bene o male, mentre prima ciò non gli era possibile in alcun modo, non solo prima che fosse formato nel seno materno ma neppure quando vi era stato formato, prima d'essere nato. L'asserzione dell'Apostolo relativa ai gemelli che nel seno di Rebecca non facevano ancora nulla di bene o di male 19, non lascia alcuna esitazione in proposito.

Non ha alcun merito chi non è ancora nato.

9. 15. Ma tuttavia non senza ragione sta scritto che neppure un bambino avente un sol giorno di vita sulla terra è esente dal peccato, e quanto è detto nel Salmo: Io sono stato concepito nella colpa e nel peccato mi ha nutrito mia madre nel suo seno 20, e [San Paolo dice] che tutti muoiono in Adamo poiché in lui hanno peccato tutti 21. Adesso però dobbiamo tener per certo che, quali che siano i meriti che dai genitori passano nei figli e quale che sia la grazia di Dio che santifica uno prima della nascita, in Dio non c'è ingiustizia e che nessuno compie alcunché di bene o di male prima d'esser nato e che sia imputabile alla sua persona. L'opinione poi secondo la quale alcuni pensano che le anime hanno commesso peccati più o meno gravi in un altro mondo e sono state precipitate in corpi diversi secondo la gravità dei peccati non è conforme all'asserzione dell'Apostolo, poiché questi dice assai chiaramente che quelli non ancora nati non hanno fatto nulla di bene o di male.

Obiezione: l'eredità del peccato.

9. 16. A questo proposito c'è pure un'altra questione da trattare a suo tempo: in qual misura cioè l'intera massa del genere umano fu contaminata dal peccato dei progenitori, che furono i due soli a commetterlo. È tuttavia fuori discussione che l'uomo non poteva avere alcuno di siffatti demeriti prima d'essere formato col fango della terra, prima di vivere nel suo tempo. Noi infatti non potremmo dire che Esaù e Giacobbe - i quali, al dire dell'Apostolo, non essendo ancora nati, non avevano compiuto nulla di bene o di male 22 - ereditarono alcun merito [positivo o negativo] dai loro genitori, se neppure gli stessi genitori avessero compiuto nulla di bene o di male, né potremmo dire che il genere umano ha peccato in Adamo - Adamo poi non avrebbe potuto peccare, se già non avesse vissuto [la propria vita] a suo tempo, in cui avrebbe potuto compiere il bene e il male --; è quindi inutile cercare un suo peccato o una sua azione buona quando era ancora creato solo nelle sue ragioni causali tra gli esseri creati simultaneamente, e non viveva una vita sua personale e neppure era nei genitori viventi d'una loro propria vita. Poiché nella creazione primordiale del mondo, allorché Dio creò tutte le cose simultaneamente, l'uomo fu fatto [nella potenzialità di quel che] era destinato a essere, cioè fu fatta la ragione causale dell'uomo, non l'attualità dell'uomo già creato.

Soluzione: duplice specie di causalità.

10. 17. Ma queste cose si trovano sotto una forma nel Verbo di Dio in cui non sono create ma sono eterne, e sotto un'altra forma sono nei primi elementi dell'universo, in cui tutte le cose destinate a esistere furono fatte simultaneamente, e sotto ancora un'altra forma sono nelle cose che, in conformità con le cause create simultaneamente, vengono create non più simultaneamente ma ciascuna a suo tempo. Tra queste era Adamo già formato col fango e animato dal soffio di Dio, come il fieno spuntato dalla terra; sotto un'altra forma si trovano anche nei semi in cui si ritrova anche una specie di cause

primordiali derivate dalle cose venute all'esistenza conforme alle cause che Dio inserì nel mondo all'origine, come le piante erbacee spuntate dalla terra e il seme prodotto dalle piante. Tra tutte queste cose quelle già create hanno ricevuto il loro modo di essere e di agire al tempo fissato; esse si sono sviluppate in forme e nature palesi da ragioni occulte e invisibili, latenti nella creazione sotto forma di semi causali, [si sono sviluppate] come l'erba spuntata sulla terra e l'uomo creato come un essere animato vivente e così tutte le altre creature di tal genere, sia vegetali che animali, che hanno relazione con l'azione con la quale Dio continua sempre a operare. Ma oltre a ciò questi esseri portano con se stessi - per così dire - di nuovo se stessi invisibilmente in un'occulta facoltà generativa che trassero dalle cause primordiali del loro essere e per mezzo delle quali furono inseriti nel mondo creato quando fu creato il "giorno", prima di nascere nella forma visibile della propria specie.

In qual senso le opere del sesto giorno furono simultaneamente abbozzate e terminate.

11. 18. Se infatti le opere primordiali, in cui Dio creò tutte le cose simultaneamente, non fossero state completate conforme alla loro natura specifica, senza dubbio sarebbero state loro aggiunte in seguito le perfezioni mancanti al loro completo essere; in tal modo risulterebbe una specie di completezza dell'universo formata - per così dire - dalle opere di una metà e dell'altra metà di esso, come se fossero le parti di un tutto, dall'unione delle quali risulterebbe completo lo stesso tutto, di cui quelle erano parti. D'altronde, se quelle opere fossero giunte alla perfezione nel senso che sono rese perfette quando sono prodotte ciascuna di esse a suo tempo nella loro forma visibile e nella loro realtà, certamente in seguito lungo il corso dei tempi o non nascerebbe nulla da essi o ne nascerebbero gli effetti che Dio non cessa di produrre servendosi degli esseri che ormai nascono ciascuno a suo tempo. Ora però in un certo senso sono state portate a perfezione e in altro senso sono abbozzate le stesse cose che Dio creò tutte simultaneamente al principio quando

creò il mondo e che si dovevano sviluppare nei tempi che sarebbero seguiti: esse sono state portate a perfezione senza dubbio poiché nella natura loro propria - nella quale trascorrono il corso dei loro tempi - non hanno nulla che in esse non fosse presente come creato nelle loro cause, ma d'altra parte sono state anche abbozzate, poiché in esse erano, per così dire, i semi degli esseri futuri che, nel corso della durata di questo mondo, dovevano esser fatti uscire dal loro stato occulto ed essere resi palesi a tempo opportuno. Per questo le parole della sacra Scrittura posseggono una grande efficacia per insegnare questa verità se uno le considera attentamente. Essa infatti da una parte dice che le opere di Dio furono portate a perfezione e dall'altra che furono abbozzate. Se non fossero state condotte a perfezione, la Scrittura non direbbe: Il cielo e la terra furono portati a termine con tutto il loro ornamento. E il sesto giorno Dio portò a termine tutte le opere che aveva fatte. Dio inoltre benedisse il settimo giorno e lo dichiarò sacro 23. D'altronde, se prima non fossero state solo abbozzate, essa non aggiungerebbe: In quel giorno Dio si riposò da tutte le opere che aveva cominciato a fare 24.

Conclusioni: l'uomo creato a suo tempo invisibilmente nell'anima e visibilmente nel corpo.

11. 19. Se dunque ora uno mi chiedesse in qual modo Dio portò a termine e cominciò le sue opere, la risposta risulta chiara da quanto abbiamo detto poco prima; poiché Dio non portò a termine alcune opere e ne cominciò altre, ma si tratta assolutamente delle medesime opere dalle quali egli si riposò il settimo giorno. Noi infatti possiamo capire che Dio completò le sue opere nell'atto di creare tutte le cose simultaneamente in uno stato così perfetto che non avrebbe dovuto creare più nulla nell'ordine temporale, che non avesse già creato allora nell'ordine causale, ma possiamo capire anche che Dio ha cominciato le sue opere nel senso che, quanto egli aveva stabilito all'origine nelle cause, lo avrebbe compiuto poi negli effetti. Così Dio formò l'uomo che è polvere dalla terra, o col fango della terra - cioè con la polvere o fango della terra - e alitò, o soffiò, sulla

faccia di lui l'alito vitale e l'uomo divenne un essere vivente 25; ma l'uomo non fu predestinato allora ad esistere - ciò infatti avvenne prima dei secoli nella prescienza del Creatore - e neppure fu fatto allora nelle sue cause, sia che fosse iniziato in uno stato completo o compiuto in uno stato iniziale - poiché ciò accadde all'inizio del tempo nelle ragioni primordiali quando furono create simultaneamente tutte le cose - ma fu creato a suo tempo, visibilmente quanto al suo corpo, invisibilmente quanto all'anima, essendo composto d'anima e di corpo.

Quando si pensa a Dio che plasmò l'uomo è da rigettarsi qualunque antropomorfismo.

12. 20. Ora dunque vediamo in qual modo Dio fece l'uomo, considerando prima il suo corpo plasmato con la terra; in seguito tratteremo anche dell'anima, nella misura che saremo capaci. Pensare che Dio abbia usato delle mani corporee per plasmare l'uomo col fango è un'idea troppo puerile: per conseguenza, se la Scrittura avesse affermato una simile cosa, dovremmo pensare che lo scrittore avrebbe usato quel termine in senso metaforico anziché immaginarci Dio circoscritto nei lineamenti delle membra come le vediamo nel nostro corpo. La Scrittura - è vero - dice: La tua mano ha disperso le genti 26 e: Hai fatto uscire il tuo popolo con mano potente e braccio teso 27, ma chi è tanto insensato da non capire che questi termini sono usati per indicare la potenza e la forza di Dio?

In che senso l'uomo è l'opera principale di Dio.

12. 21. Non dobbiamo neppure ascoltare l'opinione di certuni secondo i quali l'uomo è l'opera principale di Dio perché [quando creò] le altre opere Dio disse ed esse furono fatte, mentre l'uomo lo fece egli stesso in persona. Ma non è così: la superiorità dell'uomo sta piuttosto nel fatto che Dio lo creò a sua propria immagine. Poiché quanto alle cose che Dio disse e furono fatte, la Scrittura si esprime così, poiché le cose furono fatte per mezzo della sua Parola

(Verbum) allo stesso modo che un uomo può dire ad altri uomini con le parole (verbis) le cose da lui pensate nel tempo e proferite con la voce, Dio invece non parla in questo modo se non quando parla per mezzo d'una creatura fisica, come parlò ad Abramo e a Mosè, come parlò a proposito del proprio Figlio attraverso la nube. Ma prima d'ogni creazione, affinché quella creazione potesse avvenire, Dio parlò per mezzo del suo Verbo che al principio era Dio in Dio. E poiché tutto è stato fatto per mezzo del Verbo e nulla è stato fatto senza di lui 28, di certo anche l'uomo è stato fatto per mezzo di lui. Senza dubbio Dio ha fatto il cielo per mezzo del suo Verbo, poiché egli disse e il cielo fu fatto. La Scrittura ciononostante dice: I cieli sono opera delle sue mani 29. Inoltre della parte più bassa del mondo, che è, per così dire, il suo fondamento, la Scrittura dice: Poiché suo è il mare, lo ha fatto lui e la terraferma l'hanno formata le sue mani 30. Noi perciò non dobbiamo attribuire all'uomo una speciale dignità per il motivo che fu fatto da Dio in persona, come se, [quando si trattò] delle altre cose, Dio avesse detto e fossero state fatte, mentre l'uomo lo avrebbe fatto personalmente lui, oppure come se le altre cose le avesse fatte per mezzo della sua Parola (Verbum), l'uomo invece lo avesse fatto con le sue proprie mani. La superiorità dell'uomo sta, al contrario, nel fatto che Dio creò l'uomo a propria immagine, poiché gli diede un'anima spirituale e un'intelligenza, per cui è superiore agli animali bruti, come abbiamo spiegato più sopra. Se però l'uomo non comprenderà a quale onore egli è stato elevato al fine di compiere il bene, sarà paragonato agli animali bruti, al di sopra dei quali è stato [invece] elevato. Poiché ecco che cosa dice [la Scrittura]: L'uomo posto nell'onore non comprende; si trova paragonato agli animali senza ragione ed è diventato simile ad essi 31. È bensì vero che Dio ha creato anche gli animali bruti ma non li ha creati a propria immagine.

Dio creò l'uomo e gli animali mediante il suo Verbo.

12. 22. Ma non deve dirsi neppure: "Dio in persona fece l'uomo,

mentre riguardo agli animali bruti egli ordinò che fossero fatti e furono fatti", poiché l'uomo e gli animali bruti Dio li fece per mezzo del suo Verbo, per mezzo del quale sono state fatte tutte le cose. Ma siccome il Verbo e la Sapienza e Potenza di Dio sono un'unica e identica realtà, è chiamata anche "mano" di Dio, che non è un membro visibile, ma la potenza del suo agire efficiente. Infatti la medesima Scrittura, la quale dice che Dio formò l'uomo col fango della terra, dice anche che formò ugualmente gli animali dei campi quando con gli uccelli del cielo li condusse davanti ad Adamo per vedere come li avrebbe chiamati. Poiché la Scrittura dice così: Dio inoltre formò con la terra anche tutti gli animali 32. Se dunque Dio in persona formò con la terra sia l'uomo che gli animali bruti, che cosa ha mai l'uomo di superiore quanto alla creazione, se non il fatto d'essere stato creato, lui, ad immagine di Dio? E tuttavia questa non è prerogativa del corpo ma dell'anima intellettiva, di cui parleremo in seguito. Ciononostante anche nel suo corpo l'uomo ha una caratteristica sua peculiare che è segno della sua eccellenza, quella cioè d'essere stato creato con il portamento eretto, affinché ciò stesso lo ammonisse a non cercare le cose terrene come fanno gli animali bruti, il cui unico piacere viene tutto dalla terra e per conseguenza sono tutti piegati in avanti sul ventre, curvati verso il basso. Anche il corpo dell'uomo è dunque in armonia con l'anima razionale non a causa delle fattezze [del volto] e la conformazione delle membra, ma piuttosto per il fatto che ha il portamento eretto e volge gli occhi al cielo per contemplare le realtà più alte esistenti nel corpo di questo mondo, allo stesso modo che l'anima deve innalzarsi verso le realtà spirituali, superiori per loro natura, in modo da pensare alle realtà celesti, non a quelle terrestri 33.

In quale età o statura fu creato Adamo.

13. 23. Ma in quale stato Dio fece l'uomo col fango della terra? Lo fece forse tutto a un tratto in età perfetta, ossia adulta, nel fiore della giovinezza oppure lo fece come lo forma ancora adesso nel ventre della madre? Poiché Colui che fa queste cose non è altri che Colui il

quale disse: Prima di formarti nel ventre, già ti conoscevo 34. Per conseguenza l'unica caratteristica personale che distingue Adamo [da noi] è quella di non essere nato da genitori, ma di essere stato fatto con la terra, in modo tuttavia che, prima di arrivare all'età adulta, sarebbe dovuto passare attraverso gli stadi dello sviluppo umano richiesto dai ritmi di tempo che vediamo assegnati come necessari alla natura del genere umano. O questo non è piuttosto un quesito che non si dovrebbe porre? Poiché quale che fosse lo stato in cui creò l'uomo, Dio fece solo quanto alla sua onnipotenza e sapienza conveniva poter [fare] e fare. Egli infatti ha stabilito determinate leggi che regolano il tempo in cui le differenti specie e qualità di esseri devono esser prodotti e così passare dallo stato latente a quello visibile in modo però che la sua volontà resti al di sopra di ogni cosa. Fu infatti la sua potenza ad assegnare i ritmi alle creature, senza tuttavia vincolare la sua potenza a quei ritmi. Il suo Spirito infatti si portava sul mondo da creare, come si porta ancora adesso sul mondo già creato, non attraverso gli spazi fisici ma in virtù della sua potenza sovrana.

Dio non ha bisogno del tempo per compiere le sue opere.

13. 24. Chi non sa, infatti, che l'acqua mescolandosi con la terra e venendo a contatto con le radici d'una vite si trasforma in nutrimento della pianta e vi acquista una nuova proprietà, grazie alla quale arriva a diventar grappolo che spunta a poco a poco? che il grappolo cresce e in esso l'acqua si trasforma in vino che diventa dolce col maturare e dopo la pigiatura continua a fermentare, ma dopo un certo periodo d'invecchiamento acquista forza e arriva a essere una bevanda salubre e saporita? Ebbe forse perciò bisogno il Signore d'una vite o di terra o degli intervalli di tempo quando con rapidità straordinaria cambiò l'acqua in vino, e in un vino talmente squisito che fu decantato perfino dai convitati già alticci 35? Ebbe forse bisogno del tempo? Ogni specie di serpenti non richiede forse un determinato numero di giorni secondo ciascuna specie perché s'impianti l'embrione [nell'uovo], si formi, nasca e s'irrobustisca?

Furono forse attesi tutti quei giorni perché la verga si cambiasse in serpente nella mano di Mosè e di Aronne 36? Quando avvengono questi prodigi, non avvengono contro natura se non per noi che conosciamo un corso diverso della natura, ma non per Dio, per il quale la natura è ciò che ha fatto lui.

Le ragioni causali inserite originariamente nel mondo.

14. 25. A giusta ragione possiamo però chiederci secondo quali leggi furono costituite le ragioni causali che Dio inserì nel mondo quando all'origine creò simultaneamente tutte le cose. Dio le costituì forse per produrre la formazione e lo sviluppo delle cose attraverso differenti spazi di tempo a seconda delle diverse loro specie - come vediamo avvenire nella formazione e nello sviluppo di tutti gli organismi che nascono, sia vegetali che animali - oppure dovevano formarsi in un istante, come si crede sia stato formato Adamo nell'età virile senza alcuna previa crescita progressiva? Ma perché non dobbiamo credere che le ragioni causali avevano l'una e l'altra potenzialità, in modo che di volta in volta si sviluppasse da esse tutto ciò che sarebbe piaciuto al Creatore? Poiché se affermeremo [ch'esse furono predisposte secondo] la prima ipotesi, subito ci apparirà in contrasto con esse non solo la trasformazione dell'acqua in vino, ma anche tutti i miracoli che avvengono contro il consueto corso della natura; se invece abbracciassimo la seconda ipotesi, ne verrebbe una conseguenza molto più illogica, che cioè le forme e le specie della natura, che vediamo ogni giorno, compirebbero le tappe del loro sviluppo in contrasto con le originarie ragioni causali di tutti gli organismi che nascono. Si deve dunque concludere che quelle ragioni sono state create per effettuare la loro causalità nell'uno e nell'altro dei due modi: sia in quello secondo il quale ordinariamente si sviluppano in periodi appropriati di tempo gli esseri temporali, sia in quello secondo il quale avvengono fatti rari o straordinari come piacerà di compierli a Dio e come si conviene alle circostanze.

Il primo uomo fu formato secondo le ragioni causali.

15. 26. L'uomo, tuttavia, fu creato come le cause primordiali richiedevano che fosse fatto il primo uomo, che non doveva nascere da genitori in quanto nessun altro era esistito prima di lui, ma doveva essere formato con il fango della terra conforme alla ragione causale in cui era stato creato originariamente. Se infatti fu creato in modo diverso, Dio non lo aveva creato tra le opere dei sei giorni. Ora, siccome la Scrittura dice che fu creato in quei "giorni", naturalmente Dio aveva creato la causa in virtù della quale l'uomo sarebbe venuto all'esistenza nel tempo fissato e conforme alla quale doveva essere creato. Dio infatti aveva compiuto simultaneamente secondo la perfezione delle ragioni causali le opere che aveva cominciate e aveva cominciato le opere che avrebbero dovuto essere compiute nel corso del tempo. Se dunque nelle ragioni causali primordiali, che all'origine aveva inserite nel mondo, il Creatore pose non solo la determinazione che avrebbe formato l'uomo col fango della terra, ma anche la decisione riguardante il modo in cui lo avrebbe formato - se cioè come un bambino nel seno della madre oppure come un giovane - senza il minimo dubbio lo creò come lo aveva predeterminato nelle ragioni causali, poiché non lo avrebbe creato in modo contrario a quanto aveva prestabilito. Se invece nelle ragioni seminali Dio pose solo la potenzialità che l'uomo esistesse, in qualunque maniera egli sarebbe stato creato, in questa o in quella - cioè se nelle ragioni causali c'era anche la potenzialità che l'uomo potesse essere creato in un modo o in un altro, ma Dio s'era riservato nella sua volontà l'unico modo in cui aveva intenzione di creare l'uomo senza inserirlo negli elementi costitutivi del mondo - è evidente che anche in questo modo l'uomo non fu fatto in modo contrario a quello fissato nella creazione primordiale delle cause poiché in esse era già determinato ciò che sarebbe potuto esser creato anche in questo modo, sebbene non dovesse esser creato necessariamente in questo modo. Questa determinazione non era insita negli elementi costitutivi del mondo ma nella decisione del Creatore, la cui volontà costituisce la necessità delle cose.

Potenzialità e attualità negli esseri.

16. 27. Mi spiego: anche noi, pur nella limitata capacità della nostra intelligenza umana, possiamo sapere, per quanto riguarda le cose venute alla luce nel passato, che cosa c'è nella natura di ciascuna di esse, per averlo appreso dall'esperienza, ma ignoriamo se sarà così anche in avvenire. Nella natura del giovane c'è, per esempio, la potenzialità d'invecchiare, ma non sappiamo se essa sia anche nella volontà di Dio. D'altra parte questa potenzialità non sarebbe neppure nella natura, se non fosse stata in precedenza nella volontà di Dio che ha creato ogni cosa. C'è inoltre sicuramente una ragione occulta della vecchiaia nel corpo di un giovane o della giovinezza nel corpo d'un ragazzo; essa però non si scorge con gli occhi come si vede l'infanzia in un bambino, la giovinezza in un giovane, ma mediante una conoscenza di specie diversa si arguisce che nella natura c'è un principio latente, grazie al quale si sviluppano e si manifestano ai nostri occhi le potenzialità latenti della giovinezza insite nell'infanzia o della vecchiaia insite nella giovinezza. Questo principio causale per cui è possibile lo sviluppo suddetto è dunque nascosto - è vero - agli occhi ma non allo spirito. Se poi lo sviluppo deve anche realizzarsi necessariamente non lo sappiamo affatto. Sappiamo, sì, che il principio che rende possibile lo sviluppo è insito nella natura stessa del corpo, ma non è evidente che nel corpo ci sia il principio per cui esso debba avvenire.

Prescienza di Dio e gioco delle cause seconde.

17. 28. Ma forse nell'universo creato c'è un principio determinante per cui un tizio deve vivere fino alla vecchiaia; se però questo principio non è nel mondo creato, esso è in Dio. Ciò che Dio vuole, dovrà infatti avvenire necessariamente e dovranno realmente accadere le cose che Egli ha previste. Ora, molte cose dovranno avvenire da cause inferiori, ma se esse sono anche nella prescienza di Dio come cose che dovranno avvenire; se invece esse sono nella prescienza di Dio in maniera differente, si attueranno solo come

sono nella prescienza con cui prevede il futuro Colui che non può ingannarsi. A proposito d'un giovane si dice infatti che arriverà alla vecchiaia, cosa che tuttavia non si avvererà, se è destinato a morire prima del tempo. Il suo futuro invece sarà condizionato da altre cause, siano esse inserite intimamente nella trama del mondo o nascoste nella prescienza divina. Così Ezechia sarebbe dovuto morire com'era determinato da certe cause degli eventi futuri, ma Dio aggiunse quindici anni della sua vita 37 facendo naturalmente ciò che prima della creazione del mondo aveva previsto avrebbe fatto e che teneva in serbo nella sua volontà. Dio non fece dunque ciò che non doveva accadere, poiché al contrario doveva avvenire ciò ch'Egli prevedeva che avrebbe fatto. Non sarebbe tuttavia giusto dire che quegli anni furono aggiunti, se non nel senso che furono aggiunti a qualcosa ch'era stato disposto diversamente in altre cause. Conforme a certe cause secondarie la vita di Ezechia era quindi già finita ma in conformità di altre cause esistenti nella volontà e prescienza di Dio, che da tutta l'eternità sapeva quel che avrebbe fatto a suo tempo - e ciò doveva avvenire realmente - Ezechia era destinato a terminare la vita quando in realtà la terminò, poiché, sebbene quella aggiunta di anni fosse stata concessa grazie alle sue preghiere, tuttavia Dio, la cui prescienza non poteva ingannarsi, aveva previsto anche, senza dubbio, che Ezechia avrebbe pregato in modo che la sua preghiera sarebbe dovuta essere esaudita. Ecco perché ciò che Dio conosceva in precedenza doveva avverarsi necessariamente.

Adamo fu creato secondo le cause primordiali.

18. 29. Pertanto, se le cause di tutte le cose, destinate a esistere, furono inserite nell'universo quando fu creato il "giorno", in cui Dio creò tutte le cose simultaneamente, Adamo quando fu formato col fango già nella forma di perfetta virilità - come è più verosimile che sia stato formato - non fu creato diversamente da come era nelle cause in cui Dio fece l'uomo durante le opere effettuate nei sei giorni. In esse infatti c'era non solo la potenzialità che Adamo fosse

fatto così, ma anche la determinazione della necessità che fosse fatto così. Poiché Dio non lo fece contrariamente alla causa stabilita sicuramente in precedenza dalla sua volontà, allo stesso modo che non agisce in contrasto con la propria volontà. Se al contrario Dio non fissò tutte le cause nella creazione primordiale, ma ne serbò alcune nella propria volontà, quelle serbate nella sua volontà non sono di certo dipendenti dalla necessità delle cause create da lui. Ciononondimeno le cause riservate nella volontà di Dio non possono essere contrarie a quelle prestabilite dalla sua volontà, poiché la volontà di Dio non può contraddire se stessa. Le cause della prima specie le ha stabilite Dio in modo che da esse possa, pur non necessariamente, derivare l'effetto di cui sono causa; queste altre invece le ha nascoste in modo che da esse derivi necessariamente l'effetto che Dio ha stabilito possa derivare.

Dio creò forse il nostro corpo: animale, non spirituale?

19. 30. Suole porsi parimenti il quesito se il corpo formato con il fango all'origine del mondo per l'uomo fu un corpo naturale, come quello che abbiamo adesso, o spirituale, come quello che avremo nella risurrezione. Infatti anche se il nostro corpo attuale sarà trasformato in un corpo spirituale - poiché si seppellisce un corpo naturale, ma risorgerà un corpo spirituale - si discute tuttavia quale fu la natura originale del corpo dell'uomo. Poiché se esso fu fatto come un corpo naturale, noi riceveremo non ciò che abbiamo perduto in Adamo ma una qualità tanto più grande quanto quella spirituale è da anteporre a quella naturale, quando saremo uguali agli angeli di Dio 38. Gli angeli però possono essere [tra loro] superiori ad altri anche nella giustizia; ma possono forse essere superiori anche al Signore? Di lui tuttavia [la Scrittura] dice: Lo hai fatto di poco inferiore agli angeli 39. E per qual motivo dice così, se non a causa della debolezza della carne ch'egli prese dalla Vergine nell'atto di assumere la natura di schiavo 40, affinché per mezzo di essa potesse morire e così riscattarci dalla schiavitù [del peccato]? Ma perché dilungarci su questa discussione? Poiché il pensiero

dell'Apostolo a questo proposito è molto chiaro. Egli, volendo addurre un testo [biblico] per provare che il nostro corpo è "naturale" in riferimento non tanto al proprio corpo o a quello di qualunque altro uomo vivente al suo tempo, quanto a quel medesimo passo della Scrittura, lo ricordò e lo usò dicendo: Se c'è un corpo naturale, c'è anche un corpo spirituale. Ecco perché [anche la Scrittura] dice: Il primo uomo, Adamo, fu fatto creatura vivente, ma l'ultimo Adamo fu fatto spirito che dà vita. Non fu fatto prima ciò che è spirituale, ma ciò che è naturale; ciò che è spirituale fu fatto dopo. Il primo uomo fu tratto dalla terra, terrestre; il secondo Uomo viene dal cielo, celeste. Come fu l'uomo fatto con la terra, così sono coloro che sono terrestri; come è l'Uomo celeste, così sono anche quelli che sono celesti. E come abbiamo portato l'immagine dell'uomo terrestre, così porteremo l'immagine dell'uomo celeste 41. Che cosa può aggiungersi a ciò? Adesso pertanto noi portiamo l'immagine dell'uomo celeste in virtù della fede, destinati come siamo ad avere nella risurrezione ciò che crediamo; l'immagine dell'uomo terrestre invece l'abbiamo indossata fin dall'origine del genere umano.

Obiezione: in qual modo il nostro corpo sarà rinnovato.

20. 31. Qui si affaccia un'altra questione: in qual modo saremo rinnovati se per mezzo di Cristo non saremo richiamati a ciò che all'origine eravamo in Adamo? Sebbene infatti molte cose vengano rinnovate in uno stato migliore senz'essere restituite nella condizione originaria, tuttavia il loro rinnovamento avviene passando da uno stato inferiore a quello ch'esse avevano prima del rinnovamento. Come mai dunque quel figlio [prodigo] era morto eppure tornò in vita, era perduto eppure fu ritrovato 42? E come mai gli viene portato il vestito migliore se non riceve l'immortalità che Adamo aveva perduta? Ma in che modo Adamo perse l'immortalità, se aveva un corpo naturale? Il corpo infatti non sarà più naturale ma spirituale quando l'attuale nostra natura corruttibile si vestirà dell'incorruttibilità, e l'attuale nostra natura mortale si rivestirà dell'immortalità 43. Molti esegeti, messi alle strette da queste

difficoltà, hanno cercato, da una parte, di sostenere la verità dell'asserzione dell'Apostolo in cui porta l'esempio del corpo naturale a proposito di questo argomento dicendo: Il primo uomo, Adamo, fu fatto una creatura vivente 44, e da un'altra parte hanno cercato di mostrare che non è illogico affermare che l'uomo sarà rinnovato e riavrà l'immortalità allo stato originario, cioè in quello perduto da Adamo. Costoro perciò hanno pensato che all'origine l'uomo aveva un corpo naturale, ma fu cambiato quando egli fu messo nel paradiso [terrestre], come saremo cambiati anche noi nella risurrezione. Questo cambiamento - è vero - non è menzionato nel libro della Genesi, ma per mettere d'accordo i testi della Scrittura riguardanti tutte e due le affermazioni, cioè quella sul corpo naturale [di Adamo] e quella sul rinnovamento dei nostri corpi ricorrente in moltissimi testi della sacra Scrittura, quegli esegeti hanno creduto che la loro opinione sia una conclusione necessaria.

Discussione e soluzione della precedente obiezione.

21. 32. Ma se è valida la suddetta conclusione, invano ci sforziamo d'intendere anzitutto in senso letterale, come cioè cose realmente storiche, il paradiso con i suoi alberi e i loro frutti prescindendo dal senso figurato. Chi infatti potrebbe credere che cibi di quella specie, ossia i frutti degli alberi, potessero essere già necessari a corpi immortali e spirituali? Se, tuttavia, non si può trovare un'altra soluzione, noi preferiamo intendere il paradiso [terrestre] in senso spirituale anziché pensare che l'uomo non si rinnovi, poiché il suo rinnovamento è ricordato tante volte dalla Scrittura, o credere che riceverà uno stato che non si può dimostrare essere stato perduto da lui. Oltre a ciò vi è la realtà della morte: i molti passi della Scrittura sono concordi nell'affermare che Adamo si meritò la morte a causa del peccato, dimostrando così che l'uomo non sarebbe stato soggetto alla morte se non avesse peccato. In qual modo dunque sarebbe potuto essere mortale, se non doveva morire? O in qual modo non sarebbe potuto essere mortale, se il corpo era naturale?

La morte dovuta al peccato.

22. 33. Ecco perché alcuni interpreti [della Scrittura] pensano che l'uomo meritò, per causa del peccato, non la morte del corpo ma quella dell'anima, procurata dal suo peccato. Costoro infatti credono che l'uomo, poiché aveva un corpo naturale, sarebbe uscito da questo corpo per giungere alla pace che adesso godono i fedeli servi di Dio già morti e, alla fine del mondo, avrebbe riavuto le medesime membra rivestite d'immortalità. In tal modo la morte del corpo sembrerebbe non un effetto del peccato, ma un fatto naturale come la morte degli altri animali. A costoro però si oppone un'altra affermazione dell'Apostolo che dice: Il corpo è, sì, una cosa morta a causa del peccato, ma lo Spirito è vita a causa della giustificazione. E se lo Spirito di Colui, che ha risuscitato Cristo dai morti, abita in voi, Colui che ha risuscitato Cristo dai morti darà la vita anche ai vostri corpi mortali per mezzo del suo Spirito che abita in voi 45. Per conseguenza anche la morte del corpo deriva dal peccato. Se dunque Adamo non avesse peccato, non sarebbe stato soggetto neppure alla morte del corpo e perciò avrebbe avuto anche un corpo immortale. Come dunque quel corpo sarebbe potuto essere immortale se era un corpo naturale?

Il corpo di Adamo era insieme animale e condizionatamente immortale.

23. 34. D'altra parte coloro i quali pensano che il corpo di Adamo fu cambiato da naturale in spirituale quand'era nel paradiso, non s'avvedono che non ci sarebbe stato nulla in contrario a che Adamo, qualora non avesse peccato, dopo aver vissuto nel paradiso una vita in santità e obbedienza, ricevesse la medesima trasformazione nella vita eterna, dove non avrebbe avuto più bisogno d'alimenti corporali. Quale mai necessità dunque ci obbligherebbe ormai a intendere il paradiso in senso figurato anziché in senso proprio per sostenere che il corpo non sarebbe potuto morire se non a causa del peccato? La verità è che l'uomo non sarebbe morto neppure quanto al corpo, se

non avesse peccato. Lo afferma chiaramente l'Apostolo: Il corpo è morto a causa del peccato 46; ciononostante prima del peccato il corpo poteva essere un corpo naturale e dopo una vita santa poteva diventare un corpo spirituale quando l'avesse voluto Dio.

Come saremo rinnovati quaggiù e nella risurrezione dei corpi.

24. 35. Come mai - obiettano [quei commentatori] - si dice che noi veniamo rinnovati, se non riceviamo ciò che perse il primo uomo nel quale tutti muoiono? Noi lo riceviamo senza dubbio in un certo senso e non lo riceviamo in un altro senso. Sì, noi non riceviamo l'immortalità di un corpo spirituale che l'uomo non aveva ancora, ma riceviamo la giustizia da cui l'uomo è decaduto per il peccato. Noi perciò saremo rinnovati allontanandoci dalla vecchiezza del peccato e non trasformati nel corpo naturale in cui fu fatto Adamo all'origine, ma in uno migliore, cioè in un corpo spirituale, quando diverremo simili agli angeli di Dio 47, quando saremo adatti ad abitare nella nostra casa celeste, ove non avremo più bisogno d'un cibo che si corrompe. Noi dunque siamo rinnovati nello spirito della nostra mente 48 conforme all'immagine di Colui che ci ha creati e che Adamo perse peccando. Ma noi saremo rinnovati anche nella carne quando questo corpo corruttibile si vestirà dell'incorruttibilità 49 in modo da diventare un corpo spirituale in cui Adamo non era stato ancora trasformato ma era destinato ad esserlo se, a causa del suo peccato, non avesse meritato anche la morte del suo corpo materiale.

24. 36. L'Apostolo dunque non dice: "Il corpo, veramente, è mortale a causa del peccato", ma: Il corpo è morto a causa del peccato 50.

Mortale era Adamo per il suo corpo animale, immortale per un dono del Creatore.

25. 36. Il corpo di Adamo infatti, prima che peccasse, poteva chiamarsi mortale per un verso e immortale per un altro: cioè mortale perché poteva morire, immortale invece perché poteva non morire. Una cosa è infatti non poter morire, come è il caso di certe

nature create immortali da Dio; un'altra cosa è invece poter non morire, nel senso in cui fu creato immortale il primo uomo; questa immortalità gli era data non dalla costituzione della sua natura ma dall'albero della vita. Dopo ch'ebbe peccato, Adamo fu allontanato dall'albero della vita con la conseguenza di poter morire, mentre, se non avesse peccato, avrebbe potuto non morire. Mortale era dunque Adamo per la costituzione del suo corpo naturale, immortale per un dono concessogli dal Creatore. Se infatti il corpo era naturale, era certamente mortale poiché poteva anche morire, sebbene fosse nello stesso tempo immortale poiché poteva anche non morire. In realtà solo un essere spirituale è immortale per il fatto che non potrà assolutamente morire, e questa qualità ci è promessa solo per il futuro, vale a dire nella risurrezione. Per conseguenza il corpo naturale, e perciò mortale di Adamo - che in virtù della giustizia sarebbe divenuto spirituale e perciò del tutto immortale - non divenne mortale a causa del peccato essendo tale anche prima, ma una cosa morta; ciò sarebbe potuto non accadere, se l'uomo non avesse peccato.

Differenza tra il corpo di Adamo e quello nostro.

26. 37. Come mai dunque l'Apostolo afferma che il nostro corpo è morto parlando di persone ancora viventi, se non perché ormai la condizione di dover morire a causa del peccato dei progenitori è inerente nei loro discendenti? Poiché è naturale anche il nostro corpo come quello del primo uomo, ma anche nella sua condizione di corpo naturale il nostro è molto inferiore a quello di Adamo in quanto non può evitare la morte, mentre quello poteva evitarla. Infatti, sebbene il corpo di Adamo dovesse aspettare ancora la trasformazione per divenire spirituale e ricevere la piena e perfetta immortalità in cui non avrebbe avuto bisogno di un nutrimento corruttibile, se tuttavia fosse vissuto santamente, il suo corpo sarebbe stato trasformato nello stato di corpo spirituale, non sarebbe andato incontro alla morte. Quanto a noi, invece, anche se viviamo santamente, il nostro corpo è destinato a morire. A causa di questa

ineluttabilità, proveniente dal peccato del primo uomo, l'Apostolo non dice che il nostro corpo è mortale ma che esso è morto poiché tutti noi moriamo in quanto siamo tutti solidali con Adamo 51. L'Apostolo dice anche: Come esige la verità che è in Gesù, voi dovete spogliarvi dell'uomo vecchio vivente secondo la condotta precedente, l'uomo che si corrompe dietro le passioni ingannatrici 52, vale a dire [dovete spogliarvi] di ciò che divenne Adamo a causa del peccato. Osserva quindi ciò che segue: Dovete inoltre rinnovarvi nello spirito della vostra mente e rivestirvi dell'uomo nuovo, creato secondo Dio nella giustizia e nella verità della santità 53. Ecco ciò che Adamo perse a causa del peccato.

Il rinnovamento dell'uomo nel corpo e nello spirito.

27. 37. Noi dunque ci rinnoviamo rispetto a ciò che perse Adamo, cioè rispetto allo spirito della nostra mente; per quanto invece riguarda il corpo che viene sepolto come un corpo naturale non risorgerà spirituale, saremo rinnovati in uno stato migliore che Adamo non poté ancora raggiungere.

27. 38. L'Apostolo dice ancora: Spogliandovi dell'uomo vecchio con le sue azioni rivestitevi di quello nuovo, che si rinnova nella conoscenza di Dio secondo l'immagine del suo Creatore 54. Questa immagine, impressa nello spirito dell'anima nostra e perduta da Adamo a causa del suo peccato, noi la riceviamo per la grazia della giustificazione; riceviamo non un corpo spirituale e immortale, come non era ancora quello di Adamo ma come sarà quello di tutti i fedeli servi di Dio quando risorgeranno dai morti. Questo corpo spirituale sarà il compenso per il merito perduto da Adamo. Per conseguenza la veste migliore 55 è la giustizia dalla quale decadde Adamo oppure, se significa la veste dell'immortalità corporale, Adamo perse anche questa quando, a causa del peccato, non poté arrivare a possederla. Si suol dire infatti che uno ha perduto sua moglie, ma anche che uno ha perduto una carica onorifica da lui sperata avendo offeso colui dal quale sperava di riceverla.

Adamo, spirituale per la mente, era animale per il corpo anche nel paradiso.

28. 39. Adamo dunque, secondo la suddetta interpretazione, aveva un corpo naturale non solo prima che fosse nel paradiso, ma anche dopo che fu messo nel paradiso, sebbene rispetto all'uomo interiore fosse spirituale conforme all'immagine del suo Creatore. Questa qualità però la perse a causa del peccato, per cui meritò anche la morte del corpo, mentre, se non avesse peccato, avrebbe meritato anche la trasformazione in corpo spirituale. Se infatti egli visse una vita naturale anche quanto all'anima non si può dire che veniamo rinnovati nello stato in cui era lui. Poiché coloro ai quali è detto: Rinnovatevi nello spirito della vostra mente 56, sono esortati a divenire spirituali; se invece Adamo non era spirituale neppure nella sua mente, in qual modo veniamo rinnovati nello stato in cui l'uomo non fu mai? Gli Apostoli, invece, e tutti i giusti avevano ancora - è vero - un corpo naturale ma tuttavia nell'anima vivevano spiritualmente, erano cioè rinnovati nella conoscenza di Dio, simili a lui che li aveva creati; ma non per questo essi erano immuni dal peccare qualora avessero acconsentito al male. L'Apostolo infatti mostra che anche gli spirituali possono soccombere alla tentazione di peccare, nel passo ove dice: Fratelli, anche se per caso uno venisse sorpreso in qualche colpa, voi che siete spirituali correggetelo con spirito di dolcezza; tu però vigila su te stesso per non soccombere tu pure alla tentazione 57. Ho detto ciò per evitare che uno pensi sia impossibile che Adamo peccò se era spirituale riguardo alla mente, quantunque fosse naturale riguardo al corpo. Sebbene le cose stiano così, non voglio tuttavia fare alcuna affermazione troppo frettolosa, ma preferisco aspettare per vedere se gli altri successivi passi della Scrittura non si oppongano a questa mia interpretazione.

Il problema dell'anima di Adamo.

29. 40. Ora poi dobbiamo trattare una questione assai difficile relativa all'anima, per risolvere la quale si sono affaticati molti

esegeti e hanno lasciato anche a noi materia in cui affaticarci. A questo proposito non mi è stato possibile leggere tutti gli scritti di tutti coloro che su questo argomento sono potuti arrivare a una conclusione chiara e del tutto sicura, conforme alla verità delle nostre Scritture; la questione inoltre è così difficile che neanche gli scrittori, che ne dànno una soluzione esatta, sono facilmente capiti da persone come me; confesso perciò che finora nessuno mi ha convinto di pensare che non sia necessario di fare ulteriori ricerche sul problema dell'anima. Se però adesso riuscirò a trovare e affermare qualcosa di preciso al riguardo, io non lo so; cercherò comunque di spiegare nel libro seguente ciò che mi sarà possibile se Dio aiuterà i miei sforzi.

LIBRO SETTIMO

La creazione dell'anima umana.

1. 1. Dio poi formò l'uomo con la polvere della terra e soffiò sul suo volto un soffio vitale, e l'uomo divenne un essere vivente 1. All'inizio del precedente libro ci eravamo proposti di esaminare attentamente questa frase della Scrittura e, a proposito della creazione dell'uomo e specialmente del suo corpo, abbiamo discusso in modo - per quanto abbiamo creduto - sufficiente ciò che ci è parso conforme alla sacra Scrittura. Ma siccome quello dell'anima non è un problema facile, abbiamo ritenuto doveroso rinviarlo al presente libro, non sapendo in quale misura il Signore ci avrebbe aiutati essendo noi desiderosi di dire cose esatte ma sapendo tuttavia che non avremmo detto cose esatte se non nella misura in cui egli ci avrebbe aiutati. Ora, dire cose esatte significa dire cose vere e appropriate senza rigettare alcuna opinione con temerità, senza nulla affermare con avventatezza ciò ch'è deposito della fede o della dottrina cristiana finché rimane ancora il dubbio se sia vero o falso; ma dire cose esatte vuol dire anche affermare senza esitazione ciò che si può insegnare sia in base all'evidenza della ragione, sia sulla sicurissima autorità della sacra Scrittura.

Si riesamina la frase: Dio soffiò e insufflò...

1. 2. Esaminiamo anzitutto la frase della Scrittura: Dio soffiò oppure insufflò sul suo volto il soffio vitale 2. Alcuni manoscritti però hanno la lezione spirò oppure ispirò sulla sua faccia. Ma poiché i manoscritti greci portano la lezione ἐνεφύσησεν, non c'è dubbio che in latino si dovrebbe dire flavit ("soffiò") o sufflavit ("insufflò"). Ora, nel libro precedente abbiamo discusso la questione relativa alle "mani di Dio", quando ci si figurava l'uomo formato con il fango. Che dire adesso della frase della Scrittura: Dio soffiò, se non che non soffiò né con la gola né

con le labbra, come non lo plasmò con le mani del corpo?

1. 3. La Scrittura tuttavia con questo verbo, a mio parere, ci è di grande aiuto in una questione assai difficile [come questa].

L'anima non è emanazione della sostanza di Dio.

2. 3. Alcuni interpreti, infatti, basandosi sul verbo ["soffiò"] di questa frase, hanno creduto che l'anima sarebbe qualcosa proveniente dalla stessa sostanza di Dio, vale a dire della medesima natura di Dio. Essi pensano così perché, quando uno soffia, emette qualcosa di se stesso con il fiato; noi invece da questo verbo dobbiamo piuttosto sentirci messi in guardia per respingere questa opinione contraria alla fede cattolica. Noi infatti crediamo che la natura e sostanza di Dio - quella consistente nella Trinità, come la credono molti, benché la intendano pochi - è assolutamente immutabile. Chi dubita, al contrario, che la natura dell'anima può mutarsi in peggio o in meglio? È quindi un'opinione sacrilega supporre che l'anima e Dio siano di una stessa natura. Cos'altro vuol dire pensare così, se non credere mutabile anche Dio? Dobbiamo quindi credere e comprendere come verità assolutamente certa, conforme all'insegnamento della retta fede, che l'anima proviene da Dio come un essere creato da lui, non come un essere della sua stessa natura, generato o prodotto da lui in un modo quale che sia.

L'anima non è né emanazione di Dio né il nostro soffio.

3. 4. "Ma in qual modo - obiettano costoro - [la Scrittura può] affermare: [Dio] soffiò sul volto dell'uomo e l'uomo divenne un essere vivente, se l'anima non è una parte o addirittura la sostanza di Dio?". Al contrario, anzi, da questo verbo sufflavit ("soffiò") appare assai bene che la cosa non è così. Quando infatti uno soffia, l'anima mette sì in moto la natura del corpo soggetta alla sua azione, ma forma il fiato mediante quella natura, non mediante se stessa; salvo che questi tali siano così tardi d'ingegno da ignorare che, quando vogliamo soffiare, anche il nostro soffio si forma mediante il

movimento alternativo di aspirare ed espirare l'aria circostante. Anche ammesso che nell'espirare noi esaliamo qualcosa derivante non dall'aria circostante che noi inspiriamo ed espiriamo, ma dalla natura del nostro proprio corpo, tuttavia la natura del corpo e quella dell'anima sono diverse, e in ciò concordano anche quegli avversari. Per conseguenza anche in questo modo l'anima che governa e muove il corpo, è una sostanza diversa dal soffio ch'essa produce con l'emetterlo dal corpo, a lei soggetto, governandolo e movendolo, non dalla propria sostanza a cui è soggetto il corpo. Orbene, Dio governa la creatura a lui soggetta, e l'anima - anche se in modo incomparabilmente diverso - il corpo a lui soggetto; perché quindi non potremmo comprendere piuttosto che Dio fece l'anima servendosi d'una creatura, tenuto conto di quanto afferma la Scrittura, che cioè egli la fece soffiando, dal momento che l'anima, sebbene non domini il proprio corpo come Dio domina l'universo, da lui creato, tuttavia forma il soffio imprimendo un movimento al corpo e non estraendolo dalla propria sostanza?

A quale condizione si può dire che l'anima è il soffio di Dio.

3. 5. Potremmo affermare - sì certo - che neppure il soffio di Dio è l'anima dell'uomo, ma che Dio creò l'anima nell'uomo soffiando; tuttavia non si deve credere che gli esseri creati da Dio con la sua parola siano superiori a quelli creati con il suo soffio, poiché anche in noi la parola è superiore al soffio; nulla quindi, in base alla suddetta spiegazione, deve farci esitanti a chiamare l'anima "soffio di Dio", purché comprendiamo ch'essa non è la natura e sostanza di Dio, ma che soffiare è semplicemente creare un soffio, e che creare un soffio è lo stesso che creare l'anima. Con questa spiegazione concorda quanto afferma Dio per mezzo di Isaia: Lo spirito infatti procederà da me e sono io che ho fatto ogni soffio 3, poiché il seguito del passo mostra ch'egli non parla di un soffio corporeo qualunque. Infatti, dopo aver detto: Sono io che ho fatto ogni soffio, aggiunge: e a causa del peccato l'ho rattristato un poco e l'ho castigato 4. Che cosa dunque chiama soffio se non l'anima castigata

e rattristata a causa del peccato? Che vuol dire dunque: Sono io che ho creato ogni soffio? se non: "Sono io che ho creato ogni anima"?

L'anima non deriva dall'essere di Dio o dagli elementi del mondo.

4. 6. Se dunque dicessimo che Dio è - per così dire - l'anima di questo mondo fisico, anima per la quale questo mondo sarebbe per lui come il corpo di un solo essere vivente, non sarebbe esatto dire che Dio fece l'anima umana - se non in quanto corporea - formata con l'aria, la quale, come parte del suo corpo sarebbe soggetta a lui; tuttavia ciò che Dio avrebbe dato soffiando dovremmo considerarlo non un'emanazione del suo proprio essere, ma un'emanazione dell'aria soggetta a lui come parte del suo corpo, allo stesso modo che l'anima produce il soffio non come un'emanazione di se stessa, ma servendosi d'un elemento similmente a lei soggetto, cioè del suo corpo. Ma poiché, al contrario, noi affermiamo non solo che il corpo del mondo è soggetto a Dio ma anche che Dio trascende ogni creatura sia corporea che spirituale, dobbiamo credere che quando egli creò l'anima con il suo soffio, non la creò né traendola dalla sua propria sostanza né da elementi corporei.

L'anima viene forse dal nulla?

5. 7. Ma noi possiamo porci a buon diritto il quesito se l'anima è stata tratta da ciò che non esisteva affatto, ossia dal nulla, o da qualche essere spirituale creato da Dio ma che non era ancora un'anima. Poiché se noi crediamo che Dio non crea più nulla dal nulla dopo aver compiuto la creazione simultanea di tutte le cose, e crediamo anche, per conseguenza, che Dio si riposò dopo aver portato a termine tutte le opere che aveva cominciato a fare, di modo che tutto ciò che avrebbe fatto in seguito lo avrebbe derivato da quelle opere [originarie], io non vedo in qual modo potremmo intendere ch'egli crea tutt'ora le anime dal nulla. Oppure, si potrebbe forse dire che, tra le opere dei primi sei giorni egli creò il "giorno"

occulto e - se dobbiamo credere piuttosto questa ipotesi - è la natura spirituale ed intellettuale, quella cioè del consorzio degli angeli, e inoltre il mondo, cioè il cielo e la terra, e che in quelle nature già esistenti creò le ragioni [causali] di tutte le altre nature ch'erano destinate ad esistere, ma non le stesse nature? In caso diverso, se queste nature fossero state create già allora come erano destinate ad essere, non sarebbero più state destinate ad esistere. Se la cosa sta così, tra gli esseri creati non c'era ancora alcuna natura dell'anima umana e questa cominciò ad esistere quando Dio la creò soffiando e la infuse nell'uomo.

L'anima sarebbe forse il fiato di Dio tratto dal nulla?

5. 8. Ma con ciò la questione non è risolta. Noi ci chiediamo ancora: Dio creò forse dal nulla la natura che si chiama anima e che prima non esisteva, nell'ipotesi che il suo fiato non sarebbe derivato da qualche sostanza soggetta alla sua azione - come dicevamo a proposito del fiato che l'anima esala dal proprio corpo - ma che il fiato sarebbe stato prodotto assolutamente dal nulla allorché Dio volle soffiare e il fiato sarebbe stato l'anima umana? Oppure, al contrario, esisteva forse già una sostanza spirituale che - qualunque fosse la sua natura - non era ancora la natura dell'anima e per mezzo di essa fu creato il soffio di Dio identificabile con la natura dell'anima? Allo stesso modo la natura del corpo umano ancora non esisteva prima che Dio la formasse con il fango o la polvere della terra. La polvere o il fango non era, infatti, la carne umana ma tuttavia era qualcosa mediante la quale sarebbe potuta esser fatta la carne che ancora non esisteva.

Esisteva forse una materia dell'anima?

6. 9. È dunque forse probabile che tra le prime opere dei sei giorni Dio creò non solo la ragione causale del futuro corpo umano ma anche il materiale da cui sarebbe dovuto essere tratto - cioè la terra, dal cui fango o polvere sarebbe dovuto essere formato - mentre nel

caso dell'anima Dio creò in quei giorni solo la ragione causale, conforme alla quale sarebbe dovuta essere creata, ma non anche una materia sui generis, con cui avrebbe dovuta essere fatta? Se infatti l'anima fosse qualcosa d'immutabile, non ci sarebbe alcun bisogno di ricercarne una specie di materia. Ora, invece, la sua mutabilità dimostra assai bene che talora è resa deforme dai vizi e dagli errori e, al contrario, acquista la forma mediante le virtù e la conoscenza della verità pur rimanendo nel frattempo nella propria natura per cui è anima; così anche la carne, pur rimanendo nella propria natura per cui è carne, è abbellita dalla salute e abbruttita dalle malattie e dalle ferite. Ma questa natura [del corpo], prescindendo dal fatto ch'è già carne - natura cioè per cui si perfeziona diventando bella e si deteriora diventando deforme - ha avuto anche una materia, cioè la terra, da cui è stata tratta per diventare completamente carne; allo stesso modo anche l'anima, prima di diventare la precisa natura chiamata anima - la cui bellezza è la virtù, la cui bruttezza è il vizio - poté avere forse una certa materia appropriata alla sua specie di natura spirituale che non era ancora anima, allo stesso modo che la terra, da cui fu tratta la carne, era già una certa realtà, sebbene non fosse ancora carne.

6. 10. In realtà però la terra, prima che da essa fosse tratto il corpo dell'uomo, riempiva già la parte inferiore del mondo, conferendo all'universo la sua totalità. In tal modo, sebbene da essa non fosse stata tratta alcuna carne d'alcun essere vivente, tuttavia con la sua propria natura, secondo la quale questo mondo è chiamato cielo e terra, riempiva la gran macchina del mondo.

Impossibile dire di che specie sarebbe stata quella materia.

7. 10. Ma che cos'è precisamente la materia spirituale, se mai ve ne fosse alcuna con cui poteva venir fatta l'anima o se mai ve n'è alcuna con cui sono fatte le anime? Qual è il suo nome, la sua forma specifica, quale funzione ha nelle opere della creazione? Vive essa o non vive? Se vive, che cosa fa? Che parte ha nel produrre gli effetti

delle energie dell'universo? Conduce una vita felice o miserabile? Oppure né l'una né l'altra? Dà la vita a qualche essere? Oppure non ha neppure questa funzione e se ne sta inerte a riposo in qualcuno dei più segreti recessi dell'universo senza percezione vigilante e senza movimento vitale? Poiché se essa non era affatto vita, come sarebbe potuta essere una sorta di materia incorporea e non vivente d'una vita futura? O questa ipotesi è falsa o è un mistero troppo profondo! Se, al contrario, quella materia viveva già né felicemente né miseramente, in qual modo era razionale? Se invece fu fatta razionale quando da essa fu tratta la natura dell'anima umana, allora era vita irrazionale la materia dell'anima razionale, cioè umana? Quale differenza c'era allora tra essa e quella di un animale bruto? Era forse già razionale in potenza ma non ancora in atto? Noi infatti vediamo che l'anima di un bambino, senza dubbio già anima umana, non ha cominciato ancora a far uso della ragione e tuttavia noi diciamo che è già un'anima razionale. Perché mai, allora, non dovremmo credere che allo stesso modo nella materia, da cui sarebbe stata tratta l'anima, l'attività della coscienza era non operante, come nell'anima del bambino, che senza dubbio è già un'anima umana, non è ancora operante l'attività della ragione?

Quella materia non avrebbe potuto essere "vita felice".

8. 11. Poiché, se la vita con cui fu fatta l'anima umana, era già felice, allora ha subìto un deterioramento e per conseguenza non è più la materia dell'anima e questa è un'emanazione di quella. Ora, quando la materia viene formata, soprattutto da Dio, è certamente resa più perfetta dalla formazione. Ma anche se l'anima umana potesse considerarsi come l'emanazione d'una vita creata da Dio in un certo stato di felicità, neppure in questo caso si potrebbe pensare ch'essa cominciasse ad esistere in virtù d'un atto dovuto ai suoi meriti se non dal momento in cui cominciò a vivere una vita propria, quando fu fatta anima vivificante la carne servendosi dei sensi del corpo come messaggeri ed essendo cosciente della propria vita individuale con la volontà, l'intelligenza e la memoria. Poiché, se c'è qualche essere da

cui Dio trasse questa emanazione per infonderla nella carne già formata da lui creando l'anima con una sorte di soffio, e, se questo essere si trova in uno stato di felicità, non si muove in alcun modo né si muta né perde nulla allorché da esso emana ciò con cui è fatta l'anima.

Quella materia non può essere un'anima irrazionale.

9. 11. Siffatto essere infatti non è un corpo e perciò non può diminuire a causa di una specie di esalazione.

9. 12. Se al contrario un'anima irrazionale è in un certo qual modo la materia di cui è fatta l'anima razionale - cioè l'anima umana - sorge un altro quesito: di che cosa è fatta l'anima irrazionale? Poiché anch'essa è fatta solo dal Creatore di tutte le cose. Proviene forse da una materia corporea? Perché, allora, non possiamo dire la stessa cosa dell'anima razionale? Salvo che si dica che Dio non può produrre in un attimo un effetto che si ammette potersi ottenere - diciamo così - gradualmente. Per conseguenza, quali che siano le tappe intermedie, se un corpo è la materia dell'anima irrazionale e l'anima irrazionale è la materia dell'anima razionale, senza dubbio un corpo è la materia dell'anima razionale. Ma nessuno, ch'io sappia, ha mai osato affacciare una simile opinione, tranne chi sostiene che l'anima non è altro che una specie di corpo.

Si confuta la metempsicosi.

9. 13. Se, inoltre, concederemo che un'anima irrazionale è una sorta di sostrato materiale da cui è tratta l'anima razionale, bisogna guardarsi dal credere alla possibilità che l'anima trasmigri da una bestia in un uomo, poiché questa è un'opinione assolutamente contraria alla fede cattolica. Poiché avverrebbe che, qualora questa anima, cambiandosi in meglio, divenisse quella di un uomo, anche l'altra a sua volta, cambiandosi in peggio, diventasse l'anima di una bestia. Quest'opinione ridicola sostenuta da alcuni filosofi, fu causa d'imbarazzo per gli stessi loro seguaci posteriori, i quali affermarono

che i loro maestri non avevano sostenuto una siffatta opinione ma che non erano stati ben compresi. Anch'io credo che sia così; press'a poco allo stesso modo uno potrebbe interpretare il passo delle nostre Scritture in cui è detto: L'uomo costituito in onore non ha compreso ed è stato paragonato agli animali bruti ed è diventato simile ad essi 5, o quell'altro ove si legge: Non abbandonare alle bestie l'anima che ti loda 6. In realtà tutti gli eretici leggono le Scritture e sono eretici per il solo fatto che non le comprendono bene e sostengono con pervicacia le loro false opinioni contro la verità delle Scritture. Ma qualunque sia l'opinione di tali filosofi riguardo alla trasmigrazione delle anime, tuttavia non è conforme alla fede cattolica credere che le anime delle bestie trasmigrano negli uomini o quelle degli uomini nelle bestie.

Dalla somiglianza dei costumi non deriva che l'anima dell'uomo trasmigri nelle bestie.

10. 14. Che davvero gli uomini, a causa della loro condotta, diventino simili alle bestie lo proclama la storia dei fatti umani e lo attesta la Scrittura. Ecco perché il Salmista, da me citato, dice: L'uomo, pur essendo nell'onore, non ha compreso: è stato paragonato alle bestie prive di ragione ed è diventato simile ad esse 7; ma ciò si riferisce naturalmente alla vita presente, non alla vita dopo la morte. Per questo motivo il Salmista, dicendo: Non abbandonare alle bestie l'anima di chi ti loda 8, desiderava che la propria anima non fosse consegnata in potere delle bestie - simili agli individui dai quali il Signore ci comanda di stare in guardia allorché dice che son vestiti di pelli di pecore ma nell'interno sono lupi rapaci - o desidera che la sua anima non sia data in potere del diavolo e dei suoi angeli, poiché anche il diavolo è chiamato [nella Scrittura] leone e drago 9.

Si confuta l'argomento dei filosofi che propugnano la metempsicosi.

10. 15. Ma che specie d'argomento portano i filosofi che credono che le anime degli uomini dopo la morte possono trasmigrare nelle bestie e quelle delle bestie negli uomini? Essi forse argomentano che sarebbe la somiglianza dei costumi a trascinare gli uomini in animali loro somiglianti, come gli avari in formiche, i rapaci in avvoltoi, i crudeli e i superbi in leoni, i sensuali, che vanno in cerca d'immondi piaceri, in porci e così via secondo altre simili analogie. Questo è quanto essi asseriscono senza riflettere però che in base a siffatto ragionamento sarebbe assolutamente impossibile che l'anima d'una bestia dopo la morte trasmigri in un uomo. Poiché un porco non è affatto più simile a un uomo che a un porco; e quando i leoni diventano mansueti, diventano più simili ai cani o anche alle pecore che non agli uomini. Le bestie quindi conservano i costumi delle bestie e anche se alcune di esse diventano un po' dissimili dalle altre, rimangono tuttavia più simili agli individui della loro specie che non agli uomini; le bestie inoltre sono di gran lunga più diverse dagli uomini che non dalle bestie; le loro anime perciò non saranno mai anime di uomini se essi fan trasmigrare in se stessi le anime d'individui che sono loro simili. Ora, se questo argomento è falso, in qual modo sarà vera l'opinione di quei filosofi, dal momento che non adducono nessun altro argomento perché si possa ammettere, se non la verità, almeno la probabilità della loro teoria? Perciò sarei anch'io più incline a credere - come anche i loro successivi seguaci - che quei filosofi, i quali per primi esposero nei loro libri questa teoria, volessero piuttosto fare intendere che a causa della perversità e turpitudine dei loro costumi gli uomini diventano simili alle bestie in questa vita e così, in certo senso, si mutano in bestie; con ciò mirano a mostrare agli uomini il loro stato vergognoso e distoglierli dalle loro insane passioni.

Trasmigrazioni immaginarie sognate.

11. 16. Ora, certi fatti che si racconta siano accaduti - come quello che si narra di certuni che ricordavano in quali corpi di bestie erano stati - o sono falsi o illusioni prodotte dal demonio nell'anima di quegli individui. Se infatti nel sonno accade che uno per abbaglio della memoria può essere indotto a credere di ricordare d'essere stato ciò che non è stato o d'aver fatto ciò che non ha fatto, non dovrebbe sembrare strano se, per una giusta disposizione di Dio a noi nascosta, è permesso ai demoni di produrre siffatte immagini nello spirito anche di persone in stato di veglia.

La tesi dei Manichei peggiore di quella dei filosofi.

11. 17. I manichei invece, che credono d'essere o pretendono esser considerati cristiani, a proposito della trasmigrazione o ritorno ciclico delle anime, hanno opinioni più erronee e più detestabili che non quelle dei filosofi pagani o d'altri individui stolti che hanno questa concezione, poiché questi distinguono la natura dell'anima da quella di Dio, mentre essi affermano che l'anima non è altro che la sostanza stessa di Dio, anzi che è assolutamente identica a ciò che è Dio. Essi poi non esitano ad affermare che l'anima subisce mutamenti tanto vergognosi che, secondo la loro incredibile dissennatezza, non c'è alcuna sorta d'erbe o di vermiciattoli a cui l'anima non sia mescolata e in cui non possa trasmigrare. Se però essi allontanassero dal loro spirito siffatte questioni oltremodo oscure che, trattate da essi con mentalità carnale, inevitabilmente li fanno cadere in un pantano di opinioni false e mostruose, dovrebbero attenersi con tutta fermezza all'unico principio chiaramente insito dalla natura in ogni anima razionale, senza bisogno di ricorrere alle tortuosità d'alcuna discussione. Dovrebbero attenersi cioè al principio che Dio è assolutamente immutabile ed incorruttibile. Allora andrebbe subito in fumo tutta la loro favola dalle mille forme, inventata dalla loro mentalità stolta e sacrilega sulla mutabilità di Dio, completamente indegna di lui.

11. 18. La materia dell'anima non è dunque neppure un'anima irrazionale.

L'anima non è tratta da un elemento corporeo.

12. 18. Che cos'è dunque ciò con cui è stata fatta l'anima per mezzo del soffio di Dio? Era forse un corpo terrestre e umido? Nient'affatto! Poiché è stata piuttosto la carne ad essere fatta con questi due elementi. Cos'altro infatti è il fango se non terra umida? Non bisogna neppure credere che l'anima umana sia stata fatta solo con l'elemento umido, come se la carne derivasse dalla terra e l'anima dall'acqua. Poiché è del tutto assurdo pensare che l'anima sia stata fatta con un elemento di cui è stata fatta la carne dei pesci e degli uccelli.

L'anima non deriva dall'aria.

12. 19. L'anima umana dunque proviene forse dall'aria? A questo elemento appartiene anche il soffio - quello nostro, non quello di Dio --. Ecco perché poco prima abbiamo detto che ciò si potrebbe credere verosimilmente nell'ipotesi che Dio si potesse immaginare come l'anima del mondo concepito, questo, come un unico e immenso essere animato, sicché Dio gli avrebbe insufflato l'anima traendola dall'aria del proprio corpo, allo stesso modo che la nostra anima emette l'aria traendola fuori dal proprio corpo. Ma poiché è certo che Dio, per la sua assolutamente incomparabile trascendenza è al di sopra d'ogni elemento materiale del mondo e al di sopra di ogni essere spirituale da lui creato, in qual modo si potrebbe avanzare ragionevolmente una simile ipotesi? Si potrebbe pensare che Dio quanto più è presente all'universo, da lui creato, in virtù della sua singolare onnipotenza, tanto più gli sarebbe possibile formare con l'aria il soffio che sarebbe l'anima dell'uomo? Ma l'anima non è corporea, mentre tutto ciò che deriva dagli elementi materiali del mondo è necessariamente materiale, e tra gli elementi del mondo si annovera anche l'aria dell'atmosfera terrestre; perciò anche se si

sostenesse che l'anima è fatta derivare dall'elemento del fuoco puro e celeste, non si dovrebbe crederlo. Non sono mancati filosofi che hanno affermato che qualsiasi corpo può essere trasformato in un altro, ma che un corpo, terrestre o celeste, venga trasformato in anima e diventi una natura incorporea non so se l'abbia sostenuto alcuno e non viene insegnato neppure dalla nostra fede.

Teorie dei medici riguardo al corpo umano.

13. 20. Per di più - se dobbiamo tener conto di ciò che i medici non solo affermano ma asseriscono anche d'essere in grado di provare - ogni corpo, benché presenti chiaramente i caratteri d'una massa terrestre compatta, ha tuttavia in sé anche una certa quantità d'aria contenuta nei polmoni e che si diffonde dal cuore nelle vene chiamate arterie. I corpi inoltre hanno altresì l'elemento del fuoco situato nel fegato e che possiede non solo la proprietà calorifica ma anche quella illuminante che - spiegano gli scrittori - si diffonde e s'innalza fino alla parte più alta del cervello che è come dire la parte più alta del nostro corpo. Dal cervello si sprigionano i raggi che escono dagli occhi e da esso, come da un centro si dipartono anche i sottili canalicoli che arrivano non solo agli occhi, ma anche agli altri sensi, cioè alle orecchie, alle narici e al palato per rendere possibile l'udire, il percepire gli odori e il gustare. Essi inoltre dicono che lo stesso senso del tatto diffuso per tutto il corpo, si dirama dal medesimo cervello attraverso il midollo cervicale e il midollo spinale, quello cioè costituito dalle ossa di cui è composta la spina dorsale; di lì si propagano per tutte le membra canalicoli estremamente sottili che producono la sensazione del tatto.

14. 20. È dunque mediante questa sorta di messaggeri che l'anima percepisce tutte le cose materiali di cui viene a conoscenza. Essa invece è una sostanza talmente diversa che, quando vuol comprendere sia le realtà divine, sia Dio, sia se stessa, ed esaminare attentamente le proprie virtù, non deve riferirsi a questa luce percepita anche dagli occhi, ma, riconoscendo che a questo scopo

siffatta luce non solo non le è d'alcun aiuto ma d'un certo ostacolo, deve elevarsi fino alla visione dello spirito. Non si vede quindi in qual modo potrebbe essere della stessa natura degli esseri materiali se, dal più perfetto di essi, cioè la luce che s'irradia dagli occhi, non è aiutata che a percepire le forme e i colori degli oggetti, mentre essa possiede da se stessa innumerevoli cose di gran lunga diverse dagli oggetti materiali d'ogni specie ch'essa apprende solo con l'intelletto e la ragione, che è il regno irraggiungibile dai sensi fisici.

L'anima è incorporea.

15. 21. La natura dell'anima umana non proviene quindi, per certo, né dalla terra, né dall'acqua, né dall'aria, né da alcuna sorta di fuoco, ma ciononostante governa gli elementi più densi del proprio corpo - cioè questa specie di terra umida che è stata cambiata in carne - mediante gli elementi più sottili del suo corpo, cioè l'aria e la luce. Poiché senza questi due sottilissimi elementi non può esserci né sensazione fisica né movimento fisico spontaneo sotto la direzione dell'anima. Ora, allo stesso modo che il conoscere deve precedere il fare, così il sentire deve precedere il muovere. L'anima dunque, essendo una sostanza incorporea, com'è il fuoco o meglio la luce e l'aria, per mezzo di essi agisce allora sugli elementi più densi del corpo, come l'acqua e la terra - con cui si forma la massa solida della carne - che sono più soggetti a patire che adatti ad agire.

Senso dell'espressione: "anima vivente".

16. 22. A me dunque pare [che la Scrittura] dice: E l'uomo divenne un essere vivente 10 solo perché l'uomo cominciò ad avere la sensazione del proprio corpo, segno assai chiaro d'una carne animata e vivente. Anche gli alberi infatti si muovono non solo per una forza esterna che li spinge come quando sono agitati dal vento, ma anche in forza di un moto interno che produce tutto ciò che serve alla crescita di un albero conforme alla sua specie; e mediante questo moto l'umidità è attratta nelle radici e si trasforma negli elementi

costitutivi della natura dell'erba o dell'albero: nessuno di questi fenomeni avviene senza un moto interno. Ma questo moto non è spontaneo come quello connesso alla sensazione per governare il corpo come si trova in ogni specie di animali che la Scrittura chiama esseri viventi 11. Se non fosse anche in noi il moto interno, i nostri corpi non crescerebbero e non produrrebbero unghie e capelli. Ma se in noi fosse unicamente questo moto senza la sensazione e senza il moto spontaneo, la Scrittura non direbbe che l'uomo divenne un essere vivente.

Il soffio di Dio sul volto dell'uomo.

17. 23. La parte anteriore del cervello, d'onde si dipartono tutti i nervi sensori, è situata vicino alla fronte, e gli organi sensori nella faccia, tranne il sensorio del tatto che è diffuso in tutto il corpo; è dimostrato tuttavia che anche questo senso si diparte dalla stessa zona anteriore del cervello dalla quale torna indietro attraverso la sommità del capo scendendo fino al midollo spinale, di cui ho parlato poc'anzi: per conseguenza ha il senso del tatto anche la faccia, come tutto il corpo eccetto i sensi della vista, dell'udito, dell'odorato e del gusto, situati solo nella faccia. Ecco perché, a mio avviso, la Scrittura dice che Dio soffiò sul volto dell'uomo un alito vitale quando divenne un essere vivente 12. Infatti la parte anteriore del cervello è considerata giustamente più eccellente di quella posteriore, non solo perché quella dirige come guida e quest'altra segue, ma anche perché dalla prima deriva la sensazione mentre dall'altra ha origine il movimento, così come il progetto precede l'esecuzione.

I tre ventricoli del cervello.

18. 24. E poiché non c'è alcun movimento fisico che tenga dietro alla sensazione senza intervalli di tempo, e d'altra parte non possiamo percorrere questi intervalli di tempo con moto spontaneo senza il soccorso della memoria, gli scrittori [di medicina] dimostrano che vi

sono tre specie di ventricoli nel cervello: il primo vicino al volto, dal quale si dipartono tutti i nervi sensori; il secondo è quello posteriore situato presso la base del cervello, che regola tutti i movimenti; il terzo è sito tra gli altri due, ove gli scrittori dimostrano che ha sede la memoria, perché non avvenga che, siccome il movimento tiene dietro alla sensazione, l'uomo sia nell'impossibilità di collegare al passato ciò che deve fare, qualora si dimenticasse di quel che ha fatto. L'esistenza di siffatti ventricoli, al dire di quegli scrittori, è dimostrata da segni sicuri, in casi in cui quelle rispettive zone del cervello sono state affette da una malattia o da un difetto patologico. Anche quando sono menomate le funzioni della sensazione o il movimento delle membra o il ricordo dei movimenti del corpo, [i medici] indicano assai chiaramente la funzione di ciascuno dei ventricoli e, applicando a questi la cura [opportuna], hanno appurato a quale delle zone cerebrali ha giovato la cura apprestata. L'anima tuttavia agisce su queste zone del cervello come su propri strumenti, ma non s'identifica con alcuno di detti organi; al contrario essa li guida tutti e, per mezzo di essi, provvede ai bisogni del corpo e della vita, poiché in virtù di essa l'uomo è divenuto un essere vivente.

Superiorità dell'anima su tutto ciò che è corporeo.

19. 25. Quando si cerca quale sia l'origine dell'anima, ossia il materiale - per così dire - con il quale Dio formò il soffio chiamato anima, non deve venirci in mente nulla di materiale. Poiché allo stesso modo che Dio trascende ogni creatura, così l'anima per l'eccellenza della sua natura, è superiore a ogni specie di creatura corporea. Essa tuttavia governa il corpo per mezzo della luce e dell'aria che sono anch'essi corpi superiori agli altri corpi di questo mondo in quanto sono più simili allo spirito e hanno più la capacità di agire che non la materialità di patire, come è quella che hanno l'acqua e la terra, mentre quelli sono più simili allo spirito. La luce fisica, per esempio, fa noto qualcosa ma lo manifesta a un essere di natura diversa dalla propria; lo manifesta cioè all'anima, ma la luce che segnala qualcosa non è l'anima. Quando poi l'anima soffre con

molestia le afflizioni del corpo, è colpita dal dispiacere che la propria attività intenta a governare il corpo è impedita dal turbamento del suo equilibrio, e questo dispiacere si chiama dolore. Anche l'aria diffusa attraverso i nervi ubbidisce alla volontà così da mettere in moto le membra, ma non è essa la volontà. Ugualmente la zona centrale del cervello segnala i movimenti delle membra perché se ne serbi memoria, ma non è essa la memoria. Infine, quando queste funzioni - che sono, per così dire, a servizio dell'anima - a causa di un difetto o turbamento qualunque vengono a cessare completamente poiché non agiscono più i messaggeri delle sensazioni e gli agenti del movimento, si ha l'impressione che l'anima non ha più motivo d'essere presente [al corpo] e se ne allontana. Se invece non cessano [del tutto], come suole avvenire nella morte, l'attenzione dell'anima ne viene disturbata, come uno che si sforzasse di riporre in piedi qualcosa che sta cadendo. Allora, in base alla natura delle turbe che la crucciano, i medici arrivano a conoscere di quale zona delle funzioni si tratta, in modo che, se possibile, vi portino rimedio.

L'anima non è ciò che sono gli organi del corpo.

20. 26. Poiché una cosa è l'anima e un'altra gli elementi corporei di cui si serve come di agenti, come di strumenti o di organi o con qualsiasi altro nome più appropriato possono chiamarsi. La differenza appare evidente dal fatto che spesso, a causa d'una intensa concentrazione del pensiero, l'anima si distoglie da tutte le altre cose fino al punto di non accorgersi di molti oggetti situati davanti agli occhi quando sono spalancati e capaci di guardar bene. Se poi la concentrazione è maggiore, una persona, anche se cammina, tutto a un tratto si ferma poiché distoglie la volontà dal comandare all'organo motorio, da cui erano mossi i piedi. Se invece la concentrazione del pensiero non è così intensa da far fermare una persona che cammina e inchiodarla in un punto della strada, ma è tuttavia tale da trattenere l'anima dal fare attenzione ai movimenti del corpo segnalatile dalla zona centrale del cervello, talvolta si

dimentica d'onde venga o dove vada e senza avvedersene oltrepassa la casa di campagna verso cui è diretta, pur essendo sano il corpo, ma perché è distolta verso altri oggetti. Questa specie di particelle corporee del cielo corporeo, quelle cioè della luce e dell'aria, sono le prime a ricevere gli impulsi dell'anima che le vivifica per il fatto che, più dell'acqua e della terra, sono affini alla sostanza incorporea. L'anima si serve di quegli elementi più vicini allo spirito per governare tutta la massa del corpo. Se Dio ha mescolato o aggiunto al corpo dell'uomo vivente la luce e l'aria traendole dal cielo che circonda e ricopre la nostra terra, o se le ha create anch'esse dal fango come la carne, è una questione che non rientra nel nostro argomento. È infatti ammissibile che ogni sostanza corporea può trasformarsi in ogni altra sostanza corporea, ma è assurdo credere che qualunque corpo si possa trasformare in un'anima.

Non si deve immaginare un quarto elemento del mondo da cui deriva l'anima.

21. 27. Non si deve perciò dare ascolto nemmeno a coloro i quali hanno pensato che esista un quinto elemento corporeo, da cui sarebbero tratte le anime; questo elemento non sarebbe né la terra né l'aria né il fuoco - tanto quello terrestre soggetto a diversi mutamenti, quanto quello celeste puro e splendente - ma un non so qual altro essere privo di un vocabolo usuale, ma che tuttavia sarebbe un corpo 13. Se infatti coloro, che hanno questa opinione, chiamano corpo quello stesso che chiamiamo corpo anche noi, cioè una sostanza qualsiasi occupante uno spazio in lunghezza, larghezza e altezza, non solo ciò non è l'anima, ma non si deve credere neppure che l'anima sia stata fatta con questo elemento. Poiché tutto ciò che è di simile natura, per non dir altro, può essere diviso o circoscritto con linee in qualunque sua parte; ora, se l'anima fosse capace di ciò, non potrebbe concepire affatto linee che non possano tagliarsi nel senso della lunghezza, come quelle che tuttavia sa potersi trovare nel mondo dei corpi.

L'anima conosce se stessa interamente.

21. 28. L'anima però non pensa di se stessa come se fosse qualcosa di simile, dal momento che non può conoscersi, anche quando cerca di conoscere se stessa. Quando infatti indaga se stessa, sa di fare ciò, ma non potrebbe saperlo se non si conoscesse, poiché il mezzo per indagarsi non è altro che lei stessa. Per il fatto dunque che sa di essere alla ricerca di se stessa, certamente si conosce e perciò, quando sa d'indagare se stessa, conosce anche se stessa nell'intero suo essere, poiché a conoscersi tutta intera non è un altro essere ma è lei stessa. Perché dunque essa s'indaga ancora, se sa che tutto il suo essere è intento a indagarsi? Se infatti non si conoscesse, non potrebbe sapere d'essere intenta ad indagarsi, ma questo le càpita attualmente; ciò che invece cerca di sapere di sé è ciò ch'era prima o sarà in avvenire. Dovrebbe quindi smettere ormai d'immaginare di essere un copro poiché, se fosse qualcosa di simile, si conoscerebbe come tale, dato che conosce se stessa meglio di quanto conosca il cielo e la terra, che conosce solo mediante gli occhi del proprio corpo.

La facoltà dell'anima con cui ritiene le immagini dei corpi.

21. 29. Non parlo dell'altra facoltà dell'anima che possiedono - come sappiamo - anche le bestie e gli uccelli del cielo quando tornano alle loro stalle o ai loro nidi; grazie a questa facoltà l'anima riceve le immagini di tutte le cose materiali e questa facoltà non è affatto simile ad alcuna sostanza materiale. Tuttavia proprio questa facoltà, in cui restano impresse le immagini delle cose materiali, dovrebbe essere piuttosto simile a un essere materiale. Ma se questa facoltà non è corporea, poiché di certo quelle immagini corporee non solo restano impresse nella memoria, ma se ne possono formare ancora innumerevoli altre a volontà, quanto più l'anima non può essere simile a un corpo a causa di qualunque altra sua facoltà!.

L'anima è spirito vitale.

21. 30. Se invece, secondo l'opinione di certi scrittori, è un corpo tutto ciò che esiste, cioè ogni sostanza e ogni natura, dovremmo certamente respingere questo modo di esprimerci per evitare di non essere in grado di trovare dei termini per distinguere dai corpi gli esseri che non lo sono. D'altra parte non dovremmo preoccuparci eccessivamente riguardo a una parola. Anche noi infatti diciamo che l'anima - qualunque cosa essa possa essere - non è alcuno dei ben noti quattro elementi che sono evidentemente dei corpi, ma non è neppure ciò che è Dio. Ma cosa sia non lo si vede meglio che chiamandola anima o spirito vitale. A "spirito" si aggiunge "vitale" perché anche l'aria è chiamata spesso spiritus, cioè "spirito". D'altronde si è dato il nome di "anima" anche all'aria, sicché è impossibile trovare più un termine per denotare con proprietà questa sostanza, che non è né corpo né Dio, né vita priva di sensazione - quale apparentemente si trova negli alberi - né vita senza intelligenza razionale - come si trova nelle bestie - ma una vita adesso inferiore a quella degli angeli, destinata però a divenire uguale alla loro, se vivrà secondo i comandamenti del suo Creatore.

Conclusioni sulla natura dell'anima.

21. 31. Tra incertezze si ricerca quale sia l'origine dell'anima, cioè con quale materia - diciamo così - è stata fatta o con quale sostanza completa e beata sia stata fatta oppure se è stata fatta completamente dal nulla; ciononostante non si deve mettere affatto in dubbio che, se l'anima era qualcos'altro prima di essere anima, qualunque cosa essa fosse, fu fatta da Dio e che nella sua essenza attuale è stata fatta da Dio per essere anima vivente. Infatti o non era nulla in precedenza o non era ciò che è adesso. Ma abbiamo ormai spiegato a sufficienza la parte della questione in cui ci siamo chiesti che cosa potrebbe chiamarsi materia con cui l'anima è stata fatta.

Aporìe sull'origine e sulla ragione causale dell'anima.

22. 32. Ora, se l'anima non esisteva affatto [in precedenza], si deve cercare in qual senso può intendersi quanto si diceva, cioè che la sua ragione causale fu creata tra le prime opere di Dio fatte in sei giorni, quando Dio creò l'uomo a sua immagine; ma questa immagine non può spiegarsi esattamente se non rispetto all'anima. Quando perciò affermiamo che Dio, nel creare simultaneamente tutte le cose, non creò proprio le nature e le sostanze destinate ad esistere in seguito ma piuttosto certe ragioni causali degli esseri futuri, dobbiamo aver paura di dar l'impressione di dire cose prive di senso. Quali sono in realtà siffatte ragioni causali secondo le quali potrebbe dirsi che Dio aveva già fatto a sua immagine l'uomo di cui non aveva ancora formato il corpo mediante il fango e nel quale non aveva ancora infuso il soffio creando così l'anima? E per dire il vero, anche se il corpo umano aveva una ragione causale occulta, in virtù della quale doveva essere formato in futuro, esisteva però anche il materiale con cui doveva essere formato, cioè la terra in cui è facile capire che quella ragione era nascosta come in un seme. Ma dell'anima che doveva essere creata, cioè del soffio che doveva esser creato per divenire anima umana, quale ragione causale era stata nascosta originariamente nella terra quando Dio disse: Facciamo l'uomo a nostra immagine e somiglianza 14 - somiglianza che può intendersi rettamente solo rispetto all'anima - se non c'era alcuna sostanza con cui potesse essere creata?

In una creatura spirituale la ragione causale dell'anima?

22. 33. Se infatti quella ragione causale era in Dio e non in una creatura, allora non era stata creata. In che senso dunque [la Scrittura] dice: Dio fece l'uomo a propria immagine 15? Se invece era già nella creazione, cioè nelle stesse cose già create simultaneamente da Dio, in quale creatura essa era? In una creatura spirituale o in una materiale? Se era in una creatura spirituale, agiva forse in qualche modo negli esseri corporei del mondo sia celesti che

terrestri? Oppure non vi esercitava alcuna attività prima che l'uomo fosse creato nella sua propria natura, allo stesso modo che nell'uomo già vivente di vita personale esiste occulta e inattiva la potenzialità di generare che non agisce se non nell'amplesso sessuale e nel concepimento? Oppure anche quella creatura spirituale, in cui era nascosta questa ragione, non produceva nulla della sua opera? Ma a che scopo era stata creata? Forse per contenere la ragione causale della futura o delle future anime umane, come se non potessero esistere in se stesse ma solo in una creatura vivente di vita propria, come la facoltà di generare non può essere se non nelle nature già esistenti e complete? Genitrice dell'anima sarebbe stata dunque costituita una creatura spirituale, in cui fosse la ragione causale dell'anima futura, che però non dovrebbe esistere se non quando Dio la crea per infonderla nell'uomo. Anche nel caso della procreazione umana, a creare e formare il prodotto del seme oppure immediatamente della stessa prole è solo Dio mediante la sua Sapienza che per la sua purezza si diffonde e penetra dappertutto e per questo nulla d'inquinato s'infiltra in essa 16, mentre si estende da un confine all'altro con forza e governa con dolcezza ogni cosa 17. Ma io non so come si possa comprendere che fu creata per quest'unico scopo una non so quale creatura spirituale che non è ricordata tra le opere create da Dio nel corso di quei giorni, sebbene la Scrittura affermi che Dio creò l'uomo nel sesto giorno, ma allora Dio non lo aveva creato nella sua propria natura, sibbene solo nella sua ragione causale insita nella creatura che non è menzionata [nella Scrittura]. C'era infatti un motivo maggiore perché dovesse essere menzionata proprio essa che era stata portata alla perfezione in modo che non si dovesse aspettare più a farla conforme a una ragione causale, che sarebbe stata anteriore a lei.

Non è nella natura angelica la ragione causale dell'anima.

23. 34. Se il "giorno" creato da Dio all'origine viene inteso rettamente come un essere spirituale e intellettuale, potrebbe darsi che Dio quando fece l'uomo a sua immagine il sesto giorno, inserì in

quella natura spirituale e intellettuale la ragione causale dell'anima che doveva essere creata in seguito? Avrebbe egli, così, fissato in precedenza la ragione causale e formale, conforme alla quale avrebbe creato l'uomo dopo i sette giorni e in tal modo si potrebbe pensare ch'egli creò la ragione causale del corpo dell'uomo nella sostanza della terra e la ragione causale dell'anima nella natura del primo "giorno"? Ma dire ciò non equivale forse a dire che lo spirito angelico è in un certo senso padre dell'anima umana, se nella creatura spirituale è precostituita la ragione causale dell'anima umana da creare, allo stesso modo che nell'uomo è la ragione causale della sua prole futura? Per conseguenza, progenitori dei corpi umani sarebbero gli uomini, e delle anime gli angeli, mentre Dio sarebbe il creatore sia dei corpi che delle anime, ma degli uomini per il tramite degli uomini, delle anime invece per il tramite degli angeli. O forse possiamo dire che Dio sarebbe creatore del primo corpo umano tratto dalla terra e della prima anima umana tratta dalla natura angelica, nei quali esseri avrebbe fissato precedentemente le ragioni causali dei corpi e delle anime, quando all'origine fece l'uomo tra gli esseri, creati tutti da lui simultaneamente, in seguito avrebbe infine creato gli uomini mediante gli uomini, traendo il corpo dal corpo e l'anima dall'anima? È un problema spinoso poiché è difficile capire come l'anima potrebbe esser figlia d'un angelo o degli angeli, ma è molto più difficile capire come potrebbe essere figlia del cielo corporeo o, ancor peggio, del mare e della terra! Se quindi è assurdo pensare che Dio creasse la ragione causale dell'anima nella natura angelica, molto meno si può ammettere che la ragione causale dell'anima fosse creata anteriormente in qualche creatura corporea quando Dio fece l'uomo a propria immagine, prima che al momento voluto infondesse col suo soffio l'anima al corpo formato col fango.

Prima ipotesi: l'anima esiste prima di venire nel corpo.

24. 35. Vediamo dunque se per caso si possa affermare con verità - come a me pare certamente più accettabile per la ragione umana - che Dio, tra le prime opere da lui create tutte simultaneamente, creò

anche l'anima umana che a tempo debito avrebbe infusa nelle membra del corpo formato con il fango. Di questo corpo, tra tutte le opere create simultaneamente, Dio aveva creato la ragione causale, conforme alla quale fece il corpo umano allorché dovette essere fatto. Ora l'espressione della Scrittura: a propria immagine possiamo intenderla nel suo giusto senso solo in rapporto all'anima, allo stesso modo che l'altra: maschio e femmina solo in rapporto al corpo. Se dunque non vi si oppone alcuna autorità della sacra Scrittura o un argomento vero della ragione, si deve credere che l'uomo fu creato il sesto giorno nel senso che la ragione causale del corpo umano era già stata creata negli elementi del mondo, ma che l'anima era già stata creata nel suo essere come all'inizio era già stato creato il "giorno" e che, una volta creata, restò nascosta tra le opere di Dio finché, al momento voluto, Dio non l'avrebbe infusa con il soffiare, cioè con l'ispirare l'alito nel corpo formato col fango.

Se l'anima preesisteva, che cosa l'avrebbe spinta a venire nel corpo?

25. 36. Ma a questo punto dobbiamo considerare un nuovo problema di una certa importanza. Se infatti l'anima era già stata creata e celata, dove avrebbe potuto stare meglio che dove si trovava? Che ragione c'era dunque perché l'anima, vivente nell'innocenza, dovesse essere infusa - per darle vita - nella carne, in cui peccando avrebbe offeso il proprio Creatore con il risultato di meritare il castigo della fatica e il tormento della condanna? È forse necessario dire che l'anima è propensa per sua spontanea volontà verso il corpo per governarlo e che in questa vita con il corpo - in quanto la si può vivere sia nella giustizia che nell'iniquità - avrebbe potuto avere, a seconda di quanto avrebbe scelto, o il premio della sua giustizia o il castigo della sua iniquità? Siffatta ipotesi non sarebbe forse contraria all'affermazione dell'Apostolo in cui dice che quanti non sono ancora nati non hanno fatto nulla di bene o di male [18]? Infatti la propensione spontanea dell'anima verso il corpo non è ancora un'azione giusta o malvagia di cui si debba rendere conto nel

giudizio di Dio, nel quale ciascuno riceverà la ricompensa delle opere compiute mediante il corpo, sia in bene che in male 19. Perché dunque non avanzare un'ulteriore ipotesi, che cioè l'anima sia venuta nel corpo per ordine di Dio? In tal modo, se nel corpo essa volesse agire secondo i precetti di Dio, riceverebbe in ricompensa la vita eterna e la compagnia degli angeli; se invece li disprezzasse, subirebbe il castigo più che giusto sia d'una pena di lunga durata sia del fuoco eterno? Oppure - poiché il fatto stesso di aver ubbidito a Dio è di certo già un'azione buona - potrebbe darsi che questa ipotesi fosse contraria all'affermazione che coloro i quali non sono ancora nati, non hanno fatto nulla né di bene né di male?

Se l'anima si unì al corpo di propria volontà, non prevedeva il futuro.

26. 37. Se le cose stanno così, potremo ammettere altresì che l'anima non fu originariamente creata in uno stato tale da avere la prescienza delle proprie azioni futuribili o buone o cattive. Poiché non è affatto credibile che l'anima potesse avere la tendenza a vivere di propria volontà in un corpo, se avesse preveduto che avrebbe commesso certi peccati per cui sarebbe stata punita giustamente con un castigo eterno. È di certo giusto lodare in tutte le cose il Creatore che ha fatto assai buone tutte le cose. Egli poi non dev'essere lodato solo per gli esseri ai quali ha dato la prescienza, dal momento che viene lodato anche per aver creato le bestie, alle quali è superiore la natura umana anche con i peccatori che si trovano in casa. È infatti la natura umana che deriva da Dio e non l'iniquità nella quale l'uomo s'impaccia da se stesso abusando del libero arbitrio, ma se l'uomo non avesse il libero arbitrio, avrebbe anche minore eccellenza nell'universo. Poiché dobbiamo immaginare una persona che vive santamente anche se priva della prescienza del futuro e in siffatta condizione bisogna osservare come - per l'eccellenza della buona volontà - non venga impedita di vivere rettamente e piacere a Dio, per il fatto che, pur ignorando il futuro, egli vive in virtù della fede. Chi dunque negasse l'esistenza d'una creatura di tale specie tra gli

esseri del mondo, si opporrebbe alla bontà di Dio. Chi poi nega che una tale creatura subisce delle pene in castigo dei peccati, è nemico della giustizia di lui.

L'anima viene nel corpo per desiderio naturale.

27. 38. Ma se l'anima viene creata per esser mandata nel corpo, possiamo domandarci se vi sia costretta contro la sua volontà. È però preferibile supporre ch'essa abbia questa volontà per sua natura, cioè che la natura in cui viene creata è tale ch'essa lo vuole, come per noi è naturale il desiderio di vivere; vivere male, al contrario, non appartiene di certo alla natura come una sua proprietà, ma alla volontà perversa, meritevole giustamente di castigo.

L'anima è stata creata con una materia spirituale.

27. 39. È dunque inutile chiedersi con quale - diciamo così - quasi-materia è stata fatta l'anima, se possiamo supporre con ragione ch'essa fu creata tra le opere primordiali di Dio, quando fu creato il "giorno" poiché, allo stesso modo che furono creati gli esseri che non esistevano, così fu creata anche l'anima insieme con quelli. Ma se c'era anche una materia formabile, non solo corporale ma altresì spirituale che, rispetto alla sua formazione, avesse una priorità non di tempo ma di origine, come la voce ha priorità rispetto al canto - anch'essa, tuttavia, creata solo da Dio, dal quale ha l'essere ogni cosa - che cosa è più logico supporre se non che l'anima è stata creata mediante una materia spirituale?

Seconda ipotesi: l'anima creata contemporaneamente al corpo.

28. 40. Se uno invece non vuole ammettere che l'anima fu creata solo quando fu infusa nel corpo già formato, veda che cosa può rispondere a chi gli chiede da che cosa fu tratta. Potrà rispondere che Dio fece o fa qualcosa dopo aver portato a termine tutte le opere della creazione; in questo caso deve riflettere come spiegare che

l'uomo fu creato il sesto giorno a immagine di Dio - e ciò non può intendersi nel giusto senso se non rispetto all'anima - ossia deve dire in quale sostanza fu creata la ragione causale dell'anima che ancora non esisteva. Oppure risponderà che l'anima fu creata non dal nulla ma da qualcosa già esistente; ma in questo caso incontrerà difficoltà nel cercare quale fosse quella sostanza, se fisica o spirituale e rispondere ai quesiti da me considerati più sopra. Resterà sempre, inoltre, la difficoltà d'indagare ancora in quale sostanza degli esseri, creati originariamente nei sei giorni, Dio fece la ragione casuale dell'anima, che ancora non aveva creata dal nulla o tratta da qualche cosa.

Difficoltà scritturistiche riguardo all'origine e alla creazione dell'anima.

28. 41. Se [l'eventuale oppositore] vorrà evitare questa difficoltà dicendo che nel sesto giorno fu anche fatto l'uomo col fango, ma che la Scrittura ricorda ciò in seguito solo per ricapitolare [le opere di Dio], deve considerare che cosa rispondere a proposito della donna, poiché la s dice: Dio li creò maschio e femmina e li benedisse 20. Se infatti risponderà che la donna fu creata venendo tratta da una costola dell'uomo, deve tener presente come potrà affermare che nel sesto giorno furono creati gli uccelli, i quali furono condotti ad Adamo, dal momento che la Scrittura insegna che ogni specie di uccelli fu creata il quinto giorno venendo tratta dalle acque; deve parimenti spiegare come al sesto giorno furono create anche le piante nel paradiso, mentre la Scrittura assegna la creazione di quelle piante al terzo giorno. Deve inoltre considerare che cosa vogliono dire le parole della Scrittura: Il Signore fece germogliare dal suolo ogni sorta d'alberi graditi alla vista e buoni da mangiare 21, come se quelli che aveva fatto germogliare dal suolo il terzo giorno non fossero graditi alla vista e buoni per mangiare, pur essendo tra le opere che fece Dio, e le fece tutte assai buone. Dovrà anche spiegare che cosa vuol dire: Dio formò ancora dal suolo ogni specie delle bestie dei campi e ogni specie d'uccelli del cielo 22, come se ancora

non esistessero tutti quegli esseri ch'erano stati prodotti prima o piuttosto come se nessuno di loro fosse stato prodotto in precedenza. Poiché la Scrittura non dice: "E Dio formò dalla terra ogni altra specie di uccelli del cielo", come se questi non fossero quelli che non erano stati prodotti dalla terra il sesto giorno o dall'acqua il quinto giorno; [la Scrittura] dice invece: ogni specie di bestie e ogni specie d'uccelli. Quel tale deve inoltre riflettere come Dio fece tutte le cose in sei giorni: nel primo fece il "giorno", nel secondo il firmamento, nel terzo la materia del mare e della terra e anche l'erba e gli alberi germoglianti dalla terra, nel quarto i luminari [del cielo] e le stelle, nel quinto gli animali acquatici, nel sesto quelli terrestri. Ma come mai in seguito la Scrittura dice: Quando fu creato il giorno, Dio creò il cielo e la terra e ogni sorta di verzura dei campi 23, dal momento che, quando fu creato il giorno, Dio non creò se non il giorno stesso? In qual modo inoltre Dio creò ogni specie di verzure dei campi prima che fossero sulla terra, e ogni sorta di fieno prima che germogliasse? Chi infatti non direbbe che il fieno fu creato quando germogliò e non prima che germogliasse 24, se le parole della Scrittura non glielo impedissero? Si ricordi inoltre che la Scrittura dice: Colui che vive in eterno ha creato ogni cosa simultaneamente 25, e veda come si possano dire create simultaneamente cose la cui creazione è separata da spazi temporali non solo di ore ma anche di giorni. Egli dovrebbe preoccuparsi anche di mostrare come sono vere ambedue le affermazioni che possono sembrare contrarie, cioè che Dio si riposò da tutte le sue opere il settimo giorno, come afferma il libro della Genesi 26 e che Dio agisce senza interruzione, come afferma il Signore 27. Consideri altresì come la Scrittura dice essere state iniziate le medesime opere che dice essere state portate a compimento.

In qual modo Dio ha fatto le cose presenti e le future?

28. 42. A motivo di tutte queste affermazioni della sacra Scrittura, di cui nessuno, tranne gli infedeli e gli empi, mette in dubbio la veracità, siamo stati indotti ad affermare che all'origine del mondo

Dio creò dapprima tutti gli esseri simultaneamente, alcuni direttamente nella propria natura, altri nelle loro cause preesistenti. In tal modo l'Onnipotente creò non solo gli esseri presenti ma anche quelli futuri e si riposò dopo averli creati, affinché in seguito, avendone cura e governandoli, creasse anche l'ordine dei tempi e degli esseri temporali, poiché da una parte li aveva portati a compimento nel senso che aveva determinato i limiti di tutte le specie di creature e dall'altra li aveva cominciati in relazione alla loro propagazione attraverso i secoli e così, per il fatto di averli portati a termine, si riposò, e per il fatto di averli cominciati, agisce ancora al presente. Ma se queste affermazioni [della Scrittura] possono essere interpretate in un senso migliore, non solo non mi oppongo, ma lo accetto anche favorevolmente.

Conclusione: verità certe e opinioni discutibili riguardo all'anima.

28. 43. Riguardo tuttavia all'anima che Dio infuse all'uomo soffiando col suo alito sul volto di lui, non affermo per ora nulla di definitivo, tranne quanto segue: essa proviene da Dio ma senza essere la sostanza di lui; è incorporea, non è - in altre parole - un corpo ma uno spirito; questo spirito però non è generato né procede dalla sostanza di Dio, ma è stato creato da lui, in modo però che nessuna natura corporea o anima irrazionale fosse trasformata nella sua natura e perciò è tratto dal nulla; l'anima è immortale secondo un certo modo di vita ch'essa non può perdere affatto; tuttavia, a causa d'una certa mutabilità per cui può diventare peggiore o migliore, si potrebbe pensare altresì che è mortale, poiché la vera immortalità la possiede solo Colui del quale la Scrittura dice in senso specifico: Il solo che possiede l'immortalità 28. Le altre spiegazioni da me esposte e dibattute in questo libro dovrebbero riuscire utili al lettore nel senso che o può sapere come siano da indagare, senza affermare nulla di avventato, le cose che la Scrittura non esprime con chiarezza, oppure, se questo mio modo di ricercare non gli piace, sa qual è il metodo da me usato nella ricerca in modo che se può

insegnarmene [uno migliore], non me lo rifiuti, e se invece non lo può, ricerchi insieme con me qualcuno dal quale possiamo imparare ambedue.

LIBRO OTTAVO

Il paradiso terrestre: realtà o figura?

1. 1. Dio inoltre piantò il paradiso in Eden nell'Oriente e vi collocò l'uomo che aveva formato 1. So bene che molti autori hanno scritto molto a proposito del paradiso: tre sono tuttavia le opinioni, diciamo così, più comuni su questo argomento. La prima è quella di coloro che vogliono intendere il "paradiso" unicamente in senso letterale; la seconda quella di coloro che lo intendono solo in senso allegorico; la terza è quella di coloro che prendono il "paradiso" in entrambi i sensi: cioè ora in senso letterale, ora in senso allegorico. Per dirla dunque in breve, confesso che a me piace la terza opinione. Conforme a questa opinione mi sono accinto adesso a parlare del paradiso, come il Signore si degnerà di concedermi. Ecco: l'uomo ch'era stato fatto con il fango della terra - cosa questa che indica certamente il corpo umano - fu collocato nel paradiso materiale. Adamo è, sì, simbolo di un'altra persona secondo l'affermazione dell'Apostolo - ossia ch'egli è figura del secondo Adamo 2 - ma qui lo prendiamo nel senso di un "uomo" costituito nella sua propria natura, che visse un determinato numero di anni e, dopo aver generato una sua numerosa discendenza, morì allo stesso modo in cui muoiono gli altri uomini, sebbene non fosse nato da genitori come tutti gli altri, ma fatto di terra, com'era conveniente al primo uomo. Per conseguenza si dovrà anche ritenere che il paradiso ove Dio collocò l'uomo, non è altro che una località, cioè una contrada, dove potesse dimorare un uomo terrestre.

Senso letterale e senso allegorico nei libri della Scrittura.

1. 2. Effettivamente in questi libri il racconto non è scritto nel genere letterario in cui le realtà sono prese in senso figurato, come nel Cantico dei cantici, ma nel senso letterale di fatti realmente accaduti, come nei Libri dei Re e negli altri di tal genere. Ma in detti

libri vengono esposti fatti che càpitano abitualmente nella vita umana e perciò vengono intesi senza difficoltà, anzi di primo acchito, in senso letterale, di modo che se ne può trarre poi il significato allegorico ch'essi hanno di avvenimenti anche futuri. Nella Genesi, al contrario, poiché vi sono esposti fatti che non càpitano a lettori abituati a considerare solo il corso ordinario della natura, alcuni vogliono intenderli non in senso proprio, ma in senso figurato; per conseguenza pretendono che la storia, cioè la narrazione di fatti accaduti realmente, cominci solo dal punto in cui Adamo ed Eva, dopo essere stati espulsi dal paradiso, si unirono nell'amplesso sessuale e generarono figli. Come se per la nostra esperienza fossero fatti ordinari la lunga vita di Adamo ed Eva, o la traslazione di Enoch o il parto d'una donna anziana e sterile o altri fatti di tal genere.

Obiezione: il racconto di fatti meravigliosi diverso da quello della creazione.

1. 3. Ma - obiettano essi - c'è differenza tra un racconto di fatti meravigliosi e quello della creazione delle creature. Nel primo caso la singolarità degli stessi fatti dimostra che v'è diversità tra quelli che sono - per così dire - i modi in cui avvengono i fatti naturali e i modi in cui avvengono i miracoli, ch'essi chiamano "fatti meravigliosi"; nel secondo caso ci vien posta sotto gli occhi la creazione delle nature. A questi tali si risponde che anche la stessa creazione è insolita per il fatto ch'essa è la prima. Che c'è infatti tanto privo di esempi e senza pari nella costituzione del mondo quanto il mondo stesso? Bisogna forse credere che Dio non ha creato il mondo per il fatto che non crea più altri mondi? oppure credere che non ha creato il sole per il fatto che non crea più altri soli? Ecco la risposta che per la verità dovrebbe darsi a quanti provano imbarazzo per queste obiezioni a proposito non solo del paradiso ma dell'uomo stesso. Orbene, poiché credono che l'uomo fu creato da Dio come non è stato creato nessun altro, come mai rifiutano di credere che il paradiso fu creato allo stesso modo che adesso vengono create le

foreste?

I fatti narrati con termini concreti sono da intendere anzitutto in senso proprio.

1. 4. Mi rivolgo naturalmente a coloro che accettano l'autorità delle Scritture: alcuni di essi infatti vogliono intendere il paradiso non in senso proprio, ma in senso figurato. Con quelli invece che respingono in blocco le Scritture che stiamo interpretando, abbiamo trattato in un'altra opera in modo diverso; ma ciononostante anche nella suddetta opera nostra noi difendiamo - nei limiti della nostra capacità - il senso letterale; in tal modo coloro, che senza alcun motivo razionale, rifiutano di credere questi fatti per ostinazione o per ottusità mentale, non possono trovare alcuna ragione per dimostrare che sono falsi. D'altra parte alcuni dei nostri scrittori, che credono nelle divine Scritture, rifiutano d'intendere il paradiso nel senso letterale, cioè come un luogo assai ameno, ombreggiato da alberi carichi di frutti e in pari tempo spazioso fecondato da una sorgente abbondante mentre vedono tanti e tanto vasti boschetti verdeggianti arricchirsi di rami senza alcun concorso dell'uomo ma solo grazie all'occulta azione di Dio. Io mi stupisco come mai [questi scrittori] credono che l'uomo fu creato in un modo completamente estraneo alla loro esperienza. Oppure, se anche l'uomo si deve intendere in senso figurato, chi mai generò Caino, Abele e Set? Esistettero forse anch'essi solo in senso figurato e non erano uomini nati da uomini? Questi pensatori considerino quindi più attentamente ove li condurrebbe la loro opinione preconcetta e si sforzino con noi d'intendere in senso proprio i fatti narrati. Chi, infatti, non li approverebbe allorché intendono che cosa questi fatti indicano anche in senso figurato, riguardo alle realtà spirituali o ai sentimenti o agli eventi futuri? Naturalmente, se non fosse affatto possibile salvaguardare la verità della fede prendendo anche in senso letterale le cose della Genesi che qui commentiamo e sono denotate con termini di significato materiale, quale alternativa ci resterebbe che prenderle in senso figurato, anziché accusare empiamente la sacra

Scrittura? Se, al contrario, anche prendendo queste cose in senso letterale, non solo non impediscono ma servono a difendere con più valide prove il racconto della sacra Scrittura, io penso che non ci sarà nessuno tanto ostinato nella sua opinione contraria alla fede che, vedendo che sono narrate in senso letterale, conforme alla norma della fede, preferisca restare nella sua precedente opinione se per caso gli fosse sembrato che quelle cose non potevano esser prese se non in senso figurato.

Perché Agostino espose allegoricamente la Genesi contro i Manichei.
2. 5. Io stesso, poco dopo la mia conversione, scrissi due libri contro i manichei i quali sono in errore non perché intendono questi libri dell'Antico Testamento in senso diverso da quello dovuto, ma perché li rigettano del tutto e, nel rifiutarli, ne fanno oggetto di bestemmie sacrileghe. Allora io desideravo confutare subito le loro aberrazioni o stimolarli a cercare nelle Sacre Scritture, da essi aborrite, la fede insegnata da Cristo e consegnata nei Vangeli. In quel tempo però non mi si presentava alla mente in qual modo tutti quei fatti potessero intendersi in senso proprio, anzi mi pareva che non fosse possibile o lo fosse solo a stento e difficilmente. Per questo, affinché la mia opera non subisse ritardi, spiegai quale fosse il senso figurato dei fatti, di cui non riuscivo a trovare il senso letterale e lo feci con la maggiore brevità e chiarezza possibili, al fine di evitare che i manichei rimanessero scoraggiati dalla prolissità della mia opera o dall'oscurità della discussione e non si curassero di prenderla nelle loro mani. Mi ricordavo tuttavia dello scopo che mi ero proposto e che non ero in grado di raggiungere: quello cioè d'intendere tutti i fatti dapprima non già in senso figurato, ma in senso proprio e, perché non disperavo del tutto di poterli intendere anche in senso proprio, esposi lo stesso pensiero nella prima parte del secondo libro, ove dico: Senza dubbio se uno desidera intendere tutti i fatti [della Genesi] solo alla lettera, intenderli cioè non diversamente da ciò che significa la lettera, e può evitare di esprimere concetti falsi ed empi,

affermando invece dottrine pienamente conformi alla fede cattolica, non solo non dev'essere visto di malocchio, ma considerato un interprete eccellente e assai lodevole. Se invece non ci è data alcuna possibilità d'intendere i racconti della Genesi in un senso religioso e degno di Dio se non credendo che essi ci son presentati in figure ed enigmi, dobbiamo attenerci all'autorità degli Apostoli, dai quali sono spiegati tanti enigmi dell'Antico Testamento, e mantenere il metodo esegetico intrapreso con l'aiuto di Colui che ci esorta a chiedere, cercare e bussare 3, per potere spiegare in conformità con la fede cattolica tutte le realtà sia di genere storico, sia di genere profetico, senza pregiudicare una spiegazione più esatta e più accurata fatta da noi o da altri, ai quali il Signore si degnerà di manifestarla 4. Così dicevo allora. Adesso invece il Signore ha voluto che, guardando più addentro e considerando più attentamente quei testi, pensassi non senza fondatezza - a mio parere - che potessi mostrare anch'io che quei fatti sono stati scritti in senso proprio anziché in quello allegorico. Perciò come abbiamo voluto mostrare questo senso letterale per i testi precedenti, allo stesso modo cerchiamo d'esaminare anche i testi seguenti relativi al paradiso.

La piantagione degli alberi nel paradiso.

3. 6. Dio dunque piantò il paradiso in un luogo di delizie - questo è il significato di "Eden" - nell'Oriente e vi pose l'uomo che aveva formato 5. Così afferma la Scrittura, poiché così avvenne. La Scrittura poi riprende il racconto stesso che aveva esposto brevemente, per mostrare come ciò avvenne, come cioè Dio piantò il giardino e vi pose l'uomo che aveva formato. Ecco infatti come prosegue il testo: Dio inoltre fece germogliare ancora dalla terra ogni specie di alberi belli a vedersi e buoni a mangiarsi 6. La Scrittura non dice: "Dio inoltre fece germogliare dalla terra un altro albero o gli altri alberi", ma dice: Dio inoltre fece germogliare ancora dalla terra ogni specie di alberi belli a vedersi e buoni a mangiarsi. La terra dunque aveva già prodotto, cioè al terzo giorno, ogni specie di alberi graditi alla vista e buoni per il nutrimento. Dio infatti il sesto

giorno aveva detto: Ecco, io vi ho dato ogni specie di erba che si semina e produttrice di seme, che si trova su tutta la faccia della terra e ogni sorta d'alberi fruttiferi aventi in sé il frutto produttore di seme: ciò sarà per vostro nutrimento 7. Può forse essere dunque che "allora" Dio diede agli uomini una cosa e "ora" ha voluto darne un'altra? Io non lo credo. Ma siccome questi alberi piantati nel giardino sono della stessa specie di quelli che la terra aveva già prodotti il terzo giorno, essa li produsse ancora al tempo fissato. Poiché quando la Scrittura afferma che la terra produsse le piante il terzo giorno, esse erano state create "allora" sulla terra nei loro princìpi causali, nel senso cioè che "allora" la terra aveva ricevuto il potere latente di produrre le piante, lo stesso potere grazie al quale avviene che ancora "adesso" la terra produce quelle piante in modo palese e a termine determinato.

In che modo Dio parlava creando le ragioni causali degli esseri.

3. 7. Per conseguenza le parole dette da Dio il sesto giorno: Ecco, io vi ho dato ogni specie d'erba che si semina e produttrice di seme, che si trova su tutta la faccia della terra 8 ecc., non furono pronunciate da Dio mediante la voce risonante nel tempo, ma per mezzo della sua potenza creatrice che è nel suo Verbo; tuttavia solo con suoni emessi nel tempo si può dire agli uomini ciò che Dio disse senza servirsi di suoni misurabili nel tempo. Sarebbe infatti avvenuto che l'uomo, già plasmato col fango e fatto un essere vivente mediante il soffio di Dio e tutti i membri del genere umano discendenti da lui avrebbero dovuto servirsi, per il loro nutrimento, dei frutti delle piante che sarebbero spuntate dalla terra in virtù della potenzialità generatrice già ricevuta dalla terra. Dio perciò, deponendo nelle creature le ragioni causali [di quelle erbe e piante] che poi sarebbero esistite, come se già esistessero, parlava mediante la propria intima e trascendente verità, che nessuno ha mai vista o udita 9, ma che il suo Spirito ha rivelato allo scrittore sacro.

L'albero della vita.

4. 8. Le parole che seguono: Dio inoltre piantò l'albero della vita nel centro del paradiso e l'albero della conoscenza del bene e del male 10 dobbiamo considerarle con particolare attenzione per non essere costretti a intenderle in senso allegorico, come se questi alberi non esistessero [davvero] e, sotto il nome di alberi, simboleggiassero un'altra realtà. La Scrittura infatti dice della sapienza: Albero della vita è per tutti coloro che l'abbracciano con amore 11. Tuttavia, sebbene esista in cielo la Gerusalemme eterna, anche sulla terra è fondata una città che di quella è simbolo. Anche Sara e Agar, sebbene fossero figura dei due Testamenti 12, erano tuttavia anche due donne. Inoltre, sebbene Cristo ci bagni con l'acqua spirituale mediante la passione sofferta sul legno della croce, era tuttavia anche la roccia che, percossa da un legno, fece scaturire acqua per il popolo assetato 13 e perciò la Scrittura può dire che la roccia era Cristo 14. Tutte quelle cose simboleggiavano qualcos'altro diverso da ciò ch'esse erano, ma tuttavia erano anch'esse delle realtà materiali. E quando l'agiografo ne parlava, il suo non era un parlare figurato, ma il racconto preciso di fatti reali che prefiguravano realtà future. V'era dunque un albero della vita, come v'era una roccia ch'era Cristo; Dio poi non volle che l'uomo vivesse nel paradiso senza simboli di realtà spirituali, presentati a lui mediante cose materiali. L'uomo aveva dunque negli altri alberi il suo nutrimento, ma in quello della vita c'era un simbolo. E che cosa simboleggiava, se non la sapienza, di cui la Scrittura dice: Albero della vita è per tutti coloro che l'abbracciano con amore 15? Allo stesso modo, di Cristo si potrebbe dire ch'è la roccia da cui sgorga la sorgente per tutti coloro che hanno sete di lui. Giustamente egli vien chiamato con il nome di ciò ch'era simbolo di lui prima della sua venuta. Egli è l'agnello che viene immolato a Pasqua; tuttavia quell'immolazione non solo era prefigurata mediante il nome ma anche mediante un'azione reale. Poiché non può dirsi che quell'agnello non fosse un agnello: era senza dubbio un agnello che veniva ucciso e mangiato 16. Tuttavia con quell'azione reale veniva prefigurata anche un'altra realtà

diversa. Quel fatto era diverso da quello del vitello ingrassato che fu immolato per il banchetto in onore del figlio minore 17 per il suo ritorno a casa. In quest'ultimo caso il racconto per se stesso ha un senso figurato e non si tratta di un fatto realmente accaduto avente un senso figurato. Non fu l'Evangelista a narrare quel fatto ma fu lo stesso Signore a raccontarlo; l'Evangelista al contrario narra che fu il Signore a raccontare quella parabola. Ecco dunque perché anche ciò che narra l'Evangelista, che cioè il Signore fece quel racconto, è anch'esso un fatto reale, ma il racconto fatto dal Signore in persona era una parabola, a proposito della quale non si esige mai che le cose espresse a parole si possano dimostrare come fatti avvenuti anche alla lettera. Cristo è anche la pietra consacrata con l'olio da Giacobbe, e la pietra scartata dai costruttori, ma divenuta pietra angolare 18. Nel primo caso però c'è anche una relazione a un fatto realmente accaduto, mentre nel secondo si tratta solo di un fatto predetto in un linguaggio figurato. Il primo è un fatto accaduto nel passato e narrato dallo scrittore sacro; il secondo invece è solo la predizione di avvenimenti futuri.

L'albero della vita insieme realtà concreta e simbolo.

5. 9. Così anche la Sapienza, cioè lo stesso Cristo, è l'albero di vita nel paradiso spirituale, ove il Signore inviò dalla croce il buon ladrone 19, ma nel paradiso materiale fu creato anche un albero di vita che avrebbe simboleggiato la Sapienza. Questo afferma la Scrittura che, narrando i fatti accaduti al loro tempo, narra parimenti che anche l'uomo, creato con un corpo e vivente nel suo corpo, fu posto nel paradiso. Oppure, se c'è chi pensa che le anime, dopo essere uscite dal corpo, sono trattenute in luoghi materialmente visibili, sebbene siano prive del loro corpo, sostenga pure la sua opinione. Tra i fautori di questa teoria non mancheranno di quelli che arrivano a sostenere che anche il ricco tormentato dalla sete era in un luogo sicuramente materiale e non esitano a dichiarare che l'anima stessa è assolutamente corporea per il fatto che la lingua del ricco [epulone] era riarsa e bramava una goccia d'acqua dal dito di

Lazzaro 20. Io con costoro non voglio discutere a vanvera riguardo a una questione così difficile: è meglio aver dubbi su cose misteriose che discutere su quelle incerte. Io non dubito affatto che il ricco [epulone] si trovava nel castigo del fuoco ardente mentre il povero [Lazzaro] si trovava nella gioia del refrigerio. Ma in che senso dobbiamo intendere le fiamme dell'inferno, il seno di Abramo, la lingua [arida e riarsa] del ricco, il dito del povero, il refrigerio della goccia d'acqua? È forse possibile trovare a stento una risposta a questi problemi da chi li indaga con spirito pacato, mentre non sarà mai possibile a coloro che discutono con acrimonia. Noi perciò dobbiamo rispondere in fretta per non attardarci in una questione difficile e che richiede lunghi discorsi. Se le anime anche dopo la loro dipartita dal corpo sono trattenute in luoghi materiali, il buon ladrone poté essere introdotto nel paradiso, ove fu posto il primo uomo vivente nel suo corpo. Ciò detto, aggiungo che mediante un passo più appropriato delle Scritture, se lo esigerà la necessità d'una spiegazione, spero di precisare in qualche modo ciò che potrò venire a conoscere con le mie indagini o esprimere il mio pensiero riguardo a questo argomento.

L'albero della vita era reale ma anche simbolo della sapienza.

5. 10. Tuttavia, che la Sapienza non è un corpo e perciò neppure un albero, non solo non lo dubito io ma penso che non lo dubiti nessuno. Era però possibile che la Sapienza avrebbe potuto esser simboleggiata nel paradiso terrestre mediante un albero, per mezzo cioè d'una creatura materiale usata - per così dire - come un simbolo; ma questa ipotesi crede non doverla accettare chi non vede quante realtà materiali nelle Scritture sono simbolo di realtà spirituali, oppure chi sostiene che il primo uomo non avrebbe dovuto regolare la propria vita conforme a un simbolo siffatto, mentre invece vede un simbolo di tal genere l'Apostolo parlando della donna - che di certo è stata tratta da una costola dell'uomo - dicendo che l'affermazione della Scrittura: Per questo l'uomo lascerà suo padre e sua madre e si unirà a sua moglie e saranno due in una carne sola 21 è un mistero

grande in rapporto a Cristo e alla Chiesa 22. È strano e assai difficile a tollerarsi che alcuni vogliano intendere il "paradiso" solo in senso figurato e non ammettano che sia stato fatto anche come figura di un'altra realtà. Ma se a proposito di Agar e di Sara, d'Ismaele e d'Isacco si ammette che sono anch'essi persone reali e tuttavia sono anche delle figure simboliche, io non vedo perché non ammettere che anche l'albero di vita non solo era un vero albero e tuttavia era anche simbolo della Sapienza.

Di che natura era il cibo offerto da quell'albero.

5. 11. Si deve inoltre notare che il cibo dell'albero di vita, benché fosse materiale, era tuttavia di tal natura da rinvigorire il corpo umano dandogli una sanità duratura, non come uno degli altri alimenti, ma grazie ad un influsso misterioso che conservava [sempre] sano il corpo. Infatti, benché quello fosse di certo un pane ordinario, tuttavia in un'altra occasione ebbe un potere maggiore, poiché con una sola piccola focaccia Dio preservò un uomo dall'inedia per lo spazio di quaranta giorni 23. Esiteremo forse noi a credere che Dio, mediante il frutto di un albero, destinato ad essere figura d'un cibo più eccellente, potesse dare all'uomo il potere di preservare il proprio corpo dal deterioramento fisico, causato da malattie o dall'età, o dal cadere anche nella morte, dal momento che diede al cibo dell'uomo una proprietà tanto meravigliosa che la farina e l'olio, contenuti in recipienti di terracotta, potessero ristorare le forze mancanti senza che venissero a mancare essi stessi 24? Adesso venga pure fuori uno della genìa degli attaccabrighe a dire che Dio avrebbe dovuto compiere simili miracoli nelle nostre regioni ma non avrebbe dovuto compierli nel paradiso terrestre, come se creare nel paradiso l'uomo con il fango o la donna traendola da una costola dell'uomo non fosse un miracolo più grande di quello di risuscitare i morti sulla nostra terra.

L'albero della conoscenza del bene e del male.

6. 12. Dobbiamo ora considerare l'albero della conoscenza del bene e del male. Anche quest'albero era certamente visibile e materiale come tutti gli altri alberi. Non dobbiamo dunque dubitare che fosse un albero, ma cercare il motivo per cui ebbe questo nome. Quanto a me, considerando più e più volte il problema, non posso dire quanto approvi l'opinione di quegli scrittori i quali affermano che il frutto di quell'albero non era dannoso - poiché Dio che aveva fatto ogni cosa molto buona 25, non aveva creato nulla di cattivo nel paradiso - ma che per l'uomo il male fu l'aver trasgredito il precetto di Dio. Era invece conveniente che all'uomo, posto sotto il dominio di Dio suo Signore, fosse vietato qualcosa in modo che proprio l'ubbidienza fosse per lui la virtù mediante la quale potesse piacere al proprio Signore. Io posso dire con tutta verità che l'unica virtù di ogni creatura ragionevole operante sotto il dominio di Dio è l'ubbidienza, mentre la radice e il più grande di tutti i vizi è la superbia per cui uno usa il proprio potere per la propria rovina e questo vizio si chiama disubbidienza. L'uomo dunque non avrebbe avuto alcuna possibilità di rendersi conto o di accorgersi d'essere soggetto al Signore, se non gli fosse stato impartito un precetto. L'albero perciò non era cattivo, ma ebbe il nome di albero della conoscenza del bene e del male perché, se l'uomo ne avesse mangiato il frutto dopo il divieto, quell'albero sarebbe divenuto l'occasione della futura trasgressione del precetto e a causa della trasgressione l'uomo avrebbe compreso - mediante il castigo che avrebbe sperimentato - la differenza che c'è tra il bene dell'ubbidienza e il male della disubbidienza. Ecco perché neppure qui la Scrittura parla d'un simbolo, ma dobbiamo prendere l'albero nel senso letterale e concreto, al quale fu imposto il nome suddetto non a causa dei frutti o dei pomi che nascevano da esso, bensì a causa dell'effetto che ne sarebbe seguito, se fosse stato toccato contro il divieto [di Dio].

I fiumi del paradiso.

7. 13. E un fiume, che irrigava il paradiso, usciva da Eden e di lì si divideva in quattro bracci. Il primo di essi si chiama Fison; questo scorre intorno a tutta la regione di Evilath dove c'è l'oro, e l'oro di quel paese è puro e c'è anche il carbonchio e lo smeraldo. Il secondo fiume si chiama Geon; esso scorre attorno a tutto il paese dell'Etiopia. Il terzo fiume è il Tigri; questo scorre attraverso l'Assiria. Il quarto fiume è l'Eufrate 26. Parlando di questi fiumi perché mai dovrei sforzarmi ulteriormente di confermare ch'essi sono veri fiumi e non espressioni figurate, come se non fossero delle realtà ma solo nomi significanti qualche altra realtà, dal momento che sono assai noti nei paesi attraverso i quali scorrono, e sono conosciuti quasi da tutti i popoli? Si può anzi costatare che questi fiumi esistono davvero: a due di essi l'antichità ha cambiato il nome, come [è accaduto per] il fiume che ora si chiama Tevere, mentre prima si chiamava Albula; il Geon è infatti lo stesso fiume che ora si chiama Nilo; si chiamava invece Fison quello che ora si chiama Gange; gli altri due, il Tigri e l'Eufrate, al contrario, hanno conservato tuttora il loro nome. Questi riscontri dovrebbero persuaderci a prendere anzitutto in senso letterale gli altri particolari e a non vedervi un modo figurato di parlare, bensì che non sono soltanto dei fatti reali, narrati come storici ma che sono anche figure di qualche altra realtà. Ciò non perché una parabola non possa prendere qualche particolare della realtà benché sia evidente che i fatti raccontati da essa non sono avvenuti in senso letterale. Così il Signore parla di quel tale che scendeva da Gerusalemme a Gerico ed incappò nei briganti 27. Chi mai non si accorge e non vede chiaramente che si tratta d'una parabola e che tutto quel racconto è allegorico? Ciononbimeno le due città nominate nella parabola si possono vedere anche adesso nei propri luoghi. Anche questi quattro fiumi potremmo prenderli in senso figurato, se una qualche necessità ci costringesse a prendere in senso figurato e non letterale tutto il rimanente racconto del paradiso; ma ora, poiché nessuna ragione c'impedisce di prendere i fatti stessi anzitutto in senso letterale,

perché non dovremmo seguire semplicemente piuttosto l'autorità della Scrittura relativa alla narrazione dei fatti, prendendoli dapprima come fatti veramente accaduti e poi, alla fine, indagare qual altra realtà potrebbero simboleggiare?

La sorgente e il percorso di quei fiumi.

7. 14. Saremo forse imbarazzati [ad ammettere ciò] per il fatto che, a proposito di questi fiumi, si dice che la sorgente di alcuni di essi è nota mentre di altri è del tutto ignota e perciò non può esser preso alla lettera [il racconto biblico], che cioè sarebbero bracci dell'unico fiume del paradiso? Ma poiché non sappiamo affatto dove si trovasse il paradiso, bisognerebbe piuttosto supporre che di lì si diramassero i quattro corsi d'acqua come attesta la Scrittura assolutamente veridica, e che i fiumi di cui si dice che si conosce la sorgente fossero andati a finire sotterra e, dopo aver percorso estese regioni, risgorgassero in altre località in cui si pretende di localizzare la sorgente. Chi non sa che questo fenomeno è comune ad alcuni corsi d'acqua? Ma questo fenomeno si conosce solo nelle regioni ove i fiumi hanno un corso sotterraneo breve.

Si può credere che l'uomo fu posto nel paradiso per lavorarlo senza fatica.

8. 15. Il Signore Dio prese poi l'uomo ch'egli aveva fatto e lo pose nel paradiso perché lo coltivasse e lo custodisse. Il Signore Dio inoltre diede il seguente comando ad Adamo: Tu potrai mangiare sicuramente di tutti gli alberi del paradiso, ma dell'albero della conoscenza del bene e del male non dovrete mangiare perché il giorno che ne mangerete morrete sicuramente 28. Dopo aver detto più sopra che Dio aveva piantato il paradiso e vi aveva posto l'uomo da lui formato 29, l'agiografo riprende qui il racconto per narrare in qual modo fosse costituito il paradiso. Ora perciò, riprendendo il racconto, ricorda anche in quali condizioni Dio vi pose l'uomo fatto da lui. Vediamo dunque che cosa voglia dire la frase "per coltivarlo e

custodirlo". Che cosa doveva coltivare e che cosa doveva custodire? Volle forse il Signore che il primo uomo lavorasse coltivando la terra? Oppure è forse credibile che Dio condannasse l'uomo al lavoro prima che peccasse? Noi potremmo certamente pensare così, se non vedessimo alcuni coltivare la terra con tanto godimento spirituale che per essi sarebbe un gran castigo esserne distolti per qualche altro lavoro. Qualsiasi diletto dunque, che può arrecare l'agricoltura, era allora certamente di gran lunga maggiore dal momento che nessuna avversità poteva accadere né da parte della terra né dell'atmosfera. L'agricoltura infatti non sarebbe stata un lavoro gravoso, ma un esercizio gioioso della volontà, poiché tutti i prodotti della creazione di Dio, grazie alla collaborazione del lavoro dell'uomo, sarebbero nati più abbondanti e rigogliosi; in tal modo al Creatore sarebbe stata resa una lode maggiore per aver dato all'anima posta in un corpo vivente il metodo razionale e la capacità di lavorare nella misura di quanto desiderava di fare liberamente o nella misura richiesta dai bisogni del corpo che potesse costringere uno a lavorare contro la sua volontà.

L'agricoltura e la potenzialità della natura creata da Dio.

8. 16. Quale spettacolo è più grande e meraviglioso, oppure dove mai la ragione umana può meglio conversare in certo qual modo con la natura che quando si è seminato, si sono piantati i virgulti, trapiantati gli arbusti, innestati i maglioli? Allora la mente umana si mette, per così dire, a esaminare che cosa possa o non possa effettuare l'energia di ogni radice e di ogni germe, per qual motivo lo possa o non lo possa, quale efficacia abbia nella natura la potenza invisibile e interna delle sue energie e quale ne abbia la cura applicata dall'esterno. Con queste considerazioni la mente può comprendere che non è qualcosa né chi pianta né chi irriga, ma è Dio che fa crescere 30; poiché anche il lavoro applicato dall'esterno viene eseguito da un uomo, creato tuttavia da Dio e invisibilmente guidato e regolato da Dio.

La duplice azione della Provvidenza per le creature.

9. 17. Ora, da questo punto la mente eleva lo sguardo a considerare lo stesso mondo come una specie di grande albero della creazione e anche in esso si scopre la duplice attività della Provvidenza: quella naturale e quella volontaria. L'attività naturale della Provvidenza viene esplicata dall'occulta azione di Dio che fa crescere anche gli alberi e le erbe, mentre l'attività volontaria viene esplicata mediante l'opera degli angeli e degli uomini. In virtù della prima attività sono regolate le creature celesti in alto e quelle terrestri in basso, risplendono i luminari e le stelle, si avvicendano il giorno e la notte, la terraferma è solcata e circondata dalle acque, si diffonde l'aria al di sopra della terra, arbusti e animali sono generati e nascono, crescono, s'invecchiano e muoiono; e così avviene per tutto ciò che nelle cose si produce per un impulso interno e naturale. Per mezzo dell'altra attività della Provvidenza si dànno segni, s'impartisce l'insegnamento e s'acquista l'apprendimento, si coltivano i campi, si governano le comunità, si esercitano le varie professioni e ogni altra attività che si compie tanto nel consorzio della città celeste quanto in quello terrestre e mortale: in tal modo anche i malvagi, a loro insaputa, concorrono al bene dei buoni. Anche nell'uomo stesso esercita il suo influsso la duplice attività della Provvidenza: anzitutto esercita l'attività riguardo al corpo, in virtù cioè del moto per cui l'uomo nasce, cresce, invecchia; quella volontaria poi per cui provvediamo a nutrirci, a vestirci, a conservarci. Lo stesso avviene per quanto riguarda l'anima: grazie all'attività naturale essa vive e sente, grazie all'attività volontaria invece impara e acconsente.

L'agricoltura considerata nel senso allegorico: paragone tra l'albero e l'uomo.

9. 18. Orbene, come l'azione esterna del coltivatore contribuisce a far progredire lo sviluppo interno di un albero, così per quanto riguarda il corpo dell'uomo, l'azione interna della natura è aiutata all'esterno dalla medicina. Ugualmente, per quanto riguarda l'anima,

l'insegnamento impartito dall'esterno contribuisce all'interiore felicità della natura. Ciò che è la negligenza nel coltivare un albero, è per il corpo trascurare le cure mediche, e per l'anima è la pigrizia nell'imparare. Ciò che è per l'albero l'acqua superflua, è per il corpo il nutrimento nocivo e per l'anima è l'incentivo al male. Al di sopra di tutte le cose è Dio che tutto ha creato e tutto governa, crea ogni natura con bontà e governa ogni volontà con giustizia. Che cosa c'è dunque di contrario alla verità se crediamo che l'uomo fu posto nel paradiso per esercitare l'agricoltura non già costretto da un lavoro servile ma spinto da un godimento spirituale adatto alla sua nobiltà? Che cosa c'è di più innocente per chi ha tempo libero, e che cosa desta pensieri più profondi per i sapienti?

Che significa: per coltivarlo e custodirlo.

10. 19. [L'uomo fu messo nel paradiso] per custodire: ma per custodire che cosa? Forse lo stesso paradiso? Ma contro chi? Di sicuro non c'era da temere alcun invasore dalle vicinanze né alcuno che avrebbe scompigliato le frontiere, nessun ladro, nessun aggressore. In qual senso dobbiamo intendere dunque che il paradiso materiale potesse essere custodito con mezzi materiali? Tuttavia nemmeno la Scrittura dice: "perché coltivasse e custodisse il paradiso", ma semplicemente: per lavorare e custodire. Se d'altra parte si traducesse più accuratamente alla lettera, dal greco, sta scritto così: Il Signore Dio prese l'uomo che aveva fatto e lo pose nel paradiso per coltivarlo e custodirlo 31. Ma noi non sappiamo se Dio vi pose l'uomo a lavorare: così interpretò il traduttore: perché lavorasse o coltivasse (ut operaretur), oppure "a lavorare" il medesimo paradiso, cioè "affinché l'uomo coltivasse il paradiso"; il testo è ambiguo e il modo di esprimersi sembra richiedere che non si dica "a lavorare il paradiso", ma "nel paradiso".

Prima ipotesi: spiegazione allegorica.

10. 20. Tuttavia, nell'ipotesi che la Scrittura dicesse per lavorare il

paradiso nel senso in cui più sopra aveva detto: Ma non c'era [ancora] l'uomo che lavorasse la terra 32 - poiché "lavorare la terra" e "lavorare il paradiso" sono due espressioni identiche - dovremmo spiegare questa frase ambigua nell'uno e nell'altro senso. Ammesso che non sia necessario intendere quella frase nel senso di "custodire il paradiso", ma "nel paradiso", che c'era dunque da custodire nel paradiso? Infatti abbiamo già spiegato che cosa voglia dire - a nostro avviso - lavorare nel paradiso. Diremo forse che l'uomo avrebbe dovuto custodire in se stesso con la disciplina il prodotto da lui ottenuto lavorando nella terra mediante l'agricoltura? In altre parole, allo stesso modo che la terra ubbidiva a lui quando la coltivava, così doveva ubbidire anche lui al Signore, dal quale aveva ricevuto il precetto, in modo da rendergli il frutto dell'ubbidienza e non le spine della disubbidienza? Di conseguenza, poiché l'uomo non volle restare ubbidiente e custodire in se stesso la rassomiglianza dal paradiso da lui coltivato, fu condannato e ricevette in castigo un campo simile a lui. Dio infatti disse: Spine e rovi produrrà la terra per te 33.

Seconda ipotesi: altra spiegazione allegorica.

10. 21. Se invece accettiamo la seconda ipotesi, e intendiamo che l'uomo "coltivava il paradiso" e "custodiva il paradiso", avrebbe, sì, potuto coltivarlo esercitando l'agricoltura - come abbiamo detto più sopra --, ma non avrebbe potuto custodirlo contro furfanti o nemici - che non esistevano - bensì, forse, contro le bestie selvagge. Ma come sarebbe stata possibile una simile cosa? E per qual motivo? Forse che le bestie infierivano già contro l'uomo, dal momento che ciò sarebbe avvenuto solo a causa del peccato? Come infatti è ricordato in seguito dalla Scrittura, fu proprio l'uomo a imporre il nome a tutte le bestie che erano state condotte davanti a lui; inoltre egli stesso il sesto giorno per ordine impartito da Dio ricevette il cibo comune con tutte le bestie. Oppure, se c'era già da temere qualcosa da parte delle bestie, come avrebbe potuto, un uomo solo, difendere il paradiso? Esso infatti non era una piccola località, dato che era irrigata da un

fiume tanto grande. L'uomo pertanto avrebbe dovuto difendere il paradiso qualora fosse stato in grado di fortificarlo da ogni lato con una muraglia tanto grande e lunga che non potesse penetrarvi il serpente; ma sarebbe stata un'azione incredibile, se l'uomo avesse potuto scacciarne tutti i serpenti prima di recingerlo da ogni lato con una muraglia!

10. 22. Perché dunque trascuriamo l'interpretazione più ovvia? L'uomo fu messo nel paradiso per coltivare lo stesso paradiso, com'è stato spiegato più sopra, mediante il lavoro agricolo non faticoso ma gioioso e adatto a suscitare nella mente di un sapiente pensieri alti e salutari. L'uomo inoltre doveva custodire il paradiso badando di non commettere qualche fallo per cui meritasse d'esserne espulso. Per conseguenza ricevette un precetto osservando il quale avrebbe potuto conservare per sé il paradiso, nel senso cioè che non ne sarebbe stato espulso qualora avesse ubbidito. Giustamente infatti si dice che uno non custodisce un suo bene se agisce in modo da perderlo, anche se quel bene rimane intatto per un altro che lo trova e merita di riceverlo.

Senso preferibile: Dio lavora e conserva l'uomo.

10. 23. La frase che discutiamo può avere anche un altro senso che per una giusta ragione io credo preferibile: Dio cioè lavorava e conservava l'uomo in persona. Poiché, allo stesso modo che l'uomo coltiva la terra non per far sì che sia terra, ma renderla con il suo lavoro tale da portar frutto, così Dio in un modo più efficace coltiva l'uomo, creato da lui stesso, perché possa essere reso giusto, purché non si allontani da lui per superbia. Infatti allontanarsi da Dio è ciò che la Scrittura chiama principio della superbia: Principio della superbia dell'uomo - dice la Scrittura - è allontanarsi da Dio 34. Dio è il Bene immutabile, l'uomo al contrario è un essere mutevole non solo quanto all'anima ma anche quanto al corpo; egli quindi non può essere formato per essere giusto e felice se non si volgerà e resterà stretto al Bene immutabile che è Dio. Per conseguenza il medesimo

Dio, che crea l'uomo perché sia uomo, coltiva anche l'uomo e lo custodisce perché sia anche buono e felice; ecco perché la Scrittura con la medesima espressione con cui dice che l'uomo coltiva la terra - ch'era già terra - per renderla bella e feconda, dice che Dio coltiva l'uomo - ch'era già uomo - perché sia buono e saggio, e lo custodisce poiché, quando l'uomo si compiace della propria potenza più di quella di Dio, che è al di sopra di lui, e quando disprezza la signoria di Dio, vive in una continua insicurezza.

Perché la Scrittura chiama qui Dio: il Signore.

11. 24. Io penso perciò che non sia privo di significato, ma che ci richiami alla mente qualcosa d'importante, il fatto che dalla prima riga di questo libro della sacra Scrittura, cioè dalla frase iniziale: Nel principio Dio creò il cielo e la terra, fino al passo che qui discutiamo, la Scrittura non dice mai "il Signore Iddio", ma soltanto Dio. Ora, al contrario, appena giunta al punto in cui racconta che Dio pose l'uomo nel paradiso per coltivarlo e custodirlo in ubbidienza al suo precetto, la Scrittura dice: Il Signore Iddio prese poi l'uomo ch'egli aveva creato e lo pose nel paradiso a coltivarlo e custodirlo 35. Dice così non perché Dio non fosse il Signore delle altre creature menzionate in antecedenza, ma perché questa frase non era scritta né per gli angeli né per alcun altro degli esseri creati, bensì per l'uomo, al fine di ricordargli quanto gli sia utile aver Dio per Signore; vivere cioè in ubbidienza sotto la sua sovranità piuttosto che secondo il proprio arbitrio, abusando senza alcuna misura del proprio potere. Ecco perché l'autore sacro non volle usare questa espressione prima di arrivare al punto [del suo racconto] in cui l'uomo sarebbe stato messo nel paradiso per coltivarlo e custodirlo. La Scrittura non dice più, come per le altre opere precedenti: "Dio inoltre prese l'uomo da lui creato", ma dice: Il Signore Dio prese poi l'uomo da lui creato e lo mise nel paradiso per coltivarlo, affinché fosse giusto, e per custodirlo, affinché fosse sicuro operando precisamente sotto la sua sovranità, che è utile non già a Dio, ma a noi. Non è infatti Dio che ha bisogno della nostra sudditanza, ma siamo noi che abbiamo

bisogno della sua sovranità, affinché egli ci coltivi e ci custodisca. Ecco perché è lui il vero e solo Signore, poiché noi serviamo lui non per la sua ma per la nostra utilità e salvezza. Se, infatti, fosse lui ad avere bisogno di noi, per ciò stesso non sarebbe il vero Signore, perché saremmo noi a soccorrere la sua indigenza, alla quale sarebbe soggetto anche lui. Giustamente il Salmista dice in un suo Salmo: Io ho detto al Signore: Mio Dio sei tu, poiché non hai bisogno dei miei beni 36. Quanto a ciò che abbiamo detto, che cioè noi serviamo Dio per il nostro bene e per la nostra salvezza, non dobbiamo prenderlo nel senso che noi aspettiamo qualcos'altro di diverso da lui ma unicamente lui stesso che è il sommo Bene e la nostra salvezza; è così che lo amiamo disinteressatamente conforme a quanto dice il Salmista: Bene è per me stare unito a Dio 37.

L'uomo è incapace di fare il bene senza Dio.

12. 25. L'uomo non è un essere costituito in modo che, una volta creato, possa compiere alcuna buona azione come se potesse farla da se stesso, qualora venisse abbandonato dal suo Creatore. Tutta la sua azione buona consiste invece nel volgersi verso il proprio Creatore e per opera di lui divenire giusto, pio, saggio e sempre felice; egli però non deve acquisire queste qualità e poi allontanarsi da lui come fa uno che, una volta guarito dal medico del corpo, se ne va per conto suo; poiché il medico del corpo presta solo esternamente la sua opera alla natura che opera internamente sotto l'azione di Dio, che è la causa di tutta la salute con la duplice azione della Provvidenza, di cui abbiamo parlato più sopra. L'uomo dunque non deve volgersi a Dio in modo che, una volta reso giusto, se ne allontani, ma in modo da ricevere sempre la giustificazione da lui. Poiché proprio per il fatto che non si allontana da Dio che non cessa di coltivarlo e custodirlo, viene giustificato da lui che gli è presente, viene illuminato e reso felice finché resta ubbidiente e sottomesso ai suoi precetti.

Come Dio lavora l'uomo.

12. 26. L'opera di Dio però non è come quella dell'uomo, il quale - come dicevamo - coltiva la terra perché sia in condizione di produrre ed essere fertile, e dopo aver fatto il proprio lavoro se ne va lasciandola arata o seminata o irrigata o in qualsiasi altro modo preparata; anche se l'agricoltore se ne va, rimane tuttavia l'opera compiuta. Dio invece non fa così: egli coltiva - è vero - l'uomo rendendolo giusto, cioè giustificandolo, ma non in modo che, se egli si allontana, l'opera da lui compiuta rimanga in chi si allontana da lui. Avviene invece piuttosto come avviene nell'aria che non è luminosa per sé ma lo diventa quando è presente la luce poiché, se fosse già luminosa di per sé e non lo diventasse, rimarrebbe luminosa anche quando manca la luce. Così l'uomo viene illuminato da Dio se Dio è presente a lui ma, se Dio è assente, piomba subito nelle tenebre. Da Dio però ci si allontana non a causa di distanze spaziali tra noi e lui, ma a causa dell'avversione della volontà umana che si volge via da lui.

L'uomo diventa buono per mezzo di colui che è immutabilmente buono.

12. 27. È dunque Dio - che è immutabilmente buono - colui che colloca e custodisce l'uomo per renderlo e conservarlo buono. Da lui noi dobbiamo essere continuamente fatti e continuamente resi perfetti, restando uniti a lui e rivolti verso di lui, del quale la Scrittura dice: Bene è per me restare unito a Dio 38, e al quale viene detto: Io conserverò la mia forza rivolto verso di te 39. Noi infatti siamo opera sua non solo perché fossimo esseri umani ma anche perché fossimo buoni. Anche l'Apostolo infatti, parlando ai fedeli convertiti dall'incredulità, mette in risalto la grazia in virtù della quale sono stati salvati e dice: In virtù di questa grazia infatti voi siete salvi mediante la fede; e ciò non viene da voi ma è dono di Dio, né viene dalle opere perché nessuno per caso se ne vanti. Noi infatti siamo opera sua, creati in Cristo Gesù per le opere buone predisposte

da Dio perché noi le compissimo 40. E in un altro passo, dopo aver detto: Attendete alla vostra salvezza con timore e tremore, per allontanare da essi il pensiero di attribuire a se stesso il merito d'esser divenuti giusti e buoni, subito soggiunge: È Dio infatti che opera in voi 41. Prese dunque Dio l'uomo da lui creato e lo mise nel paradiso per lavorarlo - cioè perché lavorasse in lui - e custodirlo.

Perché all'uomo fu proibito di mangiare il frutto di quell'albero buono?

13. 28. Il Signore Iddio diede poi questo comando ad Adamo, dicendo: D'ogni albero che si trova nel paradiso tu potrai mangiare sicuramente, ma dell'albero della conoscenza del bene e del male non dovrai mangiare poiché il giorno che ne mangerete morrete certamente 42. Se quell'albero, di cui Dio aveva proibito all'uomo di mangiare, fosse stato qualcosa di male, sarebbe potuto sembrare che l'uomo sarebbe rimasto avvelenato a morte proprio dalla natura cattiva di quell'albero. Ma poiché Dio aveva piantato nel paradiso alberi tutti buoni, avendo creato molto buone tutte le cose 43, e non c'era alcuna natura cattiva, poiché in nessuna cosa c'è alcuna natura di male - ma ciò lo esamineremo con più attenzione, se il Signore vorrà, quando parleremo del serpente - all'uomo fu proibito di toccare quell'albero, che non era cattivo, affinché la stessa osservanza del precetto fosse in se stessa un bene per lui e la trasgressione del male.

Il gran bene dell'ubbidienza e il gran male della disubbidienza.

13. 29. Non si sarebbe potuto mostrare meglio e più esattamente qual gran male è la disubbidienza in se stessa, dal momento che l'uomo si rese colpevole di peccato solo per aver toccato, contro il divieto, una cosa che, se l'avesse toccata senza che gli fosse stata proibita, di certo non avrebbe peccato. Poiché se uno, per esempio, dice: "Non toccate quest'erba", se per caso è velenosa, e predice la morte per chi la toccherà, certamente a colui che disprezzerà il divieto toccherà la

morte; ma anche se nessuno lo avesse proibito e qualcuno avesse toccato l'erba, sarebbe tuttavia morto certamente. Quell'erba infatti sarebbe stata nociva alla sua salute e alla sua vita, avesse ricevuto o no il divieto di toccarla. Può darsi peraltro che uno vieti di toccare una cosa perché l'azione recherebbe danno non a chi fa l'azione, ma a chi la vieta, come sarebbe il caso di chi mettesse le mani sul denaro altrui contravvenendo al divieto del proprietario del denaro; quell'azione allora sarebbe peccato per chi ne ha ricevuto il divieto, poiché potrebbe risultare dannosa per chi l'ha vietata. Quando, al contrario, si tocca qualcosa senza che l'azione rechi danno né a chi la tocca - qualora non gli fosse proibito - né ad alcun altro in qualunque momento la si toccasse, perché mai è un'azione vietata, se non per mostrare qual male sia la disubbidienza in se stessa?

Il peccato è ribellione alla volontà di Dio.

13. 30. Per conseguenza chi commette un peccato, non brama se non sottrarsi alla sovranità di Dio quando egli commette un'azione ch'è peccaminosa solo in quanto è proibita da Dio. Se a ciò solo si fosse prestata attenzione, a chi si sarebbe prestata attenzione se non alla volontà di Dio? Cos'altro si sarebbe amato, se non la volontà di Dio? Cos'altro si sarebbe preferito alla volontà umana, se non quella di Dio? Lo saprà certo il Signore perché ha dato l'ordine: al servitore tocca solo far ciò che Dio ha ordinato, e solo allora chi ha il merito [dell'ubbidienza] potrà vedere perché Dio ha dato quell'ordine. Tuttavia non dobbiamo indagare più a lungo il motivo di quell'ordine, dal momento che un gran vantaggio per l'uomo è proprio quello di servire Dio. Iddio con il comandare rende vantaggioso tutto ciò che vorrà comandare, poiché non dobbiamo temere che egli possa comandare qualcosa che non sia per il nostro bene.

Dal disprezzo del precetto di Dio l'esperienza del male.

14. 31. È impossibile che la volontà propria dell'uomo non si abbatta

su di lui con il peso di una grande sventura, se nella sua superbia la preferisce alla volontà di Colui che gli è superiore. Ecco quel che ha sperimentato l'uomo nel disprezzare il precetto di Dio, e da questa esperienza ha imparato quale differenza c'è tra il bene e il male, ossia tra il bene dell'ubbidienza e il male della disubbidienza, vale a dire della superbia e della ribellione, della perversa imitazione di Dio e della dannosa libertà. Anche se l'albero poté essere l'occasione di questa esperienza, esso prese il nome dall'azione stessa [della disubbidienza], come ho già detto più sopra. Infatti noi non conosceremmo il male se non lo provassimo per esperienza, poiché non esisterebbe, se non lo avessimo commesso. Poiché il male non è una sostanza, ma ciò a cui diamo il nome di "male" è la perdita del bene. Il Bene immutabile è Dio, l'uomo invece relativamente alla sua natura in cui è stato creato da Dio, è sì un bene, ma non il bene immutabile come Dio. Ora un bene mutevole, che è inferiore al Bene immutabile, diventa migliore quando si tiene unito a Dio, il Bene immutabile, amandolo e servendolo con la propria volontà razionale e personale. Ecco perché questa natura è anch'essa un gran bene poiché ha ricevuto la facoltà di unirsi alla natura del sommo Bene. Se però l'uomo lo rifiuterà, priverà se stesso del bene e questo rifiuto è per lui un male, dal quale a causa della giustizia di Dio deriva anche il tormento. Che cosa infatti potrebbe essere più contrario alla giustizia che il benessere di chi ha abbandonato il Bene? È assolutamente impossibile che sia così. Talora però la perdita d'un bene superiore non è percepita come un male quando si possiede un bene inferiore che si ama. La giustizia divina vuole tuttavia che, se uno ha perduto volontariamente un bene che avrebbe dovuto amare, soffra la pena d'aver perduto il bene da lui amato, venendo così ad essere lodato in tutte le cose il Creatore delle nature. È comunque anche un bene che l'uomo senta dolore per il bene da lui perduto poiché, se non rimanesse un qualche bene nella natura, non sentirebbe il castigo che egli ha nel soffrire per il bene perduto.

Duplice maniera di conoscere il bene e il male.

14. 32. Chi ama il bene senza aver fatto esperienza del male, chi cioè, prima di provare [dolore per] la perdita del bene, sceglie di mantenersi il bene per non perderlo, è degno d'essere lodato al di sopra di tutti gli altri uomini. Ma se questa dote non fosse d'un pregio singolare, non sarebbe attribuita al Bambino che, nato dalla stirpe d'Israele, divenuto Emmanuele, cioè "Dio con noi" 44, ci riconciliò con Dio, come Uomo mediatore tra gli uomini e Dio 45, Verbo con Dio, carne con noi 46, Verbo incarnato tra Dio e noi. Di lui infatti il Profeta dice: Prima che il bambino conosca il bene e il male, rigetterà il male per scegliere il bene 47. Ma come fa [il Bimbo] a rigettare o a scegliere ciò che non conosce, se non perché queste due cose sono conosciute in due modi diversi: in un modo per via della sapienza con cui si sceglie il bene, in un altro per via dell'esperienza che si è avuta del male? Il male, anche se non se ne fa l'esperienza, è conosciuto mediante la sapienza di conservare il bene: uno si tiene stretto al bene per evitare di perderlo e sperimentare così il male. Così pure il bene si conosce mediante l'esperienza del male, perché comprende che cosa ha perduto colui che soffre il male per la perdita del bene. Ancor prima dunque che il Bambino conoscesse il bene, di cui fosse rimasto privo, o il male che avrebbe potuto provare per la perdita del bene, rigettò il male per scegliere il bene, non volle cioè perdere quel che aveva, per tema di provare [il dolore per] la perdita di ciò che non avrebbe dovuto perdere. Singolare esempio d'ubbidienza è questo poiché [il Signore] non venne per fare la volontà propria ma quella di Colui dal quale era stato inviato 48, a differenza di colui che preferì di far la propria volontà e non quella del suo Creatore. Giustamente perciò [la Scrittura] dice: Come, per causa della disubbidienza di un solo uomo, molti sono stati fatti peccatori, così anche per l'ubbidienza di un solo Uomo molti sono fatti giusti 49, poiché allo stesso modo che tutti muoiono in Adamo, così tutti riceveranno la vita in Cristo 50.

Perché l'albero della conoscenza del bene e del male fu chiamato così.

15. 33. Senza ragione alcuni scrittori si sono rotti la testa nell'indagare come mai quell'albero potesse chiamarsi "albero della conoscenza del bene e del male" prima che l'uomo trasgredisse il divieto mangiandone il frutto e conoscesse - per averlo sperimentato - la differenza tra il bene perduto e il male compiuto. Ora, l'albero ebbe quel nome affinché [il primo] uomo si astenesse dal toccarlo secondo il divieto ricevuto e così evitasse ciò che avrebbe provato toccandolo contro la proibizione che aveva ricevuta. Quell'albero non divenne l'albero della conoscenza del bene e del male per il fatto che i progenitori ne mangiarono il frutto contro il divieto ricevuto; anche se fossero rimasti ubbidienti e non avessero trasgredito il precetto astenendosi dal prendersi alcun frutto, sarebbe stato chiamato correttamente così a motivo di ciò che sarebbe loro accaduto qualora se ne fosse preso il frutto. Nell'ipotesi che un albero si chiamasse "l'albero della sazietà" per il fatto che gli uomini si sarebbero potuti saziare mangiandone i frutti, forse che, se nessuno vi si fosse accostato, quel nome non gli sarebbe stato appropriato, dal momento che accostandovisi e saziandosi con i suoi frutti avrebbero sperimentato quanto quell'albero meritasse quel nome?

L'uomo avrebbe potuto capire cos'è il male prima di sperimentarlo.

16. 34. "E come mai - dicono essi - l'uomo avrebbe potuto comprendere ciò che gli veniva detto riguardo all'albero della conoscenza del bene e del male, dal momento che non sapeva assolutamente che cosa fosse il male? Coloro che pensano così, non riflettono abbastanza come noi comprendiamo un gran numero di cose a noi ignote per mezzo di quelle contrarie che non conosciamo; tanto è vero che non c'è alcuno che, ascoltando, non comprenda chiaramente anche il significato dei nomi di cose che non esistono,

quando si pronunciano nella conversazione. Così, per esempio, si chiama nihil ("niente") ciò che non esiste assolutamente, e tra quelli che capiscono e parlano il latino, non c'è alcuno che non intenda queste due sillabe. Perché mai ciò se non perché l'intelligenza vede "ciò che è" e, mediante la negazione di "ciò che è", si forma anche l'idea di "ciò che non è"? Lo stesso accade quando parliamo di "vuoto": noi, vedendo la pienezza d'un oggetto materiale comprendiamo che cosa si chiama "vuoto", dalla negazione di "pienezza", che è, per così dire, il contrario di essa. Allo stesso modo che, mediante il senso dell'udito, noi giudichiamo solo le voci che sentiamo ma anche il silenzio, così mediante il senso della vita ch'era insito nell'uomo, questo avrebbe potuto evitare il suo contrario, cioè "la mancanza della vita" che si chiama "morte". Anche quanto alla causa per cui avrebbe perso ciò che amava, ossia qualunque sua azione per cui avrebbe potuto perdere la vita, poteva essere indicata con un termine non importa di quante sillabe - come quando in latino si dice peccatum ("peccato") o malum ("male") - che l'uomo avrebbe potuto intendere come segno della realtà che la mente discerneva. Come mai, infatti, noi comprendiamo che cosa sia la "risurrezione" quando sentiamo questa parola, pur non avendo mai sperimentato la risurrezione? Non è forse perché noi comprendiamo che cosa sia "vivere" e chiamiamo "morte" la perdita della vita, e perciò chiamiamo "risurrezione" il ritorno alla vita, di cui abbiamo esperienza? Inoltre qualunque altro termine possa essere usato per denotare la medesima cosa in qualsiasi altra lingua, la mente lo percepisce come segno nella voce di coloro che parlano e, mentre vien pronunciato, si può riconoscere ciò che si poteva pensare anche senza quel segno. È sorprendente infatti come la natura, ancor prima d'averne esperienza, evita la perdita delle cose ch'essa possiede. Chi mai infatti ha insegnato agli animali bruti ad evitare la morte se non il sentimento della vita? Chi mai ha insegnato ad un bimbetto ad aggrapparsi a chi lo porta in braccio se gli si fanno minacce di gettarlo per terra? Questa paura comincia ad un dato momento [della vita] ma tuttavia ancor prima che il bimbo abbia fatto esperienza di qualcosa di simile.

Obiezione: come potevano intendere la parola di Dio i progenitori?

16. 35. Così dunque per i nostri progenitori la vita era completamente piacevole e non volevano certamente perderla, anzi erano in grado di comprendere qualsiasi specie di segni o di parole con cui Dio lo faceva loro capire. Inoltre non sarebbe stato possibile commettere il peccato, se prima non fossero stati persuasi che a causa di quell'azione non sarebbero stati condannati alla morte, cioè che non avrebbero perso il bene che possedevano e ch'erano assai contenti di perdere; ma di ciò parleremo a suo luogo. Se alcuni dunque hanno difficoltà di capire come mai i nostri progenitori potessero comprendere le parole o le minacce di Dio relative a cose da essi non sperimentate, dovrebbero riflettere e riconoscere che noi comprendiamo senza alcun dubbio o esitazione i nomi d'ogni specie di cose estranee alla nostra esperienza soltanto perché conosciamo il correlativo contrario quando si tratta di parole significanti una privazione o perché conosciamo cose simili quando si tratta di cose della medesima natura. Ma forse qualcuno potrebbe essere imbarazzato [non riuscendo a spiegarsi] come mai potessero parlare o capire un linguaggio persone che non l'avevano mai imparato col crescere tra altre persone che lo parlavano né apprendendolo da qualche maestro, come se a Dio fosse difficile insegnare a parlare a quelle persone, dal momento che le aveva create capaci d'imparare una lingua anche dagli uomini, se ne fossero esistiti altri dai quali apprenderla.

La proibizione riguardo all'albero fu data anche alla donna?

17. 36. È senza dubbio ragionevole porre il quesito se Dio diede questo precetto solamente all'uomo o anche alla donna. Ma l'agiografo non aveva ancora narrato come fu creata la donna. Era forse già stata creata? In questa ipotesi l'agiografo narra forse solo in seguito, quando riprende daccapo il racconto, come fu fatto ciò che era stato fatto in precedenza? Ecco infatti come si esprime la

Scrittura: Il Signore Iddio diede inoltre un ordine ad Adamo, dicendo; non dice "diede un ordine ad ambedue". Soggiunge poi: D'ogni specie di alberi che si trovano nel paradiso tu potrai mangiare sicuramente 51; non dice: "potrete mangiare". Di poi aggiunge: Ma dell'albero della conoscenza del bene e del male non dovete mangiare. A questo punto Dio parla al plurale come rivolgendosi ad ambedue e termina l'ordine usando il plurale quando dice: Ma il giorno in cui ne mangerete morrete sicuramente 52. Ma si potrebbe avanzare forse un'altra ipotesi. Che cioè Dio, sapendo di accingersi a fare la donna per l'uomo, diede il precetto osservando l'ordine gerarchico quanto mai appropriato in modo che il precetto del Signore giungesse alla donna tramite l'uomo? È questa la norma che l'Apostolo rispetta nella Chiesa dicendo: Se le donne desiderano imparare qualcosa lo domandino ai loro mariti in casa 53.

In qual modo Dio parlò all'uomo?

18. 37. Possiamo ugualmente chiederci come mai Dio parlò ora all'uomo da lui creato, ch'era certamente già dotato di senso e d'intelligenza perché fosse in grado di udire e di capire la parola di Dio. L'uomo infatti non avrebbe potuto ricevere diversamente un precetto la cui trasgressione lo rendesse colpevole, se non avesse capito il precetto ricevuto. In qual modo parlò dunque all'uomo? Gli parlò forse nell'intimo dell'anima sua, in un modo confacente alla sua intelligenza, in modo cioè che l'uomo capisse con la sua sapienza la volontà e il comando di Dio, senza bisogno d'alcun suono fisico o d'alcuna immagine di realtà fisiche? Ma io non credo che Dio parlasse così al primo uomo, poiché il racconto della Scrittura ha tali caratteristiche da indurci a credere piuttosto che Dio parlò all'uomo come anche in seguito parlò ai Patriarchi, ad Abramo, a Mosè, vale a dire prendendo un aspetto corporeo. Ecco perché i progenitori udirono la voce di Dio che verso sera passeggiava nel paradiso e si nascosero 54.

La duplice opera della Provvidenza.

19. 38. Ci si offre qui una magnifica occasione che non dovremmo trascurare: quella cioè di considerare - per quanto siamo in grado e Dio si degna d'aiutarci e di concederci - la duplice attività della Provvidenza, cui più sopra abbiamo accennato di sfuggita parlando dell'agricoltura, perché fin d'allora l'animo del lettore si abituasse a considerare quell'attività, poiché questa considerazione ci è d'immenso aiuto a non concepire alcuna idea indegna della natura di Dio. Diciamo dunque che l'Essere supremo, il vero, solo e unico Dio, Padre, Figlio e Spirito Santo - cioè Dio, il suo Verbo e lo Spirito d'ambedue, ossia la Trinità, senza confusione e senza separazione [delle Persone] - Dio che solo possiede l'immortalità e abita in una luce inaccessibile, che nessuno degli uomini ha mai visto né può vedere 55, non è contenuto in alcun luogo finito o infinito dello spazio né è soggetto a mutamento per il volgere finito od infinito dei tempi. Nella sua sostanza, per cui è Dio, non esiste alcuna parte che sia minore dell'intero, come è invece necessariamente il caso delle sostanze situate nello spazio, e neppure c'era, nella sua sostanza, qualcosa che ora non c'è più o vi sarà ciò che ancora non c'è, come accade invece nelle sostanze che possono esser soggette al cambiamento nel tempo.

La creatura corporale, mutevole nel tempo e nello spazio, la spirituale nel tempo, Dio in nessun modo.

20. 39. Dio, dunque, che vive in un'eternità immutabile, ha creato simultaneamente tutte le cose, a partir dalle quali cominciassero a scorrere i secoli, a riempirsi gli spazi, a svolgersi i secoli con il movimento degli esseri soggetti al tempo e situati nello spazio. Di questi esseri alcuni li fece spirituali, altri corporali, formando una materia che non fu creata da altri né era increata, ma da lui solo fu creata formata e formabile, in modo che la sua formazione fosse precedente non rispetto al tempo ma rispetto all'origine. Le creature spirituali Dio le ha poste al di sopra di quelle corporali, poiché quelle

spirituali possono cambiare solo nel tempo, quelle corporali invece nel tempo e nello spazio. L'anima, per esempio, cambia nel tempo col ricordarsi di ciò che aveva dimenticato o con l'imparare ciò che non sapeva o col volere ciò che non voleva; il corpo invece si muove nello spazio o dalla terra verso il cielo o dal cielo verso la terra, o da Oriente verso Occidente o con qualunque altro simile movimento. Ora, tutto ciò che si muove attraverso lo spazio non può farlo se non movendosi allo stesso tempo anche attraverso il tempo. Per contro, non tutto ciò che si muove attraverso il tempo deve necessariamente muoversi anche attraverso lo spazio. Come dunque la sostanza che si muove solo attraverso il tempo è superiore a quella che si muove nel tempo e nello spazio, così è superiore ad essa quella che è immobile sia nello spazio che nel tempo. Allo stesso modo quindi che lo spirito creato, che si muove solo nel tempo, muove il corpo attraverso il tempo e lo spazio, così lo Spirito creatore, pur essendo immobile nel tempo e nello spazio, muove lo spirito creato attraverso il tempo; lo spirito creato invece muove se stesso attraverso il tempo e muove il corpo attraverso il tempo e lo spazio, mentre lo Spirito creatore muove se stesso fuori del tempo e dello spazio, muove lo spirito creato nel tempo ma fuori dello spazio, e muove il corpo attraverso il corpo e lo spazio.

In che modo Dio immobile muove le creature si arguisce dall'esempio dell'anima.

21. 40. Se perciò uno si sforza di capire in qual modo Iddio eterno, veramente eterno e veramente immortale e immutabile, che non si muove né attraverso lo spazio né attraverso il tempo, muove le sue creature nel tempo e nello spazio, penso non riesca ad arrivarci qualora non abbia prima capito con l'anima, cioè lo spirito creato, che si muove non attraverso il tempo, muove il corpo attraverso il tempo e lo spazio. Se infatti non è ancora in grado di capire ciò che si attua nell'interno di se stesso, quanto meno sarà capace di capire ciò che è al di sopra di lui!

In che modo l'anima muove le membra del corpo.

21. 41. L'anima infatti, a causa del suo abituale legame con i sensi del corpo, immagina di muoversi anch'essa nello spazio insieme col corpo mentre lo muove attraverso lo spazio. Ma se potesse conoscere con esattezza come sono disposti nelle articolazioni quelli che sono, per così dire, i perni delle membra del corpo sui quali quelle poggiano nel primo impulso dei loro movimenti, scoprirebbe che le membra le quali sono mosse attraverso lo spazio, non vengono mosse che da una parte del corpo che rimane ferma. Così, per esempio, non si muove un sol dito se non a condizione che la mano sulla cui articolazione, come su di un perno immobile, si effettua il movimento, resti ferma. Così l'intera mano, quando si muove, poggia sull'articolazione del gomito, il gomito su quella dell'omero e questo su quella della scapola; mentre i perni, su cui poggiano i vari movimenti, restano immobili, il membro che si muove si sposta attraverso lo spazio. Così l'articolazione della pianta del piede è nel tallone che sta fermo perché essa possa muoversi; quella del femore sta nel ginocchio e quella dell'intera gamba nella coscia. Nessun membro, quand'è mosso dalla volontà, può assolutamente muoversi se non poggiando sul perno di qualche articolazione che viene dapprima immobilizzato dall'ordine della medesima volontà affinché il membro, che non si muove attraverso lo spazio, possa imprimere l'impulso a quello che si muove. Infine neppure un piede nel camminare può alzarsi senza che l'altro immobile non sopporti il peso di tutto il corpo fino a quando il piede in moto non sia portato dal luogo, d'onde si sposta, all'altro dove sta andando, poggiando sul perno fermo della propria articolazione.

Il medesimo argomento.

21. 42. Orbene, la volontà non muove alcun membro [del corpo] attraverso lo spazio se non servendosi dell'articolazione d'un membro ch'essa tiene immobile, sebbene non solo la parte del corpo che vien mossa, ma anche quella che rimane ferma e permette il

movimento dell'altra, abbiano le loro dimensioni corporee con cui occupano uno spazio corrispondente alla loro estensione. A maggior ragione quindi resta immobile nello spazio l'anima che ordina il movimento alle membra soggette al suo volere: conforme a questo resta fermo il perno [del membro] su cui possa poggiare quello che dev'essere mosso. L'anima infatti non è una sostanza corporea e non riempie il corpo con l'occupare uno spazio come l'acqua riempie un otre o una spugna; ma essa è misteriosamente unita al corpo, per vivificarlo, con l'impulso incorporeo del suo comando e governa il corpo mediante una - diciamo così - tensione spirituale, non mediante il peso d'una massa corporale. Con tanta maggior ragione dunque la volontà che comanda non muove se stessa attraverso lo spazio, per muovere il corpo nello spazio, dal momento che lo muove tutto per mezzo delle sue parti senza muoverne alcuna nello spazio se non mediante le parti ch'essa tiene immobili.

In qual modo Dio muove le creature, in qual modo l'anima.

22. 43. Anche se è difficile capire quanto ho detto, dobbiamo credere non solo che la creatura spirituale muove il corpo attraverso lo spazio senza muoversi attraverso lo spazio, ma altresì che Dio muove la creatura spirituale attraverso il tempo senza muovere se stesso attraverso il tempo. Qualcuno forse rifiuta di ammettere questa proprietà nell'anima; senza dubbio però - a dire il vero - non solo l'ammetterebbe ma la comprenderebbe anche, se riuscisse a pensarla incorporea com'è in realtà. Chi infatti non capirebbe facilmente che non può muoversi nello spazio ciò che non ha estensione nello spazio? Ora, tutto ciò che è esteso nello spazio è un corpo; per conseguenza non può pensarsi che l'anima si muova attraverso lo spazio se si ammette ch'essa non è un corpo. Ma, come avevo incominciato a dire, se uno rifiuta di ammettere questa proprietà nell'anima, non dev'essere spinto ad ammetterlo con eccessiva insistenza; se al contrario non ammette che la sostanza di Dio non si muove né attraverso il tempo né attraverso lo spazio, non crede ancora che Dio è completamente immutabile.

Sapienza con cui Dio governa il mondo.

23. 44. Ma la natura della Trinità è completamente immutabile e perciò tanto perfettamente eterna che non ci può essere nulla di coeterno ad essa. La Trinità, pur restando intrinsecamente identica in se stessa fuori del tempo e dello spazio, muove nel tempo e nello spazio le creature che le sono soggette. La Trinità crea gli esseri mossa dalla sua bontà e, in virtù del suo potere, ordina la volontà in modo che tra gli esseri non ce ne sia alcuno che non abbia l'essere da essa e tra le volontà non ce ne sia alcuna buona a cui essa non giovi, né alcuna cattiva di cui non possa servirsi per il bene. Ma poiché Dio non ha dato a tutti gli esseri il libero arbitrio, e quelli a cui l'ha dato sono più potenti e più eccellenti, quelli che ne son privi sono necessariamente soggetti a quelli che lo posseggono. Tutto ciò avviene grazie all'ordine stabilito dal Creatore che non punisce mai le volontà perverse fino al punto d'annientare la dignità della loro natura. Poiché dunque tutti i corpi e tutte le anime irrazionali sono privi del libero arbitrio, questi esseri sono soggetti agli esseri dotati del libero arbitrio, anche se non tutti quelli a tutti questi altri, ma conforme a quanto stabilito dalla giustizia del Creatore. La provvidenza di Dio, dunque, guida e governa tutte quante le creature, sia le nature che le volontà; le nature per farle esistere e le volontà perché non siano prive del premio quelle buone e non siano immuni dal castigo quelle cattive: egli anzitutto assoggetta a sé tutte le creature, poi le creature corporali a quelle spirituali, le irrazionali alle razionali, le terrestri alle celesti, le femminili alle maschili, le meno potenti alle più potenti, le più povere alle più ricche. Per quanto poi riguarda le volontà, Dio assoggetta a sé quelle buone, tutte le altre invece le assoggetta a quelle che gli ubbidiscono, di modo che le volontà perverse soffrano ciò che per ordine di Dio faranno le volontà buone, sia che agiscano da se stesse, sia che agiscano per mezzo di volontà cattive; ma ciò accade solo nell'ambito delle cose che per natura sono sotto il dominio anche delle volontà cattive, vale a dire nell'ambito dei corpi. Le volontà cattive infatti hanno il loro castigo interiore, cioè la loro stessa

malvagità.

L'azione degli angeli verso le creature.

24. 45. Per conseguenza ogni essere corporeo, ogni vita irrazionale, ogni volontà debole o perversa è soggetta agli angeli del cielo che godono del possesso di Dio stando a lui sottomessi e lo servono nella beatitudine e, negli esseri loro sottomessi o con loro, hanno lo scopo di compiere ciò che da tutti esige l'ordine della natura conforme al comando di Colui al quale sono soggette tutte le cose. Gli angeli pertanto vedono in Dio la verità immutabile e su di essa regolano la loro volontà. In tal modo essi diventano partecipi dell'eternità, della verità e della volontà di Dio, essendo di là dai limiti del tempo e dello spazio. Essi, tuttavia, sono mossi dai comandi di Dio anche nel tempo, sebbene in Dio non esista alcun movimento temporale; così agiscono senza allontanarsi o distrarsi dalla contemplazione di Dio, ma nello stesso tempo non solo contemplano Dio senza limiti di spazio e di tempo, ma eseguono anche i suoi ordini riguardanti le creature loro soggette, movendo se stessi nel tempo e i corpi nel tempo e nello spazio secondo quanto è conveniente alla loro attività. In tal modo Dio, mediante la duplice azione della sua Provvidenza, dirige tutte le creature: le nature perché abbiano l'esistenza, e le volontà perché non facciano nulla senza il suo ordine o il suo permesso.

Come Dio governa le creature corporee.

25. 46. La natura dell'universo materiale è dunque aiutata esteriormente da una forza materiale, poiché fuori di essa non c'è alcun essere materiale, altrimenti non sarebbe più l'universo. Essa invece è aiutata da una forza incorporea poiché è Dio a far sì che la natura esista effettivamente, poiché da lui, per mezzo di lui e in lui sono tutte le cose 56. Per contro le parti del medesimo universo non solo sono intrinsecamente aiutate - o piuttosto dovrei dire fatte - da una forza incorporea perché siano nature sussistenti, ma anche

esternamente da una forza corporea con cui possano avere uno sviluppo più vigoroso, per esempio per mezzo degli alimenti, [dei prodotti] dell'agricoltura, della medicina e da tutto ciò che può servire al loro ornamento, in modo che non siano solo sane e più feconde, ma anche più belle.

Come Dio governa le creature spirituali.

25. 47. Quanto poi alle creature spirituali in quanto sono perfette e beate, come lo sono i santi angeli, esse ricevono solo un aiuto interiore e incorporeo per quanto le riguarda, vale a dire per esistere ed essere sagge. Dio infatti parla ad esse interiormente in modo misterioso ed ineffabile, senza servirsi né di scrittura fissata con strumenti materiali né di parole risonanti a orecchi del corpo né per mezzo di sembianze prodotte dall'immaginazione nello spirito, come avviene nei sogni o in qualche rapimento dello spirito, chiamato in greco estasi (ἔκστασις), termine ormai usato anche da noi invece di quello latino. Le visioni di questa specie, benché siano più interiori di quelle trasmesse all'anima tramite il messaggio dei sensi fisici, tuttavia sono simili a quelle altre, sicché quando si formano non possono affatto o, al massimo, solo a stento, distinguersi da quelle. Esse inoltre sono più esteriori di quelle che hanno luogo quando l'anima razionale e intellettiva contempla [l'oggetto visto] nella verità immutabile, nella cui luce giudica tutte le cose e perciò, a mio avviso, devono ascriversi tra le visioni prodotte da una causa esterna. Per conseguenza le creature spirituali e intellettuali, perfette e beate come sono gli angeli, per ciò che le riguarda, cioè per poter esistere, esser sapienti e beate, sono aiutate - come ho già detto - solo interiormente dall'eternità, verità e carità del Creatore. Se al contrario si deve dire che esse ricevono un aiuto esteriore, forse lo ricevono solo per il fatto che gli angeli si vedono gli uni gli altri e godono in Dio della società che formano, per il fatto che vedono anche tutte le creature dappertutto nei loro compagni, e per questo ringraziano e lodano il Creatore. Per quanto invece riguarda l'attività delle creature angeliche, con la quale la provvidenza di Dio si prende

cura d'ogni genere di creature e specialmente del genere umano, essa apporta loro un aiuto intrinseco sia mediante le visioni che

rappresentano realtà corporali, sia mediante gli stessi corpi che sono soggetti al potere degli angeli.

Dio, rimanendo sempre lo stesso, governa tutte le creature.

26. 48. Stando così le cose, Dio onnipotente e mantenente tutto, che è sempre lo stesso nella sua immutabile eternità, verità e volontà, senza muoversi attraverso il tempo e lo spazio, muove le sue creature spirituali attraverso il tempo e muove anche le creature corporali attraverso il tempo e lo spazio. Per conseguenza, grazie a questo movimento di esseri da lui costituiti, con la sua azione intrinseca, li governa altresì con la sua azione estrinseca, sia mediante le volontà che gli sono soggette e da lui mosse attraverso il tempo, sia mediante i corpi soggetti a lui e a quelle volontà, e da lui mossi attraverso il tempo e lo spazio ma nel tempo e nello spazio, la cui ragione causale è vita in Dio stesso di là dai limiti di tempo e di spazio. Allorché dunque Dio interviene così con la sua azione, non dobbiamo pensare che la sua sostanza, per la quale egli è Dio, sia mutevole attraverso il tempo e lo spazio, ma dobbiamo riconoscere queste cose come opere della divina Provvidenza e non come risultato dell'attività con cui egli crea gli esseri, ma dell'attività con cui governa, mediante il suo intervento estrinseco, gli esseri creati da lui intrinsecamente. Poiché grazie alla sua immutabile e trascendente potenza non limitata per nulla quanto a distanza ed estensione spaziale, egli è allo stesso tempo interiore a tutte le cose, poiché sono tutte in lui, ed esteriore a tutte le cose poiché è al di sopra di ogni cosa. Così pure, senza alcun intervallo o spazio di tempi, a causa della sua eternità, è allo stesso tempo più antico di tutte le cose in quanto è l'Essere più antico di tutte le cose, ed è più nuovo di tutte le cose in quanto è sempre il medesimo dopo tutte le cose.

In qual modo parla Dio.

27. 49. Ecco perché, quando sentiamo la Scrittura che dice: Il Signore Iddio inoltre diede il seguente ordine ad Adamo dicendo: D'ogni albero del paradiso tu potrai mangiare sicuramente, ma dell'albero della conoscenza del bene e del male non dovrai mangiarne, poiché il giorno che ne mangerete, morrete sicuramente 57, se cerchiamo di sapere in che modo Iddio disse queste parole, ci è impossibile capirlo esattamente. Dobbiamo tuttavia ritenere con assoluta certezza che Dio parla in due modi: o mediante la propria sostanza o mediante una creatura a lui soggetta; mediante la propria sostanza parla a tutte le nature dell'universo solo per crearle; al contrario parla alle nature spirituali e intelligenti non solo per crearle ma anche per illuminarle poiché sono già capaci d'intendere la sua parola che è nel suo Verbo, il quale era in principio con Dio e il Verbo era Dio e per mezzo di lui è stata fatta ogni cosa 58. Quando invece Dio parla agli esseri che non sono capaci d'intendere la sua parola, non parla se non mediante una creatura, o solo mediante una creatura spirituale sia in sogno che in estasi per mezzo di sembianze rappresentanti cose corporali o anche una creatura corporale quando ai sensi del corpo appare qualche immagine o si fanno sentire delle voci.

In qual modo Dio parlò ad Adamo.

27. 50. Se dunque Adamo era in grado di poter capire la parola che Dio comunica agli spiriti angelici mediante la propria sostanza, non si può dubitare che Dio movesse lo spirito di Adamo in modo misterioso e ineffabile senza muoversi attraverso il tempo e gli inculcasse un precetto utile e salutare della Verità e nella stessa Verità quale castigo sarebbe dovuto toccare al trasgressore; in tal modo vengono intesi o visti tutti i precetti salutari nell'immutabile Sapienza che in determinati momenti si comunica alle anime 59 sante pur senza muoversi affatto nel tempo. Se invece Adamo era giusto solo nella misura che aveva ancora bisogno

dell'autorità di un'altra creatura più santa e più saggia mediante la quale arrivare a conoscere la volontà e il comando di Dio - come noi abbiamo avuto bisogno dei Profeti e questi hanno avuto bisogno degli angeli -, per qual motivo dovremmo dubitare che Dio gli parlasse mediante una creatura di tal genere con un linguaggio che Adamo potesse capire? Quando infatti la Scrittura in seguito narra che i nostri progenitori, dopo aver commesso il peccato, sentirono la voce di Dio che passeggiava nel paradiso, nessuno, che crede alla fede cattolica, dubita affatto che Dio parlò non mediante la propria sostanza ma per mezzo d'una creatura a lui soggetta. Su questo argomento ho voluto discorrere un po' più a lungo perché certi eretici pensano che la sostanza del Figlio di Dio era visibile per se stessa prima che assumesse un corpo e che perciò fu visto dai Patriarchi prima di prendere il corpo dalla Vergine, come se la Scrittura solo di Dio Padre dicesse: che nessuno degli uomini ha visto né può vedere 60. Secondo loro il Figlio fu visto proprio nella sua sostanza, prima di assumere la natura di schiavo 61, dottrina empia questa, che deve essere respinta dalla mente dei cattolici. Se dunque piacerà al Signore, tratteremo più a fondo questo argomento un'altra volta. Per ora, terminato questo libro, si deve sperare [di poter spiegare] nel libro seguente la continuazione del racconto biblico, in che modo cioè la donna fu creata venendo tratta da una costola del proprio marito.

LIBRO NONO

I testo di Gen 2, 18-24 commentato in questo libro.

1. 1. Il Signore inoltre disse: Non è bene che l'uomo sia solo; facciamogli un aiuto simile a lui. E Dio formò ancora dalla terra tutte le bestie dei campi e tutti gli uccelli del cielo e li condusse ad Adamo per vedere come li avrebbe chiamati. E in qualunque modo chiamò ogni essere vivente, quello è il suo nome. Adamo dunque diede un nome a tutte le bestie domestiche, a tutti gli uccelli del cielo e a tutte le bestie selvatiche. Ma per l'uomo non si trovava un aiuto che fosse simile a lui. Dio allora fece scendere un sonno profondo in Adamo che si addormentò; Dio gli tolse una delle costole e richiuse la carne al suo posto. E il Signore Dio con la costola tolta ad Adamo formò la donna e la condusse ad Adamo. Adamo allora disse: Questa sì è ora osso delle mie ossa e carne della mia carne; essa si chiamerà "donna", perché è stata tratta dall'uomo. L'uomo perciò abbandonerà il padre e la madre e si unirà a sua moglie e saranno due in una carne sola 1. Se per il lettore sono di qualche utilità le considerazioni messe per scritto nei libri precedenti, non è necessario intrattenerci più a lungo [a spiegare] la frase: Dio formò ancora dalla terra tutte le bestie dei campi e tutti gli uccelli del cielo. Nei libri precedenti infatti abbiamo già spiegato - per quanto ci è stato possibile - perché la Scrittura usa [l'avverbio] ancora, cioè a causa della creazione originaria delle creature, compiuta nei sei giorni, quando tutte le cose furono simultaneamente portate alla perfezione e incominciate nelle loro ragioni causali, di modo che in seguito quelle cause sarebbero state condotte a produrre il loro effetto. Se però uno crede che questo problema debba avere una soluzione diversa, vorrei solo che considerasse attentamente tutti gli argomenti esaminati da noi per formarci questa opinione. Se in base alle sue riflessioni potrà esporre chiaramente un'opinione più plausibile, non solo non dovremo opporci ma congratularci con lui.

Perché la Scrittura dice: Dio plasmò dalla terra, ecc.

1. 2. Qualcuno invece potrà stupirsi che la Scrittura non dica: "Dio formò ancora dalla terra tutte le bestie dei campi e dalle acque tutti gli uccelli del cielo", ma s'esprime come se Dio avesse formato ambedue le specie di animali con la materia della terra, poiché dice: E Dio formò dalla terra tutte le bestie dei campi e tutti gli uccelli del cielo 2. Costui però dovrebbe notare bene che questa omissione può spiegarsi in due modi; primo: l'autore può aver tralasciato adesso di dire da qual materiale Dio formò gli uccelli del cielo, poiché il lettore potrebbe comprendere che, anche se manca un'esplicita menzione, non si deve intendere che Dio formò dalla terra ambedue le specie di animali ma solo le bestie dei campi; in tal modo, anche se la Scrittura non lo dice, comprendiamo con quale materiale Dio formò gli uccelli del cielo poiché sappiamo che furono prodotti mediante le acque nella creazione originaria delle ragioni causali. Il secondo modo di spiegare la frase può essere il seguente: si può supporre che il termine "terra" è qui preso nel senso generico per denotare anche le acque, come nel Salmo in cui, dopo aver esortato le creature del cielo a lodare Dio, il Salmista si rivolge alla terra dicendo: Lodate il Signore dalla terra voi, dragoni e voi tutti, abissi ecc. 3, senza poi dire: "Lodate il Signore dalle acque". È lì infatti che sono gli abissi, i quali lodano il Signore dalla terra. È lì ugualmente che sono i rettili e i volatili pennuti che tuttavia lodano il Signore dalla terra. Conforme a questo significato generico del termine "terra" - in cui è usato anche per denotare tutto il mondo nell'espressione [della Scrittura]: Dio, che fece il cielo e la terra - qualunque essere creato sia dalla terra asciutta che dalle acque può intendersi giustamente creato dalla terra.

In qual modo parlò Dio: forse con parole o sillabe temporali?

2. 3. Adesso dobbiamo vedere in che senso si devono intendere le parole di Dio quando disse: Non è bene che l'uomo sia solo; facciamogli un aiuto simile a lui 4. Forse che Dio disse ciò

pronunciando delle parole e delle sillabe per la durata di un certo tempo? o forse l'agiografo accenna qui alla ragione causale che si trovava all'origine nel Verbo di Dio conforme alla quale la donna sarebbe dovuta essere creata così, ragione causale espressa anche dalla Scrittura allorché dice: E Dio disse: Sia fatto 5 [questo o quello] quando tutte le cose erano create nel principio? Oppure disse forse Dio queste parole nella mente dell'uomo stesso, come parla a certi suoi servi nell'intimo loro? Di servi di tal genere era pure colui che nel Salmo dice: Ascolterò che cosa dirà in me il Signore Iddio 6. Oppure di questa cosa fu fatta forse una rivelazione all'uomo nel suo intimo per mezzo di un angelo con voci somiglianti a quelle fisiche benché la Scrittura non dica se ciò avvenne in sogno o in estasi - poiché simili rivelazioni sono fatte di solito in questo modo in quegli stati --; oppure ciò avvenne forse in qualche altro modo, come avvengono le rivelazioni fatte ai profeti, delle quali troviamo scritto: E mi disse l'angelo che parlava in me 7. Oppure una vera voce si fece udire forse mediante una creatura corporea, come la voce proveniente dalla nube: Questi è il Figlio mio 8? Noi non possiamo sapere con certezza quali di queste forme possibili è quella realmente avveratasi. Dobbiamo tuttavia ritenere senz'ombra di dubbio non solo che Dio disse quelle parole ma altresì che, se le disse servendosi d'una voce fisica oppure di una apparenza di voce risonante nel tempo, Dio non le disse per mezzo della propria sostanza, ma per mezzo di una creatura soggetta al suo dominio, come abbiamo spiegato nel libro precedente.

In qual modo Dio si manifesta all'uomo.

2. 4. Dio infatti apparve anche in seguito a santi personaggi ora con capelli candidi come lana, ora con la parte inferiore del busto brillante come bronzo splendente 9, ora in un modo ora in un altro. In queste visioni tuttavia Dio non si mostrò agli uomini con la propria sostanza, per cui è ciò che egli è, ma per mezzo di esseri da lui creati e a lui soggetti e si mostrò e parlò come volle mediante sembianze di forme e di voci corporee. È questa una verità del tutto

evidente per tutti coloro che credono fedelmente o capiscono chiaramente che la sostanza eternamente immutabile della Trinità non si muove né attraverso il tempo né attraverso lo spazio, sebbene muova gli esseri attraverso il tempo e lo spazio. Non dobbiamo dunque cercare più in qual modo Dio pronunciò quelle parole ma piuttosto di capire che cosa disse. La Verità eterna, per mezzo della quale è stata creata ogni cosa, ci assicura ch'era necessario fosse creato per l'uomo un aiuto simile a lui. Per mezzo di questa Verità eterna intende quelle parole chi può conoscere in essa la ragione per cui una creatura è stata fatta.

In che senso la donna è aiuto dell'uomo.

3. 5. Orbene, se ci chiediamo per quale motivo era necessario quell'aiuto, con ragione ci si presenta alla mente solo quello della procreazione dei figli, così come la terra è d'aiuto al seme per la produzione d'una pianta dall'unione dell'una e dell'altro. Questo motivo era già stato indicato anche nella creazione originaria delle cose: Dio li creò maschio e femmina e li benedisse dicendo: Crescete e moltiplicatevi, riempite la terra e assoggettatela 10. Questa ragione della creazione e dell'unione del maschio e della femmina, come pure la benedizione, non fu abrogata neppure dopo il peccato dell'uomo e dopo il suo castigo. Proprio in virtù di quella benedizione la terra è ora piena di uomini che l'assoggettano.

Si può pensare che anche nel paradiso ci poteva essere il matrimonio.

3. 6. In realtà, sebbene la Scrittura ricordi che [i nostri progenitori] ebbero rapporti sessuali e generarono figli solo dopo essere stati cacciati dal paradiso, io tuttavia non vedo che cosa avrebbe potuto impedire che per loro ci fosse un'onorata unione matrimoniale e il talamo intemerato 11 anche nel paradiso. Dio infatti, se fossero vissuti nella fedeltà e nella giustizia e lo avessero servito nell'ubbidienza e nella santità, avrebbe concesso loro di generare

figli con il loro seme senza l'ardore disordinato della concupiscenza, senza la fatica e il dolore del parto. In tal caso non si sarebbe trattato di raggiungere lo scopo di avere figli che succedessero ai genitori alla loro morte. Si sarebbe ottenuto piuttosto il risultato che coloro, i quali avessero generato dei figli, sarebbero rimasti nel fiore degli anni e avrebbero mantenuto il loro vigore fisico mangiando i frutti dell'albero della vita piantato nel paradiso e i loro figli sarebbero giunti al medesimo stato fino a quando, raggiunto un determinato numero di persone, se tutti fossero vissuti nella giustizia e nell'ubbidienza, si sarebbe prodotta la trasformazione per cui i corpi naturali si sarebbero cambiati in un'altra qualità, senza passare affatto attraverso la morte per il fatto d'aver ubbidito a ogni cenno dello spirito che li guidava, che da solo dava loro la vita, senza il sostentamento d'un cibo corporeo, e così quei corpi sarebbero divenuti ciò che si chiama "corpo spirituale". Ciò sarebbe potuto avvenire, se la trasgressione del precetto non avesse meritato il castigo della morte.

Lo stato di natura integra prima del peccato.

3. 7. Coloro i quali non credono che ciò non sarebbe stato possibile, non considerano se non il corso ordinario della natura qual è dopo il peccato e il castigo dell'uomo; noi però non dobbiamo essere nel numero di coloro che non credono se non ciò che sono abituati a vedere. Chi potrebbe infatti dubitare che non potesse essere accordato all'uomo il privilegio, di cui abbiamo parlato, se fosse vissuto nell'ubbidienza e nella fedeltà, se non dubita che Dio concesse agli abiti degli Israeliti di conservarsi nello stato primitivo in modo che per lo spazio di quarant'anni non subirono alcun logorìo per l'invecchiamento 12?

Perché i progenitori non ebbero rapporti sessuali prima del peccato.

4. 8. Perché dunque [i nostri progenitori] ebbero rapporti sessuali

solo dopo essere usciti dal paradiso? Si può rispondere facilmente che la ragione sta nel fatto ch'essi subito dopo la creazione della donna e prima di aver rapporti sessuali commisero la trasgressione, per causa della quale furono destinati alla morte e furono cacciati dal luogo della loro felicità. La Scrittura in realtà non determina il tempo intercorso tra la loro creazione e la nascita del loro figlio Caino. Uno potrebbe anche dire che Dio non aveva ancora dato loro l'autorizzazione ad unirsi nell'amplesso coniugale. Poiché mai infatti non avrebbero dovuto aspettare d'essere autorizzati da Dio per unirsi intimamente nel loro sesso dal momento che non c'era nessuna spinta della concupiscenza proveniente dalla carne ribelle? Dio poi non aveva dato loro l'autorizzazione per quell'unione poiché disponeva ogni cosa conforme alla sua prescienza con cui prevedeva senza dubbio anche la loro caduta, per effetto della quale si sarebbe dovuto propagare il genere umano come una stirpe destinata ormai alla morte.

Il ruolo della donna.

5. 9. Ora, se la donna non fu fatta per esser d'aiuto all'uomo al fine di generare figli, per aiutarlo a fare cos'altro fu creata? Nell'ipotesi che fosse stata creata per coltivare la terra insieme con lui, non esisteva ancora il lavoro che esigeva l'aiuto d'un altro e, se ce ne fosse stato bisogno, sarebbe stato migliore l'aiuto d'un maschio. Lo stesso potrebbe dirsi del conforto [di un altro], se per caso [Adamo] si fosse tediato della solitudine. Quanto più conveniente sarebbe stato che, per vivere e conversare insieme, abitassero sotto lo stesso tetto due amici anziché un uomo e una donna! Se invece fosse stato necessario per la convivenza dei due che uno comandasse e l'altro ubbidisse per evitare che un contrasto della volontà turbasse la pace della famiglia e per conservare la concordia, non sarebbe mancata nemmeno la disposizione naturale per il fatto che l'uno era stato creato prima e l'altro dopo, soprattutto se l'altro era stato creato venendo tratto dal primo, come era il caso della donna. Nessuno certamente dirà che Dio avrebbe potuto creare con la costola

dell'uomo soltanto una donna e non anche un uomo, se lo avesse voluto. Non vedo, per conseguenza, in qual senso la donna fu creata come aiuto per l'uomo, se si toglie il motivo di generare figli.

La successione dei figli, se Adamo non avesse peccato.

6. 10. Mi spiego: se era necessario che i genitori cedessero il posto ai figli col dipartirsi da questa vita in modo che il genere umano, attraverso il decesso degli uni e la successione degli altri, raggiungesse un numero completo di persone, sarebbe stato possibile agli uomini - dopo aver generato figli e aver compiuto santamente il loro compito di uomini - di passare a una vita migliore non già attraverso la morte ma in virtù d'una trasformazione. Questa sarebbe potuta essere quella finale per cui i fedeli servi di Dio diverranno come gli angeli nel cielo 13 dopo aver riacquistato il proprio corpo; oppure un'altra, qualora quella non debba essere concessa che a tutti gli uomini simultaneamente alla fine del mondo; quest'altra sarebbe stata una trasformazione un po' inferiore a quella, ma nondimeno per una condizione migliore di quella che ha ora il nostro corpo o aveva il corpo dei [due] esseri umani creati per primi, cioè quello dell'uomo formato con il fango della terra e quello della donna formata con la carne dell'uomo.

I progenitori sarebbero potuti essere trasferiti fuori della terra come Elia fino alla fine del mondo.

6. 11. Infatti non si deve pensare che Elia sia già come saranno i fedeli servi di Dio quando avranno terminato la loro giornata di lavoro e riceveranno tutti ugualmente un denaro 14, o come sono gli uomini che non sono usciti ancora da questa vita, dalla quale tuttavia egli è già partito non a causa della morte ma perché trasferito in un altro luogo 15. Per conseguenza egli possiede già una sorte migliore di quella che avrebbe potuto avere in questa vita, sebbene non possegga ancora lo stato in cui sarà alla fine del mondo dopo esser vissuto nella santità. Poiché per noi essi avevano previsto una sorte

migliore che però non avrebbero potuto raggiungere senza di noi 16. Oppure uno potrebbe pensare che Elia non avrebbe potuto meritare quel privilegio caso mai fosse stato ammogliato e avesse avuto dei figli - ma si crede che non avesse [né moglie né figli] in quanto la Scrittura non lo dice, sebbene non parli neppure del suo celibato -; in tal caso che cosa risponderebbe a proposito di Enoch che generò figli e, dopo esser vissuto accetto a Dio, non morì ma fu trasferito in un altro soggiorno 17? Perché mai, allora, se Adamo ed Eva fossero vissuti santamente e avessero generato figli castamente, non avrebbero potuto cedere il posto ai loro successori col venir trasferiti in un'altra vita senza subire la morte? Orbene, Enoch ed Elia, morti in Adamo e portanti nella carne il germe della morte, torneranno - come si crede - in questa vita per pagare questo debito e subire così la morte differita sì a lungo 18. Adesso tuttavia essi vivono in un'altra vita dove, prima della risurrezione della carne e prima che il corpo naturale sia mutato in un corpo spirituale, non subiscono la decadenza né a causa di malattie né a causa della vecchiaia. Quanto più giustamente quindi e con quanta maggiore verosimiglianza sarebbe stato concesso ai primi uomini - che fossero vissuti senza alcun peccato personale o die genitori - d'esser trasferiti in una vita migliore cedendo il posto ai figli da loro generati e di lì, alla fine del mondo, con tutti i fedeli servi di Dio da loro discendenti, essere cambiati in una condizione molto più felice come quella degli angeli non attraverso la morte ma grazie alla potenza di Dio!

Lodevole la verginità, ma anche il matrimonio con i suoi tre beni.

7. 12. Io quindi non vedo per quale altro aiuto fu creata la donna per l'uomo se si esclude il motivo di generare figli; tuttavia non vedo neppure perché lo si dovrebbe escludere. Perché, infatti, la fedele e santa verginità ha il suo gran merito e la sua grande dignità agli occhi di Dio se non perché in questo tempo ormai opportuno per astenersi dall'amplesso carnale - dal momento che, per completare il numero dei santi, basta l'enorme massa di uomini provenienti da tutti

i popoli - la brama passionale d'un sordido piacere non esige più l'atto necessario per generare altri figli già sufficientemente numerosi? Infine la debolezza dell'uno e dell'altro sesso che propende verso una rovinosa impudicizia viene in modo giusto sorretta dall'onestà del matrimonio, di modo che l'atto, che sarebbe potuto essere un dovere per individui sani, diventa un rimedio per individui malati. Infatti non perché l'incontinenza è un male ne segue che il matrimonio non è un bene anche quando due persone si uniscono in matrimonio spinte dall'incontinenza; è vero anzi il contrario: non a causa del male che è l'incontinenza è biasimevole il bene del matrimonio, ma quel male diventa scusabile a causa di questo bene, poiché ciò che ha di buono il matrimonio e ciò, a causa del quale il matrimonio è un bene, non può essere mai peccato. Ora questo bene è triplice: la fedeltà, la prole e il sacramento. La fedeltà esige di non aver rapporti sessuali con un altro o con un'altra; la prole esige d'essere accolta con amore, allevata con bontà, educata religiosamente; il sacramento esige l'indissolubilità del matrimonio e che il divorziato o la divorziata non si unisca a un'altra persona neanche allo scopo d'aver figli. Questo è ciò che può chiamarsi la regola del matrimonio; per mezzo di ciò si rende onorata la fecondità della natura e vien regolato il disordine dell'incontinenza. Ma poiché abbiamo trattato questo argomento abbastanza a lungo nel libro La dignità del matrimonio, da noi pubblicato di recente, nel quale abbiamo fatto la distinzione tra la continenza vedovile e l'eccellenza della verginità conforme al grado della loro dignità, non dobbiamo impiegare più a lungo la nostra penna su questo argomento.

È difficile evitare rettamente un vizio senza cadere nel suo contrario.

8. 13. Ora ci chiediamo per quale aiuto all'uomo fu fatta la donna, se nel paradiso non erano loro leciti i rapporti sessuali per generare figli. Quanti pensano così, credono forse che sia peccato ogni accoppiamento carnale. Poiché è difficile non precipitare nel vizio contrario quando si vuole evitare in modo errato un altro vizio.

Quando infatti i vizi si giudicano non già con il criterio della ragione ma con quello dell'opinione, chi ha paura dell'avarizia diventa prodigo e chi ha paura della prodigalità diventa avaro; se ad uno si rimprovera d'essere indolente diventa turbolento e, se a uno si rimprovera d'esser turbolento diventa indolente; chi, biasimato per la sua temerarietà, arriva a detestarla, si rifugia nella timidezza e chi si sforza di non essere timido diventa temerario, rompendo, per così dire, il legame che lo tratteneva. Così avviene che la gente, mentre non sa che cosa è condannato dalla legge di Dio nel caso dell'adulterio o della fornicazione, condanna il rapporto sessuale dei coniugi anche se fatto allo scopo di aver figli.

Avrebbero i progenitori potuto procreare nel paradiso terrestre?

9. 14. Coloro che non condannano il matrimonio ma pensano tuttavia che la fecondità della carne sia stata concessa da Dio per assicurare la successione dei mortali e non credono neppure che i primi esseri umani potessero congiungersi carnalmente, se per causa del peccato, da loro commesso, non fossero stati condannati a morire e non avessero dovuto procurarsi dei successori mettendo al mondo dei figli. Costoro però non riflettono al fatto che, se era legittimo che i nostri progenitori potessero procurarsi dei successori essendo essi destinati a morire, con quanto maggior ragione avrebbero potuto procurarsi dei compagni dal momento che erano destinati a morire! In realtà, se il genere umano avesse riempito tutta la terra, sarebbe stato legittimo procurarsi dei figli unicamente per riempire i vuoti lasciati dai morti. Ma se la terra doveva essere riempita mediante l'opera di due sole persone, in qual modo avrebbero potuto compiere il dovere di costituire una comunità senza generare figli? Oppure c'è qualcuno tanto cieco di mente da non capire quanta bellezza conferisce alla terra il genere umano anche se poche persone vivono in modo retto e lodevole, di quanta importanza è l'ordine pubblico che trattiene anche i delinquenti in una certa qual pace terrena? Per quanto gli uomini siano viziati, anche come tali sono superiori alle bestie e agli uccelli, ma tuttavia chi non proverebbe piacere nel

contemplare questa che è la parte più bassa del mondo così abbellita - tenuto conto del posto destinato ad essa - di tutte le specie di questi animali? Chi poi sarebbe così dissennato da pensare che la terra non sarebbe potuta essere così bella, se fosse stata riempita di persone viventi nella giustizia [originale] che non avrebbero dovuto morire?

La donna fu creata per procreare anche se l'uomo non avesse dovuto morire.

9. 15. Il fatto che la città celeste ha un numero enorme di angeli non può essere un motivo per cui sarebbe stato conveniente che l'uomo e la donna non si unissero nell'amplesso coniugale, fuorché nel caso che dovessero morire. Il Signore infatti, prevedendo questo gran numero completo di santi che deve congiungersi agli angeli anche nella risurrezione, disse:Nella risurrezione gli uomini e le donne non si sposeranno più, poiché non morranno, ma saranno uguali agli angeli di Dio 19. Quaggiù al contrario la terra doveva essere riempita di uomini ed era conveniente che fosse ripiena di persone provenienti da un unico capostipite, per stabilire una più stretta relazione di parentela e mettere in maggior risalto possibile il legame dell'unità. Per qual altro motivo perciò Dio procurò all'uomo un aiuto nel sesso femminile simile a lui, se non perché la natura femminile aiutasse, come una terra fertile, l'uomo nel procreare il genere umano?

La concupiscenza e la morte.

10. 16. È tuttavia più conveniente e preferibile pensare che i nostri progenitori, allorquando furono messi nel paradiso e il loro corpo naturale non era ancora condannato a morire, non avessero un appetito al piacere carnale come l'ha il nostro corpo proveniente da una stirpe destinata alla morte. Non può dirsi infatti che in Adamo ed Eva non successe nulla dopo ch'ebbero mangiato il frutto proibito, dal momento che Dio non disse: "Se ne mangerete, morrete sicuramente", ma: Il giorno in cui ne mangerete, morrete

sicuramente 20. Per conseguenza quel giorno produsse in loro la condizione [di dissidio] che l'Apostolo esprime in questi termini: Nel mio intimo io sono d'accordo con la legge di Dio, ma nelle mie membra vedo un'altra legge che contrasta fieramente la legge della mia ragione e mi rende schiavo della legge del peccato che è nelle mie membra. Me sventurato! Chi mi libererà dal corpo che porta questa morte? La grazia di Dio per mezzo di Gesù Cristo nostro Signore 21. Non sarebbe stato sufficiente dire: "Chi mi libererà da questo corpo mortale"? e invece dice: dal corpo che porta questa morte. Allo stesso modo in un altro passo dice: Il corpo è senza dubbio morto a causa del peccato 22; neppure in questa frase dice: "Il corpo è mortale", bensì: Il corpo è morto, benché fosse evidentemente anche mortale, essendo destinato a morire. Pertanto, benché il corpo dei progenitori fosse un corpo naturale e non ancora spirituale, non si deve credere tuttavia che fosse "morto", cioè necessariamente destinato alla morte; questo castigo sopravvenne solo dopo ch'ebbero toccato l'albero dal frutto proibito.

Come sarebbe diventato il corpo dei progenitori, se non avessero peccato.

10. 17. A proposito dei nostri corpi si parla d'uno stato di salute confacente alla loro costituzione. Se questo stato viene turbato al punto che una malattia consuma gli organi interni, i medici dopo un'attenta diagnosi dichiarano imminente la morte; anche allora naturalmente si dice che il corpo è mortale, ma in un senso diverso di quando era sano, benché fosse di certo destinato, presto o tardi, a morire. Allo stesso modo i progenitori avevano di certo un corpo naturale, ma non destinato a morire - sempre che non avessero peccato - e il loro corpo avrebbe ricevuto uno stato uguale a quello degli angeli e una qualità celeste; appena però trasgredirono il precetto di Dio, contrassero nelle loro membra una sorta di malattia mortale e ciò cambiò la proprietà, per cui potevano dominare tanto perfettamente il corpo che non avrebbero potuto dire: Vedo nelle mie membra un'altra legge che contrasta fieramente la legge della mia

ragione 23. Poiché, sebbene il corpo non fosse ancora spirituale, ma ancora naturale, tuttavia non era ancora il corpo che porta questa morte, dalla quale e con la quale siamo nati. Che cos'altro, in realtà, cominciamo a fare, non dirò appena nati, ma addirittura appena concepiti, se non a soffrire una sorta di malattia, a causa della quale dovremo morire inevitabilmente? La morte è inevitabile per chi sia stato colpito da idropisia o da consunzione o dalla lebbra o da altre simili malattie ma non più che per un neonato che ha cominciato a vivere in questo corpo a causa del quale tutti gli uomini sono per natura figli della collera 24, condizione, questa, che è il risultato del castigo del peccato.

L'atto coniugale prima del peccato sarebbe stato scevro di passione.

10. 18. Perché dunque non dovremmo credere che i nostri progenitori prima del peccato potessero comandare agli organi genitali per procreare figli come comandavano alle altre membra che l'anima è solita eccitare senza alcun prurito della concupiscenza per compiere qualsiasi altro atto? Ora il Creatore onnipotente e lodevole oltre ogni dire, grande anche riguardo alla più piccola delle sue opere, ha dato alle api la capacità di generare i loro piccoli allo stesso modo che formano la cera e il miele. Perché allora dovrebbe sembrare incredibile che per i primi uomini Dio formasse corpi di tal natura che, se non avessero peccato e contratto subito quella sorta di malattia che li avrebbe condotti alla morte, avrebbero comandato agli organi da cui è generata la prole, allo stesso modo che si comanda ai piedi quando si cammina? In tal modo avrebbero compiuto l'unione sessuale senza ardore passionale e avrebbero partorito senza dolore. Ora, al contrario, dopo aver trasgredito l'ordine di Dio, hanno meritato di sentire nelle loro membra, in cui già regna la morte, il moto della legge che è in guerra con la legge dello spirito, moto che è regolato dal matrimonio, tenuto in certi limiti e frenato dalla continenza affinché, come dal peccato è venuto il castigo, così dal castigo se ne tragga il merito.

Conclusioni sul sesso femminile e l'atto coniugale nel paradiso terrestre.

11. 19. La donna fu quindi creata venendo tratta dall'uomo per l'uomo, con caratteristiche proprie del suo sesso per cui le donne si distinguono dagli individui maschi. Essa partorì Caino ed Abele e tutti i loro fratelli da cui dovevano nascere tutti gli altri uomini; tra essi generò anche Seth, dal quale ebbe inizio la stirpe umana fino ad Abramo 25 e al popolo d'Israele, la nazione ormai più conosciuta di tutte le altre nazioni e, per discendenza attraverso i figli di Noè, ebbero origine tutti i popoli. Chi mette in dubbio questi fatti fa vacillar per forza tutto ciò che noi crediamo, e il suo dubbio dev'essere tenuto lontano dalla mente dei fedeli. Quando perciò mi si domanda per quale aiuto dell'uomo fu creata la donna, io considero con tutta l'attenzione di cui sono capace tutte le ipotesi possibili, ma non mi viene in mente nessun altro motivo se non quello di procreare figli affinché la terra fosse riempita dalla loro discendenza. Ma la procreazione dei figli non sarebbe stata effettuata dai progenitori come quando nelle membra c'è una legge del peccato in guerra con la legge dello spirito, anche se per grazia di Dio viene superata dalla virtù. Noi infatti dobbiamo credere che questa condizione non sarebbe potuta trovarsi se non nel corpo che porta in sé la morte, un corpo morto a causa del peccato. E qual castigo sarebbe stato più giusto di questo per cui il corpo, fatto come servo dell'anima, non ubbidisce a ogni suo comando allo stesso modo che essa rifiutò di ubbidire al suo Signore? Potrebbe darsi che Dio crei l'uomo nei suoi elementi costitutivi traendoli dai genitori, traendo cioè il corpo dal loro corpo e l'anima dalla loro anima, oppure che crei le anime in un altro modo; in ogni caso però egli non crea per un compito impossibile né per un premio dappoco; poiché se l'anima soggetta a Dio con spirito di fede e d'amore riuscirà con la grazia a trionfare sulla legge del peccato, insita nelle membra del corpo mortifero e meritata per castigo dal primo uomo, riceverà il premio celeste con gloria maggiore, venendo così a dimostrare quanto sia degna di lode l'ubbidienza, la quale con la sua virtù poté trionfare sul

castigo meritato dalla disubbidienza altrui.

Che cosa prefigurava Adamo che imponeva il nome agli animali.

12. 20. Ma poiché, a mio avviso, abbiamo indagato abbastanza, per qual aiuto dell'uomo fu creata la donna, ora dobbiamo vedere per qual motivo furono condotte davanti ad Adamo tutte le bestie dei campi e tutti gli uccelli del cielo perché ricevessero il nome da lui e in tal modo fosse, per così dire, necessario creare per lui una donna formata con il venir tratta dal suo fianco, poiché tra quegli animali non s'era trovato un aiuto simile a lui. Mi pare che questo, pur essendo un fatto realmente accaduto, volesse adombrare un significato profetico; mi pare cioè che, una volta stabilita la realtà del fatto, ci è permesso d'interpretarlo in senso figurato. Che cosa infatti significa il fatto che Adamo impose il nome agli uccelli e agli animali terrestri ma non l'impose anche ai pesci e a tutti gli altri esseri viventi nelle acque? Se noi esaminiamo le lingue umane, tutti questi esseri viventi hanno il nome imposto loro dagli uomini nella loro lingua. Non solo gli esseri viventi nell'acqua o sulla terra, ma anche la terra stessa, l'acqua, il cielo, tutto ciò che si vede e non si vede nel cielo ma si crede che ci sia, sono denotati diversamente secondo la diversità delle lingue dei vari popoli. Noi sappiamo, è vero, che all'origine c'era un'unica lingua, prima che la superbia umana con la costruzione della torre [di Babele], fabbricata dopo il diluvio, dividesse la società umana secondo i diversi linguaggi 26; quale che fosse quella lingua, che c'importa saperlo? In ogni caso era certamente la lingua parlata allora da Adamo e, se ancora esiste, i nomi imposti dal primo uomo agli animali terrestri e agli uccelli corrispondono ai suoni articolati da Adamo. È forse quindi in alcun modo credibile che i nomi dei pesci corrispondenti a quella stessa lingua furono stabiliti non dall'uomo bensì formati da Dio e che in seguito l'uomo li avrebbe appresi dall'insegnamento di Dio? Ma anche in questa ipotesi, il motivo per cui avvenne così, avrebbe senza dubbio in sé un significato simbolico. Noi dobbiamo tuttavia credere che alle varie specie di pesci fu imposto il nome dopo essere

stati conosciuti un po' alla volta; al contrario gli animali domestici, le bestie e gli uccelli furono condotti davanti all'uomo affinché, adunati alla sua presenza e divisi secondo le diverse specie, imponesse loro il nome, anche se l'uomo - qualora ciò non fosse già stato fatto - avrebbe potuto imporre loro il nome un po' alla volta ma molto più presto che nel caso dei pesci. Ora, quale fu il motivo di questo fatto se non quello d'indicare qualche realtà capace di annunciare degli eventi futuri? A questa realtà è rivolta in modo del tutto particolare la preoccupazione della Scrittura nel raccontare ordinatamente i fatti.

Perché il fatto reale aveva un significato profetico.

12. 21. In secondo luogo, ignorava forse Dio di non aver creato tra gli animali nessuno che fosse in grado d'essere per l'uomo un aiuto simile a lui? O era forse necessario che anche l'uomo conoscesse questo bisogno e stimasse perciò la sua donna tanto più preziosa per il fatto che tra tutte le creature di carne esistenti sotto il cielo e viventi come lui della stessa aria da lui respirata non ne avesse trovata alcuna simile a lui? Sarebbe strano che [Adamo] non avesse potuto conoscere ciò se non dopo che gli furono condotti davanti tutti gli animali e dopo averli visti con i propri occhi! Se infatti egli avesse avuto fede in Dio, Dio glielo avrebbe potuto dire allo stesso modo che gli diede anche il precetto e lo interrogò e lo punì quand'ebbe peccato. Se invece non aveva fede in Dio, non poteva certamente sapere se Dio, in cui non aveva fede, gli avesse condotto davanti tutti gli animali o se per caso avesse nascosto in qualche angolo più o meno remoto della terra alcuni altri animali simili a lui e che non gli avrebbe potuto mostrare. Ecco perché io non credo si possa dubitare che ciò sia accaduto per un significato profetico, sebbene sia un fatto realmente accaduto.

Si tratta dello stesso argomento.

12. 22. In quest'opera tuttavia noi non ci siamo accollati il compito d'investigare le allegorie profetiche [della Genesi] ma di mettere in

risalto l'autenticità dei fatti narrati prendendoli nel senso di fatti realmente accaduti. In tal modo ciò che può apparire impossibile a lettori scervellati e increduli o essere in disaccordo con l'autorità della sacra Scrittura in base a testimonianze citate come contrarie, io potrei dimostrare con le mie spiegazioni - per quanto mi è possibile e con l'aiuto di Dio - che non è né impossibile né contrario. Riguardo invece a ciò che appare possibile e non ha alcuna parvenza di contraddizione, ma tuttavia ad alcuni lettori potrebbe apparire inutile o anche privo di senso, vorrei dimostrare con le mie argomentazioni che anche ciò non è avvenuto secondo il corso, per così dire, naturale e abituale delle cose. Io spero in tal modo che le nostre menti nutrano la massima stima per l'autorità delle Sacre Scritture degna di fede al di sopra di ogni altra autorità; e poiché non ci può essere nulla privo di senso, le nostre menti credano che quanto sembra esserlo ha un significato simbolico; ma io tuttavia ho già esposto altrove siffatta interpretazione figurata, oppure ho esaminato già questo passo o posso rinviarlo a un altro tempo.

Che cosa prefigurava la creazione della donna.

13. 23. Che vuol dire dunque anche l'affermazione che la donna fu creata col venir formata con la costola dell'uomo? Ma pur ammesso che la donna dovesse essere formata così per mettere in risalto il significato dell'unione tra l'uomo e la donna, forse che la medesima ragione o necessità esigeva anche che l'azione creatrice di Dio avvenisse mentre Adamo dormiva? Esigeva per conseguenza che gli fosse tolta una costola e al posto di essa fosse sostituita della carne? Non poteva forse Dio togliere proprio la carne per formare con essa la donna, traendola cioè dall'elemento più corrispondente alla debolezza del suo sesso? O si dovrà forse dire che, con tutti gli organi che vi aggiunse, Dio poté creare la donna traendola da una costola e non poté farlo con una carne tenera e molle come polpa, mentre formò l'uomo con la polvere? Oppure, nel caso che fosse stato necessario togliere proprio una costola, come mai non fu sostituita con un'altra costola? Inoltre per qual motivo la Scrittura

non dice: "Dio formò", oppure "Dio fece", come si esprime per tutte le opere precedenti, ma dice: Il Signore edificò la costola 27, come se si trattasse non del corpo umano ma di una casa. Non può dunque esserci dubbio - dato che questi sono fatti realmente accaduti e non possono essere privi di senso - che essi sono stati compiuti per prefigurare qualcosa, che cioè proprio dalla prima origine del genere umano, Dio nella sua prescienza predisse nelle sue opere l'utilità che ne sarebbe venuta per i secoli futuri. Egli ha voluto che questi fatti fossero posti per iscritto e rivelati a tempo debito sia attraverso la successione delle generazioni umane, sia mediante il suo Spirito o il ministero degli angeli perché offrissero ai suoi servi una testimonianza delle promesse da compiersi nel futuro e la costatazione del loro compimento. Ciò apparirà sempre più chiaro nel seguito di questo commento.

In qual modo gli animali furono presentati ad Adamo.

14. 24. Vediamo dunque, come ci siamo proposti di fare in quest'opera, in qual senso possano prendersi questi fatti, non cioè nel senso d'una prefigurazione di realtà future, ma nel senso proprio e non allegorico, nel senso cioè di fatti realmente accaduti. E Dio - dice la Scrittura - formò ancora dalla terra tutte le bestie selvatiche e tutti gli uccelli del cielo 28. A proposito di ciò abbiamo già discusso nel modo che ci è parso opportuno e nella misura che ci è sembrata più conveniente. E li condusse tutti ad Adamo per vedere come li avrebbe chiamati 29. In qual modo condusse Dio quegli animali ad Adamo? Per non interpretare questa frase secondo il nostro modo di pensare grossolano, dobbiamo lasciarci guidare da ciò che abbiamo esposto nel libro precedente sulla duplice azione della Provvidenza. Non dobbiamo credere che Dio agisse come fanno i cacciatori [di selvaggina] o gli uccellatori che seguono le peste e sospingono nelle reti tutti gli animali che catturano. E non dobbiamo nemmeno pensare che da una nube uscisse una voce per esprimere un ordine con parole che le creature razionali nell'udirle sono solite intendere e ubbidire. Le bestie e gli uccelli non hanno ricevuto questa facoltà,

ma ubbidiscono a Dio secondo la loro natura, non in virtù del libero arbitrio della volontà razionale, ma nel modo che Dio, senz'essere lui stesso mosso nel tempo, muove tutte le cose al tempo opportuno mediante il ministero degli angeli, che nel suo Verbo intendono ciò che dev'essere fatto. Senza che Dio si muova nel tempo, essi vengono mossi nel tempo per eseguirvi i suoi ordini negli esseri loro sottomessi.

Gli uomini hanno in comune le passioni con le bestie ma se ne distinguono per il giudizio.

14. 25. Ogni anima vivente, non solo l'anima razionale come quella umana, ma anche l'anima irrazionale come quella delle bestie, degli uccelli e dei pesci, è sollecitata dagli oggetti ch'esse vedono. L'anima razionale tuttavia, grazie al libero arbitrio dà o nega il suo consenso a ciò che vede, mentre l'anima irrazionale non ha la facoltà di decidersi [a dare o negare il proprio consenso]; essa, però, conforme alla propria natura e al proprio carattere, è spinta all'azione dalla vista di un oggetto. Non è, al contrario, in potere d'alcuna anima di controllare le visioni che si presentano ai sensi del corpo o nell'interno all'immaginazione, visioni dalle quali possa essere mosso l'istinto o la passione d'un qualsiasi essere vivente. Così, quando siffatte visioni sono prodotte dall'alto per mezzo degli angeli obbedienti [alla volontà di Dio], l'ordine di Dio arriva non solo agli uomini né solo agli uccelli e alle bestie, ma perfino agli esseri che vivono nascosti sotto le acque - come al mostro marino che inghiottì Giona 30 - e non solo a questi grossi animali, ma perfino ai vermi più piccoli, poiché leggiamo [nella sacra Scrittura] che anche ad un piccolo verme fu dato da Dio l'ordine di rodere la radice della zucca alla cui ombra stava riposando il profeta [Giona] 31. Dio infatti nel creare l'uomo gli diede il potere - rimastogli anche se porta una carne di peccato - di catturare e ammansire non solo gli animali e le bestie da soma sottomessi ai suoi bisogni e non solo gli uccelli domestici, ma anche quelli che volano liberamente e perfino le bestie selvatiche di ogni genere e di dominarle non tanto con la forza fisica quanto

piuttosto con il potere della ragione; e l'uomo ci riesce spiando le loro tendenze istintive e ciò che procura a essi dolore, adescandoli gradualmente li domina col mettere loro il freno e dando loro una certa libertà, li spoglia delle loro abitudini selvatiche e riesce a rivestirli - per così dire - di abitudini umane; con quanta maggiore facilità riescono a far simili azioni gli angeli che, dietro ordine di Dio e nella visione della sua immutabile verità, contemplata da essi eternamente, movendo se stessi attraverso il tempo e i corpi a loro sottomessi attraverso il tempo e lo spazio con meravigliosa facilità! Essi hanno la facoltà non solo di produrre in ogni essere vivente visioni d'oggetti, da cui può venir mosso, ma anche di eccitare gli appetiti dei loro bisogni corporei per condurlo, a sua insaputa, ove dev'essere condotto!

In qual modo fu creata la donna e il ministero degli angeli nella creazione o riforma degli esseri.

15. 26. Vediamo ora come fu formata la donna, a proposito della quale la Scrittura - con un verbo di senso simbolico - dice che fu "costruita". Fu infatti creata la sostanza della donna - sebbene tratta da quella dell'uomo la quale già esisteva - e non fu trasformazione di altre nature già esistenti. Ora, gli angeli non possono creare assolutamente nessuna sostanza, poiché il solo creatore di qualsivoglia sostanza, sia piccola che grande, è Dio, cioè la Trinità, Padre, Figlio e Spirito Santo. Un altro quesito è quello di sapere in che modo Adamo [preso da un sonno profondo] s'addormentò e come gli fu tolta dall'organismo del suo corpo la costola senza che ne provasse dolore. Si potrebbe forse dire che ciò poté essere effettuato per mezzo degli angeli, ma il potere di formare o costruire con una costola la donna lo ha solo Dio, dal quale è fatta sussistere ogni natura. In realtà non potrei credere neppure che quel pezzo di carne messo nel corpo di Adamo al posto lasciato vuoto dalla costola poté esser prodotto dagli angeli, come non furono in grado di produrre nemmeno l'uomo con la polvere. Con ciò non si vuol dire che gli angeli non aiutassero affatto, come strumenti, Dio nella creazione di

qualche essere, ma non per questo sono dei creatori, dal momento che neppure gli agricoltori li chiamiamo creatori delle messi o degli alberi. Infatti non è qualcosa né chi pianta né chi irriga, ma chi fa crescere, cioè Dio 32. A questo "far crescere" appartiene anche la sostituzione della carne al posto della costola asportata dal corpo di Adamo, sostituzione fatta naturalmente da Dio con l'opera sua, con cui crea le sostanze perché esistano, e con cui egli creò anche gli angeli.

Causa prima e causa seconda.

15. 27. È quindi opera dell'agricoltore dirigere il corso dell'acqua quando irriga il terreno, ma ch'essa scorra giù per i pendii non è opera sua bensì di Colui che ha disposto ogni cosa con misura, numero e peso. Così è pure opera dell'agricoltore staccare una talea dall'albero e piantarla nel terreno, ma non è opera sua che il magliuolo assorba l'umore e faccia spuntare il germoglio, che una parte di esso si affondi nel terreno per fissarvi le radici e un'altra parte si spinga fuori verso l'aria per nutrire il suo vigore ed espandere i suoi rami, ma è opera di Colui che fa crescere. Anche il medico dà il nutrimento [adatto] a un corpo malato e applica un medicamento a una ferita, ma innanzitutto il medico fa uso di sostanze non create da lui, ma di quelle che trova fatte dall'opera del Creatore. In secondo luogo egli è in grado di preparare e somministrare un cibo e una bevanda, fare un impiastro, spalmarlo del medicamento e poi applicarlo [alla parte malata]; ma è forse in grado di produrre anche il vigore fisico o la carne con i farmaci ch'egli usa? Questo è opera della natura mediante la sua potenza attiva interna, a noi assolutamente nascosta. Se tuttavia Dio sottraesse alla natura questa sua intima potenza attiva con cui la crea e la fa sussistere, subito si estinguerebbe e si ridurrebbe a nulla.

Il duplice governo di Dio verso le creature nei loro moti naturali e volontari.

15. 28. Per conseguenza, poiché è Dio che governa tutti gli esseri della sua creazione con una specie di duplice provvidenza - di cui abbiamo parlato nel precedente libro - servendosi delle forze non solo naturali ma anche di quelle volontarie, nessun angelo è in grado di creare una sostanza come non è in grado di creare neppure se stesso. La volontà dell'angelo, al contrario, che è sottomessa e obbediente a Dio ed esegue i suoi comandi, è in grado di agire sulle cose a lui sottomesse e procurare una specie di materia servendosi dell'energie della natura - come è il corpo dell'agricoltore o del medico - sì che venga creato qualcosa nel corso del tempo conforme alle ragioni causali primordiali ed eterne increate nel Verbo di Dio o alle ragioni causali create nelle opere dei sei giorni. Chi mai perciò potrebbe dire qual concorso hanno prestato a Dio gli angeli nella formazione della donna? Io tuttavia potrei affermare senza la minima esitazione che la carne creata per sostituirla alla costola, il corpo e l'anima della donna, la conformazione delle sue membra, tutte le parti interne del suo corpo, tutti i suoi sensi e tutto ciò per cui essa era una creatura, un essere umano e una donna, non fu fatto che per opera di Dio. Quest'opera compiuta da Dio non mediante gli angeli ma da se stesso, egli non l'ha abbandonata ma continua a compierla in modo che, se egli non la continuasse, non sussisterebbe né la sostanza di alcun'altra cosa né quella degli angeli.

Difficoltà di definire cosa sia "un fatto naturale".

16. 29. Per quanto noi, nei limiti della nostra intelligenza umana, abbiamo potuto conoscere la natura per nostra esperienza, sappiamo che una carne dotata di vita e di sensibilità può nascere solo in quattro modi: o dall'acqua e dalla terra, che sono in un certo senso come i suoi elementi materiali, o dai vegetali e dai frutti degli alberi, oppure anche dalla carne degli animali, come nascono innumerevoli specie di vermi e di rettili, oppure certamente dal coito dei genitori.

Noi tuttavia sappiamo che dalla carne di un qualunque altro essere vivente non nasce alcuna carne talmente simile a lui da distinguersene unicamente per il sesso; ecco perché nella natura cerchiamo, senza trovarlo, un caso analogo a questa creazione con cui la donna fu tratta dal fianco dell'uomo. Ciò è dovuto al fatto che, mentre sappiamo in qual modo lavorano gli uomini su questa terra, non conosciamo affatto come gli angeli esercitano - se così può dirsi - l'agricoltura in questo mondo. Se infatti il processo delle energie della natura producesse una specie di arbusti senza l'attività dell'uomo, noi sapremmo solo che alberi e vegetali nascono dalla terra e dai loro semi a loro volta caduti da quelli sul suolo, ma potremmo forse conoscere l'energia dell'innesto per cui l'albero d'una determinata specie mediante le proprie radici porta frutti di due specie i quali in virtù della simbiosi, sono senz'altro frutti propri? Ciò lo abbiamo appreso dal lavoro degli agricoltori. Sebbene questi non siano affatto creatori, tuttavia non fanno altro che prestare - diciamo così - un aiuto e un servizio a Dio che crea il processo di sviluppo della natura. Poiché in virtù del loro lavoro non verrebbe all'esistenza assolutamente nulla, se un'occulta ragione causale non contenesse questa potenzialità nell'opera [creatrice] di Dio. Che c'è dunque di strano se non sappiamo in qual modo una creatura umana, [la donna], creata mediante l'osso di un uomo, dal momento che ignoriamo in qual modo gli angeli concorrono con la loro opera a quella di Dio creatore? Noi non potremmo sapere nemmeno che una marza, recisa da un albero ed innestata sul tronco d'un altro albero, diventa un nuovo albero, se ignorassimo ugualmente come gli agricoltori ottengono questi risultati concorrendo all'opera di Dio.

È difficile discernere un fatto naturale da uno miracoloso.

16. 30. Noi tuttavia non dubitiamo affatto che Dio soltanto è il creatore non solo degli uomini ma anche degli alberi e crediamo fermamente che la donna fu creata con l'esser tratta dall'uomo senza l'intervento del rapporto sessuale, anche se per caso nell'azione del Creatore concernente la costola dell'uomo sia intervenuto il concorso

degli angeli. Allo stesso modo crediamo fermamente che l'"Uomo" fu generato dalla "Donna" senza l'intervento del rapporto sessuale, dal momento che la discendenza di Abramo fu disposta per mezzo degli angeli per il tramite di un mediatore 33. Ambedue questi eventi sono incredibili per coloro che non hanno fede. Ma perché mai per coloro che hanno fede il fatto del concepimento di Cristo dovrebbe esser visto come credibile nel senso letterale della storia e il racconto della creazione di Eva narrato dalla Scrittura credibile solo nel senso figurato? O è forse vero che senza un rapporto carnale sarebbe potuto essere fatto l'Uomo dalla "Donna", ma una donna non sarebbe potuta esser fatta da un uomo? Si dirà forse altresì che il grembo della Vergine fu capace di formare l'Uomo, mentre il fianco d'un uomo non era capace di formare una donna, per il fatto che nel primo caso dalla sua serva nacque il Signore, nel secondo caso dal servo fu formata la serva? Anche il Signore avrebbe potuto creare la propria carne servendosi della costola o di qualche altro membro della Vergine. Ma Colui che avrebbe potuto dimostrare col proprio corpo d'aver fatto di nuovo ciò che era stato fatto [al principio], giudicò più utile mostrare nel corpo della propria madre che non c'è nulla di vergognoso dove c'è la castità.

La ragione causale della creazione della donna.

17. 31. Mi si potrebbe forse porre il quesito in qual modo Dio creò la donna nella ragione causale quando egli fece il primo uomo a sua immagine e somiglianza, poiché la Scrittura nel medesimo passo dice: Maschio e femmina li fece 34. Quella ragione causale che Dio creò con le prime opere del mondo, incorporandola in esse, comportava forse la necessità che in seguito la donna fosse fatta col venir tratta dalla costola dell'uomo o comportava solo la possibilità d'esser fatta mentre la necessità era già determinata fin d'allora, ma rimaneva nascosta in Dio? Se è questo il quesito che mi si pone, risponderò quanto credo possa affermarsi senza temerità. Quando tuttavia avrò esposto la mia opinione, forse coloro che sono già ben fondati nella fede cristiana, considerando assennatamente queste mie

riflessioni, giudicheranno che non se ne deve dubitare anche se vengono a conoscerle adesso per la prima volta.

Determinismo causale delle nature e onnipotenza divina.

17. 32. Il corso ordinario della natura presa nel suo insieme ha le sue determinate leggi naturali, secondo le quali anche lo spirito vitale, che è una creatura, ha certe tendenze naturali proprie e in un certo senso determinate che non potrebbero essere evitate neppure da una volontà cattiva. Così pure gli elementi di questo mondo fisico posseggono delle potenzialità e proprietà che per ogni cosa determinano ciò che essa è capace o non è capace di fare, quali effetti ogni cosa è in grado o no di produrre. Tutti gli esseri che sono generati da questi, diciamo così, "germi primordiali" delle cose hanno la loro origine, la loro crescita, come anche la loro fine e scomparsa ciascuno a suo tempo e conforme alla sua specie. Ecco perché da un granello di frumento non nasce una fava né da una fava un granello di frumento e neppure un uomo da una bestia né una bestia da un uomo. Al di sopra di questa attività e corso naturale delle cose c'è il potere del Creatore che è in grado di trarre da tutti questi esseri altri effetti, da quelli che sono contenuti potenzialmente nelle rispettive ragioni seminali, ma non un effetto ch'egli stesso non ha posto nelle loro ragioni seminali come possibile ad essere prodotto da esse o da lui stesso. Egli infatti è onnipotente non in virtù d'un potere arbitrario ma in forza della sua sapienza e perciò nel corso del tempo egli produce a tempo debito da ogni cosa l'effetto da lui posto in essa come possibile. Diverso è quindi il modo di essere per cui un'erba germina in un modo e un'altra diversamente, un'età della vita è fertile e un'altra non lo è, per cui l'uomo è in grado di parlare, mentre non lo è una bestia. Le ragioni causali di questi e simili modi di essere non sono soltanto in Dio, ma sono state incorporate da lui anche nelle cose create. Al contrario, che un legno estirpato dalla terra, secco, ben levigato, assolutamente privo di radici, fiorisca all'improvviso senza la terra e senza l'acqua e produca frutti 35; che una donna, sterile durante la sua età giovanile,

partorisca nella sua vecchiaia 36; che un'asina si metta a parlare 37 e altri simili prodigi, sono facoltà date certamente da Dio alle sostanze create da lui perché da esse fossero prodotti anche quegli effetti - nemmeno Dio stesso infatti potrebbe fare con tali sostanze effetti ch'egli stesso avesse originariamente prefissato non potersi realizzare, poiché nemmeno lui è più potente di se stesso - tuttavia queste capacità, conformi a un altro modo di essere, Dio le diede a quelle sostanze, stabilendo in modo che quegli avvenimenti accadessero non in forza delle loro energie naturali ma in forza del fatto che furono create in modo che la loro natura restasse soggetta alla volontà di chi è molto più potente.

La causalità trascendente di Dio.

18. 33. Dio ha dunque in se stesso le cause nascoste di alcuni fatti ch'egli non ha inserite nelle cose create e che rende efficienti e operanti non con l'azione della sua Provvidenza con cui costituì le sostanze nel loro essere, ma con l'azione con cui governa come vuole le cose da lui create come egli volle. Fa parte di quest'azione anche la grazia, mediante la quale vengono salvati i peccatori. Infatti per quanto riguarda la natura [dei peccatori] corrotta della propria cattiva volontà, essa non è capace di tornare a Dio da se stessa ma solo mediante la grazia di Dio, dalla quale è aiutata e rigenerata. Poiché non si deve disperare degli uomini a causa di ciò che la Scrittura dice: Coloro che camminano su quella strada non faranno ritorno 38. Ciò infatti la Scrittura lo afferma tenuto conto del peso della loro iniquità, affinché chi fa ritorno a Dio non attribuisca il fatto del ritorno a se stesso ma alla grazia di Dio, non alle proprie azioni, per evitare di vantarsene 39.

Modo misterioso per cui fu creata la donna.

18. 34. Ecco perché l'Apostolo disse che il mistero di questa grazia è nascosto non già nel mondo, ove sono nascoste le ragioni causali di tutte le cose destinate a esistere nel processo di sviluppo della natura

- come Levi era nascosto nei lombi d'Abramo quando pagò la sua decima 40 - ma è nascosto in Dio, che ha creato tutte le cose. Per questo motivo le cause di tutte le cose, anche di quelle che, per simboleggiare questa grazia, accaddero non secondo il corso naturale delle cose, ma in modo miracoloso, rimasero nascoste in Dio. Uno di questi eventi prodigiosi potrebbe essere quello della creazione della donna tratta dal fianco dell'uomo - e ciò avvenne mentre questi dormiva - la quale per mezzo di lui fu rafforzata, come se fosse stata consolidata per mezzo dell'osso di lui, mentre egli, al contrario, venne a trovarsi indebolito a causa di lei poiché al posto della costola non gli fu sostituita un'altra costola ma della carne. Ma nella creazione originaria delle cose quando nel sesto giorno, secondo l'affermazione della Scrittura, maschio e femmina li creò 41, non era predeterminato che la donna venisse creata in questo modo, ma quell'atto di creazione determinava solo la possibilità che la donna fosse creata anche così, in modo che Dio non facesse qualcosa con una volontà mutevole in contrasto con le cause stabilite dalla sua volontà. Che cosa fosse destinato ad essere in modo che non potesse essere effettuato diversamente era nascosto in Dio, creatore d'ogni cosa.

L'ufficio degli angeli riguardo alla venuta del Cristo.

18. 35. L'Apostolo dunque dice che questo era nascosto in modo che sarebbe stato fatto conoscere ai Principati e alle Potestà del cielo mediante la Chiesa della multiforme Sapienza di Dio 42. Si pensa perciò, con una certa fondatezza, che allo stesso modo che il Discendente di Abramo, al quale era stata fatta la promessa, fu disposto dagli angeli per il tramite di un Mediatore 43, così tutti i fatti avvenuti miracolosamente nel mondo fuori del corso ordinario della natura, per preannunciare o rivelare la venuta dello stesso Discendente, si sono compiute mediante il ministero degli angeli, pur essendo tuttavia in ogni caso creatore e restauratore delle creature unicamente Dio, che solo fa crescere, quale che sia chi pianta e irriga 44.

L'estasi di Adamo.

19. 36. A giusta ragione si può quindi anche pensare che l'estasi in cui fu trasportato Adamo allorché Dio lo fece cadere in un profondo sopore e addormentare, gli fu procurata perché il suo spirito in quello stato durante l'estasi divenisse, per così dire, partecipe del coro degli angeli ed entrasse nel santuario di Dio e comprendesse che cosa doveva avvenire alla fine 45. Svegliatosi poi come ripieno di spirito profetico, e vedendo sua moglie condotta davanti a lui, proferì immediatamente l'espressione interpretata dall'Apostolo come una grande e misteriosa verità: Ora essa è l'osso tratto dalle mie ossa e la carne tratta dalla mia carne. Essa verrà chiamata donna poiché è stata tratta dall'uomo. L'uomo perciò abbandonerà suo padre e sua madre e si unirà a sua moglie e i due saranno una sola carne 46. Sebbene la Scrittura attesti che queste parole furono proferite dal primo uomo, tuttavia il Signore nel Vangelo dichiara che furono pronunciate da Dio, poiché dice: Non avete letto che il Creatore nel principio li creò maschio e femmina? L'uomo perciò lascerà suo padre e sua madre e si unirà a sua moglie e i due saranno una carne sola 47. Dovremmo quindi comprendere che a causa dell'estasi avuta in precedenza da Adamo, questi poté proferire quelle parole come profeta ispirato da Dio. A questo punto però ci pare conveniente portare a termine questo libro in modo da ridestare l'attenzione del lettore nei libri seguenti da un altro punto di partenza.

LIBRO DECIMO

Fu l'anima della donna derivata da quella dell'uomo?

1. 1. L'ordinato svolgimento del nostro commento pare esigere che adesso trattiamo del peccato del primo uomo; siccome però la Scrittura narra come fu fatto il corpo della donna senza dir nulla [della creazione] dell'anima, ha destato in noi una più forte attenzione a indagare più accuratamente come si possano o non si possano confutare gli scrittori i quali pensano che l'anima derivi da quella dell'uomo come il corpo deriva da quello di lui, il germe di quello e di questa venendo trasmesso dai genitori nei figli. Il motivo principale che spinge quegli scrittori a dire che Dio creò un'anima sola che egli insufflò sulla faccia dell'uomo, da lui plasmato con la polvere, in modo da creare poi con quell'anima tutte le altre anime degli uomini, come il corpo di ogni altro uomo con il corpo di quello, è che prima fu creato Adamo e solo in seguito Eva. Donde Adamo avesse il corpo e donde l'anima lo dice la Scrittura; dice cioè che il suo corpo è polvere, la sua anima, al contrario, è soffio di Dio. La Scrittura invece dice bensì che Eva fu creata venendo tratta dalla costola d'Adamo, ma non dice che Dio le diede lo spirito vitale come all'uomo, soffiando su di essa, come se l'anima e il corpo della donna fossero derivati dall'uomo che era già dotato dell'anima. Infatti - obiettano essi - o la Scrittura non avrebbe dovuto far alcun cenno nemmeno dell'anima dell'uomo in modo che comprendessimo - secondo la nostra capacità - o almeno credessimo ch'essa era stata data da Dio oppure, se la Scrittura non ha passato sotto silenzio questo fatto per paura che pensassimo che Dio creò anche l'anima col trarla dalla terra come il corpo dell'uomo, avrebbe dovuto ugualmente non omettere di parlare dell'anima della donna, perché non immaginassimo che le fosse stata trasmessa come un germe dell'uomo, se ciò non corrisponde al vero. Ecco perché - dicono essi - la Scrittura non dice che Dio soffiò [l'alito vitale] sulla faccia della donna, poiché in realtà anche la sua anima deriva da quella

dell'uomo.

Si risponde al quesito.

1. 2. A questa obiezione si può replicare facilmente. Se infatti quegli scrittori pensano che l'anima della donna fu creata col venir tratta dall'anima dell'uomo, per il fatto che la Scrittura non dice che Dio soffiò [l'alito vitale] sul volto della donna, perché mai pensano che la donna ricevette la propria anima dall'uomo, dal momento che neppure ciò è menzionato dalla Scrittura? Per conseguenza, se tutte le anime degli esseri umani che nascono Dio le crea allo stesso modo in cui creò quella del primo uomo, il silenzio della Scrittura a proposito [della creazione] delle altre anime è dovuto al fatto che ciò che essa narra della creazione di quell'anima può ragionevolmente intendersi di tutte le altre anime. Se dunque la Scrittura doveva informarci su questo punto, lo doveva fare soprattutto se nel caso della donna fosse avvenuto qualcosa di diverso da ciò ch'era avvenuto nel caso dell'uomo, nel caso cioè che l'anima della donna fosse derivata dal corpo di Adamo vivificato dall'anima, mentre il corpo di Adamo ebbe un'origine diversa da quella della sua anima. Proprio questa differenza del modo di creazione la Scrittura non doveva passarla sotto silenzio perché noi non immaginassimo questa creazione alla stregua di quella [dell'anima] dell'uomo che già conoscevamo. Dal momento perciò che la Scrittura non dice che l'anima della donna fu tratta da quella dell'uomo, è più plausibile pensare che in tal modo abbia voluto ammonirci di non immaginare a questo proposito nulla di diverso da quello che sapevamo dell'anima dell'uomo, che cioè alla donna fu data l'anima come fu data all'uomo. Tanto più che l'occasione più evidente d'indicare questa differenza era, se non quando la donna fu formata, almeno quando in seguito Adamo disse: Questa sì è ora osso delle mie ossa e carne della mia carne 1. Con quanta più tenerezza e amore Adamo avrebbe aggiunto: "e anima dell'anima mia!". Con queste considerazioni non è tuttavia già risolta una questione così complessa sì da indurci a ritenere come evidente e sicura una delle

due opinioni.

Stato della questione secondo le indagini dei libri precedenti.

2. 3. Dobbiamo perciò esaminare in primo luogo se questo libro della sacra Scrittura, che abbiamo commentato fin dalla prima frase, ci permette di aver dubbi su questo punto; allora potremo forse ricercare con ragione quale opinione dovremo scegliere di preferenza o quali limiti dobbiamo rispettare se la soluzione di questo problema rimane incerta. Una cosa è sicura: il sesto giorno Dio fece l'uomo a propria immagine, e la Scrittura soggiunge: maschio e femmina li fece 2. La prima delle due frasi, in cui è ricordata l'immagine di Dio, l'abbiamo intesa in rapporto all'anima; la seconda, invece, in cui si parla della differenza del sesso, l'abbiamo intesa in rapporto al corpo. Inoltre i numerosi e stringenti testi della Scrittura esaminati e discussi da noi non ci permettevano di comprendere come nel medesimo sesto giorno fosse formato l'uomo col fango e tratta dalla sua costola la donna, ma [era chiaro che] questi fatti erano stati compiuti in seguito, dopo le opere primordiali di Dio con cui creò tutte le cose simultaneamente. Ecco perché ci siamo chiesti che cosa dovessimo pensare a proposito dell'anima umana. Dopo aver discusso il problema sotto ogni punto di vista, l'opinione che ci parve più attendibile o più tollerabile fu che l'anima dell'uomo fu fatta tra le opere della creazione primordiale, ma che del corpo fu creata solo la regione seminale inserita come un germe in questo mondo materiale. In caso diverso noi saremmo costretti ad ammettere, in contrasto con le asserzioni della Scrittura, che il sesto giorno fu compita tutta la creazione, cioè la creazione dell'uomo dal fango della terra e la creazione della donna dal fianco dell'uomo, oppure che l'uomo non fu assolutamente creato tra le opere del sesto giorno; o che fu creata solo la ragione causale del corpo umano, ma non creata affatto quella dell'anima, benché l'uomo risulti essere immagine di Dio piuttosto in relazione ad essa; oppure - anche se questa opinione non è in contrasto con le parole della sacra Scrittura, tuttavia sembra strana e inaccettabile - che la ragione causale

dell'anima umana fu costituita o in una creatura spirituale, creata solo per questo scopo, benché la stessa creatura in cui sarebbe stata costituita questa ragione non sia ricordata tra le opere [della creazione] di Dio, oppure che fu costituita in qualche altra creatura ricordata tra quelle opere - come negli uomini già esistenti c'è latente la ragione causale dei figli da procreare -; ma in questo modo noi dovremmo ammettere che l'anima è progenie di angeli o - ipotesi più insostenibile - progenie di qualche elemento naturale.

Triplice ipotesi sull'origine dell'anima.

3. 4. Ma se ora si afferma che la donna ricevette l'anima non dall'uomo bensì come lui da Dio che la fece in quanto Dio crea un'anima individuale per ciascuna persona, allora l'anima della donna non fu creata tra le opere primordiali di Dio. Se invece diciamo che allora fu creata la ragione causale universale di tutte le anime, allo stesso modo che esiste negli uomini la ragione causale di generare, si torna all'opinione urtante e difficile ad ammettere secondo la quale le anime sarebbero prole di angeli oppure - nell'ipotesi più sconveniente - prole del cielo materiale o di qualche altro elemento anche inferiore. Bisogna perciò esaminare, anche se la verità resta nascosta, qual è almeno l'ipotesi più sostenibile: se quella enunciata poco più sopra o quella secondo la quale tra le opere originarie di Dio fu creata l'unica anima del primo uomo dal quale per via di generazione verrebbero create tutte le altre anime umane, oppure quella secondo cui sono create successivamente nuove anime, di cui non fu costituita precedentemente neanche la ragione causale nelle opere originarie di Dio del sesto giorno. Di queste tre ipotesi le prime due non sono in contrasto con quanto afferma la Scrittura delle opere originarie della creazione, quando furono create simultaneamente tutte le cose. Infatti sia ammettendo che la ragione causale dell'anima fu creata in qualche creatura come in una madre, di modo che tutte le altre anime verrebbero generate da essa - ma verrebbero create da Dio quando le dà a ciascun essere umano come i corpi sono generati dai genitori - sia ammettendo

invece che la ragione causale non era, come la ragione causale della prole, presente nei genitori, ma quando fu creato il "giorno" l'anima fu creata interamente come fu creato il "giorno" stesso, il cielo e la terra e furono creati i luminari del cielo, le due ipotesi non sono contrarie a quanto afferma la Scrittura, e cioè: Dio fece l'uomo a propria immagine 3.

Come la terza ipotesi è compatibile con la creazione simultanea.

3. 5. Non è invece così facile vedere come la terza ipotesi non sia contraria all'interpretazione secondo la quale si ritiene che l'uomo fu fatto a immagine di Dio il sesto giorno e che in forma visibile fu creato solo dopo il settimo giorno. Noi potremmo dire che vengono create nuove anime dal momento che né esse né le loro ragioni causali - come quella della prole nel genitore - furono create il sesto giorno insieme alle opere cominciate e terminate allo stesso tempo dalle quali Dio si riposò il settimo giorno. Se difendessimo una simile opinione, dovremmo stare attenti a non svuotare di significato quanto la Scrittura afferma con tanta precisione, che cioè Dio portò a termine in sei giorni tutte le sue opere che aveva create molto buone, se Dio si proponeva di creare ancora delle sostanze che allora non aveva fatte né in se stesse e neppure nelle loro ragioni causali; salvo che intendiamo la Scrittura nel senso che Dio ha in se stesso, senza averla posta in alcuna creatura, la ragione causale delle anime da dare a ciascun essere umano che nasce; ma, poiché queste anime non sono creature di una specie diversa da quella, in rapporto alla quale l'uomo fu creato a immagine di Dio il sesto giorno, non è esatto dire che Dio fa adesso creature che non avrebbe portato a termine allora. Allora infatti aveva già creato un'anima come quelle che crea anche ora. Per conseguenza Dio non fa ora una nuova specie di creatura che non avrebbe creato allora tra le sue opere portate a termine. Per di più questa attività non è in contrasto con le ragioni causali degli esseri destinati a esistere un giorno e incorporate all'origine nell'universo, ma è piuttosto in armonia con esse dal momento che anime come quelle che Dio crea ed infonde ora sono appropriate per

essere infuse nei corpi umani, la cui propagazione si prolunga a partire dalle opere primordiali con una successione incessante.

La questione dev'essere meglio esaminata.

3. 6. Per conseguenza qualunque sia tra queste tre ipotesi quella che ci convincerà essere più attendibile, dovremo allontanare da noi ogni paura di dar l'impressione di difendere un'opinione incompatibile con le parole del libro della Genesi che narra la creazione primordiale dei sei giorni. Intraprendiamo quindi, con l'aiuto di Dio, un esame più attento della presente questione, se mai per caso ci fosse possibile arrivare, se non ad una spiegazione lampante di cui non si debba avere più alcun dubbio, per lo meno ad un'opinione talmente accettabile da poterla sostenere ragionevolmente finché non brilli alla mente qualche certezza. Se non saremo capaci di arrivare neppure a questo risultato poiché gli argomenti si controbilanciano ugualmente da ogni parte, si vedrà per lo meno che nella nostra esitazione abbiamo evitato non lo sforzo di una ricerca ma la temerità nell'affermare. In tal modo, se uno è sicuro di possedere la verità sulla questione qui discussa, si degni d'istruirmi, se al contrario fonda la sua certezza non sull'autorità della Scrittura o d'una ragione evidente ma su la propria presunzione, non disdegni di condividere la mia esitazione.

Certezze sulla natura e sull'origine dell'anima.

4. 7. Innanzitutto dobbiamo ritenere con assoluta certezza che la sostanza dell'anima non può cambiarsi nella sostanza corporea di modo che quella ch'era un'anima diventi un corpo né cambiarsi in un'anima irrazionale, in modo cioè che un'anima umana possa divenire l'anima d'una bestia né cambiarsi nella sostanza di Dio; e così viceversa dobbiamo ritenere che né un corpo né un'anima irrazionale né la sostanza di Dio possano mutarsi e divenire un'anima umana. Non dev'essere neppure meno certo che l'anima non può essere se non una creatura di Dio. Per conseguenza, se Dio

fece l'anima senza trarla né da un corpo né da un'anima irrazionale né da lui stesso, resta che la fece traendola o dal nulla o da qualche creatura spirituale, ma in ogni caso razionale. Voler dimostrare però che Dio fece dal nulla qualche essere dopo aver terminato tutte le opere con cui creò ogni cosa simultaneamente è una pretesa eccessiva e io non so se ciò può essere provato in base a testi evidenti. Non si può, inoltre, nemmeno esigere da noi che spieghiamo cosa l'uomo sia incapace di comprendere o, se già è capace, sarebbe strano che potesse persuadere alcun altro, salvo che uno sia anche lui capace di comprendere questo problema da se stesso senza che nessuno si sforzi d'insegnarglielo. È quindi più sicuro, in argomenti di tal genere, non attenersi a congetture umane, ma esaminare a fondo i testi della sacra Scrittura.

L'anima non deriva né dagli angeli né dagli elementi, né dalla sostanza divina.

5. 8. Nei Libri canonici [della sacra Scrittura] io non trovo alcun testo che autorizzi a pensare che Dio crei le anime derivandole dagli angeli che sarebbero, per così dire, i genitori, e molto meno dagli elementi materiali del mondo; salvo che per caso c'induca a crederlo un testo del profeta Ezechiele ov'è presentata la risurrezione dei morti con la reintegrazione dei loro corpi, quando viene chiamato dai quattro venti del cielo il soffio vitale da cui sono vivificati perché risorgano. Così infatti è scritto: Allora il Signore mi disse: Parla in mio nome, rivolgiti al soffio della vita, o figlio dell'uomo, dicendo al soffio: Così dice il Signore: Vieni dai quattro venti del cielo e soffia su questi morti e fa sì che tornino in vita. Io pronunciai le parole che il Signore mi aveva ordinato di dire e il soffio della vita entrò in quei corpi ed essi ripresero la vita e si alzarono in piedi: [era] una folla sterminata 4. Mi pare che in questo passo venga indicato sotto forma profetica che gli uomini risusciteranno non solo nella pianura ov'era rappresentata quell'azione ma da tutto il mondo e ciò fu raffigurato simbolicamente mediante il vento soffiante dalle quattro parti del mondo. Infatti neppure il soffio che uscì dalla bocca del Signore

quando alitò [sui discepoli] e disse: Ricevete lo Spirito Santo 5, era la sostanza dello Spirito Santo, ma certamente con l'alitare voleva far capire che lo Spirito Santo procede da lui come quel soffio procedeva dal proprio corpo. Ma siccome il mondo non è unito a Dio in unità di persona come il corpo del Signore è unito al Verbo, unigenito Figlio di Dio, noi non possiamo dire che l'anima deriva dalla sostanza di Dio come quel soffio proveniente dai quattro venti fu prodotto dalla sostanza del mondo. Io tuttavia credo che quel soffio era una cosa ma ne simboleggiava un'altra, come può farlo comprendere bene l'esempio dell'alito che usciva dal corpo del Signore, anche se Ezechiele nel passo citato prevede, in una rivelazione fatta per simboli, non la risurrezione del corpo come si attuerà realmente un giorno, ma il ristabilimento inaspettato del popolo [israelitico], ch'era senza speranza, per opera dello Spirito del Signore che ha riempito tutto il mondo 6.

Esame della seconda e terza opinione alla luce di Is 57, 7.

6. 9. Vediamo dunque adesso a quale opinione di preferenza danno sostegno i testi della sacra Scrittura: se a quella secondo la quale si dice che Dio creò una sola anima e l'infuse nel primo uomo e da essa fece derivare tutte le altre come dal corpo di quello tutti gli altri corpi; oppure a quella secondo la quale si dice che Dio crea un'anima individuale per ciascun essere umano, mentre tutte le altre le crea come creò quell'unica per Adamo senza farle derivare da essa. Ciò che la Scrittura dice per mezzo d'Isaia: Sono io che ho creato ogni soffio vitale 7, per il fatto che il contesto mostra chiaramente che parla dell'anima, può essere inteso conforme all'una e all'altra ipotesi. Poiché, sia che Dio faccia le anime col trarle dall'unica anima del primo uomo, sia che le faccia col trarle da qualche altra fonte a noi ignota, è sempre lui che crea tutte le anime.

Un altro passo scritturistico: Ps 32, 15.

6. 10. Inoltre, quanto all'altro [testo della Scrittura] che dice: È lui

che ha formato ad uno ad uno i loro cuori 8, se vorremo intendere il termine "cuore" nel senso di "anima", non contraddice a nessuna delle due ipotesi a proposito delle quali ora siamo esitanti: sia infatti che Dio plasmi l'anima individuale per ciascuno traendola dall'unica che insufflò sul volto del primo uomo, sia che formi le anime ad una ad una e le infonda nei corpi o che le formi negli stessi in cui le ha infuse è proprio lui a crear le anime individuali come anche i corpi. La frase citata del Salmo si riferisce - a mio parere - al fatto che, sotto l'azione della grazia, le nostre anime vengono rinnovate e formate a immagine di Dio. A questo proposito l'Apostolo dice: È per grazia che siete stati salvati mediante la fede; la salvezza però non viene da voi ma è dono di Dio; non viene dalle opere perché nessuno si vanti. È Dio che ci ha fatti e ci ha creati unendoci a Cristo in vista delle opere buone 9. Non possiamo però intendere queste parole nel senso che i nostri corpi sarebbero stati creati e plasmati mediante la grazia della fede, ma nel senso in cui nel Salmo è detto: Crea, Dio, in me un cuore puro 10.

Si analizza Zac 12, 1.

6. 11. Nello stesso senso è da intendere - a mio parere - anche il testo [della Scrittura] che dice: Colui che formò lo spirito dell'uomo dentro di lui 11, nel senso cioè che una cosa è infondere un'anima già creata e un'altra cosa crearla nell'uomo stesso, ossia ricrearla e rinnovarla. Ma anche se la frase citata non l'intendiamo riferita alla grazia, mediante la quale veniamo rinnovati, ma alla natura in cui nasciamo, può essere intesa in conformità dell'una e dell'altra opinione; poiché o è Dio stesso a formare nell'uomo, traendola dall'unica anima del primo uomo, la sostanza che è simile a un seme dell'anima per vivificare il corpo, o è ugualmente Dio stesso a formare lo spirito vitale che non è trasmesso come una propaggine dell'anima di Adamo ma che, provenendo da un'altra sorgente, è infusa nel corpo ed è diffusa attraverso i sensi di questa carne mortale perché l'uomo diventi un'anima vivente.

Come debba intendersi Sap 8, 9-10.

7. 12. Ma un esame più attento esige il passo del libro della Sapienza che dice: Ho avuto in sorte un'anima buona e, poiché ero più buono, entrai in un corpo senza macchia 12. Esso infatti sembra suffragare l'opinione secondo la quale si crede che le anime non si propagano da un'unica anima bensì che vengano nei corpi dall'alto. Che cosa significa tuttavia la frase: Ha avuto in sorte un'anima buona? Si potrebbe immaginare che nella "sorgente" delle anime, se pur ve n'è una, alcune siano buone ed altre no e che vengano fuori in base ad una specie di sorteggio che deciderebbe quale dev'essere infusa in ciascun individuo umano; oppure che al momento del concepimento o della nascita Dio ne faccia alcune buone e altre non buone e in modo che di esse ciascuno abbia quella che gli sarà assegnata dalla sorte. Sarebbe strano che il testo citato potesse essere un argomento probante almeno per coloro i quali credono che le anime create in un altro luogo vengono inviate da Dio ad una ad una in ciascun corpo umano e non piuttosto per coloro i quali affermano che le anime vengono inviate nei corpi secondo i meriti delle opere compiute prima d'essere unite al corpo. In base a qual criterio infatti si può pensare che le anime, alcune buone e altre no, vengono nei corpi se non a seconda delle loro azioni? Poiché ciò non è conforme alla natura in cui le anime vengono create da Colui che crea buone tutte le nature. Ma lontano da noi il pensiero di contraddire l'Apostolo il quale afferma che, non essendo ancora nati, [i due gemelli di Rebecca] non avevano fatto nulla né di bene né di male e perciò conclude che la Scrittura, non a causa delle opere, ma per grazia di Colui che chiama, dice: Il maggiore servirà il minore 13, quando parla dei gemelli ch'erano ancora nel grembo di Rebecca. Lasciamo dunque da parte, per un po', il testo qui considerato del libro della Sapienza poiché non dobbiamo trascurare, giusta od errata che sia, l'opinione di coloro i quali credono ch'esso riguardi specialmente ed esclusivamente l'anima del Mediatore tra Dio e gli uomini, l'uomo Gesù Cristo. Se necessario, esamineremo in seguito quale sia il senso di questo testo in modo che, se non potrà applicarsi a Cristo,

cercheremo in qual senso dobbiamo intenderlo per non andare contro la dottrina dell'Apostolo, immaginando che le anime abbiano dei meriti derivanti dalle loro azioni prima di cominciare a vivere nei loro corpi.

Che vuol dire Ps 103, 29-30.

8. 13. Vediamo ora in qual senso il Salmista dice: Tu toglierai il loro spirito e verranno a mancare e torneranno nella loro polvere. Tu manderai il tuo spirito e saranno creati e rinnoverai la faccia della terra 14. Questo testo sembra suffragare l'opinione di coloro i quali pensano che le anime sono create per propagazione dei genitori, come lo sono i corpi, quando lo s'intende nel senso seguente: il Salmista dice: "il loro spirito" poiché gli uomini l'hanno ricevuto da altri uomini; ma una volta morti, non potrà esser loro reso da altri uomini affinché tornino in vita, poiché non può essere trasmesso di nuovo dai genitori come quando nacquero, ma lo renderà loro Dio che risuscita i morti 15. Ecco perché il Salmista chiama il medesimo spirito: "il loro spirito" quando muoiono ma [lo chiama]: "lo spirito di Dio" quando risorgono. Coloro invece i quali affermano che le anime derivano non dai genitori ma da Dio che le infonde [nei corpi], possono intendere questo testo come favorevole alla loro opinione: nel senso cioè che il Salmista dice: "il loro spirito" quando muoiono, poiché era in essi ed esce da essi; lo chiama invece: "spirito di Dio" quando risorgono, poiché è infuso e rifatto da Dio. Di conseguenza neppure questo testo si oppone ad alcuna delle due opinioni.

Interpretazione allegorica di Ps 103, 29-30.

8. 14. Per conto mio, al contrario, io penso che questo testo lo s'intende in senso più appropriato se riferito ala grazia di Dio in forza della quale veniamo rinnovati interiormente. In realtà a tutti i superbi che vivono conforme all'uomo terrestre e ai presuntuosi della loro vanità vien tolto in un certo senso il loro spirito proprio quando

si spogliano dell'uomo vecchio e si fanno piccoli dopo aver scacciato la superbia, mentre con umile confessione dicono al Signore: Ricordati che noi siamo polvere 16, coloro ai quali era stato detto: Perché mai insuperbisce chi è terra e cenere? 17 Contemplando infatti con l'occhio della fede la giustizia di Dio in modo da non desiderare di stabilirne una propria 18, disprezzano se stessi, come dice Giobbe 19, si disfanno [nell'umiltà] e si reputano terra e cenere; ecco che cosa vuol dire: Torneranno in polvere 20. Ma, una volta che hanno ricevuto lo Spirito di Dio, essi dicono: Non sono più io che vivo, ma è Cristo che vive in me 21. In questo modo vien rinnovata la faccia della terra mediante la grazia della Nuova Alleanza con la moltitudine dei santi.

Si discute il passo di Eccle 12, 7.

9. 15. Anche il testo dell'Ecclesiastico che dice: E la polvere torni alla terra, com'era prima, e lo spirito torni a Dio che lo ha dato 22, non suffraga più l'una che l'altra delle due opinioni, ma è compatibile con ciascuna di esse. I fautori d'una delle due opinioni potrebbero infatti dire che questo testo prova che l'anima è data non dai genitori ma da Dio poiché, tornando alla terra la sua polvere - ossia la carne tratta dalla polvere - lo spirito ritorna a Dio che l'ha dato. I fautori dell'altra opinione però potrebbero replicare: "È proprio così. Lo spirito infatti torna a Dio che lo diede al primo uomo quando soffiò sul suo volto 23, una volta che la polvere - ossia il corpo umano - torna alla sua terra da cui fu tratto all'origine" 24. In realtà lo spirito non era destinato a tornare ai genitori anche se può essere stato creato per derivazione dall'unico spirito dato al primo uomo, come ugualmente nemmeno la carne dopo la morte torna ai genitori anche se risulta con certezza che è stata generata da essi. Allo stesso modo quindi che la carne non torna agli esseri umani, dai quali è derivata, ma alla terra con cui fu formata per il primo uomo, così lo spirito non torna agli esseri umani da cui è stato trasmesso, ma a Dio dal quale è stato dato al corpo del primo uomo.

9. 16. Il testo succitato ci dimostra precisamente e in modo assai chiaro che Dio fece dal nulla l'anima da lui data al primo uomo e non la trasse da qualche altra creatura già fatta, come fece il corpo con gli elementi della terra. Per questo motivo, quando essa torna, non può tornare se non all'Autore che la diede e non alla creatura mediante la quale fu fatta, come il corpo ritorna alla terra. Non c'è infatti alcuna creatura da cui l'anima è stata fatta, poiché è stata fatta dal nulla e perciò l'anima, che torna, torna al suo Autore che l'ha fatta dal nulla. Poiché non tutte le anime tornano [a Dio] essendovene alcune di cui è detto: Spirito che va e non ritorna 25.

Conclusione: il problema sull'origine dell'anima non si risolve facilmente con la Scrittura.

10. 17. È perciò difficile, in verità, raccogliere tutti i testi della sacra Scrittura contenenti questo argomento; e anche se fosse possibile non solo menzionarli ma anche spiegarli a fondo, arriverebbero ad una trattazione assai lunga. Ciononostante, salvo che si adduca qualche testo tanto sicuro come sono quelli con cui si dimostra che è stato Dio a creare l'anima o che è stato lui a darne una al primo uomo, non so come si possa risolvere la presente questione in base alla testimonianza della sacra Scrittura. Se infatti la Scrittura dicesse che Dio soffiò in modo simile sul volto della donna da lui formata e che divenne, così, un essere vivente, getterebbe di certo un potente fascio di luce sul nostro problema e ci permetterebbe di credere che l'anima data a ciascun corpo umano già formato non viene per tramite dei genitori. Dovremmo tuttavia, in questo caso, cercare ancora di sapere che cosa succede esattamente nella generazione dei figli, che per noi è la via ordinaria per cui un essere umano viene da un altro essere umano. La prima donna però fu creata in modo diverso e si potrebbe quindi sostenere ancora che Dio diede a Eva un'anima non proveniente da quella di Adamo poiché non era nata da lui come nascono i figli. Se invece la Scrittura ricordasse che al primo figlio, nato da Adamo e da Eva, l'anima non fu trasmessa dai genitori ma data da Dio, allora bisognerebbe intendere la stessa cosa

per tutti gli altri uomini, anche se la Scrittura non ne parla espressamente.

Si discute Rom 5, 12. 18-19 rispetto alle due opinioni.

11. 18. Consideriamo quindi ora un altro testo e vediamo se può accordarsi con entrambe le opinioni anche se non conferma né l'una né l'altra. Ecco che dice la Scrittura: Per causa d'un sol uomo il peccato è entrato nel mondo e attraverso il peccato la morte, e così è passata in tutti gli uomini, perché tutti hanno peccato in lui 26, e poco dopo: Come per la colpa di un solo uomo furono condannati tutti gli uomini, così per la giustizia d'un sol Uomo tutti gli uomini sono giunti alla giustificazione della vita. Come infatti a causa della disubbidienza d'un sol uomo tutti sono diventati peccatori, così anche per l'ubbidienza d'un sol Uomo la maggior parte [degli uomini] saranno fatti giusti 27. Coloro che sostengono l'opinione della propagazione delle anime tramite la generazione in base a queste parole dell'Apostolo tentano di provarla a questo modo. Se il peccato o il peccatore si possono intendere solo in relazione al corpo, dalle citate parole dell'Apostolo siamo costretti a credere che l'anima deriva dai genitori; se invece, pur cedendo alla seduzione della carne, è tuttavia solamente l'anima a peccare, in qual senso devono intendersi le parole: nel quale tutti hanno peccato, se da Adamo non è trasmessa anche l'anima con il corpo? Oppure in qual modo a causa della disubbidienza di Adamo gli uomini sono stati resi peccatori, se erano in lui solo in quanto al corpo e non anche all'anima?".

L'argomento tratto dal battesimo dei bambini.

11. 19. Dobbiamo badare infatti a non cadere nell'errore di far sembrare Dio autore del peccato se infonde l'anima al corpo, per mezzo del quale è inevitabile ch'essa commetta il peccato o che possa esserci un'anima - all'infuori di quella di Cristo - che, per essere liberata dal peccato, non abbia bisogno della grazia di Cristo

perché non avrebbe peccato in Adamo se la Scrittura dice che tutti hanno peccato in lui soltanto in rapporto al corpo e non anche all'anima. Questa tesi è talmente contraria alla fede della Chiesa che i genitori si affrettano a condurre con sé i loro bambini più piccoli e più grandicelli a ricevere la grazia del santo battesimo. Se in essi viene sciolto il vincolo del peccato che è solo della carne e non anche dell'anima, a buon diritto ci si potrebbe chiedere qual danno potrebbe loro derivare, se alla loro età morissero senza battesimo. Se infatti con questo sacramento si provvede solo al loro corpo e non anche all'anima, si dovrebbero battezzare anche i morti. Ma noi vediamo che la Chiesa universale conserva costantemente quest'usanza d'accorrere con i [bambini] viventi e di soccorrerli per evitare che, una volta morti, non possa farsi più nulla per la loro salvezza; non vediamo quindi come possa spiegarsi diversamente quest'usanza se non ritenendo che ogni bimbo non è altro che Adamo quanto al corpo e quanto all'anima e perciò gli è necessaria la grazia di Cristo. A quell'età il bambino non ha fatto da se stesso nulla né di bene né di male e perciò la sua anima è del tutto innocente se non deriva da Adamo per il tramite della generazione. Per conseguenza sarebbe da ammirare chiunque, avendo quest'opinione riguardo all'anima, riuscisse a dimostrare come mai potrebbe incorrere in una giusta condanna un bambino qualora morisse senza battesimo.

Nella carne e nell'anima la causa della concupiscenza.

12. 20. Con tutta verità e veracità [la Scrittura] dice: La carne ha desideri contrari a quelli dello spirito e lo spirito ha desideri contrari a quelli della carne 28. Io tuttavia penso che nessuno, istruito o ignorante, dubiti che la carne può desiderare alcunché senza l'anima. Per conseguenza la causa della stessa concupiscenza carnale non risiede solo nell'anima, bensì risiede molto meno solo nella carne. Essa infatti deriva dall'una e dall'altra: dall'anima poiché senza di essa non si percepisce alcun godimento, dalla carne poi per il fatto che senza di essa non si può sentire alcun piacere carnale. Quando perciò l'Apostolo dice che la carne ha desideri contrari a quelli dello

spirito, parla senza dubbio del piacere carnale che lo spirito trae dalla carne e sente con la carne, piacere contrario al godimento che sente soltanto lo spirito. Poiché - se non m'inganno - è il solo spirito a provare il desiderio non misto al piacere carnale né alla brama di cose carnali quando l'anima languisce e brama gli atrî del Signore 29; lo spirito da solo prova anche il desiderio riguardo al quale gli viene rivolto l'invito: Desideri la sapienza? Osserva i comandamenti e il Signore te la concederà 30. Lo spirito, infatti, comanda alle membra del corpo di prestargli la loro opera perché si attui il desiderio di cui esso solo è acceso - come quando si prende un libro o quando si scrive, si legge, si discute, si ascolta qualcosa e quando si dà da mangiare a un affamato e si compiono tutte le altre opere buone di umanità e di misericordia - la carne ubbidisce senza eccitare la concupiscenza. Quando a questi e simili desideri buoni - che sono brame della sola anima - si oppone qualcosa di cui la medesima anima sente piacere conforme alla carne, allora si dice che la carne ha desideri contrari a quelli dello spirito e lo spirito ne ha di contrari a quelli della carne.

L'anima concupisce finché il peccato abita nel corpo.

12. 21. A questo proposito l'Apostolo chiama "carne" l'anima che agisce secondo [i desideri della] carne, come quando dice: La carne concupisce 31, allo stesso modo che si dice: "L'orecchio ode e l'occhio vede". Chi non sa, infatti, che è piuttosto l'anima ad udire mediante l'orecchio, e a vedere mediante l'occhio? Ci esprimiamo allo stesso modo anche quando diciamo: "La tua mano ha soccorso un povero" allorché uno tende la mano e dà qualcosa a un altro per soccorrerlo. Riguardo allo stesso occhio della fede del quale è proprio il credere a realtà che non si vedono con la carne, la Scrittura dice: Ogni carne vedrà la salvezza di Dio 32, ma essa dice ciò sicuramente dell'anima, per virtù della quale vive la carne, poiché vedere con spirito di fede mediante la nostra carne il Cristo, cioè la natura di cui s'è rivestito per amor nostro, non appartiene alla concupiscenza ma alla funzione della carne e dovremmo guardarci

dal prendere alla lettera la frase: Ogni carne vedrà la salvezza di Dio. In senso molto più appropriato si dice che la carne ha desideri sensuali dal momento che l'anima non solo dà la vita animale alla carne, ma brama anch'essa qualcosa che ha rapporto con la carne. Poiché non è in potere della carne il non aver desideri cattivi finché nelle sue membra c'è il peccato, ossia finché in questo corpo votato alla morte sussiste una violenta seduzione della carne proveniente dal castigo del peccato in cui siamo concepiti e a causa del quale tutti sono figli della collera 33, prima di ricevere la grazia. Contro il peccato combattono coloro che si trovano sotto il regno della grazia, non perché il peccato non sia più nel loro corpo finché questo è talmente mortale che giustamente è chiamato anche "morto", ma perché non vi eserciti il suo dominio. Ora, il peccato non esercita il suo dominio quando non si acconsente ai suoi desideri, cioè alle cose che si bramano conformi alla carne ma contrarie allo spirito. Ecco perché l'Apostolo non dice: "Il peccato non sia più nel vostro corpo mortale" - poiché sapeva che nella nostra natura il piacere del peccato, ch'egli chiama "peccato", essendo la natura viziata a causa della trasgressione originale - ma dice: Il peccato dunque non abbia più potere nel vostro corpo mortale spingendovi a ubbidire ai suoi desideri, e non fate servire le vostre membra quali armi d'iniquità per il peccato 34.

Vantaggi della suddetta tesi.

13. 22. Secondo questa interpretazione noi non diciamo né che la carne ha desideri sensuali senza l'anima - opinione del tutto assurda - né siamo d'accordo con i manichei i quali, vedendo che la carne non può aver desideri sensuali senza l'anima, hanno pensato che la carne avrebbe un'altra anima sua propria derivante da un'altra natura contraria a Dio e per causa della quale essa avrebbe desideri contrari a quelli dello spirito. Noi non siamo nemmeno costretti ad affermare che a qualche anima non è necessaria la grazia di Cristo allorché qualcuno ci obietta: "Che colpa ha commesso l'anima d'un bimbo per cui gli sarebbe funesto il morire senza aver ricevuto il sacramento

del Battesimo cristiano, se non ha commesso alcun peccato personale e non deriva dalla prima anima che peccò in Adamo?".

Ripresa della discussione sul battesimo dei bambini.

13. 23. Noi infatti non trattiamo dei ragazzi grandicelli. Alcuni, è vero, rifiutano d'imputare peccati personali ai ragazzi se non a cominciare dal quattordicesimo anno, quando arrivano alla pubertà. Noi potremmo avere una buona ragione di accogliere questa opinione se vi fossero solo i peccati che si commettono con gli organi genitali. Ma chi oserebbe affermare che non sono peccati i furti, le bugie, gli spergiuri, se non chi desidera commettere impunemente peccati di tal genere? Questi peccati invece sono frequenti nella fanciullezza benché ci sembri non debbano essere puniti nei ragazzi con la severità, che si usa con gli adulteri, nella speranza che, con l'avanzare degli anni in cui può rafforzarsi la ragione, possano comprendere meglio i precetti che portano alla salvezza e osservarli più volentieri. Noi però adesso non trattiamo dei ragazzi che, allorquando la verità e l'equità si oppongono al piacere carnale, che sentono alla loro età nel corpo e nell'anima, la combattono a tutta possa con le parole e con i fatti. E ciò a motivo di che cosa, se non dell'inclinazione falsa e peccaminosa che parrà assecondarli a conseguire cose che li allettano o evitare cose che li urtano? Noi parliamo dei bimbi piccini, non perché nascono spesso da genitori adulteri, poiché non dobbiamo condannare i doni della natura a causa dei cattivi costumi, oppure dire che non dovrebbero germogliare le biade perché seminate dalle mani d'un ladro. O la loro propria malvagità sarà forse per i genitori un ostacolo se si correggeranno convertendosi a Dio? Quanto meno lo sarà per i figli se condurranno una vita onesta!

Teoria traducianista sul pedobattesimo.

14. 23. Ma l'età che solleva un problema imbarazzante è quella [dell'infanzia] in cui l'anima non ha commesso alcun peccato con il

libero arbitrio della volontà personale: in qual modo può l'anima del bambino venire giustificata mediante l'ubbidienza dell'unico Uomo, se non è colpevole a causa della disubbidienza di un solo altro uomo? Questo è l'argomento di coloro i quali sostengono che le anime degli uomini sono create per trasmissione dai genitori certamente non senza l'intervento di Dio creatore, ma allo stesso modo che vengono creati anche i corpi. Poiché non sono i genitori che creano i corpi, ma piuttosto Colui che dice: Prima di formarti nel seno materno, io già ti conoscevo 35.

Risposta da parte dei fautori del creazionismo.

14. 24. A questi scrittori altri rispondono dicendo che Dio dà senza dubbio un'anima nuova a ciascun corpo umano affinché, vivendo rettamente nella carne di peccato, la quale deriva dal peccato originale, e dominando le passioni carnali con la grazia di Dio, acquistino merito con cui possano essere trasformate, insieme con lo stesso loro corpo, in uno stato migliore al momento della risurrezione e vivere eternamente unite a Cristo con gli angeli. Ma poiché - dicono essi - le anime sono unite in modo misterioso a membra terrestri e mortali e, soprattutto derivanti da una carne di peccato, affinché possano dapprima vivificarle e in seguito, col crescere dell'età, guidarle, è necessario che siano sopraffatte da una specie di oblìo. Se questo oblio non potesse esser dissipato, potrebbe venire attribuito al Creatore ma al contrario l'anima, riavendosi gradualmente dal torpore di quell'oblìo, può volgersi al proprio Dio e meritarne la misericordia e la conoscenza della sua verità dapprima in virtù del religioso sentimento della sua conversione e in seguito mediante la perseveranza nell'osservare i suoi comandamenti. Che danno le viene perciò dall'essere immersa per un po' di tempo in quella specie di sonno, da cui può svegliarsi gradualmente alla luce dell'intelligenza per cui l'anima è stata creata razionale e può scegliere una vita buona mediante la buona volontà? In verità però l'anima non è in grado di fare ciò, se non è aiutata dalla grazia di Dio ottenuta attraverso il Mediatore. Se l'uomo trascura ciò, sarà Adamo

non solo in rapporto alla carne, ma anche in rapporto allo spirito; se invece se ne preoccuperà, sarà Adamo soltanto in rapporto alla carne, ma se vivrà rettamente secondo lo spirito, meriterà di ricevere anche, purificata dalla macchia del peccato, mediante la trasformazione che la risurrezione promette ai fedeli servi di Dio, la carne proveniente da Adamo e macchiata dal peccato.

Necessità del battesimo ai bambini per liberarsi dalla pena del peccato originale e domare la concupiscenza.

14. 25. Ma prima che un bambino raggiunga l'età in cui può vivere conforme allo spirito, deve ricevere il sacramento del Mediatore in modo che, quanto non è ancora in grado di fare in virtù della propria fede, gli sia procurato per la fede di coloro che lo amano. In virtù di questo sacramento infatti viene eliminata anche nell'età infantile la pena del peccato originale; ma senza l'aiuto di questo sacramento, anche quando il bambino sarà divenuto adulto, non potrà tenere sotto controllo la concupiscenza della carne e, anche dopo averla domata, non otterrà la ricompensa della vita eterna se non mediante la grazia di Colui del quale si sforza di cattivarsi il favore. Per conseguenza anche un bambino fintanto ch'è vivo dovrebbe essere battezzato perché non sia di danno all'anima la sua unione con la carne di peccato. Poiché a causa di questo legame l'anima del bambino non può giudicare con saggezza secondo [i dettami dello] spirito. In realtà questa condizione pesa ancora sull'anima anche spogliata del corpo, se quando è unita al corpo non viene purificata dall'unico sacrificio del vero Sacerdote.

Esame più accurato dello stesso argomento.

15. 26. "Che cosa potrebbe accadere - dirà qualcuno - se i suoi familiari o parenti, perché infedeli o perché negligenti, non si preoccuperanno di farlo battezzare?". Un simile quesito - a dir la verità - può essere posto anche riguardo agli adulti. In realtà essi possono morire all'improvviso o ammalarsi in casa di persone di cui

nessuna li aiuterà per farli battezzare. "Ma gli adulti - replicherà quello - hanno anche peccati personali che hanno bisogno di perdono; se questi peccati non saranno loro perdonati, nessuno potrà dire con ragione ch'essi vengono condannati ingiustamente a causa dei peccati commessi di propria volontà nella loro vita. Al contrario quel dato contagio trasmesso da una carne di peccato non può essere imputato in alcun modo all'anima [del bambino] se non fu creata dalla prima anima peccatrice [di Adamo]. Poiché ciò accade non a causa d'alcun peccato ma a causa della natura per cui l'anima è fatta a questo modo e per dono di Dio è data al corpo. Perché mai, allora, essa dovrebbe essere respinta dalla vita eterna qualora nessuno provvedesse a far battezzare il bambino? Oppure si dirà che non le deriverà alcun danno? Qual vantaggio avrà allora colui al quale si procura il battesimo, se non avrà alcun danno colui al quale non lo si procura?".

Che cosa potrebbero rispondere i sostenitori del creazionismo.

15. 27. A questo proposito vorrei sapere che cosa potrebbero rispondere in difesa della loro opinione coloro che in base alla sacra Scrittura - sia per quel che vi si trova [a loro favorevole], sia per quel che non vi si oppone - si sforzano di sostenere che ai corpi sono date anime nuove non trasmesse dai genitori. Una siffatta risposta confesso di non averla ancora sentita o letta in nessuna parte. Ma non per questo dovrei abbandonare l'ipotesi di coloro che sono assenti, qualora mi si presentasse qualche argomento che sembrasse sostenerla. Essi infatti potrebbero anche dire che Dio, prevedendo in qual modo sarebbe vissuta ciascuna anima se fosse vissuta più a lungo nel corpo, procura l'amministrazione del lavacro salvifico all'anima che prevede sarebbe vissuta nel santo timore di Dio quando fosse giunta all'età capace d'aver fede se questa persona per qualche causa occulta non avesse dovuto essere colpita da morte prematura. È dunque una cosa misteriosa e irraggiungibile dall'intelligenza umana o almeno dalla mia, per qual motivo nasca un bambino destinato a morire subito o presto. Ciò è talmente misterioso che non

può essere di sostegno a nessuno dei fautori delle due opinioni, di cui ora discutiamo. Noi infatti abbiamo già respinta l'opinione secondo cui si pensa che le anime sono state precipitate nei corpi per colpe commesse in una vita precedente, in modo che quella che non avesse commesso molti peccati parrebbe meritar d'essere liberata più presto. Noi abbiamo respinto siffatta opinione per non essere in contrasto con l'Apostolo, il quale attesta che i gemelli [di Rebecca] non avevano fatto nulla né di bene né di male 36. Pertanto come mai alcuni muoiono più presto ed altri più tardi non sono in grado di dimostrarlo né coloro che sostengono la trasmissione dell'anima né coloro che sostengono che ad ogni singola persona umana è data un'anima individuale. La ragione di questo fatto è quindi occulta e, per quanto io giudico, non è favorevole a nessuna delle due opinioni.

Il battesimo e la morte prematura dei bambini.

16. 28. Coloro ai quali, a proposito della morte dei bambini, si rivolgeva la pressante domanda per qual motivo il sacramento del battesimo è necessario a tutti, anche se le loro anime non sono derivate da quella di Adamo, a causa della cui disubbidienza molti sono stati costituiti peccatori 37, rispondono che veramente tutti sono costituiti peccatori per relazione con la carne, ma che per relazione con l'anima lo sono solo coloro che vissero male nel tempo in cui avrebbero potuto vivere anche bene. Dicono però che tutte le anime, cioè anche quelle dei bambini, hanno bisogno del sacramento del battesimo, senza il quale anche in quell'età è esiziale andarsene da questa vita perché il contagio del peccato trasmesso dalla carne di peccato, da cui è infetta l'anima, dal momento che s'introduce in queste membra, le sarà funesto anche dopo la morte se non verrà purificata con il sacramento del Mediatore mentre è ancora nel corpo. Dio procura questo rimedio all'anima - dicono essi - poiché prevede che, se fosse vissuta quaggiù fino agli anni in cui avrebbe potuto aderire alla fede, sarebbe vissuta nel santo timor di Dio, ma che Dio - per un motivo noto a lui solo - volle che nascesse in un corpo e presto la portò via dal corpo. A questa risposta che cosa può

replicarsi tranne che in tal modo noi siamo incerti della salvezza di coloro che, dopo esser vissuti rettamente quaggiù, sono morti nella pace della Chiesa, se ciascuno dovrà essere giudicato non solo riguardo alla vita passata ma anche riguardo a quella che avrebbe potuto trascorrere se fosse vissuto più a lungo. Poiché secondo questa tesi le anime sarebbero responsabili davanti a Dio non solo dei peccati passati ma anche di quelli futuribili e dalla colpa non libererebbe nemmeno la morte qualora questa sopraggiungesse prima che i peccati fossero commessi, e nessun beneficio sarebbe concesso a colui che è stato rapito perché la malizia non ne mutasse i sentimenti 38. Perché mai Dio, prevedendo la futura malizia d'una persona, non dovrebbe giudicarla piuttosto in base a quella malizia, se decise di soccorrere con il battesimo l'anima del bambino che doveva morire, affinché non le fosse funesto il contagio che contrasse a contatto d'un corpo di peccato, dal momento che egli prevedeva che l'anima di quel bambino, se avesse continuato a vivere, sarebbe vissuto nel timor di Dio secondo i dettami della fede?

Universalità del peccato originale.

16. 29. Si può forse respingere questo ragionamento [solamente] perché è mio? Ma coloro, i quali affermano d'essere sicuri di questa loro opinione, adducono forse altri argomenti - cioè dei testi della Scrittura o altre prove tratte dalla ragione - per eliminare questa ambiguità o dimostrare almeno che non va contro la loro opinione il testo dell'Apostolo in cui, mettendo in rilievo con gran forza la grazia con cui veniamo salvati, dice: Come tutti muoiono a causa della loro unione con Adamo, così tutti saranno ricondotti alla vita per la loro unione con Cristo 39, e ancora: Come per la disubbidienza d'un solo uomo molti furono costituiti peccatori, così per l'ubbidienza d'un sol Uomo molti saranno costituiti giusti 40. L'Apostolo, volendo far capire che questi medesimi "molti peccatori" sono tutti gli uomini senza alcuna eccezione, parlando poco prima di Adamo, dice: per l'unione con il quale tutti hanno

peccato 41. Che da questa affermazione non si possano escludere, naturalmente, le anime dei bambini per il fatto che l'Apostolo dice tutti e per il fatto che si corre in loro aiuto con il battesimo è ragionevole opinione di quanti sostengono che le anime vengono trasmesse dall'unica anima [di Adamo], salvo che siano confutati da ragioni assolutamente chiare ed evidenti - che non siano in contrasto con le Sacre Scritture - o dall'autorità delle stesse Scritture.

Nuovo esame di Sap 8, 19-20 favorevole ad entrambe le opinioni.

17. 30. Vediamo dunque adesso, per quanto lo permettano i limiti richiesti da quest'opera da noi intrapresa, il significato del passo citato più sopra di cui abbiamo differito la spiegazione. Nel libro della Sapienza sta scritto: Io ero un ragazzo di nobile indole ed ebbi in sorte un'anima buona e, poiché ero buono oltre il comune, entrai in un corpo senza macchia 42. Questo testo sembra essere in favore di coloro i quali affermano che le anime non sono prodotte dai genitori, ma provengono e discendono nei corpi inviatevi da Dio. D'altra parte a questa opinione è contraria l'affermazione: Ebbi in sorte un'anima buona, poiché quelli che la sostengono senza alcun dubbio credono che le anime inviate da Dio nei corpi derivano, per così dire, come ruscelli da un'unica sorgente, oppure che sono fatte di natura uguale e non che alcune sono buone o più buone e altre non buone o meno buone. D'onde viene allora che le anime siano alcune buone o più buone, altre invece o non buone o meno buone, se non a causa della loro condotta morale scelta dal loro libero arbitrio o a causa del diverso temperamento fisico essendo ciascuna oppressa più o meno dal corpo che corrompe e aggrava l'anima 43? Ma non solo nessuna di queste anime individuali, prima di venire nei corpi, aveva compiuto alcuna azione per cui si potesse distinguere la loro condotta, ma neppure a causa dell'unione dell'anima con un corpo meno opprimente l'agiografo poteva dire che la sua era buona, dal momento che afferma: Ebbi in sorte un'anima buona. E poiché ero buono oltre il comune, entrai in un corpo senza macchia. In realtà egli dice d'essersi unito alla bontà in virtù della quale egli era buono,

avendo naturalmente ricevuto in sorte un'anima buona in modo da andare in un corpo senza macchia. La bontà, per cui egli era buono, derivava perciò da un'altra origine prima di venire nel corpo, ma certamente egli non era buono a causa di una condotta morale diversa - perché non esiste alcun merito anteriore alla vita vissuta - né a causa d'un corpo diverso, poiché egli era buono ancor prima di entrare nel corpo. D'onde proviene dunque la suddetta bontà?

Continua la spiegazione di Sap 8, 19-20.

17. 31. Questo testo però, benché le parole: Entrai in un corpo non paiono avere un significato favorevole per i sostenitori dell'opinione che le anime derivino dalla prima anima peccatrice, tuttavia per quanto riguarda il resto della frase s'accorda in modo appropriato alla loro opinione poiché, dopo aver detto: Ero un ragazzo di nobile indole, spiegando per quali motivi era di buona indole, soggiunge immediatamente: ebbi in sorte un'anima buona, avendola cioè o dall'indole o dal temperamento fisico del padre. In seguito egli dice: Poiché ero buono oltre il comune, entrai in un corpo senza macchia. Se queste parole s'intendono del corpo materno, neppure la frase: entrai in un corpo sarà contraria a questa opinione poiché può intendersi che l'anima, trasmessa dall'anima e dal corpo del padre, entrò nel corpo della madre senza macchia, che a questo proposito deriverebbe dal sangue mestruale - poiché dicono che da questo sangue è aggravata l'indole naturale del bambino - o dal contagio d'una unione adulterina. Anche le espressioni del libro [della Sapienza] sono pertanto piuttosto favorevoli ai sostenitori della trasmissione delle anime oppure, se possono interpretarle anch'essi a proprio favore i sostenitori dell'opinione contraria, pendono in favore ora degli uni, ora degli altri.

Può quel testo applicarsi all'anima e al corpo di Cristo?

18. 32. Se volessimo intendere queste espressioni come riferite al Signore in relazione alla natura umana assunta dal Verbo, nel

contesto medesimo [del libro della Sapienza] ci sono affermazioni che non sono applicabili alla sua sublime Persona, soprattutto quella seguente, in cui il medesimo agiografo -nello stesso libro poco prima del passo di cui trattiamo adesso - confessa d'essere stato formato con il sangue derivato dal seme di un uomo 44. Questo modo di nascere è tuttavia assolutamente diverso dal parto della Vergine, poiché nessun cristiano dubita ch'ella concepì la carne di Cristo senza il concorso di seme virile. Ora però anche nei Salmi c'è un passo in cui è detto: Hanno forato le mie mani e i miei piedi, hanno contato tutte le mie ossa. Essi mi hanno guardato e osservato. Si sono divise le mie vesti e sulla mia tunica hanno gettato la sorte 45. Queste espressioni si applicano in senso proprio solo a lui; ma nel medesimo Salmo è detto anche: Dio mio, Dio mio, perché mi hai abbandonato? Lontano dalla mia salvezza son le parole dei miei peccati 46. Queste parole al contrario non si applicano a Cristo se non in modo figurato, perché egli ha trasfigurato in se stesso l'umile natura del nostro corpo essendo noi membra del suo corpo. Inoltre nel Vangelo leggiamo: Il bambino cresceva in età e in sapienza 47. Se perciò anche le parole che leggiamo nel contesto complessivo di questa frase del libro della Sapienza possono essere riferite al medesimo Signore a causa dell'umile natura di servo [qual egli era] e dell'unità del corpo della Chiesa con il suo capo, chi era d'indole più nobile di quel Bambino la cui sapienza a dodici anni faceva stupire gli anziani 48? E qual anima era più eccellente di quella di Cristo? Ma anche se i sostenitori del generazionismo avessero ragione [dei loro avversari] non con argomentazioni e dispute litigiose ma con [autentiche] prove, non ne verrebbe di conseguenza doversi credere che anche l'anima di Cristo sia derivata per via di generazione dall'anima peccatrice del primo uomo, poiché è da escludere che a causa della disubbidienza del primo uomo sia costituito peccatore anche Cristo, quando con l'ubbidienza di lui solo molti sono stati liberati dalla colpa e sono costituiti giusti. E qual grembo più puro di quello della Vergine, la cui carne, benché proveniente da una procreazione inquinata dal peccato, non ha tuttavia concepito mediante questa sorgente inquinata dal peccato? Per conseguenza neppure il corpo di Cristo è stato seminato nel ventre di Maria in forza della legge che, insita nelle membra del nostro corpo mortale, si oppone alla legge dello spirito. I santi Patriarchi che vivevano nel matrimonio seppero frenare questa legge e ne allentarono il freno solo fino al punto che era loro permesso per l'unione sessuale tra i coniugi, ma ciononostante ne subirono l'impulso impetuoso solo fin dove era lecito. Per conseguenza, sebbene il corpo di Cristo sia stato preso dalla carne d'una donna concepita mediante la trasmissione d'una carne di peccato, poiché esso non fu concepito nella madre allo stesso modo ch'era stata concepita lei, non era neppure essa carne di peccato ma solo simile alla carne di peccato. Poiché a causa di ciò egli non contrasse la colpa meritevole di morte che si manifesta nei moti carnali involontari che sono contrari ai desideri dello spirito 49, sebbene debbano esser vinti con la volontà. Egli, al contrario, ricevette da lei un corpo immune da qualunque contagio di peccato, ma capace di propagare il prezzo della morte da lui non meritata e di manifestare la risurrezione promessa, insegnandoci così a non aver paura dell'una e a nutrire speranza per l'altra.

Da chi ebbe Cristo l'anima?

18. 33. Se pertanto mi fosse chiesto da quale sorgente ricevette la sua anima Gesù Cristo, preferirei sentire su questo punto autori più qualificati e più dotti di me; tuttavia nella misura in cui io posso capire, risponderei ben volentieri che l'ha ricevuta piuttosto "[da Colui] dal quale la ricevette Adamo", che "da Adamo". Se infatti la polvere presa dalla terra, in cui nessun uomo aveva lavorato, meritò d'essere animata da Dio, quanto più convenientemente il corpo preso da una carne, in cui ugualmente nessun uomo aveva lavorato, ebbe in sorte un'anima buona! Nel primo caso infatti sarebbe stato innalzato un uomo che sarebbe caduto, nel secondo invece sarebbe disceso un uomo che lo avrebbe risollevato! Ecco perché forse [l'autore della Sapienza] dice: Ebbi in sorte un'anima buona 50 - nell'ipotesi che queste parole dovessero essere applicate a Cristo - perché di solito è dato da Dio ciò che è dato in sorte; oppure - come

dobbiamo affermare con sicurezza - perché non pensassimo che l'anima di Cristo sia stata elevata, a causa di alcune opere precedenti, a un'eccellenza tanto sublime che insieme con essa il Verbo si facesse carne e abitasse in mezzo a noi 51, si aggiunse il termine "sorte" per allontanare da noi il pensiero che ci fossero in essa meriti precedenti.

L'anima di Cristo non era nei lombi di Abramo.

19. 34. Nella Lettera indirizzata agli Ebrei c'è un passo che merita d'essere considerato attentamente. [L'autore della Lettera] per mostrare la differenza tra il sacerdozio di Cristo e quello di Levi si serve di Melchisedec in cui era la prefigurazione della realtà futura quando dice: Considerate dunque quanto è grande questo personaggio al quale il patriarca Abramo diede la decima del meglio del bottino. È vero che anche i discendenti di Levi, quando diventano sacerdoti, devono esigere secondo la legge la decima dal popolo, cioè dai loro fratelli, sebbene siano anch'essi discendenti di Abramo. Melchisedec invece non era uno della stirpe di Levi, eppure prese la decima da Abramo e fu lui a benedire Abramo il quale aveva ricevuto le promesse da Dio. Ora, è fuor di discussione ch'è il meno importante a ricevere la benedizione da chi è più importante. Inoltre, mentre nel caso [dei sacerdoti] di Levi ricevono le decime uomini mortali, nel caso di Melchisedec la riceve uno che, secondo la testimonianza [della sacra Scrittura] vive. Anzi, come è doveroso affermare, anche Levi, che pure riscuote la decima, la pagò lui stesso a Melchisedec nella persona di Abramo essendo ancora nei lombi del suo antenato 52. Se dunque questo fatto, a sì gran distanza di tempo, ha valore ancora per dimostrare quanto il sacerdozio di Cristo è superiore a quello di Levi, poiché Cristo sacerdote fu prefigurato da Melchisedec che ricevette la decima da Abramo, nella cui persona pagò la decima anche lo stesso Levi, certamente Cristo non gliela pagò. Ma se Levi ebbe da pagare la decima per il fatto ch'era nei lombi di Abramo, per lo stesso motivo non ebbe da pagarla Cristo poiché non era nei lombi di Abramo. Ora, invece, se ammettiamo

che Levi era nei lombi d'Abramo non quanto all'anima bensì unicamente quanto alla carne, vi era anche Cristo, poiché anche Cristo, quanto alla carne, è discendente di Abramo. Pagò quindi la decima anche lui. Perché dunque quel passo adduce, come prova della gran differenza del sacerdozio di Cristo da quello di Levi, il fatto che Levi pagò la decima a Melchisedec poiché era nei lombi di Abramo, nei quali era anche Cristo, e perciò pagarono la decima ugualmente tutti e due? Ma il motivo è che noi dobbiamo intendere che Cristo non vi era in un certo qual modo; eppure chi potrebbe negare che Cristo vi era quanto alla carne? Non vi era quindi quanto all'anima. L'anima di Cristo non deriva per trasmissione generativa dall'anima peccatrice di Adamo, altrimenti sarebbe stata anch'essa in Abramo.

Può quel testo suffragare il traducianesimo per gli altri uomini tranne Cristo?

20. 35. A questo punto escono fuori i sostenitori del traducianismo e dicono che la loro opinione viene confermata se è certo che Levi, anche quanto all'anima, era nei lombi d'Abramo, nella cui persona pagò la decima a Melchisedec sicché, a proposito del pagamento della decima, si può distinguere il caso di Cristo da quello di Levi. Poiché, se Cristo non pagò la decima e, tuttavia, quanto alla carne, era nei lombi di Abramo, ne segue che non vi era quanto all'anima e perciò Levi era in Abramo quanto all'anima. Questa conclusione non ha per me un gran peso, poiché sono più disposto a continuare la discussione degli argomenti addotti dagli uni e dagli altri anziché a confermare per ora l'una delle due tesi. Ho voluto frattanto mostrare con questo testo della sacra Scrittura che l'anima di Cristo non deriva per generazione e non è trasmessa dall'anima di Adamo. I sostenitori dell'opinione contraria troveranno forse che cosa rispondere riguardo alle restanti anime umane e dire - un argomento che ha un peso non indifferente anche per me - che, sebbene l'anima di nessun essere umano sia nei lombi del proprio antenato, tuttavia Levi che - per quanto attiene alla carne - era nei lombi di Abramo, pagò la decima,

mentre Cristo, anch'egli presente quanto alla carne, non la pagò. Levi infatti era presente nei lombi di Abramo in ragione della causa seminale per cui era destinato a nascere nel grembo della madre mediante l'amplesso carnale dei genitori, mentre la carne di Cristo non era in quei lombi secondo la ragione seminale, sebbene vi fosse la carne di Maria a causa di quella stessa ragione. Ecco perché né Levi né Cristo erano nei lombi d'Abramo quanto all'anima; al contrario sia Levi che Cristo vi erano rispetto alla carne, ma Levi in forza della concupiscenza carnale, Cristo invece solo quanto alla sua sostanza corporale. Essendo infatti nel seme non solo l'elemento corporeo visibile, ma anche il principio formativo invisibile, l'uno e l'altro arrivarono da Abramo o anche dallo stesso Adamo al corpo di Maria, poiché fu anch'esso concepito e generato in quel modo. Cristo tuttavia prese la sostanza visibile della sua carne dalla carne della Vergine, ma il principio formativo del suo concepimento non derivò dal seme di un uomo, bensì in modo di gran lunga diverso e dall'alto. Per conseguenza riguardo a ciò ch'egli ricevette da sua Madre era anch'egli nei lombi di Abramo.

Argomento per la prima opinione.

20. 36. In Abramo pagò dunque la decima Levi che - sebbene solo in rapporto alla carne - era tuttavia nei suoi lombi, come anche Abramo stesso era stato nei lombi di suo padre; in altre parole egli nacque da suo padre Abramo allo stesso modo ch'era nato dal proprio padre lo stesso Abramo mediante la legge insita nelle membra e contrastante con la legge dello spirito 53, e in forza della concupiscenza invisibile, anche se i casti ed onesti diritti del matrimonio non permettono che abbia il sopravvento la concupiscenza se non nella misura in cui possono provvedere per mezzo di essa alla continuazione della specie [umana]. Non pagò invece la decima in Abramo nemmeno Colui la carne del quale non trasse da quell'origine l'ardore passionale del peccato, ma solo la materia del rimedio che doveva arrecargli. Poiché l'azione di pagare la decima, essendo destinata ad essere figura del rimedio, ciò che fu pagato

nella carne di Abramo fu pagato da chi doveva esser guarito, non da Colui dal quale sarebbe stato guarito. Infatti la medesima carne non solo di Abramo, ma anche quella del primo e terrestre uomo, aveva nello stesso tempo non solo la ferita del peccato, ma il rimedio della ferita: la ferita del peccato nella legge delle membra opposta alla legge dello spirito, legge trasmessa, per così dire, per ragioni seminali attraverso ogni carne derivante per generazione da quell'origine; il rimedio della ferita invece l'aveva nel corpo che fu preso da quello della Vergine - sorgente da cui derivò solo la materia corporea - senza l'intervento della concupiscenza ma per mezzo di un principio causale divino di concezione e di formazione perché potesse condividere [con gli uomini] la morte, ma non il peccato e dar loro un esempio non equivoco della risurrezione. Io penso perciò che anche i sostenitori del traducianismo siano d'accordo con me che l'anima di Cristo non deriva per generazione dall'anima peccatrice del primo uomo. Essi infatti sostengono che attraverso il seme del padre nell'atto dell'unione sessuale venga trasmesso anche il germe dell'anima - genere di concepimento, questo, a cui Cristo è estraneo - e che, se fosse stato anche lui in Abramo quanto all'anima, avrebbe pagato la decima anche lui. Che invece egli non pagasse la decima lo attesta la Scrittura, visto che anche in base a questo fatto distingue il suo sacerdozio da quello di Levi.

Agostino confessa d'essere indeciso tra le due tesi.

21. 37. Forse costoro replicheranno: Allo stesso modo che Cristo sarebbe potuto essere in Abramo quanto alla carne senza pagar la decima, perché mai non sarebbe potuto esserci anche quanto all'anima senza pagar la decima? Riguardo a ciò si risponde: Poiché la sostanza dell'anima, certamente semplice, non aumenta con il crescere del corpo e ciò lo ammettono perfino coloro i quali pensano che l'anima è un corpo, nel numero dei quali sono soprattutto coloro che credono che l'anima derivi dai genitori. In un seme può esserci quindi una forza invisibile che ne regola lo sviluppo secondo un principio incorporeo: questa forza può vedersi non con gli occhi ma

con l'intelligenza e così distinguerla dalla materia corporea che si percepisce con la vista o con il tatto. La massa del corpo umano che senza dubbio è incomparabilmente più grande della piccola massa del seme, dimostra assai chiaramente che da quella massa può considerarsi a parte un qualche elemento che non ha la forza seminale ma solo la sostanza corporale; sostanza corporale che fu assunta dalla potenza di Dio per formare la carne di Cristo senza farla derivare dalla generazione [umana] mediante l'uomo carnale. Ma chi oserebbe affermare che l'anima abbia l'uno e l'altro dei due elementi, cioè la materia visibile del seme e l'occulto principio formativo del seme? Ma perché dovrei affaticarmi a trattare un argomento di cui è forse impossibile convincere alcuno a parole salvo che sia una persona d'ingegno sì grande ed elevato, capace di prevenire gli sforzi di chi parla senza che abbia bisogno di aspettare la fine del suo discorso? Riassumerò quindi brevemente il mio pensiero: se l'anima di Cristo fosse potuta derivare da un'altra anima - e io penso che il lettore ha capito quanto dicevo della generazione parlando del corpo - l'anima di Cristo proviene per via di generazione in modo però da non aver contratto la macchia del peccato; se invece non è potuta derivare da quell'origine senza la colpa del peccato, essa non deriva di lì. Infine, quanto all'origine delle altre anime, se cioè derivino dai genitori oppure da Dio, lo dimostrino con evidenza coloro che ne saranno capaci. Io, per parte mia, sono ancora perplesso tra le due ipotesi, propendendo ora verso l'una ora verso l'altra con questa sola riserva: io cioè non credo che l'anima sia un corpo o una proprietà del corpo o, se così può dirsi, un accordo delle sue varie parti, chiamato dai greci ἁρμονία. Spero inoltre, se Dio aiuta la mia intelligenza, che non crederò mai a simili ciance che venga a contarmi un ciarlatano qualunque.

Si esamina il testo di Io 3, 6.

22. 38. C'è anche un altro testo degno di considerazione che possono citare a proprio favore coloro i quali pensano che le anime vengono da Dio. È il testo in cui il Signore dice: Ciò che è nato dalla carne è

carne e ciò che è nato dallo spirito è spirito 54. "Che c'è - dicono essi - più decisivo di questa affermazione per provare che l'anima non può nascere dalla carne? Che cos'altro infatti è l'anima se non lo spirito vitale che è certamente creato, non il Creatore?". Contro costoro gli altri replicano: "Che cos'altro pensiamo noi, dal momento che affermiamo che la carne deriva dalla carne, l'anima dall'anima?". L'uomo è infatti composto dell'una e dell'altra e noi pensiamo che da lui derivano l'una e l'altra, e cioè la carne dalla carne dell'uomo che fa l'atto [carnale] e lo spirito dallo spirito dell'uomo che concupisce? Per non dire adesso che il Signore parlava non della generazione carnale, ma della rigenerazione spirituale.

Conclusione: nessun testo allegato è decisivo per l'una o l'altra opinione.

23. 39. Dopo aver discusso a fondo questi testi, per quanto ce lo ha permesso il tempo, io potrei asserire che il peso delle ragioni e dei testi addotti da una parte e dall'altra è uguale o quasi uguale, se non fosse che l'opinione di coloro che pensano che le anime sono generate dai genitori, ha un peso maggiore per riguardo al[la pratica del] battesimo dei bambini. Che cosa possa rispondersi ai loro argomenti per ora non mi si presenta alla mente. Se mai in seguito Dio mi darà una soluzione e mi concederà la possibilità anche di esporla per iscritto a vantaggio di coloro che s'interessano di simili argomenti, lo farò ben volentieri. Per ora tuttavia dichiaro anzitutto che non si deve disprezzare l'argomento tratto dal battesimo dei bambini al fine d'evitare che si trascuri di confutarlo in qualche modo se è contrario alla verità. Ci troviamo infatti di fronte alla seguente alternativa: non si deve fare alcuna indagine sulla questione che stiamo trattando in modo che alla nostra fede basti che sappiamo qual è la mèta che dobbiamo raggiungere vivendo nel timor di Dio anche se ignoriamo d'onde veniamo; oppure, se è arrogante l'anima razionale che brama ardentemente di conoscere anche la propria origine, metta da parte l'ostinazione nel disputare ed usi la diligenza nell'indagare, l'umiltà nel domandare, la perseveranza nel bussare

alla porta 55; in tal modo, se Dio - il quale sa meglio di noi ciò ch'è il nostro bene - sa che questo ci è utile, ci darà anche questo, lui che dà cose buone ai suoi figli 56. Non si deve tuttavia disprezzare affatto l'usanza della Chiesa nostra madre di battezzare i bambini né giudicarla in alcun modo inutile né prestarle assolutamente fede qualora non fosse una tradizione trasmessa dagli Apostoli. Anche la tenera età dei bambini ha in proprio favore una testimonianza di gran peso, essendo stata la prima ad avere il merito di versare il sangue per Cristo.

Che cosa devono evitare i fautori del traducianesimo.

24. 40. Io tuttavia esorto con tutte le mie forze quanti si sono già lasciati convincere da questa opinione - per cui credono che le anime ci vengano trasmesse dai genitori per via di generazione - di considerare con tutta l'attenzione loro possibile se stessi e capire quindi che le loro anime non sono corpi. Nessuna sostanza infatti è più simile [a Dio] dell'anima, fatta a immagine di lui; se venisse considerata attentamente, essa potrebbe farci capire anche [la natura di] Dio, immutabile e trascendente tutta la creazione, e farcelo pensare incorporeo. Al contrario, una volta ammesso che l'anima sia un corpo, non v'è nulla di più simile o forse di più logico che l'immaginare che anche Dio sia un corpo. Assuefatti perciò alle realtà materiali e immersi sotto le impressioni dei sensi, quei tali rifiutano di credere che l'anima sia una sostanza diversa da un corpo, per paura che, se non è un corpo, sia un nulla e perciò tanto più temono di pensare che Dio non sia un corpo quanto più temono di pensare che Dio sia un nulla. Costoro si lasciano talmente trascinare da immagini [d'oggetti sensibili] o da fantasmi d'immagini che la potenza cogitativa dell'anima forma derivandole dagli oggetti materiali e, per conseguenza, senza immagini e fantasmi di tal genere, essi temono di andare a finire in una sorta di vuoto. È quindi inevitabile che nella loro mente essi dipingano, per così dire, con forme e colori la giustizia e la sapienza, non essendo capaci di concepirle incorporee; quando tuttavia dalla giustizia o dalla

sapienza sono spinti a lodarle o a far qualcosa conforme ad esse, non sanno dire con quale colore o statura, con quali lineamenti o forma le abbiano viste. Ma su questo argomento abbiamo già parlato a lungo altre volte e, se Dio vorrà, ne riparleremo qualora l'occasione parrà esigerlo. Per ora, come avevamo cominciato a dire, se alcuni non dubitano che le anime derivano per generazione dai genitori oppure dubitano che sia così, non abbiano tuttavia l'audacia di pensare o affermare che l'anima è un corpo, soprattutto per il motivo che dicevo, ossia perché non pensino che anche Dio non sia altro che un corpo, sia pure perfettissimo, avente una sua propria natura particolare superiore a tutte le altre nature, ma tuttavia un corpo.

L'errore di Tertulliano riguardo all'anima.

25. 41. Tertulliano dunque credeva che l'anima fosse un corpo soltanto perché egli non riusciva a concepire l'anima come una sostanza incorporea e perciò temeva che fosse un nulla se non fosse un corpo; egli quindi non riuscì neppure ad avere un'idea diversa riguardo a Dio. Ma siccome era uno spirito acuto, fu talora costretto a cedere all'evidenza della verità contro la propria opinione. Che cosa infatti avrebbe potuto dire di più vero di ciò che afferma in un passo: Tutto ciò che è corporeo è soggetto a patire 57? Avrebbe dunque dovuto cambiare l'opinione espressa in precedenza, secondo la quale aveva affermato che anche Dio è un corpo. Io infatti non posso pensare che fosse arrivato a un tal punto di pazzia da credere capace di patire anche la natura di Dio tanto che si potrebbe credere che Cristo, non solo nella sua carne o nella sua carne e anima, ma proprio in quanto Verbo per mezzo del quale furono fatte tutte le cose, fosse capace di patire e soggetto a mutamento: i detti errori dovrebbero essere banditi dalla mente d'un cristiano. Allo stesso modo, mentre dà all'anima anche un colore simile a quello del cielo luminoso 58, quando arriva [a parlare] dei sensi e si sforza di fornire l'anima dei suoi organi dei sensi come [se fosse] un corpo, dice: Questa sarà l'uomo interiore, l'altro invece è l'uomo esteriore; sono due uomini ma formano un sol uomo; anche l'uomo interiore ha

i propri occhi e i propri orecchi con cui il popolo avrebbe dovuto udire e vedere il Signore; egli possiede anche tutte le altre membra di cui si serve per pensare e che usa nei suoi sogni 59.

Stranezze e contraddizioni nell'opinione di Tertulliano sull'anima.

25. 42. Ecco qui quale specie di orecchi e di occhi con cui il popolo avrebbe dovuto ascoltare e vedere il Signore! Quelli d cui si serve l'anima nei sogni, mentre, se uno vedesse lo stesso Tertulliano in sogno, non oserebbe mai dire di essere stato visto da lui e d'aver parlato con lui, poiché egli stesso a sua volta non lo avrebbe visto. Infine, se l'anima vede se stessa in sogno quando vaga attraverso varie immagini da essa viste mentre le membra del proprio corpo giacciono naturalmente in un luogo determinato, chi mai ha visto l'anima di colore simile all'azzurro del cielo e luminoso, se non forse come tutti gli altri oggetti ch'essa vede similmente sotto false apparenze? Poiché uno può vedere l'anima anche in questo modo. Ma non sia mai che, quando si sarà svegliato, egli creda che l'anima sia realmente come l'ha vista in sogno! Altrimenti, quando vedrà se stesso essere diverso, o l'anima sua sarà cambiata o ciò che è visto nel sogno non è la sostanza dell'anima ma l'immagine incorporea di un corpo formata in modo misterioso come nell'immaginazione. Quale Etiope non vede se stesso di un altro colore, non resta piuttosto sorpreso se gli torna in mente il sogno? Non so però se si sarebbe mai visto di colore cilestrino e luminoso, se non avesse mai letto o udito quest'opinione di Tertulliano!

Dio non è simile alle immagini con cui si manifestò allo spirito dei suoi servi.

25. 43. Ma che dire del fatto che alcuni si lasciano influenzare da siffatte visioni e pretendono di persuaderci per mezzo delle Scritture che non l'anima [soltanto], ma Dio stesso è simile alle immagini con cui si manifestò allo spirito dei suoi servi fedeli, simile alle

immagini con cui lo si esprime nel linguaggio allegorico? Quelle visioni hanno infatti delle somiglianze con siffatte espressioni allegoriche. Questi pensatori però, dicendo così, sbagliano mentre formano nel loro cuore immagini illusorie d'una vana opinione senza comprendere che quei fedeli servi di Dio giudicarono quelle loro visioni come le avrebbero giudicate se le avessero lette o udite descritte per ispirazione divina in linguaggio figurato. Così le sette spighe e le sette vacche sono sette anni 60 e così pure la tovaglia, tenuta su fissata alle quattro estremità come un piatto pieno d'ogni specie di animali, è tutto il mondo con tutti i popoli 61; e così dicasi di tutte le altre cose, specialmente di quelle incorporee rappresentate non da realtà ma da immagini materiali.

Pensiero di Tertulliano sulla crescita dell'anima.

26. 44. Tertulliano tuttavia fu restìo ad affermare che la sostanza dell'anima cresce come il corpo, esprimendo anche il motivo del suo timore: Per paura, cioè, che si dica che decresce anche la sua sostanza e in tal modo si pensi che possa arrivare alla sua completa estinzione 62. Ciononostante, siccome immagina che l'anima, diffusa nello spazio di tutto il corpo, non trova un limite alla sua crescita poiché sostiene che, derivata da un seme microscopico, arriva ad avere la stessa grandezza del corpo, dice: Ma la sua potenza vitale, in cui si trovano insite le sue proprietà naturali, si sviluppa gradualmente con il corpo conservando la quantità della sostanza ricevuta alla sua origine quando fu infusa [nell'uomo] 63. Noi forse non comprenderemmo queste espressioni se non le avesse chiarite con un paragone. Prendi - dice - una certa quantità d'oro e d'argento, una massa ancora grezza; esso è in uno stato di compattezza per cui è meno estesa di quanto sarà in seguito, ma ciononostante nei limiti della sua dimensione contiene tutto ciò che appartiene alla natura dell'oro o dell'argento. In seguito, quando la massa viene ridotta in una lamina, divien più grande di quanto non era in principio a causa dell'allargamento di quella determinata massa, non a causa di un incremento ch'essa acquista mentre viene distesa in una lamina senza

essere accresciuta, benché riceva un incremento anche così mentre vien laminata. Essa infatti può aumentare nelle sue dimensioni, ma non lo può nella sua costituzione sostanziale. Allora acquista risalto anche lo splendore dell'oro o dell'argento pur già presente anche nella massa, ma in uno stato piuttosto oscuro, pur senza mancare del tutto. Allora al metallo si dànno anche forme diverse secondo la sua malleabilità in base alla quale lo modella l'artigiano senza aggiungere alla massa null'altro che la forma. Di tale qualità deve quindi esser giudicato anche l'accrescimento dell'anima che non è un aumento sostanziale, ma che suscita le sue potenzialità 64.

Assurdità nell'opinione di Tertulliano.

26. 45. Chi avrebbe potuto credere che questo scrittore sarebbe potuto essere tanto eloquente nell'esprimere una tale opinione? Ma siffatte espressioni devono farci rabbrividire di paura anziché suscitare il nostro riso. Sarebbe stato forse costretto a formulare una simile opinione, se avesse potuto pensare che può esistere qualcosa anche senza essere un corpo? Che c'è poi di più assurdo che immaginare la massa di un metallo qualunque capace di crescere in una dimensione mentre viene laminata senza decrescere in un'altra, capace d'essere estesa in larghezza senza diminuire di spessore? O si può forse pensare un corpo che, rimanendo con le medesime dimensioni, possa crescere in volume senza che diminuisca la sua densità? In qual modo allora l'anima proveniente da un minuscolo seme potrà riempire l'intera massa del corpo animato da essa, se anch'essa è un corpo la cui sostanza non cresce senza l'aggiunta d'alcuna specie? In qual modo - ripeto - riempirà la carne, da essa resa viva, senza perdere la sua densità in proporzione della massa del corpo da essa animato? Evidentemente Tertulliano temeva che l'anima crescendo potesse perire a forza di diminuire in densità e non temeva che potesse perire a forza d'assottigliarsi, a forza di crescere! Ma perché intrattenermi più a lungo su questo soggetto, dal momento che da una parte il mio discorso si estende oltre i limiti richiesti dalla necessità di concludere e, d'altra parte, il mio pensiero

su ciò, che ritengo certo o su cui rimango ancora in dubbio o sul perché io dubito, è ormai assai chiaro? Si deve perciò concludere questo volume per esaminare poi i testi che seguono.

LIBRO UNDECIMO

La tentazione e la caduta dell'uomo in Gen 2, 25 - 3, 24.

1. 1. Ora Adamo ed [Eva] sua moglie erano tutti e due nudi, ma non provavano vergogna. Il serpente però era il più astuto di tutti gli animali della terra fatti dal Signore. Il serpente disse alla donna: È forse vero che Dio vi ha detto: Non dovete mangiare di nessun albero del paradiso? La donna rispose al serpente: Del frutto degli alberi che sono nel paradiso noi possiamo mangiare, ma riguardo al frutto dell'albero sito nel mezzo del paradiso Dio ha detto: Non ne dovete mangiare e non lo dovete toccare, per evitare di morire. Ma il serpente rispose alla donna: Voi non morrete affatto. Poiché Dio sapeva che il giorno in cui ne mangerete, si apriranno i vostri occhi e sarete come dèi, conoscitori del bene e del male. La donna allora osservò l'albero ch'era buono da mangiare, era delizia per gli occhi e bello da contemplare, e prendendo del suo frutto ne mangiò e poi ne diede anche al marito, ch'era con lei, e ne mangiarono. Si aprirono allora gli occhi di ambedue e s'accorsero d'essere nudi; intrecciarono perciò foglie di fico e se ne fecero cinture intorno ai fianchi. Udirono poi la voce del Signore Dio che passeggiava nel paradiso verso sera. Allora Adamo e sua moglie si nascosero dalla presenza del Signore Iddio in mezzo agli alberi del paradiso. Ma il Signore Dio chiamò Adamo e gli disse: Dove sei? Rispose: Ho udito la tua voce mentre passeggiavi nel paradiso e ho avuto paura, poiché sono nudo, e mi sono nascosto. Ma Dio gli rispose: Chi ti ha fatto sapere che sei nudo se non il fatto che hai mangiato dell'albero, di cui ti avevo comandato di non mangiare? Rispose Adamo: La donna, che mi hai dato per compagna, è stata lei a darmi dell'albero e io ne ho mangiato. Il Signore Iddio allora disse alla donna: Perché hai fatto ciò? Rispose la donna: Il serpente mi ha ingannata, e io ho mangiato. Allora il Signore Iddio disse al serpente: Poiché hai fatto ciò, sarai maledetto fra tutti gli animali e tutte le bestie selvatiche che sono sulla terra. Sul tuo petto e sul tuo ventre dovrai strisciare e polvere

dovrai mangiare tutti i giorni della tua vita. Io porrò inimicizia tra te e la donna, tra la tua e la sua discendenza. Essa insidierà la tua testa e tu insidierai il suo tallone. Alla donna invece disse: Renderò assai numerose le tue sofferenze e le tue doglie; con dolore dovrai partorire figli; il tuo istinto ti spingerà verso tuo marito, ma egli ti dominerà. Ad Adamo poi disse: Poiché hai dato ascolto alle parole di tua moglie e hai mangiato dell'albero di cui solo ti avevo proibito di mangiare, maledetta sarà la terra nei tuoi lavori; con dolore ne ricaverai il tuo cibo tutti i giorni della tua vita; essa produrrà per te spini e rovi e mangerai l'erba dei campi. Con il sudore del tuo volto mangerai il tuo pane finché non tornerai alla terra da cui sei stato tratto, poiché tu sei terra e alla terra tornerai. Adamo poi chiamò "Vita" sua moglie poiché essa è la madre di tutti i viventi. Il Signore Iddio fece per Adamo e per la moglie tuniche di pelle e li vestì. Dio allora disse: Ecco, Adamo è divenuto come uno di noi avendo la conoscenza del bene e del male. Ora bisogna proibirgli che stenda la sua mano e prenda dall'albero della vita e ne mangi e [così] viva per sempre. Il Signore Iddio allora lo scacciò dal paradiso di delizie e lo pose nella parte opposta al paradiso di delizie e stabilì dei cherubini e la spada di fiamma roteante per custodire l'accesso all'albero della vita 1.

Senso letterale e senso allegorico nella sacra Scrittura.

1. 2. Prima di spiegare frase per frase il succitato testo della Scrittura, credo opportuno ripetere qui l'avvertimento che credo di avere già fatto anche in un altro passo della presente opera, che cioè da noi deve esigersi di difendere il senso letterale dei fatti narrati dall'autore sacro. Se però tra le espressioni preferite da Dio e da qualsivoglia persona chiamata da Dio al ministero di profeta, se ne trova qualcuna che non può esser presa alla lettera senza che risulti assurda, non c'è dubbio che deve essere intesa in senso figurato, indicante qualcos'altro di natura simbolica; non è lecito tuttavia dubitare che [quell'espressione] sia parola di Dio. Ciò lo esige l'attendibilità del narratore e la promessa del commentatore.

Perché i progenitori non si vergognavano della loro nudità.

1. 3. Tutti e due erano nudi 2. È vero: i corpi dei due [primi] esseri umani, che vivevano nel paradiso, erano completamente nudi. Ma non provavano vergogna 3. Perché si sarebbero dovuti vergognare, dal momento che non sperimentavano nelle loro membra alcuna legge in guerra con la legge del loro spirito 4? Quella legge fu inflitta loro come pena del peccato dopo che fu commessa la trasgressione, quando la disubbidienza si appropriò di ciò ch'era stato proibito e la giustizia punì il peccato commesso. Prima che ciò avvenisse, essi erano nudi - come dice la Scrittura - e non sentivano vergogna; nel loro corpo non c'era alcun moto di cui dovessero vergognarsi; pensavano di non aver nulla da velare poiché non avevano provato alcun moto da frenare. In qual modo avrebbero procreato figli è già stato discusso in precedenza, poiché prima che morissero, la morte già era germinata nel corpo di quelle persone disubbidienti, fomentando la ribellione delle loro membra disubbidienti con un giustissimo contrappasso. Questa non era ancora la condizione d'Adamo e di Eva quando erano entrambi nudi ma senza provarne vergogna.

Di che specie era e donde proveniva l'astuzia del serpente.

2. 4. C'era però il serpente, il più astuto, è vero, ma solo fra tutti gli animali fatti dal Signore Iddio 5. Ora, è in senso traslato che il serpente è chiamato il più accorto o, secondo parecchi manoscritti latini, il più saggio, non già in senso proprio, come s'intende di solito la parola "sapienza" quando è riferita a Dio, a un angelo o a un'anima razionale, ma nel senso in cui potrebbero chiamarsi "sapienti" anche le api e le formiche, poiché le loro opere manifestano una sorta di sapienza. Questo serpente per altro potrebbe dirsi "il più sapiente" degli animali non a motivo della sua anima irrazionale, ma dello spirito d'un altro essere, ossia dello spirito diabolico. Poiché per quanto in basso siano stati precipitati gli angeli ribelli dalla loro dimora celeste a causa della loro perversità e della loro superbia,

tuttavia per la loro natura sono superiori a tutte le bestie a causa dell'eccellenza della loro ragione. Che c'è dunque di strano se il diavolo, entrando nel serpente e sottomettendolo alla sua suggestione, comunicandogli il proprio spirito alla maniera in cui sogliono essere invasati i profeti dei demoni, l'aveva reso "il più sapiente" di tutte le bestie che vivono in virtù di un'anima viva ma irrazionale. Ma è in senso improprio che si parla di "sapienza" a proposito di un malvagio, come si parla di "astuzia" a proposito d'una persona buona. Poiché in senso proprio e secondo l'uso più corrente, almeno nella lingua latina, si chiamano "sapienti" le persone lodevoli, mentre per "astuti" s'intendono coloro che usano il loro senno per il male. Ecco perché alcuni, come si può vedere su molti manoscritti, hanno tradotto secondo l'esigenza della lingua latina non la parola ma piuttosto l'idea, e così hanno preferito chiamare il serpente "il più astuto", anziché "il più sapiente" di tutti gli animali. Quale sia il senso proprio di questo termine nell'ebraico, se cioè in quella lingua alcuni si possono chiamare e intendere "sapienti" in rapporto al male non in senso improprio ma in senso proprio, se la vedano gli specialisti in quella lingua. Noi tuttavia leggiamo chiaramente in un altro passo delle Sacre Scritture di alcuni chiamati "sapienti" in rapporto al male e non al bene 6; e il Signore afferma che i figli di questo mondo sono più sapienti dei figli della luce per provvedere alla loro vita futura sebbene in modo fraudolento e non secondo giustizia 7.

Il diavolo poteva sedurre solo per mezzo del serpente.

3. 5. Noi però non dobbiamo immaginare affatto che il diavolo si scegliesse di proprio arbitrio e potere il serpente per tentare l'uomo e persuaderlo a commettere il peccato ma, essendo insito in lui il desiderio d'ingannare a causa della sua perversa e invidiosa volontà, non poté soddisfarlo se non mediante l'animale con cui gli fu permesso di appagarlo. In ciascuno infatti la perversa volontà di recar danno può derivare anche dalla propria anima, ma il poterlo compiere non deriva se non da Dio e ciò a motivo d'una giustizia

occulta e profonda, poiché in Dio non c'è ingiustizia 8.

Perché fu permessa la tentazione.

4. 6. Se dunque si chiede perché Dio permise che fosse tentato l'uomo ch'egli prevedeva avrebbe dato il consenso al tentatore, io non posso scandagliare la profondità dei disegni divini e confesso che [la soluzione] del problema sorpassa di molto le mie forze. Può esserci dunque forse una causa occulta, la cui conoscenza è riservata - non per i loro meriti ma piuttosto per una grazia di Dio - a persone più valenti e più sante di me; ma tuttavia, nei limiti della facoltà che Dio mi concede di capire o mi permette di dire, non mi pare che l'uomo sarebbe stato degno di gran lode, se fosse stato in grado di vivere rettamente per la semplice ragione che nessuno lo avrebbe persuaso a vivere male, dal momento che nella sua natura aveva il potere e, nel suo potere, la capacità di volere per non acconsentire ai consigli del tentatore, sempre però con l'aiuto di Colui che resiste ai superbi, ma concede la sua grazia agli umili 9. Perché dunque Dio non avrebbe dovuto permettere che l'uomo fosse tentato, sebbene prevedesse che avrebbe acconsentito [alla tentazione]? L'uomo infatti, in quell'occasione, avrebbe agito di propria volontà e avrebbe, così, commesso la colpa e avrebbe dovuto subire il castigo per essere restituito nell'ordine della giustizia di Dio? In tal modo Dio avrebbe mostrato all'anima, per istruzione dei suoi servi futuri, quanto rettamente egli si serve delle volontà anche perverse delle anime quando queste si servono delle loro nature buone per fare il male.

L'uomo soggiacque alla tentazione per la superbia.

5. 7. Non si deve però immaginare nemmeno che il tentatore avrebbe potuto far cadere l'uomo, se prima non fosse sorto nell'animo dell'uomo un sentimento di superbia ch'egli avrebbe dovuto reprimere; mediante l'umiliazione causata dal peccato avrebbe così imparato quanto falsamente presumesse di se stesso. È

assolutamente vero ciò che dice la sacra Scrittura: Prima della rovina lo spirito s'insuperbisce e prima della gloria si umilia 10. Questa è forse la voce dell'uomo che risuona nel Salmo: Nella mia abbondanza io dissi: Non sarò scosso in eterno 11. In seguito, dopo aver imparato per esperienza qual male ha in sé la superba presunzione del proprio potere e qual bene ha in sé l'aiuto della grazia, dice: Signore, per la tua volontà avevi dato valore alla mia dignità; ma poi hai distolto la tua faccia da me e io ne sono rimasto sconvolto 12. Ma sia che questa espressione si riferisca al primo uomo, sia che si riferisca a un altro, tuttavia si doveva dare una lezione all'anima che si esalta e presume troppo di quella che crede una forza propria - anche facendole sperimentare il castigo - per mostrarle in qual misero stato viene a trovarsi una creatura quando si allontana dal proprio Creatore. Con ciò viene messo fortemente in rilievo qual bene è Dio, dal momento che non si sente felice nessuno che si allontana da lui; infatti da una parte coloro, che ripongono il loro godimento nei piaceri mortiferi, non possono sentirsi esenti dalla paura di soffrire; da un'altra parte coloro i quali, come drogati e resi insensibili dall'eccessiva loro superbia, non si accorgono affatto della sventura della loro apostasia, appaiono molto più infelici di coloro che sanno riconoscere la loro diserzione da Dio; in tal modo, se rifiutano di prendere il rimedio per evitare siffatte sventure, serviranno d'esempio per farle evitare ad altri. Ecco perché l'apostolo Giacomo dice: Ciascuno è tentato dalla propria concupiscenza che lo attrae e lo seduce: la concupiscenza poi concepisce e genera il peccato, e il peccato, una volta commesso, genera la morte 13. Ne segue che, quando è guarita l'enfiagione della superbia, l'uomo si rialza se la volontà di rimanere fedele a Dio, che gli era mancata prima della prova, la possiede dopo la prova per tornare a Dio.

Utilità della tentazione.

6. 8. Ora, alcuni rimangono imbarazzati al pensiero che Dio abbia permesso questa tentazione del primo uomo, come se non vedessero che adesso tutto il genere umano viene continuamente tentato dalle

insidie del demonio. Perché Dio permette anche ciò? Forse perché in questo modo viene messo alla prova e si fa esercitare la virtù, e la palma della vittoria di non consentire alla tentazione è più gloriosa di quella di non aver potuto essere tentati. Poiché anche quegli stessi, che hanno abbandonato il Creatore, seguono il loro tentatore e tentano sempre più coloro che restano fedeli alla parola di Dio e offrono ai loro tentatori - per farli resistere alla passione - l'esempio di come evitare la tentazione e infondono in loro un santo timore per combattere la superbia. Ecco il motivo per cui l'Apostolo dice: Vigilando su te stesso per non cadere anche tu nella tentazione 14. È sorprendente come tutte le Sacre Scritture si premurano di raccomandarci continuamente l'umiltà, con cui ci sottomettiamo al Creatore ed evitiamo di credere che non abbiamo bisogno del suo aiuto presumendo delle nostre forze. Poiché dunque anche i peccatori contribuiscono al progresso dei virtuosi e gli empi al progresso dei timorati di Dio, non ha senso dire: "Dio non avrebbe dovuto creare coloro che prevedeva sarebbero stati cattivi". Perché mai, infatti, non avrebbe dovuto creare coloro che egli prevedeva sarebbero di giovamento ai buoni affinché da una parte nascessero per essere utili ad esercitare e ammaestrare la volontà dei buoni e, d'altra parte, ricevessero anch'essi un giusto castigo per la cattiva loro volontà?

Perché l'uomo non fu creato impeccabile.

7. 9. "Dio - dicono alcuni - avrebbe dovuto creare l'uomo di tal natura che gli fosse assolutamente estranea la volontà di peccare". Ora, io ammetto che è migliore la natura a cui è assolutamente estranea la volontà di peccare; ma ammettano anch'essi a loro volta che, se da un lato non è cattiva una natura fatta in modo che poteva non peccare qualora non lo avesse voluto, dall'altro lato è giusto il verdetto con cui essa fu punita, dal momento che aveva peccato con il suo libero arbitrio senz'esservi costretta. Allo stesso modo quindi che la retta ragione c'insegna che è migliore la natura, alla quale non piace assolutamente nulla d'illecito, così la retta ragione c'insegna

nondimeno che è buona anche la natura che ha in suo potere di reprimere il piacere illecito qualora esso sorga [nell'animo] in modo da rallegrarsi non solo delle altre sue azioni lecite e buone ma anche della repressione dello stesso piacere cattivo. Poiché quindi questa natura è buona ma l'altra è migliore, perché mai Dio avrebbe dovuto creare quella sola e non piuttosto l'una e l'altra? Per conseguenza coloro, che erano pronti a lodar Dio d'aver creato solo la prima [specie di creature], dovrebbero lodarlo ancora di più per aver creato l'una e l'altra; l'una infatti si trova nei santi angeli, l'altra negli uomini santi. Coloro invece che hanno scelto per sé di mettersi dalla parte del male, hanno corrotto la loro natura degna di lode; il fatto poi che Dio prevedeva la loro condotta non è certo una ragione che non avrebbero dovuto esser creati. Anch'essi infatti hanno [tra gli esseri] il loro posto che devono occupare per l'utilità dei fedeli servi di Dio. Poiché Dio non ha bisogno della bontà d'alcun uomo retto, tanto meno dell'iniquità di un malvagio.

Perché Dio crea individui che prevede di condannare.

8. 10. Chi, dopo seria riflessione potrebbe dire: "Dio avrebbe fatto meglio a non creare uno che egli prevedeva sarebbe potuto esser corretto per mezzo del peccato d'un altro anziché creare anche uno che prevedeva sarebbe dovuto essere condannato per il suo peccato"? Ciò infatti equivale a dire: "Sarebbe meglio che non ci fosse alcuno che per la misericordia di Dio venisse premiato per aver fatto buon uso del peccato di un altro, anziché esistesse un malvagio che fosse castigato giustamente per il proprio peccato". Quando la ragione ci mostra senz'ombra di dubbio due beni non ugualmente buoni, ma uno migliore dell'altro, i tardi di mente non comprendono che, quando dicono: "Questi due beni dovrebbero essere uguali", non dicono altro che: "Dovrebbe esistere solo il bene migliore". In tal modo, desiderando stabilire l'uguaglianza tra le diverse specie di buoni, ne diminuiscono il numero e, aumentandone a dismisura quello d'una sola specie, sopprimono l'altra specie. Chi mai però darebbe ascolto a costoro, se dicessero: "Siccome il senso della vista

è più eccellente dell'udito, ci dovrebbero essere quattro occhi ma non dovrebbero esserci le orecchie"? Così pure, se è più eccellente la creatura razionale che senza alcuna paura del castigo e senz'alcuna superbia si sottomette a Dio, e se al contrario tra gli uomini è stato creato un altro fatto in modo che possa riconoscere i benefici di Dio soltanto vedendo il castigo d'un altro - e perciò non monti in superbia ma abbia timore 15, ossia non presuma di sé ma riponga la sua fiducia in Dio - chi, se fosse sano di mente, potrebbe dire: "Questa creatura dovrebbe essere uguale a quell'altra", senza capire che non direbbe nient'altro che: "Non dovrebbe esistere questa creatura ma solo quell'altra"? Siffatte affermazioni sono espressioni d'individui ignoranti e sciocchi. Perché mai Dio non avrebbe dovuto creare anche coloro che prevedeva sarebbero stati malvagi, volendo manifestare la sua collera e far crescere la sua potenza, sopportando perciò con grande pazienza vasi di collera già pronti per la perdizione, al fine di far conoscere la ricchezza della sua gloria verso vasi di misericordia predisposti da lui per la gloria 16? Così però chi si vanta non deve vantarsi se non nel Signore 17, sapendo che non da lui ma da Dio dipende la propria esistenza ma che anche la propria felicità dipende solo da Colui dal quale ha il proprio essere.

Lo stesso argomento.

8. 11. È perciò molto irragionevole dire: "Non dovrebbero esistere individui ai quali Dio concederebbe il gran beneficio della sua misericordia, se non potessero esistere senza ch'esistessero anche quelli per mezzo dei quali egli potesse manifestare la giustizia del suo castigo".

9. 11. Perché mai, infatti, non dovrebbero esistere piuttosto ambedue queste specie di persone, dal momento che per mezzo dell'una e dell'altra vien fatta conoscere - com'è doveroso - la bontà e l'equità di Dio?

Prescienza di Dio e libertà dell'uomo.

9. 12. Ma qualcuno potrebbe obiettare: "Se Dio avesse voluto, sarebbero stati buoni anche i cattivi". Quanto è meglio, invece, che Dio abbia voluto così: che cioè gli uomini fossero come vogliono essere, ma che i buoni non restassero senza il premio né i malvagi senza il castigo, e con ciò stesso fossero utili agli altri! "Ma Dio - replicheranno - prevedeva che la volontà di siffatti individui sarebbe stata cattiva". Sì, la prevedeva di certo e, poiché la sua prescienza non può sbagliare, cattiva era la volontà di essi, non quella di Dio. "Perché allora creò individui che prevedeva sarebbero stati malvagi?". Perché, allo stesso modo che prevedeva il male che avrebbero commesso, così prevedeva anche qual bene avrebbe ricavato dalle loro cattive azioni. Egli infatti li creò formandoli sì da lasciar loro la facoltà di compiere anch'essi qualcosa per cui, qualunque cosa avessero scelto anche in modo colpevole, avrebbero potuto costatare che l'azione di Dio nei loro riguardi era degna di lode. Proprio da loro infatti deriva la loro cattiva volontà, da lui invece la natura buona e il giusto castigo che rappresenta la funzione meritata da essi, e cioè: per gli altri un mezzo perché siano messi alla prova e un esempio per incutere timore.

Perché Dio non converte i malvagi.

10. 13. "Ma Dio - si replica - dal momento che è onnipotente, avrebbe potuto volgere al bene anche le volontà dei malvagi". Lo avrebbe potuto certamente. "E perché allora non lo fece?". Perché non lo volle. "E perché non lo volle?". Il motivo per cui non lo volle è un segreto che sa lui solo. Non dobbiamo infatti sapere più di quanto dobbiamo sapere 18. Credo tuttavia d'aver dimostrato assai chiaramente poco più sopra che non è un bene di poco pregio una creatura razionale, anche quella che evita il male riflettendo sulla sorte dei malvagi. Ora questa specie di creature non esisterebbe di certo, se Dio avesse convertito tutte le volontà malvage verso il bene e non avesse inflitto il meritato castigo ad alcuna violazione della

legge di Dio; in tal modo non ci sarebbe che la sola specie delle persone che progrediscono nella virtù senza bisogno di considerare i peccati o il castigo dei malvagi. Così, col pretesto d'ingrandire il numero delle persone più perfette, verrebbe diminuito il numero delle diverse specie dei buoni.

Il castigo dei malvagi serve alla correzione degli altri.

11. 14. "Tra le opere di Dio - obiettano ancora - ce n'è dunque qualcuna che ha bisogno del male di un'altra creatura perché quell'altra progredisca nel bene?". Certi individui, a causa di una non so quale passione per la controversia, son divenuti pertanto talmente sordi e ciechi da non udire o vedere qual gran numero di persone si correggono quando alcuni sono stati puniti? Qual pagano, qual Giudeo, qual eretico non lo sperimenta ogni giorno nella propria famiglia? Ma quando si viene a discutere e indagare la verità, questi individui si rifiutano di riflettere e comprendere da quale opera della divina Provvidenza viene l'impulso d'infliggere loro il castigo in modo che, anche se coloro che vengono puniti non si correggono, nondimeno temeranno il loro esempio tutti gli altri, e il giusto castigo dei malvagi servirà alla salute dei buoni. È forse Dio la causa della malizia e della malvagità di coloro mediante il cui giusto castigo viene in aiuto a coloro che ha stabilito di soccorrere con questo mezzo? No davvero! Iddio tuttavia, pur prevedendo che quegli individui sarebbero stati cattivi a causa dei loro vizi personali, non si astenne dal crearli destinandoli all'utilità di quest'altre persone da lui create in modo che non potrebbero progredire nel bene senza riflettere sulla sorte dei malvagi. Se infatti questi non esistessero, non gioverebbero a nulla. È forse un piccolo bene che esistano questi individui che per lo meno sono utili all'altra categoria di persone? Chi desidera che non esistano siffatti individui, non cerca altro che di non essere lui stesso nel numero dei medesimi.

Prescienza e provvidenza di Dio.

11. 15. Grandi sono le opere del Signore, da ricercare in tutte le sue volontà! 19 Egli prevede coloro che saranno buoni e li crea; prevede coloro che saranno cattivi e li crea, dando se stesso ai buoni affinché possano trovare la loro gioia in lui; ma anche ai cattivi egli concede generosamente molti dei suoi doni, perdonandoli con misericordia, castigandoli con giustizia, e in modo analogo castigandoli con misericordia e perdonandoli con giustizia, senza temer nulla dalla malizia di nessuno né aver bisogno della giustizia di nessuno; senza cercare per se stesso alcun vantaggio neppure dalle azioni dei buoni, ma avendo di mira il vantaggio dei buoni procurato anche con il castigo dei cattivi, Perché dunque non avrebbe dovuto permettere che l'uomo fosse tentato perché con quella tentazione si rivelasse, fosse convinto di peccato e punito quando il superbo desiderio d'essere padrone di se stesso avesse partorito ciò ch'esso aveva concepito 20 e sarebbe rimasto pieno di vergogna a causa del peccato commesso e con il suo giusto castigo avrebbe distolto dal peccato di superbia e disubbidienza gli uomini avvenire per i quali era stato stabilito che quei fatti dovevano essere messi in iscritto e fatti conoscere.

Perché il demonio tentò per mezzo del serpente.

12. 16. Se poi si chiede perché Dio permise al diavolo di tentare [l'uomo] mediante il serpente a preferenza [di altri animali], chi non vede che quel fatto avvenne precisamente per indicare qualcosa d'importante, come ricorda la Scrittura, la quale ha un'autorità così grande che, nel suo parlare ispirato da Dio, si basa su tanti argomenti divini quante sono le profezie adempiute e di cui il mondo è ormai ripieno? Non che il diavolo volesse simbolizzare qualcosa per la nostra intenzione, ma siccome non avrebbe potuto avvicinarsi all'uomo per tentarlo se non ne avesse avuto il permesso, avrebbe forse potuto farlo con un mezzo diverso da quello con cui gli era permesso di accostarglisi? Per conseguenza qualunque cosa, di cui

era simbolo il serpente, dev'essere attribuita alla divina Provvidenza, in dipendenza della quale anche il diavolo ha sì il perverso desiderio di nuocere ma, quanto al potere di effettuarlo, ha solo quello concessogli [da Dio] per far cadere o mandare in rovina i vasi di collera o per umiliare o anche mettere alla prova i vasi di misericordia. Noi sappiamo donde deriva la natura del serpente: la terra, alla parola del Signore, produsse tutti gli animali e le bestie e i serpenti. Tutte queste creature, dotate di un'anima vivente ma irrazionale, per una legge di gerarchia voluta da Dio, sono sottomesse a tutte le creature razionali, buona o cattiva che sia la loro volontà 21. Che c'è dunque di strano se Dio permise al demonio di compiere un'zione per mezzo del serpente, dal momento che Cristo stesso permise ai demoni d'entrare nei porci 22?

La natura del demonio è buona perché creata da Dio.

13. 17. D'ordinario si discute piuttosto con maggior sottigliezza della natura del demonio. Alcuni eretici infatti, urtati dal fatto che la sua volontà è malvagia, si sforzano di presentarlo assolutamente estraneo alla creazione del sommo e vero Dio e attribuirgli un altro principio che, secondo essi, sarebbe contrario a Dio. Essi non riescono a capire che tutto ciò che esiste, in quanto è una sostanza, non solo è un bene ma non potrebbe avere l'esistenza se non dal vero Dio da cui deriva ogni bene; che al contrario, quando si preferiscono i beni inferiori a quelli superiori, ciò avviene per un impulso disordinato della cattiva volontà; così avvenne che lo spirito della creatura razionale, compiacendosi del proprio potere, a causa della sua eccellenza si gonfiò di superbia e perciò cadde dalla felicità del paradiso spirituale struggendosi di gelosia. Tuttavia nel caso di questo spirito è un bene il fatto stesso di vivere e vivificare un corpo, si tratti d'un corpo materiato d'aria, come quello che vivifica lo spirito dello stesso diavolo o dei demoni, sia che si tratti d'un corpo terrestre come quello vivificato dall'anima di qualunque uomo anche se malvagio e perverso. Per conseguenza costoro, negando che un essere fatto da Dio pecchi di propria volontà, affermano che la

sostanza di Dio stesso è stata corrotta e pervertita dapprima per necessità e in seguito irreparabilmente di propria volontà. Ma di questo dissennatissimo errore abbiamo già parlato a lungo in altre occasioni.

La superbia, causa della caduta degli angeli.

14. 18. Nella presente opera, al contrario, noi dobbiamo indagare che cosa bisogna dire a proposito del diavolo attenendoci alla sacra Scrittura. In primo luogo dobbiamo indagare se proprio all'origine del mondo il diavolo, poiché s'era compiaciuto del proprio potere, si separò da quella comunità e carità in virtù della quale sono beati gli angeli che godono di Dio, o se rimase per qualche tempo nella santa comunità degli angeli anche lui ugualmente giusto ed ugualmente beato. Alcuni infatti affermano ch'egli fu precipitato dalla dimore celeste perché aveva avuto invidia dell'uomo fatto ad immagine di Dio. L'invidia infatti è una conseguenza della superbia, non la precede, perché causa della superbia non è l'invidia, ma causa dell'invidia è la superbia. Poiché dunque la superbia è l'amore della propria eccellenza, l'invidia invece è l'odio della felicità altrui, è evidente quale dei due vizi ha origine dall'altro. Chiunque infatti ama la propria eccellenza invidia i propri pari perché sono uguali a lui e invidia quelli che gli sono inferiori perché non arrivino allo stesso livello o quelli che gli sono superiori per il fatto di non essere uguale a loro. È quindi a causa della superbia che si è invidiosi, non a causa dell'invidia che si è superbi.

La superbia e l'amor proprio fonti d'ogni male.

15. 19. A ragione la Scrittura definisce la superbia principio del peccato, dicendo: Principio di ogni peccato è la superbia 23. Con questo testo concorda pienamente anche ciò che dice l'Apostolo: L'avarizia è la radice di tutti i mali 24, se per "avarizia" intendiamo in senso generico la "brama" di chi desidera qualcosa che oltrepassa ciò che è necessario a motivo della propria eccellenza e di

un certo amore per il proprio interesse personale, amore al quale la lingua latina ha dato saggiamente la qualifica di privatus, cioè di "amore egoistico", aggettivo usato evidentemente per indicare più una perdita anziché un guadagno; ogni privazione infatti comporta una perdita. Per questo fatto dunque la superba brama di elevarsi viene precipitata nel bisogno e nella miseria poiché, a causa del funesto amore di sé, dalla ricerca del bene comune si restringe al proprio bene individuale. L'avarizia però, nel senso specifico del termine, è il vizio che più comunemente si chiama "brama del denaro". Ma l'Apostolo, indicando con il termine specifico il senso generico, con la frase: L'avarizia è la radice di tutti i mali voleva far intendere ogni specie di avidità. Fu infatti a causa di questo vizio che cadde il demonio il quale non aveva certamente la brama del denaro, ma quella del proprio potere. È per questo che l'amore perverso di se stessi priva della comunione degli angeli santi lo spirito gonfio di superbia e questo rimane oppresso dal suo misero stato mentre desidera appagare le sue brame compiendo l'iniquità. Ecco perché, dopo aver detto in un altro passo: Ci saranno uomini amanti di se stessi, l'Apostolo soggiunge immediatamente: amanti del denaro 25, scendendo dal concetto generico di avidità, la cui sorgente è la superbia, a questo senso specifico che si riferisce propriamente agli uomini. Anche gli uomini, infatti, non sarebbero avidi di denaro, se non si reputassero tanto superiori quanto più sono ricchi. A questo perverso amore si oppone la carità che non cerca il proprio interesse 26, cioè non si compiace della propria eccellenza; a ragione perciò non si gonfia d'orgoglio 27.

I due amori e le due città.

15. 20. Di questi due amori l'uno è puro, l'altro impuro; l'uno sociale, l'altro privato; l'uno sollecito nel servire al bene comune in vista della città celeste, l'altro pronto a subordinare anche il bene comune al proprio potere in vista di una dominazione arrogante; l'uno è sottomesso a Dio, l'altro è nemico di Dio; tranquillo l'uno, turbolento l'altro; pacifico l'uno, l'altro litigioso; amichevole l'uno, l'altro

invidioso; l'uno che vuole per il prossimo ciò che vuole per sé, l'altro che vuole sottomettere il prossimo a se stesso; l'uno che governa il prossimo per l'utilità del prossimo, l'altro per il proprio interesse. Questi due amori si manifestarono dapprima tra gli angeli: l'uno nei buoni, l'altro nei cattivi, e segnarono la distinzione tra le due città fondate nel genere umano sotto l'ammirabile ed ineffabile provvidenza di Dio, che governa ed ordina tutto ciò che è creato da lui: e cioè la città dei giusti l'una, la città dei cattivi l'altra. Inoltre, mentre queste due città sono mescolate in un certo senso nel tempo, si svolge la vita presente finché non saranno separate nell'ultimo giudizio: l'una per raggiungere la vita eterna in compagnia con gli angeli buoni sotto il proprio re, l'altra per essere mandata nel fuoco eterno con il suo re in compagnia degli angeli cattivi. Di queste due città parleremo più a lungo forse in un'altra opera, se il Signore vorrà.

Quando avvenne la caduta del demonio.

16. 21. Quando fu dunque che la superbia fece cadere il diavolo pervertendo la sua natura buona a causa della sua volontà cattiva? La Scrittura non lo dice, tuttavia la ragione dimostra chiaramente che la sua caduta avvenne prima della creazione dell'uomo e che la sua superbia fece nascere in lui l'invidia verso l'uomo. Per chiunque rifletta su questo argomento è infatti evidente che la superbia non nasce dall'invidia ma è piuttosto l'invidia che nasce dalla superbia. Si può anche supporre non senza fondamento che il diavolo cadde a causa della superbia all'origine del tempo e che prima non ci fu alcun tempo in cui visse tranquillo e felice con gli angeli santi ma che si allontanò dal suo Creatore fin dall'inizio della sua creazione. Lo dice il Signore: *Egli era omicida fin dal principio e non è stato mai aderente alla verità* 28; le due affermazioni di questa frase dobbiamo intenderle nel senso che non solo il demonio era omicida fin dal principio ma anche che non perseverò nella verità fin dal principio. Egli infatti fu omicida fin dall'inizio in cui l'uomo poté essere ucciso; ma l'uomo non poteva essere ucciso prima ch'esistesse chi potesse

essere ucciso. Il diavolo fu dunque omicida fin dal principio poiché uccise il primo uomo, prima del quale non esisteva alcun altro uomo. Egli inoltre non perseverò nella verità e, anche in questo caso, dal primo istante della sua creazione, mentre avrebbe potuto perseverarvi, se l'avesse voluto.

Era felice il demonio prima di peccare?

17. 22. Come si può pensare, infatti, che il demonio abbia vissuto una vita felice tra gli angeli beati? Poiché, se non aveva la prescienza del peccato che avrebbe commesso e del conseguente castigo, cioè della sua apostasia da Dio e del fuoco eterno, è giusto chiedersi perché non avesse quella prescienza. Gli angeli santi infatti non sono incerti della loro vita e felicità eterna. Poiché come potrebbero essere felici, se fossero incerti? Diremo forse che Dio non volle rivelare al diavolo, quand'era ancora un angelo buono, che cosa avrebbe fatto o che cosa avrebbe sofferto, mentre agli altri angeli avrebbe rivelato che sarebbero rimasti nella verità? Se la cosa sta così, il diavolo già [prima del peccato] non era in ugual misura felice, anzi non era nemmeno completamente felice, dal momento che coloro, i quali sono appieno felici, sono sicuri della loro felicità senza che la turbi alcun timore. Ma che male aveva fatto il diavolo per meritare d'esser discriminato tra tutti gli altri angeli sicché Dio non gli rivelasse nemmeno la condizione che gli sarebbe toccata? Forse che Dio castigò il diavolo prima che peccasse? È inammissibile! Dio infatti non condanna gl'innocenti. Oppure il demonio apparteneva forse a un'altra specie di angeli, ai quali Dio non concesse la prescienza del futuro, neppure di quello che riguardava loro stessi? Io però non vedo come potrebbero esser felici gli spiriti che non hanno la sicurezza della loro stessa felicità. Poiché alcuni hanno anche pensato che il diavolo non appartenesse alla specie degli angeli che per la loro sublime natura sono al di sopra dei cieli, ma a quella degli altri angeli che furono creati nel mondo un po' inferiori ai primi e destinati a funzioni particolari. Gli angeli di questa specie avrebbero forse potuto provare attrazione per un piacere illecito, ma se non

avessero voluto peccare, avrebbero potuto raffrenare quel piacere con il libero arbitrio come l'uomo, specialmente il primo uomo, che ancora non portava nelle membra il castigo del peccato, dal momento che la loro stessa attrattiva viene vinta con il timor di Dio dai santi uomini ubbidienti a Dio ed aiutati dalla sua grazia.

La felicità dell'uomo nel paradiso.

18. 23. Inoltre il presente quesito sulla felicità, se ciò si deve dire che uno già la possiede pur essendo incerto se essa perdurerà con lui o se un giorno finirà in uno stato di miseria, lo si può sollevare anche a proposito del primo uomo. Poiché, se prevedeva il peccato che avrebbe commesso e il castigo di Dio, come poteva esser felice? Egli perciò [in questa ipotesi] nel paradiso non era felice. Ma è pur vero ch'egli non aveva la prescienza del peccato che avrebbe commesso. Data dunque siffatta ignoranza, due sono i casi: o era incerto della sua felicità - e allora come poteva esser veramente felice? - o la sua certezza si fondava su di una falsa speranza, ed allora come non sarebbe stato stolto?

Quale felicità poteva godere l'uomo nel paradiso.

18. 24. Ciononostante il primo uomo aveva ancora un corpo naturale ma, se fosse vissuto nell'ubbidienza, avrebbe dovuto per giunta far parte della società degli angeli e il suo corpo esser cambiato da naturale in spirituale, possiamo farci un'idea di come la sua vita fosse felice in una certa misura, anche se non prevedeva il peccato che avrebbe commesso. Non avevano la prescienza del futuro nemmeno quelle persone a cui l'Apostolo diceva: Voi che siete spirituali, correggete quel tale con spirito di dolcezza; ma tu bada a te stesso, per non cadere anche tu in tentazione 29. Non è tuttavia né illogico né erroneo dire che quelle persone erano già felici per il fatto stesso ch'erano spirituali non quanto al corpo ma quanto alla giustizia della loro fede, allegre nella speranza, forti nella tribolazione 30. Con quanta maggior ragione e in quanta più ampia

misura era perciò felice l'uomo nel paradiso prima del peccato, quantunque incerto della sua futura caduta, in quanto per la speranza della ricompensa che avrebbe avuto, cioè la trasformazione del proprio corpo, era pieno di tanta gioia che non c'era alcuna sofferenza a sopportare la quale dovesse esercitarsi la pazienza. Sebbene egli non fosse sicuro, in base a una vana presunzione, d'una realtà incerta come uno stolto, ma restando fedele in virtù della speranza, prima di ottenere la vita in cui sarebbe stato del tutto sicuro della sua stessa vita eterna, avrebbe potuto rallegrarsi, come dice la Scrittura, con tremore 31, e con questa gioia godere nel paradiso di una felicità molto maggiore di quella che hanno i fedeli servi di Dio quaggiù sulla terra, anche se, in qualche misura, minore di quella degli angeli santi che vivono al di sopra dei cieli nella vita eterna, ma nondimeno reale.

Condizione degli angeli prima di peccare.

19. 25. D'altra parte dire che alcuni angeli potrebbero esser felici a modo loro pur essendo incerti del loro peccato e castigo futuro o almeno della loro eterna salvezza senza esser sorretti neppure dalla speranza che anch'essi, con una trasformazione in meglio, giungerebbero alla certezza della loro sorte futura, è una pretesa difficilmente tollerabile, salvo che si dica per caso anche che questi angeli, assegnati a compiere certe funzioni in questo mondo agli ordini degli altri angeli più eminenti e più felici, sono stati creati in modo da ricevere, in cambio della fedele esecuzione dei loro compiti, la felicità più alta di cui potrebbero avere assoluta certezza e così, godendo per tale speranza, non sarebbe illogico dire che essi sono già felici fin d'ora. Se apparteneva a siffatta categoria di angeli il diavolo e cadde in peccato con i suoi compagni, la sua sorte è simile a quella degli uomini che si allontanano dalla giustizia della fede, peccando anch'essi a causa d'una simile superbia o ingannando se stessi o acconsentendo agli inganni del diavolo.

Si può pensare che l'angelo cadde all'inizio della creazione.

19. 26. Coloro che ne son capaci sostengano pure, dunque, questa teoria di due categorie d'angeli buoni: l'una degli angeli viventi al di sopra dei cieli, dei quali non fece mai parte l'angelo che cadde e divenne il diavolo, l'altra degli angeli che vivono in questo nostro mondo, al numero dei quali apparteneva il diavolo. Quanto a me, confesso di non trovare, per il momento, come intendere questa distinzione [in due categorie] sulla base delle Scritture. Trovandomi tuttavia incalzato dal quesito se il demonio prevedesse la propria caduta prima che questa avvenisse, per paura di affermare che gli angeli sono o furono un tempo incerti della loro felicità, ho detto che non senza ragione si può pensare che il diavolo cadde all'inizio della creazione, cioè all'inizio del tempo o della propria creazione e che non è mai rimasto nella verità 32.

Fu forse il diavolo creato cattivo fin dall'origine?

20. 27. Per questo motivo alcuni scrittori pensano che il diavolo non si volse verso il male con il libero arbitrio della sua volontà ma fu creato addirittura nel male, sebbene fosse stato creato dal Signore, sommo e vero Dio, creatore di tutti gli esseri. Per la loro opinione adducono come prova un passo del libro di Giobbe ove, parlando del demonio, sta scritto: *Questa è la prima delle opere formate dal Signore, che egli fece perché fosse beffato dagli angeli* 33; con questa frase concorda il seguente versetto del Salmo: *Questo è il dragone che tu hai fatto per farti beffe di lui* 34, eccetto che qui il testo dice: *che tu hai fatto*, diversamente dall'altro testo che dice: *la prima delle opere formate dal Signore*, come se Dio fin dall'inizio l'avesse fatto così, cioè malvagio, invidioso, seduttore, completamente diavolo, non depravato dalla sua volontà ma creato così.

Si confuta la precedente ipotesi.

21. 28. Certi scrittori si sforzano di dimostrare che questa opinione -

secondo la quale il diavolo non si corruppe a causa della propria volontà ma fu creato assai cattivo dallo stesso Signore Iddio - non è contraria all'affermazione della Scrittura che dice: Dio creò tutte le cose ed ecco, esse erano assai buone 35. Essi affermano anche - e non si tratta di persone prive di spirito o ignoranti - che non solo all'inizio della creazione, ma ancora adesso, benché tante volontà siano corrotte, nondimeno l'insieme di tutti gli esseri creati, cioè tutta la creazione nel suo insieme, è molto buona. Essi però non dicono che nella creazione i malvagi siano buoni ma che con la loro malizia non riescono a deturpare e turbare in alcuna parte la bellezza e l'ordine dell'universo sottomesso al dominio, al potere e alla sapienza di Dio che lo governa; e ciò avviene poiché alla volontà di siffatti individui anche malvagi sono segnati limiti determinati e adeguati ai loro poteri, e c'è una bilancia dei meriti e dei demeriti; in tal modo, anche con essi inseriti nell'ordine e nel posto loro appropriato e giusto, risulta bello l'universo. È tuttavia una verità assai chiara, come possono vedere tutti, quanto è contrario alla giustizia che Dio, senza alcuna colpa precedente, condanni in una creatura ciò che in essa fu creato da lui stesso. È infatti anche certo ed evidente che il demonio e i suoi angeli sono stati condannati, come risulta dal Vangelo in cui il Signore predisse che a coloro, i quali si trovano alla sinistra, avrebbe detto: Andate nel fuoco eterno preparato per il diavolo e i suoi angeli 36. Non si deve perciò credere affatto, a proposito del diavolo, che sia la natura creata da Dio a dover essere punita col fuoco eterno ma la sua cattiva volontà personale.

Perché Dio creò il demonio e crea i malvagi.

22. 29. Non dobbiamo nemmeno pensare ch'è la natura del demonio a essere denotata nella frase: Questa è la prima opera formata dal Signore, che egli fece perché fosse schernita dai suoi angeli 37, essa invece denota il corpo formato d'aria che Dio adattò convenientemente alla volontà malvagia di quello spirito, oppure la giusta disposizione per cui Dio fece sì che il diavolo fosse utile ai buoni anche contro la sua volontà, oppure il fatto che Dio, pur

prevedendo che quello spirito sarebbe divenuto cattivo per un atto della propria volontà, nondimeno lo creò senza impedire alla sua bontà di dar la vita e la natura anche ad una volontà che sarebbe divenuta colpevole, prevedendo nello stesso tempo quanto grandi beni avrebbe ricavato dal demonio mediante la sua mirabile bontà e potenza. Il demonio inoltre la Scrittura lo chiama la prima opera formata dal Signore, che egli fece perché fosse schernita dai suoi angeli, non perché lo abbia creato per primo o lo abbia creato malvagio fin dall'origine ma perché, sapendo che il demonio sarebbe diventato malvagio di propria volontà per far del male ai buoni, lo creò proprio per servirsi di lui a vantaggio dei buoni. Questo è il significato delle parole: perché fosse schernito dai suoi angeli, poiché il diavolo viene beffeggiato quando le sue tentazioni, con cui si sforza di corrompere i fedeli servi di Dio, tornano a vantaggio di questi e così la malizia, in cui cadde per sua volontà, diventa utile suo malgrado ai servi di Dio, il quale previde ciò quando lo creò. Ecco perché il diavolo è la prima opera [di Dio] che dev'essere schernita, poiché anche i malvagi sono strumenti dello stesso diavolo e formano [con lui] una specie di corpo, di cui è capo il diavolo. Iddio però, sebbene prevedesse che sarebbero divenuti malvagi, tuttavia li creò per il bene dei suoi servi fedeli; essi vengono beffeggiati come il diavolo quando, nonostante la loro volontà di recar danno, mediante il confronto con loro si offre ai servi di Dio [motivo di] cautela e religiosa umiltà nella sottomissione a Dio, l'intelligenza della grazia, l'occasione di esercitarsi a sopportare i malvagi e mette alla prova l'amore per i nemici. Il diavolo dunque è la prima creatura che viene schernita in questo modo perché precede questi altri malvagi non solo per l'anteriorità nel tempo, ma anche per la superiorità nella malizia. Lo scherno del demonio poi Dio lo effettua mediante gli angeli santi grazie all'azione della provvidenza, con cui governa le creature create, sottomettendo gli angeli cattivi agli angeli buoni, affinché la malizia dei cattivi eserciti il suo potere non nella misura dei suoi sforzi ma nella misura loro permessa. Quanto è detto dell'iniquità degli angeli cattivi vale anche per quella degli uomini malvagi fino a quando anche la nostra giustizia, con cui si vive mediante la fede 38- la fede esercitata ora tra gli uomini con la pazienza - sarà cambiata in giudizio, affinché anche gli uomini possano giudicare non solo le dodici tribù d'Israele, ma anche gli angeli.

Per la superbia il diavolo decadde dalla felicità che avrebbe goduta.

23. 30. Se dunque si ammette che il diavolo non è mai restato nella verità 39, che non condusse mai una vita felice con gli angeli [santi], che cadde fin dal primo istante della propria creazione, ciò non deve intendersi nel senso che si possa pensare che egli non diventò perverso a causa della propria volontà ma che fosse creato malvagio da Dio che è buono. Nel caso contrario non si potrebbe dire che cadde fin dalla sua origine; egli infatti non poteva "cadere" se fosse stato creato cattivo; egli invece si allontanò dalla luce della verità subito dopo essere stato creato, poiché era gonfio di superbia e corrotto, avendo provato compiacimento del proprio potere. Ecco perché non poté godere la dolcezza della vita beata e angelica, non perché non l'avesse ricevuta e poi l'avesse disdegnata, ma perché se ne allontanò e la perse rifiutando di riceverla. Per questo motivo non poté avere nemmeno la previsione della propria caduta, poiché la sapienza è frutto del timore di Dio. Il diavolo invece, essendo empio fin dall'origine e per conseguenza accecato nello spirito, cadde non dalla condizione ricevuta, ma da quella che avrebbe ricevuta; non poté comunque sfuggire neppure al potere di Colui al quale non volle assoggettarsi e così il peso del suo peccato ha avuto nei suoi riguardi l'effetto di non poter né godere la luce della giustizia, né salvarsi dal giudizio di Dio.

Gli empi, gli apostati di Cristo e della Chiesa sono "corpo" del diavolo.

24. 31. La Scrittura dunque, per mezzo del profeta Isaia dice: Come mai è caduto dal cielo Lucifero, che sorge al mattino? È stato

abbattuto a terra colui che mandava ambasciate a tutte le nazioni. Eppure tu dicevi in cuor tuo: "Salirò in cielo, porrò il mio trono sopra le stelle del cielo, sederò su di un monte eccelso, al di sopra dei monti più alti del nord, salirò sulle nubi, sarò simile all'Altissimo!". Ora invece scenderai agli inferi 40, ecc. Queste parole vengono interpretate come riferite al diavolo simboleggiato nel re di Babilonia. La maggior parte delle cose suddette si riferiscono però al "corpo" del diavolo, a coloro cioè che egli recluta anche dal genere umano, e specialmente a coloro che a lui si uniscono mediante la superbia, ripudiando i comandamenti di Dio. Infatti come nel Vangelo è chiamato "uomo" colui che era il diavolo: Un uomo nemico ha fatto ciò 41, così uno che era uomo è chiamato "diavolo" in quest'altro passo del Vangelo: Non sono stato forse io ad eleggere voi, i dodici? Eppure uno di voi è un diavolo 42. Inoltre il corpo di Cristo, che è la Chiesa, è chiamato Cristo - come quando S. Paolo dice: Voi siete discendenti di Abramo 43, mentre poco prima aveva detto: Le promesse furono fatte ad Abramo e al suo discendente. [La Scrittura] non dice: e ai discendenti, come se si trattasse di molti, ma: al tuo discendente, come a uno solo, cioè Cristo 44; e ancora: Come il corpo è uno solo, eppure ha molte membra, e tutte le membra del corpo, pur essendo molte, sono un corpo solo, così anche Cristo 45. Allo stesso modo anche il corpo del diavolo è chiamato "il diavolo", poiché il diavolo è il capo di esso, cioè della moltitudine degli empi, soprattutto di coloro che - per così dire - cadono dal cielo separandosi da Cristo e dalla Chiesa. A proposito di questo corpo vengono affermate, sotto forma di simbolo, molte cose che convengono non tanto al capo quanto al corpo e alle sue membra. Lucifero, che spuntava al mattino e cadde, può quindi indicare la genìa degli apostati separati da Cristo o dalla Chiesa; codesti individui si cambiano in tenebre avendo perduta la luce che portavano in loro, allo stesso modo che coloro, i quali si convertono a Dio, passano dalle tenebre alla luce; in altre parole, coloro che erano tenebre, diventano luce.

Sono corpo del diavolo anche gli eretici.

25. 32. S'intendono riferite parimenti al diavolo, simboleggiato nel principe di Tiro, le seguenti parole del profeta Ezechiele: Tu sei sigillo di somiglianza e corona di gloria; tu vivevi nelle delizie del paradiso di Dio. Tu eri ornato d'ogni specie di pietre preziose 46, ecc.; queste espressioni, come le altre che seguono, si riferiscono non tanto allo spirito che è il principe del male, quanto al suo corpo. Ora, la Chiesa è chiamata "Paradiso", come si legge nel Cantico dei cantici: Giardino chiuso, fonte sigillata, pozzo d'acque vive, paradiso pieno di alberi fruttiferi 47. Da questo paradiso si sono staccati tutti gli eretici separandosene o in modo visibile e materiale o con una separazione occulta e spirituale, benché sembri che rimangano uniti con il corpo della Chiesa; tutti coloro che [si sono separati] sono tornati al loro vomito, sebbene dopo che erano stati rimessi loro tutti i peccati, avessero camminato per un po' di tempo sulla via della giustizia. La loro condizione finale è divenuta peggiore della prima, e sarebbe stato meglio per loro non conoscere la via della giustizia piuttosto che, una volta conosciutala, voltar le spalle al santo comandamento ch'era stato loro consegnato 48. Questa genìa perversa è denotata dal Signore allorché dice che lo spirito maligno, dopo essere uscito da un uomo, torna con altri sette spiriti e s'installa in quella casa, ch'egli ha trovato già spazzata, e così la condizione finale di quell'uomo è peggiore della prima 49. A questa genìa d'individui, divenuti ormai corpo del diavolo, possono applicarsi le parole: Dal giorno che tu sei stato creato con i Cherubini - cioè con il trono di Dio, che tradotto significa: "pienezza di scienza" - e: Egli ti pose sul monte santo di Dio 50 - cioè nella Chiesa, e quindi nei Salmi si dice: Egli mi ascoltò dal suo monte santo, tu eri in mezzo a pietre scintillanti 51 - cioè tra i santi dallo spirito fervente, pietre viventi, ti sei comportato senza commettere peccati nei tuoi giorni dal dì che fosti creato, finché in te non furono trovati i tuoi peccati 52. Queste parole potrebbero essere esaminate più accuratamente e così potrebbe forse mostrarsi che non solo possono avere questo senso ma che non possono averne assolutamente alcun

altro.

Conclusione: quattro ipotesi sulla caduta degli angeli.

26. 33. Ma la discussione sarebbe troppo lunga e la questione esigerebbe un altro trattato riservato a questo argomento; per adesso quindi ci basti questo compendio della seguente [quadruplice] alternativa: 1) o il diavolo, fin dal primo istante della sua creazione, per la sua empia superbia, cadde dalla felicità che avrebbe avuta, se lo avesse voluto; 2) o ci sono altri angeli, destinati a funzioni più umili in questo mondo, con i quali era vissuto godendo una certa loro felicità senza avere la prescienza del futuro e dalla compagnia dei quali, per la sua empia superbia, cadde come una specie di arcangelo con gli angeli sottomessi al suo comando - quand'anche fosse in qualche modo possibile addurre quest'ipotesi, ma sarebbe strano che fosse possibile --; 3) o almeno bisognerebbe cercare una ragione che spiegasse come tutti gli angeli santi, nell'ipotesi che il diavolo con i suoi angeli fosse vissuto con loro ugualmente felice per un certo tempo, non avevano ancora nemmeno essi una prescienza sicura della propria felicità perpetua ma la ricevettero solo dopo la caduta del diavolo; 4) o bisognerebbe [infine] cercare per qual demerito il diavolo insieme con i suoi compagni fu separato dagli altri angeli prima del suo peccato, sicché fosse ignaro della sua futura caduta, mentre gli altri angeli erano sicuri della loro perseveranza. Noi tuttavia non dovremmo avere il minimo dubbio non solo che gli angeli peccatori sono stati precipitati in una specie di prigione nell'atmosfera caliginosa che avvolge la terra e vi son detenuti per esser puniti nel giudizio [finale], come assicura l'apostolo [Pietro] 53, ma dobbiamo credere pure che nella beatitudine celeste degli angeli santi non è incerta la loro vita eterna, e questa non sarà incerta neppure per noi, conforme alla misericordia, alla grazia e alla promessa assolutamente fedele di Dio, quando saremo uniti a loro dopo la risurrezione e la trasformazione del nostro corpo terreno. Noi viviamo in virtù di questa speranza e ci sentiamo confortati dalla grazia della sua promessa. Ci sono poi altri

quesiti riguardanti il diavolo e cioè: perché Dio lo ha creato pur prevedendo che si sarebbe pervertito; perché Dio, pur essendo onnipotente, non volge la sua volontà verso il bene. Per questi quesiti sarà bene attenersi a quanto abbiamo detto allorché abbiamo trattato gli stessi problemi a proposito degli uomini peccatori per vedere che cosa può essere inteso o creduto, oppure se si trova - se è possibile - una soluzione migliore.

Come il diavolo tentò l'uomo con il serpente e con la donna.

27. 34. Dio, dunque, il cui sovrano potere trascende tutto ciò ch'egli ha creato e che si serve degli angeli santi per far sì che il diavolo rimanga scornato - poiché dalla sua malizia trae vantaggio la Chiesa di Dio - non permise al diavolo di tentare la donna se non per mezzo del serpente, e l'uomo se non mediante la donna. Ma nel caso del serpente fu il demonio a parlare servendosi di quello come di uno strumento eccitando la sua natura come egli poteva eccitarla e come quella poteva essere eccitata per produrre i suoni delle parole e i segni sensibili attraverso i quali la donna comprendesse la volontà del tentatore. Al contrario nel caso della donna, che era una creatura razionale capace di articolare parole per un suo impulso personale, non fu il diavolo a parlare ma fu la donna che pronunciò le parole con cui persuase [l'uomo] sebbene fosse il diavolo a incoraggiarla interiormente con la sua istigazione occulta, come aveva agito esteriormente per mezzo del serpente. Per la verità, se il diavolo avesse agito solo con l'istigazione occulta, come spinse Giuda a consegnare Cristo 54, la sua azione avrebbe potuto ottenere il suo effetto in un'anima spinta [in tentazione] dalla passione dell'orgoglio per il proprio potere. Il diavolo però - come ho già detto - ha la volontà di tentare [l'uomo] ma non è in suo potere né il fare né il modo di fare ciò. Egli dunque tentò perché gli era stato permesso ed effettuò la tentazione nel modo che gli era stato permesso; non sapeva però che la sua azione sarebbe stata utile a una categoria di persone né voleva questo risultato e per ciò stesso veniva schernito dagli angeli.

Come il serpente poté conversare con la donna.

28. 35. Il serpente perciò non capiva le parole rivolte alla donna che erano proferite per suo mezzo, perché non si deve credere che l'anima del serpente fosse trasformata in una natura razionale, dal momento che neppure gli esseri umani, la cui natura è razionale, sanno ciò che dicono quando il demonio parla in loro nello stato d'ossessione che richiede l'intervento dell'esorcista. Tanto meno si può credere che il serpente avrebbe potuto capire le parole che il diavolo pronunciava per mezzo di esso e dalla sua bocca, dato che non avrebbe compreso le parole che avesse udito pronunciare da un essere umano non invasato dall'ossessione diabolica. Si crede anche che i serpenti odano e comprendano le parole dei Marsi e che sotto l'effetto dei loro incantesimi siano soliti balzar fuori dai loro nascondigli. Anche in questo caso però agisce un potere diabolico per farci conoscere quali esseri la Provvidenza sottomette in ogni luogo ad altri esseri secondo un ordine naturale, e che cosa, con il suo potere sapientissimo, permette perfino a volontà cattive; così avviene che i serpenti siano abituati a essere stimolati dagli incantesimi degli uomini più di alcun altra specie di animali. Anche questa è una prova non piccola che la natura umana fu sedotta alla sua origine dal colloquio del serpente con la donna. I demoni infatti si compiacciono del potere ad essi dato di stimolare i serpenti mediante incantesimi umani per ingannare comunque quanti possono. Questo potere è stato dato loro per mostrare una certa affinità che essi hanno con questa specie di animali e richiamare così alla mente ciò che avvenne all'origine [del genere umano]; questo fatto fu permesso affinché i caratteri tipici di ogni tentazione diabolica, simboleggiata nella natura del serpente, fossero fatti conoscere al genere umano, per istruire il quale essi dovevano essere scritti. Ciò apparirà chiaro quando Dio pronuncerà la sua sentenza contro il serpente.

In che senso il diavolo è chiamato "il più prudente", cioè "astuto".

29. 36. La Scrittura perciò chiama il serpente il più avveduto, cioè il più astuto di tutti gli animali 55, a motivo dell'astuzia del diavolo che in esso e per mezzo di esso compiva l'inganno; così diciamo anche noi che una lingua è accorta o astuta quando è mossa da un individuo per convincere un altro in modo accorto ed astuto a far qualcosa. In realtà questo potere o facoltà non appartiene al membro corporeo chiamato lingua ma di certo allo spirito che se ne serve. Allo stesso modo chiamiamo bugiarda la penna di certi scrittori mentre la facoltà di mentire è propria solo d'un essere vivente e pensante. La penna infatti vien chiamata bugiarda per il fatto che l'adopera un bugiardo per dire bugie, come se chiamassimo bugiardo il serpente poiché il diavolo se ne servì come uno scrittore si serve della sua penna per ingannare.

Il serpente poté parlare alla donna per un prodigio del demonio.

29. 37. Ho creduto bene di sottolineare questo particolare, perché nessuno immagini che gli animali privi di ragione abbiano un'intelligenza umana o che tutto a un tratto siano trasformati in animali dotati di ragione. Non vorrei che alcuno cadesse nella ridicola e funesta opinione della trasmigrazione delle anime dagli uomini nelle bestie o di quelle delle bestie negli uomini. Il serpente parlò dunque alla donna come l'asina, su cui cavalcava Balaam, parlò a un uomo 56, con la sola differenza che nel primo caso era opera del diavolo mentre nel secondo era opera di un angelo. Gli angeli buoni e quelli cattivi compiono alle volte azioni simili, come le compirono Mosè e i maghi del Faraone 57. Tuttavia anche nel compiere questi prodigi gli angeli buoni sono più potenti mentre gli angeli cattivi non possono compierne alcuno se non è loro permesso da Dio per tramite degli angeli buoni, affinché ciascuno venga ripagato conforme alle disposizioni del proprio cuore o conforme alla grazia concessa da Dio; in ambedue i casi egli agisce con

giustizia e bontà secondo la profondità che è nella ricchezza della sapienza e scienza di Dio 58.

Il dialogo tra il serpente e la donna.

30. 38. Il serpente dunque disse alla donna: "È vero che Dio ha detto: "Non dovete mangiare d'alcun albero del paradiso""? La donna rispose al serpente: "Del frutto degli alberi che sono nel paradiso noi possiamo mangiare, ma quanto al frutto dell'albero che sta al centro del paradiso Dio ha detto: "Non dovete mangiare e non dovete toccarlo, per evitare di morire"" 59. Il primo a rivolgere la domanda fu quindi il serpente e poi la donna rispose in quel modo; sicché la sua trasgressione sarebbe stata inescusabile e in alcun modo si sarebbe potuto affermare che la donna si fosse dimenticata del precetto di Dio, quantunque anche la sola dimenticanza del precetto, specialmente di quell'unico precetto tanto importante, sarebbe stata una negligenza assai colpevole, meritevole di essere punita. Tuttavia la trasgressione del precetto è più evidente quando esso è ritenuto nella memoria e, disprezzando il precetto, vien disprezzato Dio che in certo senso risiede ed è presente in esso. Ecco perché, dopo aver detto: Per coloro che si ricordano dei suoi comandamenti, il Salmista crede necessario aggiungere: affinché li adempiano 60. Poiché molti li ritengono nella memoria ma per disprezzarli e così il loro peccato di trasgressione è tanto più grave in quanto non c'è alcuna scusa della loro dimenticanza.

Il serpente persuade con la menzogna le persone bramose del proprio potere.

30. 39. Rispose, quindi, il serpente alla donna: "Voi non morrete affatto. Dio anzi sapeva che il giorno in cui ne mangerete si apriranno i vostri occhi e sarete simili a dèi, conoscitori del bene e del male" 61. In qual modo queste parole avrebbero potuto persuadere la donna che l'azione proibita da Dio era buona e utile, se già nel suo spirito non ci fosse stato l'amore della propria autonomia

e una specie di superba presunzione di se stessa che sarebbe stata messa a nudo ed umiliata mediante la tentazione? Finalmente essa, non soddisfatta delle parole del serpente, si mise ad osservare l'albero e vide che l'albero era buono da mangiare e gradevole agli occhi 62; e poiché non credeva che mangiandone potesse morire, avrà pensato - a mio avviso - che Dio, dicendo: Se ne mangerete, morrete di certo 63, avesse parlato [solo] in senso figurato. Prese quindi un frutto dell'albero, ne mangiò e ne diede anche a suo marito che era con lei, offrendoglielo forse anche con alcune parole persuasive, che la Scrittura lascia a noi di capire pur senza riferirle. O forse non c'era più bisogno di persuadere suo marito, dal momento che egli vide che lei non era morta per aver mangiato il frutto?

In che senso si aprirono gli occhi dei progenitori.

31. 40. Essi, dunque, ne mangiarono. E si aprirono gli occhi ad entrambi 64. Si aprirono, per veder cosa, se non se stessi con reciproca concupiscenza in castigo del peccato nato dalla morte della carne? Per conseguenza il loro non era più un corpo soltanto naturale, capace di venir trasformato in uno stato più perfetto e spirituale senza dover morire, [come sarebbe avvenuto] qualora si fossero mantenuti obbedienti, ma era ormai un corpo destinato alla morte, in cui la legge delle membra era in contrasto con quella dello spirito 65. In realtà non erano stati creati con gli occhi chiusi né andavano girando nel paradiso di delizie come ciechi e a tentoni col pericolo di toccare l'albero vietato anche senza saperlo e coglierne i frutti proibiti senza saperlo. In qual modo, allora, furono condotti ad Adamo gli animali e gli uccelli per vedere come li avrebbe chiamati, se non li vedeva? E in qual modo la donna, quando fu fatta, venne condotta davanti al marito e questi disse: Ora essa è osso tratto dalle mie ossa e carne tratta dalla mia carne 66 ecc., se non la vedeva? In qual modo, infine, la donna vide che l'albero era buono da mangiare, piacevole a vedersi e affascinante a conoscersi, se i loro occhi erano chiusi?

"Aprire gli occhi" qui e nell'episodio di Emmaus significa "conoscere".

31. 41. Non dobbiamo, tuttavia, intendere in senso figurato un intero passo sulla base d'una sola frase metaforica. Altri vedrà in qual senso il serpente disse: Si apriranno i vostri occhi. Lo scrittore sacro racconta che il serpente disse così, ma lascia al lettore considerare in qual senso, proprio o simbolico, lo disse. Quanto invece alla frase riferita dalla Scrittura: E si aprirono i loro occhi e si accorsero d'esser nudi 67, è stata scritta come sono narrati tutti gli altri fatti realmente avvenuti e perciò non ci devono indurre a considerarli come un racconto allegorico. Poiché neppure l'Evangelista introduceva [nel suo racconto] parole dette da un'altra persona in senso figurato e nemmeno narrava, secondo il proprio arbitrio, fatti realmente accaduti quando, a proposito dei due discepoli [di Emmaus], di cui uno era Cleofa, dice che, dopo che il Signore ebbe spezzato il pane, si aprirono i loro occhi e lo riconobbero, mentre non lo avevano riconosciuto durante la via 68. Naturalmente l'Evangelista non vuol dire che camminavano ad occhi chiusi, ma solo che non avevano potuto riconoscerlo. Come dunque in quel passo del Vangelo, così neppure in questo passo [della Genesi] si tratta di un racconto in senso figurato, sebbene la Scrittura usi una frase metaforica parlando di "occhi aperti" - che erano aperti anche prima - per indicare che si aprirono allora nel senso che videro e compresero ciò a cui prima non avevano fatto attenzione. Quando infatti [i nostri progenitori] furono spinti da una temeraria curiosità a trasgredire il precetto, bramosi di sperimentare cose a loro nascoste e sapere qual conseguenza sarebbe derivata dal toccare il frutto proibito e provar piacere a infrangere i vincoli della proibizione con l'usare una funesta libertà credendo probabilmente che non ne sarebbe seguita la morte ch'essi avevano temuta. Dobbiamo infatti pensare che il frutto di quell'albero fosse d'una specie simile a quella dei frutti degli altri alberi ch'essi avevano sperimentato essere innocui. Essi perciò credettero piuttosto che Dio avrebbe potuto perdonare facilmente il loro peccato anziché sopportare con pazienza

di non conoscere di che specie fosse il frutto o perché Dio avesse proibito di mangiarne. Appena dunque trasgredirono il precetto, si trovarono completamente nudi interiormente, abbandonati dalla grazia che avevano offeso con una sfrontata arroganza e con orgoglioso amore per la propria indipendenza. Gettando allora uno sguardo sulle proprie membra essi provarono un movimento di concupiscenza ch'era loro ignoto.

La morte e la concupiscenza sopraggiunte dopo la trasgressione del precetto divino.

32. 42. Ai progenitori sopraggiunse la mortalità lo stesso giorno in cui compirono l'azione che Dio aveva proibita. Poiché essi persero la loro condizione privilegiata conservata anche grazie al nutrimento dell'albero della vita, che avrebbe potuto preservarli dalle malattie e dal processo d'invecchiamento. Nel loro corpo infatti - sebbene fosse ancora un corpo naturale ma destinato a trasformarsi in seguito in uno stato più perfetto - tuttavia nell'alimento dell'albero della vita veniva già simboleggiato il mistero che si attua negli angeli grazie al nutrimento spirituale fornito dalla Sapienza. L'albero della vita era infatti il simbolo di quel nutrimento che nutre gli angeli e mediante la loro partecipazione all'eternità li preserva dalla corruzione. Una volta dunque che [i nostri progenitori] ebbero perduta questa condizione, il loro corpo assunse la proprietà d'essere esposto alle malattie e destinato alla morte, che è insita anche nel corpo degli animali e per questo furono soggetti allo stesso movimento a causa del quale c'è negli animali il desiderio d'accoppiarsi in modo che a coloro che muoiono succedano altri che nascono. Eppure anche nello stesso castigo l'anima razionale rivelò l'innata sua nobiltà quando si vergognò dell'impulso animale che provava nelle membra del suo corpo, e infuse in quell'impulso un senso di pudore, non solo perché in esso provava qualcosa [d'indecente] che non aveva provato mai prima d'allora, ma anche perché quell'impulso vergognoso proveniva dalla trasgressione del precetto. Fu allora che l'uomo capì di qual grazia era rivestito prima, quando, pur essendo nudo, non provava

alcun movimento indecente. Fu allora che si avverò [la parola del Salmista]: Nella tua bontà, Signore, avevi dato stabilità alla mia gloria; ma tu hai voltato da me il tuo volto e io sono rimasto turbato 69. Così, dunque, a causa di quel turbamento i nostri progenitori s'affrettarono a procurarsi foglie di fico che intrecciarono per farsene cinture e, poiché avevano lasciato [volontariamente] ciò che doveva costituire la loro gloria, coprirono ciò che doveva costituire la loro vergogna. Io non credo che, ricorrendo a quelle foglie, pensassero che fosse conveniente coprire con esse le loro membra che sentivano già il prurito della concupiscenza, ma nel loro stato di turbamento furono spinti a quell'atto da un impulso occulto, di modo che anche a loro insaputa esso fu un segno del loro castigo che, dopo essere stato provato, doveva convincerli del loro peccato, e, venendo narrato dalla Scrittura, avrebbe dato un insegnamento al lettore.

In che modo Dio parlava ai progenitori.

33. 43. E udirono la voce di Dio, il Signore, che passeggiava nel paradiso verso sera 70. Proprio a quell'ora infatti era opportuno che [i nostri progenitori], i quali si erano allontanati dalla luce della verità, fossero visitati [da Dio]. Iddio era forse solito in precedenza conversare con loro interiormente in modi esprimibili o piuttosto inesprimibili [con parole umane], come parla anche agli angeli illuminando le loro menti con la sua verità immutabile, in cui la loro intelligenza conosce simultaneamente tutto ciò che avviene non simultaneamente nel corso del tempo. Forse, dico, Dio parlava con loro allo stesso modo, sebbene non partecipassero della Sapienza divina nella stessa misura che la partecipano gli angeli, ma tuttavia nella misura consentita all'uomo e in proporzione, quanto si voglia minore ma sempre nella stessa maniera, Dio li visitava e conversava con loro. Forse Dio parlava con loro in un altro modo, come quello in cui Dio si serve delle creature o nell'estasi dello spirito con immagini corporali, o nei sensi corporei con qualche oggetto fatto presente per essere visto o far sentire la sua voce nella nube

mediante i suoi angeli. Allora però, quando [i nostri progenitori] udirono la voce di Dio che passeggiava nel paradiso all'imbrunire, si trattò di un'apparizione visibile effettuata mediante una creatura, poiché non dobbiamo credere che la sostanza invisibile e presente dappertutto nella sua totalità, qual è quella del Padre, del Figlio e dello Spirito Santo, apparisse ai loro sensi corporei movendosi nello spazio e nel tempo.

La vergogna dei progenitori.

33. 44. Adamo e sua moglie si nascosero allora dalla faccia di Dio, il Signore, in mezzo agli alberi del paradiso 71. Allorché Dio volge via il suo volto dall'intimo dell'uomo e questi rimane turbato, non dobbiamo stupirci che l'uomo compia delle azioni simili a quelle d'un pazzo a causa di una grande vergogna e paura. Adamo ed Eva, spinti anche da un occulto istinto, che non li lasciava in pace, compirono delle azioni di cui non comprendevano il significato ma che sarebbero state comprese dai loro discendenti per i quali sono stati narrati dalla Scrittura.

Dio interroga, cioè rimprovera Adamo.

34. 45. Dio, il Signore, chiamò poi Adamo e gli chiese: "Dove sei?" 72. Questa domanda è formulata da Colui che rimprovera, non da uno che ignora. Naturalmente riveste anche un significato particolare il fatto che, allo stesso modo che il precetto fu dato all'uomo perché per suo mezzo arrivasse alla donna, così l'uomo fu il primo ad essere interrogato; poiché il precetto emanato dal Signore arrivò alla donna per mezzo dell'uomo, il peccato al contrario derivò dal demonio e per mezzo della donna arrivò all'uomo. Questi fatti sono pieni di significati simbolici intesi non dalle persone in cui si compirono i fatti ma dall'onnipotente Sapienza di Dio che agiva per mezzo di esse. Ora però non si tratta di svelare quei significati ma di affermare la realtà dei fatti.

Si esamina la risposta di Adamo.

34. 46. Adamo allora rispose: Ho udito la tua voce nel paradiso e ho avuto paura, perché sono nudo, e mi sono nascosto 73. È assai probabile che Dio fosse solito apparire ai primi due esseri umani sotto forma umana mediante una creatura adatta a tale effetto. Egli tuttavia, elevando la loro attenzione alle cose celesti, non permise mai ad essi di accorgersi della loro nudità se non dopo che, in seguito al peccato, provarono nelle loro membra l'impulso di cui ebbero vergogna conforme alla legge delle membra che è castigo del peccato. Essi dunque, provarono il turbamento che di solito provano gli uomini sotto lo sguardo degli altri; la passione che li turbava, come castigo del peccato, li spingeva a desiderare di sfuggire allo sguardo di Colui al quale non può sfuggire nulla e di nascondere il loro corpo a Colui che scruta i cuori. Ma che c'è di strano se coloro i quali, per la loro superbia, desiderano essere come dèi, vaneggiarono nei loro ragionamenti e il loro cuore stolto si ottenebrò? Nella loro prosperità affermarono d'essere sapienti, ma quando Dio volse via da loro la sua faccia, essi diventarono stolti 74. Poiché, se avevano già vergogna di se stessi alla presenza l'uno dell'altro - e per questo s'erano procurati delle cinture - molto maggior paura sentivano, anche se coperti da esse, d'esser visti da Colui che, mosso da una specie di condiscendenza familiare, prendeva, al fine di vederli, l'aspetto d'una creatura visibile con occhi simili a quelli umani. Se infatti Dio appariva in quel modo affinché essi conversassero - per così dire - con lui come con un altro uomo, come fece Abramo presso la quercia di Mambre 75, dopo il peccato si sentivano oppressi di vergogna proprio a causa di quella specie d'amicizia, che dava loro confidenza prima del peccato. Essi inoltre non osavano più mostrare a quegli occhi la nudità che offendeva anche i loro stessi occhi.

La scusa di Adamo piena di superbia.

35. 47. Il Signore, dunque, volendo poi interrogare i colpevoli, come

si usa nei tribunali, prima d'irrogare loro un castigo più grave di quello per cui erano già costretti a vergognarsi, chiese: Chi t'ha fatto conoscere ch'eri nudo, se non il fatto d'aver mangiato dell'unico albero di cui ti avevo ordinato di non mangiare? 76 Ecco il peccato per cui la morte, concepita conforme alla sentenza di Dio che l'aveva comminata con questo castigo, indusse i progenitori a guardar le membra con la concupiscenza appena che - come dice la Scrittura - s'aprirono i loro occhi e ne seguì un sentimento di vergogna. E Adamo rispose: La donna che mi hai dato per compagna, mi ha dato un frutto dell'albero e io ne ho mangiato 77. Quale superbia! Disse forse: "Ho peccato"? Adamo ha la deformità della confusione, ma gli manca l'umiltà della confessione. Questi particolari sono riferiti dalla Scrittura perché le stesse interrogazioni furono fatte appunto per essere tramandate per iscritto fedelmente a nostro insegnamento, poiché se fossero state tramandate in modo menzognero, non ci sarebbero state d'insegnamento. Esse mirano a farci riflettere su quale [grave] malattia sia la superbia di cui sono malati oggi gli uomini che si sforzano di attribuire al Creatore qualsiasi male che hanno potuto fare. La donna - rispose - che hai data con me, cioè che mi hai data perché mi fosse compagna, è stata essa a darmi un frutto dell'albero e io ne ho mangiato, come se la donna gli fosse stata data per questo e non piuttosto perché ubbidisse a suo marito e ambedue ubbidissero a Dio!

Nemmeno Eva, rimproverata da Dio, confessa il peccato.

35. 48. Allora Dio, il Signore, disse alla donna: "Perché hai fatto ciò?". La donna rispose: "Il serpente mi ha sedotta e io ho mangiato" 78. Neppure lei confessa il peccato ma lo fa ricadere su l'altro al quale, sebbene il senso di lei sia differente da quello di Adamo, è uguale nella superbia. Da essi tuttavia nacque - ma non l'imitò - uno che, pur essendo stato provato da innumerevoli sventure, disse e dirà sino alla fine del mondo: Ho detto: "Abbi pietà di me, Signore; guarisci l'anima mia, poiché ho peccato contro di te" 79. Sarebbe stato preferibile che essi fossero così! Ma il Signore

non aveva ancora schiacciato la testa dei peccatori 80. Sarebbero dovuti sopravvenire ancora affanni, dolori, morte e ogni specie di tribolazioni di questo mondo e la grazia di Dio con cui, al momento opportuno, egli viene in aiuto agli uomini ai quali mostra con l'afflizione che non devono presumere di se stessi. Il serpente - disse la donna - mi ha sedotta e io ho mangiato, come se l'istigazione di qualcuno dovesse esser preferita al precetto di Dio!

Il serpente non viene né interrogato né rimproverato ma è maledetto.

36. 49. E Dio, il Signore, disse al serpente: "Poiché hai fatto ciò, sarai maledetto più di tutti gli animali e di tutte le bestie selvatiche esistenti sulla terra. Dovrai procedere sul tuo petto e con il tuo ventre e dovrai mangiare terra per tutti i giorni della tua vita. Io porrò ostilità tra te e la donna, tra la tua stirpe e la sua. Essa cercherà di colpire la tua testa e tu cercherai di colpire il suo calcagno" 81. Tutta questa sentenza ha un suo senso figurato, e l'attendibilità dell'agiografo e la veridicità del racconto esigono da noi di non dubitare che sia stata [realmente] pronunciata. Dio, il Signore, disse al serpente sono le sole parole dell'agiografo e devono essere intese in senso proprio. È quindi vero che così fu detto al serpente. Le altre parole sono di Dio; è lasciata al lettore la libertà di [interpretarle e] vedere se devono essere intese in senso proprio o in senso figurato, come abbiamo detto al principio di questo libro. Se pertanto non fu chiesto al serpente perché aveva compiuto quell'azione, è evidente che il serpente non aveva agito per un impulso della propria natura e volontà ma ad agire - servendosi di lui e per mezzo di lui e in lui - era stato il diavolo, già destinato al fuoco eterno a causa del suo peccato d'empietà e di superbia. Orbene, le parole rivolte al serpente e allo stesso tempo a colui che aveva agito per mezzo del serpente, hanno senza dubbio un senso figurato. In esse infatti viene descritto il tentatore quale sarebbe stato per il genere umano, poiché il genere umano cominciò a propagarsi quando fu pronunciata questa sentenza apparentemente contro il serpente ma di fatto contro il diavolo. In

qual modo quindi si debbano intendere queste parole, pronunciate in senso figurato, lo abbiamo spiegato - nella misura in cui siamo stati capaci - nei due libri su La Genesi difesa contro i Manichei, già pubblicata 82; se poi potremo dare in qualche altra opera spiegazioni più precise ed appropriate lo faremo con l'aiuto di Dio. Per adesso tuttavia la nostra attenzione non dev'essere distolta senza necessità verso un lavoro differente da quello che abbiamo intrapreso.

Il castigo della donna: esser soggetta al marito.

37. 50. Alla donna poi disse: "Renderò assai numerose le tue sofferenze e le tue doglie; con dolore partorirai i figli e la tua passione ti spingerà verso tuo marito, ma egli avrà il dominio su di te" 83. Anche queste parole rivolte da Dio alla donna è molto più appropriato intenderle in un senso figurato e profetico. La donna tuttavia non aveva ancora partorito e inoltre le doglie e i travagli del parto derivano unicamente da questo corpo destinato alla morte - che fu concepita a causa della trasgressione del precetto - e le sue membra erano senza dubbio ancora quelle di un corpo naturale ma che, se l'uomo non avesse peccato, era destinato a non morire e a vivere in un altro stato più felice, finché dopo una vita intemerata avrebbe meritato d'essere trasformato in un corpo più perfetto, come abbiamo già fatto vedere più sopra in parecchi passi. Questo castigo può quindi essere inteso in senso letterale, anche se rimane da vedere come possa essere intesa in senso proprio la frase: La tua passione ti volgerà verso tuo marito ma egli avrà il dominio su di te. Poiché non dobbiamo credere che [la donna] anche prima del peccato fosse stata creata in modo da non essere sottomessa a suo marito e da non volgersi verso di lui nel servirlo. Tuttavia possiamo pensare con ragione che una tale soggezione, di cui qui si parla, sia una condizione simile alla schiavitù, anziché un legame di dilezione, e così anch'essa - per cui gli uomini divennero in seguito schiavi di altri uomini - si dimostra derivante dal castigo del peccato. L'Apostolo infatti dice: Siate a servizio gli uni degli altri 84, ma non avrebbe detto affatto: "Dominate gli uni su gli altri". Gli sposi

possono rendersi reciproci servizi mossi dalla carità, ma l'Apostolo non permette alla donna di avere il dominio sull'uomo 85. La sentenza pronunciata da Dio conferì questo potere piuttosto all'uomo, ma a far sì che la donna meritasse d'aver come capo e signore il proprio marito non fu la sua natura ma il suo peccato; se però quest'ordine non fosse mantenuto, la natura si corromperebbe di più e aumenterebbe il peccato.

Quale fu il castigo di Adamo e perché questi chiamò "vita" la moglie.

38. 51. Al marito della donna allora Dio disse: Poiché hai dato ascolto alle parole di tua moglie e hai mangiato dell'unico albero che ti avevo proibito di mangiare, maledetta sarà la terra nei tuoi lavori; con dolore ne trarrai nutrimento tutti i giorni della tua vita; spine e rovi produrrà per te e mangerai l'erba dei campi. Con il sudore del tuo volto dovrai mangiare il tuo pane finché non tornerai alla terra da cui sei stato tratto, poiché tu sei terra e alla terra ritornerai 86. Chi non sa che queste sono le fatiche del genere umano sulla terra? È inoltre certo che non sarebbe stato così, qualora l'uomo avesse conservato la felicità che godeva nel paradiso; non dobbiamo quindi esitare a intendere queste parole anzitutto in senso proprio. Dobbiamo tuttavia salvaguardare e considerare attentamente il senso profetico che ha di mira, soprattutto in questo passo, la parola di Dio. Poiché non è senza motivo che lo stesso Adamo, in virtù di una mirabile ispirazione, chiamò allora sua moglie con il nome di "Vita", soggiungendo anche: poiché essa è la madre di tutti i viventi 87. Queste parole infatti non sono dell'agiografo che narra o afferma, ma sono da intendere quali parole dello stesso uomo. Dicendo: poiché è la madre di tutti i viventi indicò in un certo modo il motivo per cui aveva imposto quel nome, perché cioè l'aveva chiamata "Vita".

Significato simbolico delle tuniche di pelle.

39. 52. Dio, il Signore, fece poi per Adamo e sua moglie tuniche di

pelle e li rivestì 88. Anche questa azione fu compiuta perché avesse un significato simbolico, ma nondimeno fu un fatto reale, allo stesso modo che le parole furono pronunciate perché avessero un significato simbolico ma tuttavia furono pronunciate realmente. Come ho già detto altre volte, e non mi stanco di ripetere, al narratore di eventi effettivamente accaduti si richiede che narri i fatti realmente accaduti e le parole realmente pronunciate. Ora, allo stesso modo che nel considerare i fatti s'indaga che cosa accadde e qual è il suo significato, così anche nel considerare che cosa fu detto e qual è il suo senso. Sia che un'espressione riferita dallo storico sia stata detta in un senso figurato o in senso proprio, tuttavia il fatto che è stata detta non dev'essere considerato come un'espressione figurata.

Le parole di Gen 3, 22 sono la condanna dell'orgoglio.

39. 53. E Dio disse: "Ecco che Adamo è divenuto come uno di noi; poiché conosce il bene e il male 89. Ora, poiché queste parole, quale che ne sia il significato e il modo in cui furono dette, fu Dio che le disse, non può intendersi diversamente se nell'espressione: Uno di noi il plurale non lo si prende in rapporto alla Trinità, nel medesimo senso in cui era stato detto: Facciamo l'uomo 90 e anche come il Signore si riferisse a se stesso e al Padre nell'espressione Verremo e prenderemo dimora in lui 91. Dio replicò dunque alla superba ambizione di Adamo mostrandogli il risultato di quanto aveva bramato per suggestione del serpente che aveva detto: Voi sarete come dèi 92. Ecco - disse Dio - che Adamo è diventato come uno di noi. Queste sono le parole che disse Dio, non tanto per farsi beffe di Adamo, quanto per distogliere dalla superbia gli altri esseri umani per i quali sono state tramandate dalla Scrittura. Adamo - disse Dio - è diventato come uno di noi, poiché conosce il bene e il male. Che cos'altro dobbiamo vedere in questa frase se non un esempio che ci è stato proposto per inculcarci timore, in quanto Adamo non solo non divenne come voleva divenire ma non seppe mantenersi neppure nello stato in cui era stato creato?

Adamo espulso dal paradiso.

40. 54. E ora - disse Dio - bisogna impedirgli di stendere la mano e prendere dall'albero della vita, di mangiarne e così vivere per sempre. Dio, il Signore, lo scacciò dal paradiso di delizie perché lavorasse la terra da cui era stato tratto 93. Le parole della prima frase furono dette da Dio ma poi vien raccontato il fatto che fu la conseguenza di ciò che era stato detto. L'uomo rimase privo non solo della vita che avrebbe ricevuto con gli angeli, se avesse osservato il precetto, ma anche della vita che menava nel paradiso ove il suo corpo godeva d'una condizione privilegiata di felicità e perciò dovette essere allontanato in ogni modo dall'albero della vita, e questo non solo perché quell'albero manteneva il suo corpo in quello stato di felicità grazie alla virtù invisibile di una realtà visibile, ma anche perché esso era anche un sacramento dell'invisibile sapienza. L'uomo dunque doveva essere allontanato da quell'albero sia perché ormai egli era destinato alla morte, sia anche perché era - diciamo così - scomunicato [dal paradiso] allo stesso modo che anche nel paradiso di quaggiù, che è la Chiesa, talvolta alcuni fedeli vengono allontanati dai sacramenti visibili dell'altare a norma della disciplina ecclesiastica.

Il paradiso terrestre e quello spirituale.

40. 55. [Dio] scacciò Adamo e lo collocò nella parte opposta al paradiso di delizie 94. Anche quest'azione fu compiuta realmente, ma aveva anche lo scopo di simboleggiare un'altra realtà giacché prefigurava l'uomo peccatore vivente nello stato di miseria opposto al paradiso, che rappresentava anche la felicità nel senso spirituale. [Dio inoltre] collocò i cherubini e la spada di fiamma e roteante per custodire la via all'albero della vita 95. Anche ciò dobbiamo credere che accadde nel paradiso visibile con l'intervento delle potenze celesti sicché mediante il ministero degli angeli vi fu posto una specie di bastione di fuoco. Non dobbiamo però dubitare che ciò fu fatto non senza un motivo, dal momento che aveva un significato simbolico anche riguardo al paradiso spirituale.

Opinioni sulla natura del primo peccato: a) brama intempestiva della conoscenza.

41. 56. Non ignoro poi che certi esegeti pensano che i nostri progenitori avrebbero avuto fretta di soddisfare il loro desiderio di conoscere il bene e il male e avrebbero desiderato d'avere prima del tempo conveniente ciò che era loro serbato più tardi per un'occasione più opportuna; quegli esegeti pensano inoltre che il tentatore l'indusse ad offendere Dio appropriandosi, prima del tempo, d'un bene non ancora destinato a loro. Così i progenitori, dopo essere stati espulsi dal paradiso e condannati, furono privati dei vantaggi d'un bene, di cui avrebbero potuto godere, se si fossero avvicinati a tempo debito, come voleva Dio. Se questi esegeti preferissero intendere quell'albero non in senso proprio, cioè nel senso d'un vero albero con veri frutti, ma in senso figurato, dovrebbero offrire una soluzione conforme alla retta fede e alla ragione.

b) ridicolo far consistere il primo peccato nella prematura unione maritale.

41. 57. Alcuni esegeti hanno anche pensato che la prima coppia umana anticipò, con una specie di furto, le nozze e si unì nell'amplesso coniugale prima di essere stata unita in matrimonio dal suo Creatore, amplesso di cui sarebbe stato simbolo il nome di "albero" che era stato loro vietato di toccare fino al tempo opportuno per accoppiarsi. Come se dovessimo credere che, se fossero stati creati in un'età per cui dovessero aspettare il completo sviluppo della pubertà, o come se la loro unione non fosse permessa appena possibile mentre, se non fosse stata possibile, non sarebbe certamente dovuta avvenire. O forse la sposa doveva essere consegnata dal padre e bisognava aspettare la solennità delle promesse pronunciate dagli sposi, il banchetto con una folla d'invitati, la stima della dote e la stesura del contratto matrimoniale?

Tutto ciò è ridicolo e prescinde anche dal senso letterale dei fatti narrati, che abbiamo intrapreso a difendere e che abbiamo difeso nella misura che Dio ha voluto concederci.

Eva intermediaria del peccato di Adamo.

42. 58. Ma c'è un problema più difficile. Se Adamo era già spirituale quanto all'anima intellettiva, seppure non ancora quanto al corpo, in che modo avrebbe potuto prestar fede alle parole del serpente, che cioè Dio aveva proibito di mangiare del frutto dell'albero perché egli sapeva che, se lo avessero fatto, sarebbero divenuti come dèi mediante la conoscenza del bene e del male? Come se il Creatore avesse voluto rifiutare per gelosia un sì gran bene alla sua creatura! Sarebbe strano se un uomo, dotato d'intelligenza spirituale, avesse potuto prestar fede a una siffatta insinuazione! O bisognerebbe forse dire che precisamente Adamo non avrebbe prestato fede [al serpente] e perciò gli fu avvicinata [dal serpente] la donna ch'era meno intelligente e forse viveva ancora secondo il senso della carne e non secondo l'inclinazione dello spirito, e questo sarebbe il motivo per cui l'Apostolo non le attribuisce d'essere immagine di Dio? Dice infatti: L'uomo non ha bisogno di coprirsi il capo, perché è immagine e gloria di Dio; la donna invece è [solo] gloria dell'uomo 96, non nel senso che lo spirito della donna non possa ricevere la stessa immagine, poiché l'Apostolo, riguardo a questa grazia, dice che noi non siamo né maschi né femmine 97, ma forse nel senso che la donna non aveva ricevuto ancora questa prerogativa che si ottiene con la conoscenza di Dio e che avrebbe ricevuta un po' alla volta sotto la guida e l'insegnamento dell'uomo. Non senza ragione infatti l'Apostolo dice: Poiché prima è stato creato Adamo e poi Eva; inoltre non fu Adamo a lasciarsi ingannare, ma fu la donna che si lasciò ingannare e disubbidì all'ordine di Dio 98; in altre parole fu per mezzo della donna che si rese trasgressore [del precetto divino] anche l'uomo. D'altra parte l'Apostolo chiama trasgressore anche l'uomo, quando dice: Con una trasgressione simile a quella di Adamo, il quale è figura di Colui che doveva venire 99, tuttavia non

dice che fu ingannato. Infatti, interrogato da Dio, Adamo non rispose: "La donna che mi hai dato per compagna mi ha ingannato ed io ho mangiato", ma: Essa mi ha dato del frutto dell'albero e io ho mangiato; la donna al contrario dice: Il serpente mi ha ingannata 100.

Anche Salomone pervertito dall'amore delle sue donne.

42. 59. Allo stesso modo si può forse pensare che Salomone, un personaggio di sì straordinaria sapienza, credesse che ci fosse un qualche vantaggio nell'adorare gli idoli? Ma egli non ebbe la forza di resistere all'amore delle donne che lo trascinavano a questa empietà e fece quel che sapeva non doversi fare per non contristare quelle ch'erano l'oggetto del suo amore mortifero, per le quali si struggeva e si pervertiva 101. Così pure fu il caso di Adamo. Dopo che sua moglie, essendo stata ingannata, ebbe mangiato del frutto e ne ebbe dato a lui perché ne mangiassero insieme, egli non volle contristarla, poiché pensava che senza il suo conforto ella potesse struggersi di dolore se si fosse sentita estraniata dal suo cuore e finisse per morire a causa di quella discordanza. Per la verità egli non fu sopraffatto dalla concupiscenza carnale che non aveva ancora provata, dato che la legge delle membra non si opponeva alla legge dello spirito, ma fu vittima d'una specie di benevolenza che è propria dell'amicizia, a causa della quale molto spesso accade che si offende Dio per evitare di rendersi nemico un amico. Che non avrebbe dovuto agire in quel modo lo dimostra il risultato che fu la giusta sentenza pronunciata da Dio [contro di lui].

Adamo fu ingannato come Eva ma in modo diverso.

42. 60. Anch'egli dunque fu ingannato sebbene in un altro modo. Ma io penso che non potesse affatto essere ingannato con l'astuzia del serpente con cui fu ingannata la donna. L'Apostolo chiama in senso proprio "inganno" quello per cui fu creduto vero, pur essendo falso, ciò che veniva consigliato, come [l'insinuazione] che Dio avrebbe

proibito di toccare quell'albero perché sapeva che, se lo avessero toccato, sarebbero divenuti simili a dèi, come se rifiutasse per gelosia la divinità a coloro ch'egli aveva creati come uomini. Ma, anche se per orgoglio dello spirito - che non sarebbe potuto sfuggire a Dio che scruta i cuori - l'uomo, vedendo che la donna non era morta per aver mangiato il frutto, si lasciò indurre da un desiderio disordinato a farne l'esperienza, come abbiamo spiegato più sopra. Io tuttavia penso che Adamo, se già era dotato d'intelligenza spirituale, non poteva credere affatto che Dio avesse proibito loro per gelosia di mangiare il frutto di quell'albero. Ma perché dilungarci su questo argomento? I nostri progenitori furono indotti a commettere quel peccato nel modo che potevano commetterlo persone dotate delle caratteristiche loro proprie. Il fatto ci è stato tramandato dalla Scrittura come era opportuno che fosse letto da tutti, sebbene fosse inteso solo da pochi nel senso che sarebbe necessario.

LIBRO DODICESIMO

Tema del libro; il paradiso di cui parla San Paolo.

1. 1. Commentando il libro della sacra Scrittura intitolato La Genesi dal principio fino all'espulsione del primo uomo dal paradiso, abbiamo composto undici libri sia affermando e difendendo ciò che per noi è certo, sia ricercando ed esprimendo le nostre opinioni o esitazioni su ciò che è incerto. Quanto abbiamo potuto e come l'abbiamo potuto [spiegare], l'abbiamo esposto e messo per iscritto non tanto per prescrivere a ciascuno che cosa pensare sui punti oscuri, quanto per mostrare la necessità d'essere istruiti noi stessi su ciò di cui noi dubitavamo, e per distogliere il lettore dal fare affermazioni temerarie su problemi per i quali non siamo riusciti a presentare una dottrina sicura. In questo dodicesimo libro, al contrario, ormai liberi dalla preoccupazione, da cui eravamo impediti, di spiegare punto per punto il testo delle Sacre Scritture, tratteremo con maggior libertà ed ampiezza la questione del paradiso perché non si creda che abbiamo voluto evitare di chiarire ciò che pare insinuare l'Apostolo, che cioè il paradiso sia situato al terzo cielo, quando dice: So che quattordici anni fa un uomo in Cristo, non so se con il corpo o se fuori del corpo, lo sa Dio, fu rapito fino al terzo cielo. So inoltre che quest'uomo, non so se con il corpo o senza il corpo, solo Dio lo sa, fu rapito in paradiso e udì parole ineffabili che a un uomo non è possibile pronunciare 1.

Il terzo cielo è forse identico al paradiso?

1. 2. A proposito di queste parole il primo quesito che di solito ci si pone è che cosa intende dire l'Apostolo quando parla del "terzo cielo", e in secondo luogo se vuol farci intendere che lì è il paradiso oppure vuol dire che, dopo essere stato rapito al "terzo cielo", fu rapito anche nel paradiso dovunque questo si trovi; sicché essere rapito al "terzo cielo" non sarebbe la stessa cosa ch'essere rapito nel

paradiso, ma prima sarebbe stato rapito al "terzo cielo" e poi di lì nel paradiso. È un problema tanto oscuro che, a mio avviso, non può essere risolto se uno - basandosi non [solo] sulle parole dell'Apostolo citate più sopra, ma anche su altri eventuali passi della sacra Scrittura o su ragioni evidenti - non riuscirà a trovare un argomento capace di provare che cosa è o non è il paradiso; se cioè è sito nel "terzo cielo", poiché non appare chiaro neppure se lo stesso "terzo cielo" è da considerarsi come un luogo materiale o forse come una condizione spirituale. Si potrebbe in realtà affermare che un uomo avrebbe potuto essere rapito con il suo corpo solo in un luogo materiale ma poiché [in questo passo] l'Apostolo afferma anche di non sapere se fu rapito nel corpo o fuori del corpo, chi oserebbe affermare di sapere ciò che l'Apostolo afferma di non sapere? Tuttavia se lo spirito senza il corpo non può essere rapito in luoghi materiali né un corpo in luoghi spirituali, la stessa incertezza dell'Apostolo - dal momento che nessuno dubita che fa quell'affermazione parlando di se stesso - ci costringe in un certo senso ad ammettere che il luogo ove fu rapito l'Apostolo era tale che non si potrebbe sapere né distinguere se fosse materiale o spirituale.

Le visioni nel sogno.

2. 3. Quando infatti nel sogno o nell'estasi si formano immagini corporee, queste non si distinguono affatto dai corpi se non quando, ripreso l'uso dei sensi del corpo, la persona riconosce d'essere stata tra quelle immagini ch'essa non percepiva per mezzo dei sensi del corpo. Chi, infatti, destatosi dal sonno, non si accorge subito che le cose viste in sogno erano [puramente] immaginarie, sebbene - quando le vedeva nel sogno - non fosse capace di distinguerle dalle visioni degli oggetti percepiti dagli individui che sono desti? Io tuttavia so che a me è capitato - e non dubito quindi che anche altri possa aver avuto o possa avere la stessa mia esperienza - di veder qualche cosa in sogno e d'essere conscio che la vedevo in sogno e che le immagini, che di solito c'ingannano ritenendole reali, non erano dei veri corpi, ma anche dormendo ero perfettamente sicuro e

convinto che quelle immagini erano solo fantasie che mi venivano in sogno. Ciononostante io talvolta mi sono ingannato: come quando, vedendo ugualmente nel sogno un mio amico, mi sforzavo di persuaderlo di questa stessa verità, che cioè le cose che noi vedevamo, non erano corpi ma solo immagini di persone sognanti, sebbene m'apparisse anche lui certamente tra quelle immagini nella stessa loro forma. Cionondimeno io dicevo altresì che non era neppure vero che noi fossimo a conversare insieme e che anch'egli nel sonno vedeva allora qualche altra cosa e ignorava assolutamente se io vedevo quegli oggetti. Quando però mi sforzavo di convincerlo ch'egli non era lì in persona, d'altra parte ero anche propenso a pensare ch'egli era lì poiché non avrei certamente potuto conversare con lui se avessi avuto l'esatta impressione ch'egli in persona non era lì. Per conseguenza la mia anima, benché in modo misterioso fosse sveglia mentre io dormivo, poteva essere lo zimbello solo d'immagini corporee come se fossero dei veri corpi.

Visioni nell'estasi.

2. 4. A proposito dell'estasi ho potuto sentire quanto dichiarava un tale, un campagnolo a mala pena capace d'esprimere ciò di cui aveva avuto esperienza: egli sapeva ch'era sveglio e vedeva qualcosa ma non con gli occhi del corpo. Per dirlo con le sue parole e per quanto io posso ricordarmele: "A veder lui - mi raccontava - era l'anima mia, non erano i miei occhi; io non sapevo tuttavia se fosse un corpo o l'immagine d'un corpo". Egli non era capace di discernere di che si trattasse ma era tanto semplice e sincero che lo ascoltavo come se fossi stato io stesso a vedere ciò che egli mi narrava d'aver visto.

Visioni riferite dalla Scrittura.

2. 5. Se perciò Paolo vide il paradiso così come a Pietro apparve il vassoio calato giù dal cielo 2, a Giovanni apparvero tutte le visioni descritte nell'Apocalisse 3, a Ezechiele apparve la pianura piena d'ossa di morti e la loro risurrezione 4, a Isaia apparve Dio assiso

[sul suo trono] e davanti a lui i Serafini e l'altare da cui fu preso il carbone ardente che purificò le labbra del Profeta 5, è evidente che [Paolo] non poteva sapere se vedeva quelle cose nel corpo o fuori del corpo.

Di qual natura fu la visione dell'Apostolo.

3. 6. Ma se quelle realtà furono viste da San Paolo fuori del suo corpo e non erano corpi, possiamo chiederci ancora se fossero immagini di cose corporee oppure una sostanza che non ha alcuna somiglianza con i corpi, così com'è Dio, com'è lo spirito o l'intelligenza o la ragione dell'uomo, così come sono le virtù della prudenza, giustizia, castità, pietà e tutte le altre realtà di qualsiasi specie che noi enumeriamo, distinguiamo, definiamo con l'intelligenza o con il pensiero senza percepirne non solo i lineamenti o i colori ma neppure il suono, l'odore e il sapore, senza che il tatto ne abbia la sensazione di caldo o di freddo, di molle o di duro, di liscio o di ruvido, ma le percepiamo per mezzo di un'altra visione, di un'altra luce, di un'altra evidenza, di gran lunga più eccellente e più sicura di tutte le altre.

Perché l'Apostolo non dice come poté vedere quanto vide?

3. 7. Ritorniamo dunque alle medesime parole dell'Apostolo ed esaminiamole più attentamente fissando anzitutto nel nostro intelletto la inconcussa convinzione che il suo discernimento della natura corporea e incorporea era immensamente più perfetto di quel che noi riusciamo a conoscere per quanti sforzi facciamo. Se dunque egli sapeva che per mezzo del corpo non possono affatto vedersi le realtà spirituali né fuori del corpo possono vedersi quelle corporali, per qual motivo non precisò in qual modo poté vederle quando si riferisce proprio alle realtà vedute? Se infatti era sicuro ch'erano realtà spirituali, perché non era ugualmente sicuro d'averle viste fuori del corpo? Se invece sapeva ch'erano realtà corporali, come mai non sapeva anche che non avrebbe potuto vederle se non per

mezzo del corpo? Perché dunque dubita se le vide con il corpo o fuori del corpo, se non forse perché dubita ugualmente se quelle realtà fossero corpi o somiglianze di corpi? Vediamo dunque prima, in tutto il contesto del passo che esaminiamo, di che cosa egli non dubita e così, quando resterà solo ciò di cui dubita, dalle sue certezze apparirà forse anche il motivo del suo dubbio.

Paolo assicura d'essere stato rapito realmente al terzo cielo.

3. 8. So - egli dice - che un uomo in Cristo quattordici anni fa, non so se con il corpo o fuori del corpo, solo Dio lo sa, fu rapito fino al terzo cielo 6. Egli dunque sa che quattordici anni prima un uomo in Cristo era stato rapito fino al terzo cielo. Di ciò egli non ha il minimo dubbio e quindi non dobbiamo dubitare neppure noi. Paolo però dubita d'essere stato rapito con il suo corpo o fuori del corpo; se perciò egli ne dubita, chi di noi oserà esserne certo? Ne verrà forse anche di conseguenza che possiamo dubitare dell'esistenza del terzo cielo, in cui dice che quell'uomo fu rapito? Se infatti gli fu mostrata [in un sogno ispirato] la realtà oggettiva, gli fu mostrato il terzo cielo; se invece gli fu mostrata solo un'immagine somigliante a realtà materiali, quello non era il terzo cielo, ma la visione si svolse secondo un determinato ordine in modo che a Paolo sembrò di salire al primo cielo e poi di vederne un altro al di sopra di quello e di salirvi e di nuovo gli parve di vederne un altro ancora più alto e giunto a quest'ultimo l'Apostolo poté dire di essere stato rapito al terzo cielo. Ma che quello ov'era stato rapito fosse il terzo cielo, Paolo non ebbe alcun dubbio e volle che neppure noi ne dubitassimo. Ecco perché inizia il suo racconto dicendo: Io so; data questa premessa ciò che egli dice di sapere non lo crede vero se non chi non crede all'Apostolo.

Il terzo cielo non è un simbolo n, l'immagine di una realtà materiale.

4. 9. Paolo dunque sa che quell'uomo fu rapito fino al terzo cielo. Per

conseguenza il luogo ove fu rapito è realmente il terzo cielo e non un simbolo materiale come quello mostrato a Mosè, il quale però era tanto consapevole della differenza esistente tra la sostanza di Dio e la creatura visibile, con cui Dio si faceva vedere ai sensi umani e corporali, da dire: Mostrati a me in persona 7; per di più non era neppure l'immagine d'una sostanza corporale come quella che vedeva Giovanni con lo spirito, a proposito della quale domandava cosa fosse e gli veniva risposto: "È una città", oppure: "Sono popoli", o qualcos'altro, quando vedeva la bestia o la donna o le acque o qualche altro oggetto. Paolo invece dice: So che un uomo fu rapito al terzo cielo 8.

Il terzo cielo non è un'immagine spirituale.

4. 10. Se invece con il termine "cielo" avesse voluto denotare un'immagine spirituale somigliante a una sostanza corporale, sarebbe potuta essere così anche un'immagine del suo corpo quella in cui fu rapito e salì al terzo cielo. Parlerebbe dunque in questi termini anche del proprio corpo, benché si trattasse solo di un'immagine del cielo, e non si sarebbe preoccupato di precisare che cosa sapeva e che cosa non sapeva; sapeva cioè che quell'uomo era stato rapito fino al terzo cielo ma non sapeva se con il corpo o fuori del corpo, ma avrebbe semplicemente narrato la visione chiamando gli oggetti da lui visti con i nomi di altri oggetti a cui quelli rassomigliavano. Anche noi, quando raccontiamo i nostri sogni o qualche rivelazione avuta in sogno, diciamo: "Ho visto un monte", "Ho visto un fiume", "Ho visto tre persone" o altre cose del genere dando alle immagini il nome degli oggetti a cui erano simili; l'Apostolo invece dice: "Questo lo so; quest'altro non lo so".

Né il terzo cielo né il corpo apparvero a Paolo come immagini.

4. 11. Ma se tutte e due le cose gli apparvero sotto forma di un'immagine, ambedue gli erano ugualmente note o ugualmente ignote; se tuttavia egli vide realmente il cielo - e perciò gli era noto -

in qual modo il corpo di quell'uomo poté apparirgli solamente sotto forma di un'immagine?

Di che natura era il cielo ove fu rapito Paolo.

4. 12. Poiché, se Paolo vedeva il cielo materiale, per qual motivo non si rendeva conto se lo vedeva con gli occhi del corpo? Se invece era incerto se lo vedeva con gli occhi del corpo o dello spirito (e perciò dice: Se [ciò avvenne] con il corpo o fuori del corpo io non lo so 9), come mai non gli era incerto anche se vedeva realmente il cielo materiale o questo gli si mostrava solo sotto forma di una immagine? Così pure, se vedeva una sostanza incorporea non sotto l'aspetto d'una immagine corporea ma così come si vede la giustizia, la sapienza e altre cose della stessa specie, e di tal natura era il cielo, è anche evidente che nulla di tale specie può vedersi con gli occhi del corpo. Per conseguenza, se sapeva d'aver visto qualcosa di tal genere, non poteva dubitare d'averlo visto in modo diverso che mediante gli occhi del corpo. So - egli dice - che un uomo in Cristo, quattordici anni fa... Questo lo so, e non ne dubiti nessuno che mi crede. Ma se nel corpo o fuori del corpo io non lo so, Dio solo lo sa 10.

Si discute se il cielo fosse corpo o spirito.

5. 13. Cos'è dunque, [o Paolo] ciò che tu sai e distingui da ciò che ignori, affinché quanti a te credono non siano ingannati? So - dice - che quell'uomo fu rapito fino al terzo cielo 11. Ma quel cielo o era un corpo o era uno spirito. Se era un corpo e fu visto con gli occhi del corpo, perché mai allora Paolo sa che è quel cielo ma non sa d'averlo visto con il corpo? Se invece era spirito, o gli fu presentata l'immagine d'un corpo - e allora resta tanto l'incertezza se fosse un corpo, quanto l'incertezza se lo vedesse con il corpo - oppure fu visto come è vista con la mente la sapienza senza bisogno di nessuna immagine corporea e tuttavia [in tal caso] è certo che non si sarebbe potuto vedere per mezzo del corpo. Perciò tutte e due le cose o sono

vere o sono incerte; oppure come mai può esser certo ciò che fu visto, incerto invece il mezzo con cui fu visto? È evidente che Paolo non poté vedere una natura incorporea per mezzo del corpo. I corpi, al contrario, anche se non possono vedersi senza le loro qualità corporee visibili, vengono visti di certo per mezzo del corpo ma in modo assolutamente diverso - se c'è una visione di tal sorta --. Per conseguenza sarebbe strano che quest'altra sorta di visione potesse assomigliare così perfettamente a una visione oculare da trarre in inganno l'Apostolo o costringerlo a dubitare fino al punto che, avendo visto il cielo corporeo in modo diverso da quello che si vede con gli occhi del corpo, potesse dire d'essere incerto se lo vide con il corpo o fuori del corpo.

Diversi modi di ratti estatici.

5. 14. Poiché dunque l'Apostolo che si preoccupò tanto di precisare che cosa sapeva e che cosa non sapeva, non avrebbe potuto mentire, non ci resta forse altro se non intendere che l'oggetto della sua ignoranza era il seguente: se cioè mentre era rapito al cielo egli era nel suo corpo - come l'anima dell'uomo è nel corpo quando si dice che il corpo è in vita ma l'anima è estraniata dai sensi del corpo mentre è sveglio o dorme o è in estasi - o se realmente era fuori del corpo in modo che questo restava nella morte finché - al termine di quella visione - l'anima si sarebbe riunita alle sue membra esanimi. In tal caso egli non si sarebbe svegliato come uno che si desta dal sonno né sarebbe tornato a [percepire con] i propri sensi come uno dopo essere stato rapito in estasi, ma sarebbe tornato veramente a vivere di nuovo dopo essere morto. Per conseguenza ciò che Paolo vide quando fu rapito al terzo cielo - e afferma anche di sapere - lo vide nella sua realtà e non sotto un'immagine. Egli però era incerto se il rapimento fuori del corpo lasciò il suo corpo veramente morto o se la sua anima vi restò sempre in qualche modo presente come essa si trova in un corpo vivente finché la sua mente sarebbe stata rapita per vedere e udire i segreti ineffabili della visione; ecco perché, forse, egli afferma: Se con il corpo o fuori del corpo non lo so, lo sa

Dio 12.

Le tre specie di visioni indicate in un sol precetto.

6. 15. Ora, gli oggetti che sono visti non già in immagine ma nella realtà, anche se non sono visti per mezzo del corpo, sono visti con una visione superiore a tutte le altre. Per quanto Dio mi aiuterà, cercherò di spiegare queste differenti specie di visioni. Quando leggiamo quest'unico precetto: Amerai il tuo prossimo come te stesso 13, incontriamo tre specie di visioni: una per mezzo degli occhi con cui vediamo le lettere; la seconda per mezzo dello spirito umano con cui c'immaginiamo il prossimo anche quando è assente; la terza mediante un'intuizione intellettiva con cui si vede l'amore stesso mediante l'intelligenza. Di queste tre specie di visioni la prima è manifesta a tutti poiché per mezzo di essa vediamo il cielo e la terra e tutto ciò che in essi cade sotto i nostri occhi. Quanto alla seconda specie di visione con cui ci rappresentiamo realtà materiali assenti non è difficile far capire in che consista, poiché noi ci rappresentiamo il cielo e la terra e tutto ciò che in essi possiamo vedere anche stando nell'oscurità. In questo caso però noi non vediamo nulla con gli occhi del corpo e tuttavia con l'anima vediamo delle immagini corporee - siano esse vere immagini rappresentanti corpi da noi visti e che ancora riteniamo nella memoria, oppure immagini fittizie come può formarle l'immaginazione. L'immagine, che ho in mente, di Cartagine, che io conosco, è diversa da quella, che mi formo, di Alessandria, che io non conosco. La terza specie di visioni, per cui vediamo intellettivamente l'amore, comprende le realtà che non hanno immagini simili o identiche a se stesse. Per esempio un uomo, un albero, il sole e qualunque altro corpo celeste o terrestre, se sono presenti, sono visti nella forma loro propria; se invece sono assenti, vengono resi presenti allo spirito per mezzo d'immagini impresse nell'anima. Vi sono due modi di vedere realtà di tal genere: l'una per mezzo dei sensi del corpo, l'altra per mezzo dello spirito in cui sono contenute le immagini. L'amore, al contrario, è forse visto in un modo quando è presente nella sua forma

specifica, e diversamente quando è assente in qualche immagine che gli rassomiglia? No, di certo. Ma per quanto l'amore può essere visto dall'anima intellettiva, uno lo vede più chiaramente e un altro meno; se invece noi ce lo rappresentiamo con una sorta d'immagine corporea, esso non è [affatto] l'amore che noi vediamo.

Visioni corporali (sensibili), spirituali, intellettive.

7. 16. Queste sono tre specie di visioni, di cui abbiamo detto qualcosa anche nei libri precedenti, a seconda che l'argomento pareva esigerlo, senza tuttavia menzionarne il numero. Ora, dopo averle spiegate brevemente, poiché la questione che trattiamo ne esige una discussione un po' più diffusa, dobbiamo denotarle ciascuna con un termine determinato e appropriato per non perdere tempo in continue circonlocuzioni. La prima dunque la chiameremo "visione corporea", poiché è percepita dal corpo ed è presentata ai sensi del corpo; la seconda la chiameremo "visione spirituale", poiché tutto ciò che non è corpo e tuttavia è qualcosa, si chiama appunto - e giustamente - spirito, e certamente l'immagine di un corpo assente, benché sia simile a un corpo, non è un corpo e non lo è più dell'atto della visione con cui è percepita. La terza la chiameremo "visione intellettuale", poiché proviene dall'intelletto e sarebbe illogico chiamarla - ricorrendo a un neologismo - "mentale" con il pretesto ch'è percepita dalla mente.

Una cosa può essere chiamata corporale o in senso proprio o in senso figurato.

7. 17. Se volessi dare una ragione più esatta di questi termini, sarebbe necessario un discorso più lungo e più intricato, mentre è poco o per nulla necessario. Basta dunque sapere che una cosa è detta "corporea" o nel senso proprio quando si tratta di corpi, o in senso figurato, come nell'espressione: Poiché in lui abita corporalmente tutta la pienezza della divinità 14. In effetti la divinità non è un corpo ma, poiché Paolo chiama ombra delle realtà

future 15 le pratiche religiose dell'Antico Testamento, usando l'analogia delle ombre [del mondo fisico], dice che la pienezza della divinità abita "corporalmente" in Cristo, poiché in lui si compie tutto ciò ch'era prefigurato da quelle ombre e così, in un certo senso Cristo è l'incarnazione di quelle ombre, cioè la realtà di quelle figure e di quei simboli. Allo stesso modo quindi che quelle figure sono chiamate "ombre" con un termine preso in senso figurato anziché in senso proprio, così anche quando dice che la pienezza della divinità abita "corporalmente" in Cristo, usa un termine in senso figurato.

Diversi sensi del termine "spirituale".

7. 18. Il termine "spirituale" si usa in diversi sensi. Per esempio anche il nostro corpo, nello stato in cui sarà nella risurrezione dei santi è chiamato "spirituale" dall'Apostolo allorché dice: Si semina un corpo naturale, risorgerà un corpo spirituale 16, poiché in modo meraviglioso, per la sua completa speditezza e incorruttibilità, sarà sottomesso allo spirito e senza alcun bisogno di alimenti corporali sarà vivificato solo dallo spirito, ma non perché avrà una sostanza incorporea. Per di più il corpo, come l'abbiamo adesso, non ha l'essenza di un'anima e non può essere identificato con l'anima anche se viene chiamato "animale". Anche l'aria della nostra atmosfera o il vento - che è il moto dell'aria - si chiama ugualmente "spirito", com'è detto nel Salmo: Fuoco, grandine, neve, ghiaccio, spirito della bufera 17. Si chiama "spirito" anche lo spirito dell'uomo e delle bestie, come dice la sacra Scrittura: Chi sa se lo spirito dell'uomo sale in alto e quello della bestia scende in basso nella terra? 18 Si chiama "spirito" la stessa mente razionale, in cui c'è - per così dire - un occhio dell'anima, a cui spetta l'immagine e la conoscenza di Dio. Ecco perché l'Apostolo dice: Rinnovatevi nello spirito della vostra mente e rivestitevi dell'uomo nuovo, quello creato secondo Dio 19, mentre in un altro passo parla dell'uomo interiore che si rinnova per la conoscenza di Dio a immagine del suo Creatore 20. Così pure, dopo aver detto: Io quindi con la mente servo la legge di Dio, con la carne invece servo la legge del peccato 21, in un altro passo,

ripetendo questo stesso concetto, dice: La carne ha desideri contrari a quelli dello spirito, sicché voi non fate quel che vorreste 22; e così ciò, che chiama "mente", lo chiama anche "spirito". Vien chiamato "spirito" anche Dio, come afferma il Signore nel Vangelo: Dio è spirito e quelli che l'adorano devono adorarlo in spirito e verità 23.

La visione spirituale.

8. 19. Da nessuno di questi sensi summenzionati, in cui è usato il termine "spirito", abbiamo preso quello per denotare come "spirituale" la specie di visione di cui stiamo ora trattando, ma l'abbiamo preso dall'uso singolare del termine, che troviamo nella Lettera ai Corinti, ove lo "spirito" è distinto dalla "mente" in un testo chiaro quant'altri mai: Se infatti pregherò in una lingua- è detto - il mio spirito prega ma la mia intelligenza resta senza frutto 24. In questo passo il termine "lingua" dev'essere intesa nel senso che si riferisce a espressioni di significato oscuro e mistico che non edificano alcuno se si toglie loro la comprensione che ne ha la mente, poiché non si comprende ciò che si ode. Per conseguenza Paolo dice anche: Chi parla in una lingua, non parla agli uomini ma a Dio, poiché nessuno intende mentre lo spirito dice cose misteriose 25. Paolo dunque indica assai chiaramente che in questo passo parla d'una sorta di lingua in cui sono dei segni, cioè, per così dire, delle immagini e somiglianza delle cose, che per esser compresi hanno bisogno d'essere intuiti dalla mente, e quando non sono compresi, Paolo dice che questi segni sono nello spirito e non già nella mente. Egli quindi dice più chiaramente: Se tu benedirai Dio solo con lo spirito, colui che occupa il posto di uno che non è istruito in qual modo risponderà Amen alla tua benedizione, dal momento che non sa cosa dici 26? Poiché dunque con la lingua - il membro del corpo ch'è mosso nella bocca quando si parla - sono emessi di certo segni delle cose ma non sono proferite le cose stesse, Paolo, usando una metafora, chiama "lingua" qualunque emissione di segni prima che siano compresi; quando però l'intelligenza - che è l'attività caratteristica e propria della mente - ne afferra il senso, allora si ha la

rivelazione o la conoscenza o la profezia o l'insegnamento. Di conseguenza Paolo dice: Se io venissi da voi parlando in lingue, a che cosa vi sarei utile, se non vi parlassi per rivelarvi o farvi conoscere o profetizzare o insegnarvi qualcosa? 27 Egli intenderebbe dire che [ciò accade] quando l'intelligenza afferra il senso dei segni o, in altre parole, la lingua, affinché ciò ch'è percepito lo sia non solo con lo spirito ma anche con la mente.

Differenza tra "spirito" e "anima intellettiva".

9. 20. Pertanto coloro ai quali i segni erano presentati nello spirito mediante immagini d'oggetti materiali senza che la mente compisse la sua funzione di renderli anche comprensibili, non avevano ancora la profezia; e colui, che interpretava ciò che un altro aveva visto, era più profeta di colui che aveva [solo] visto. È dunque chiaro che la profezia attiene più alla mente che allo spirito, prendendo questo in un senso proprio particolare in relazione al nostro argomento, nel senso cioè d'una potenza dell'anima inferiore alla mente in cui sono formate le sembianze d'oggetti materiali. Così Giuseppe, che comprese il significato delle sette spighe e delle sette vacche, era perciò più profeta che non il Faraone che le aveva viste in sogno 28, poiché il Faraone aveva visto solo delle forme prodotte nel suo spirito mentre Giuseppe comprese quelle immagini con l'intelligenza della luce concessa alla sua mente. Il primo quindi aveva il dono delle lingue, il secondo invece il dono della profezia perché in quello c'era la rappresentazione delle immagini di certe cose, in questo l'interpretazione delle [stesse] immagini. Meno profeta è dunque chi, mediante immagini di cose materiali, vede nello spirito i segni delle cose significate, ma più profeta chi è dotato solo della capacità di comprenderle, ma sommamente profeta è chi è superiore agli altri per il fatto di possedere entrambe le doti: cioè non solo quella di vedere nello spirito le immagini rappresentative degli oggetti materiali ma anche quella di comprenderle con la vivacità dell'intelligenza. Tale era Daniele: la sua superiorità fu messa alla prova e fu dimostrata dal fatto che non solo riferì al re il sogno che

quello aveva avuto ma gliene rivelò anche il significato 29; poiché le stesse immagini di oggetti materiali erano state formate nel suo spirito e la loro interpretazione era stata rivelata nella sua mente. Noi perciò usiamo il termine "spirito" nel senso usato dall'Apostolo là dove lo distingue dalla mente quando dice: Io pregherò con lo spirito ma pregherò anche con la mente 30, indicando con ciò che i segni delle cose vengono formati nello spirito e la loro interpretazione rifulge nella mente. In base a questa distinzione - ripeto - chiamiamo ora "spirituale" questa specie di visione con cui ci rappresentiamo [nel pensiero] le immagini degli oggetti anche assenti.

La visione intellettiva.

10. 21. Invece la visione intellettuale, ch'è propria della mente, è superiore alle altre. Il termine "intelletto", per quanto io ricordo, non può essere usato in un'ampia gamma di sensi, come sappiamo invece che ne ha il termine "spirito", poiché sia che diciamo "intellettuale", sia che diciamo "intelligibile", noi significhiamo la stessa cosa. Senonché alcuni hanno pensato che [tra i due termini] ci sia una differenza: secondo loro "intelligibile" sarebbe una realtà che si può percepire solo dall'intelligenza, "intellettuale" invece sarebbe la mente che comprende; ma che ci sia un essere percepibile solo dell'intelligenza e non sia anche dotato d'intelligenza è un problema grosso e difficile. Io al contrario credo che non ci sia alcuno che pensi o affermi l'esistenza d'un essere che conosca mediante l'intelligenza e non possa essere conosciuto anche dall'intelligenza, poiché la mente non può essere vista che dalla mente. Perciò, dato ch'essa può essere vista, è anche intelligibile e, dato che può anche vedere, è intellettuale secondo la distinzione ricordata or ora da noi. Messo quindi da parte il difficile problema se ci sia qualcosa che possa essere solo intelligibile senz'essere intelligente, per adesso prendiamo nello stesso senso i termini "intellettuale" e "intelligibile".

Gerarchia delle tre specie di visioni.

11. 22. Queste tre specie di visioni - corporale, spirituale e intellettuale - devono perciò essere esaminate una per una in modo che la ragione ascenda dall'inferiore alla superiore. Un po' più sopra abbiamo già citato come esempio in qual modo in una sola frase possano vedersi tutt'e tre le specie di visioni. Quando infatti si legge: Amerai il prossimo tuo come te stesso 31, si vedono le lettere materialmente, ci si presenta il prossimo spiritualmente e si contempla l'amore intellettualmente. Noi però possiamo rappresentarci spiritualmente anche le lettere quando sono lontane dalla vista [fisica] e si può vedere corporalmente anche il prossimo ch'è davanti ai nostri occhi; l'amore al contrario non può essere né visto nella sua essenza con gli occhi del corpo né venir pensato con lo spirito mediante un'immagine che sia la sembianza d'un copro, ma può essere conosciuto e percepito solo dalla mente, cioè dall'intelligenza. La visione corporale non sovrintende di certo a nessuna delle due specie di visioni, ma ciò che è percepito per mezzo di essa viene annunciato alla visione spirituale che agisce in certo qual modo da sovrintendente ad essa. Mi spiego: quando un oggetto è visto dagli occhi, immediatamente se ne forma l'immagine nello spirito; ma quella rappresentazione non è percepita da noi se non quando, rimossi gli occhi dall'oggetto che stavamo vedendo, ne scopriamo l'immagine nell'anima nostra. Se poi lo spirito è quello d'un essere irrazionale, per esempio d'una bestia, l'annuncio fatto dagli occhi giunge solo fino allo spirito. Se, al contrario, l'anima è razionale, l'annuncio arriva anche all'intelletto che presiede allo spirito. In tal modo, se l'oggetto percepito dagli occhi è annunciato allo spirito perché se ne formi in esso un'immagine, è il simbolo di qualche realtà, o il suo significato è compreso immediatamente dall'intelletto oppure viene ricercato, poiché non si può comprendere un simbolo né cercare di comprenderlo se non mediante la mente.

La visione del re Baldassarre.

11. 23. Il re Baldassarre vide le dita d'una mano che scrivevano sulla parete, e immediatamente l'immagine di un oggetto materiale formatosi per mezzo d'una sensazione corporea fu impressa nel suo spirito e rimase impressa nella sua immaginazione anche dopo ch'era avvenuta la visione ed era svanita. Il re la vedeva nello spirito ma non la comprendeva; quel segno non l'aveva compreso neanche quando veniva tracciato materialmente e appariva a gli occhi del corpo sebbene anche allora egli comprendesse che si trattava d'un segno ed era in grado di saperlo grazie alla funzione della mente. E poiché ne indagava il significato, era senz'altro la mente a fare quell'indagine. Ma non essendo il re riuscito a scoprirne il significato, si fece avanti Daniele che, grazie alla mente illuminata dallo spirito profetico rivelò al re conturbato il significato profetico del segno 32. A motivo di questa visione, ch'è propria della mente, Daniele fu dunque più profeta del re che aveva visto con gli occhi del corpo un segno materiale e presente nello spirito vedeva l'immagine dell'oggetto dopo ch'era scomparso, ma per mezzo dell'intelletto poteva solo riconoscere ch'era un segno e ricercarne il significato.

La visione di San Pietro.

11. 24. Pietro, mentre era rapito in estasi, vide scendere dal cielo un recipiente, legato ai quattro capi d'un lenzuolo, pieno di vari animali, quando udì anche una voce che gli diceva: Uccidi e mangia 33. Dopo aver ripreso i sensi, Pietro si chiedeva perplesso che significasse quella visione, quand'ecco lo Spirito annunciargli l'arrivo degli uomini inviati da Cornelio e dirgli: Ecco, degli uomini ti cercano, alzati, scendi e va' con loro poiché li ho mandati io 34. Giunto in casa di Cornelio, spiegò lui stesso il significato delle parole udite nella visione: Ciò che Dio ha mondato, non devi più chiamarlo profano 35, e poi disse: Dio però mi ha mostrato che non si deve chiamare profano o impuro alcun uomo 36. Poiché dunque

egli era rapito in estasi fuor dei sensi del corpo quando vide quel recipiente, fu mediante lo spirito che udì anche le parole: Uccidi e mangia, e: Ciò che Dio ha mondato, non devi più chiamarlo profano. Ripresi poi i sensi del corpo, tutto ciò che aveva visto e udito lo riteneva nella memoria e vedeva le immagini nel medesimo spirito che aveva visto la visione e le considerava nel suo pensiero. Tutti quegli oggetti non erano realtà materiali ma [solo] immagini d'oggetti materiali sia quando le aveva viste dapprima nell'atto del rapimento estatico, sia quando in seguito le ricordava e le aveva presenti nell'immaginazione. Quando invece era perplesso e si sforzava di comprendere il significato di quei segni, era la sua mente a sforzarsi d'intenderli ma senza risultato finché non gli fu annunciato l'arrivo degli inviati da parte di Cornelio. Orbene, con l'aggiungersi a questa visione percepita con gli occhi del corpo anche la voce dello Spirito Santo, che nello spirito gli diceva di nuovo: Va' con loro - visione in cui lo Spirito non solo gli aveva mostrato quel segno ma aveva anche impresso in lui quelle parole - la sua intelligenza con l'aiuto di Dio comprese il significato di tutti quei segni. Un attento esame di questi ed analoghi fatti dimostra assai chiaramente che la visione corporale è ordinata a quella spirituale e quest'ultima a quella intellettuale.

Visione corporale (sensibile) e visione spirituale.

12. 25. Ma quando, essendo noi svegli, la mente non è rapita fuori dei sensi corporali e abbiamo una visione corporale, la distinguiamo da quella spirituale in cui ci rappresentiamo con l'immaginazione oggetti assenti, sia ritenendo nella memoria cose a noi già note, sia formando in qualche modo nello spirito l'immagine di cose a noi ignote, ma che tuttavia esistono, sia immaginando con la nostra libera fantasia cose che non esistono affatto in nessun luogo. Da tutti questi oggetti noi distinguiamo quelli materiali - che noi vediamo e sono presenti ai sensi del corpo - al punto che non abbiamo alcun dubbio che siano corpi reali e che quegli altri sono immagini di corpi. Quando invece o per una eccessiva tensione mentale o per un

attacco violento di malattia - come di solito accade ai frenetici nell'accesso della febbre - o per l'unione di qualche altro spirito buono o cattivo, le immagini degli oggetti materiali s'imprimono nello spirito come se gli oggetti fossero presenti ai sensi del corpo pur rimanendo tuttavia l'attenzione dell'anima nei sensi del corpo. In tal caso le immagini degli oggetti materiali, che si formano nello spirito, si vedono come gli oggetti reali sono presenti ai sensi del corpo. Ne risulta che nello stesso tempo una persona, che è presente, si vede con gli occhi, mentre un'altra, che è assente, è vista con lo spirito come la si vedesse con gli occhi [del corpo]. Noi abbiamo conosciuto persone che in questo stato morboso conversavano sia con altre persone presenti in quel luogo, sia con altre assenti, come se fossero presenti. Tornate poi in sé, alcune raccontavano ciò che avevano visto, altre invece non ci riuscivano; allo stesso modo alcune si dimenticano dei sogni, altre invece se ne ricordano. Quando al contrario l'attenzione della mente è del tutto stornata e rapita fuori dai sensi del corpo, allora si parla ordinariamente piuttosto di estasi. In questo caso, pur avendo gli occhi spalancati, una persona non vede affatto alcun oggetto presente, qualunque esso sia, né sente affatto alcuna parola: lo sguardo dell'anima è interamente concentrato o nelle immagini degli oggetti viste nello spirito o nelle realtà incorporee presenti senz'alcuna rappresentazione d'immagini d'oggetti materiali.

Due casi di visione spirituale.

12. 26. Quando però nella visione spirituale la mente, rapita del tutto fuor dai sensi del corpo, è occupata da immagini d'oggetti materiali - sia nel sogno che nell'estasi --- se gli oggetti che vede non significano nulla, sono immaginazioni dell'anima stessa; in questo modo anche persone deste, sane di mente e pienamente padrone di sé, contemplano nel proprio spirito immagini di molti oggetti materiali che non sono presenti ai sensi del loro corpo. C'è tuttavia questa differenza: tali persone sono sempre in condizione di distinguere quelle immagini dagli oggetti reali a esse presenti. Può

darsi al contrario che quelle immagini abbiano un significato speciale, si presentino esse sia a persone che dormono sia a persone sveglie e che nello stesso tempo vedono con i loro occhi immagini d'oggetti presenti dinanzi a loro e nello spirito vedono immagini d'oggetti assenti come se fossero dinanzi ai loro occhi, sia a persone la cui mente è tutta rapita fuori dei sensi nello stato chiamato estasi; questo è un fenomeno straordinario: può accadere cioè che mediante l'unione con un altro spirito una cosa conosciuta da lui, quello spirito la manifesti - mediante quelle immagini - allo spirito con cui è unito, sia che lo spirito comprenda da se stesso le immagini che gli vengono mostrate, sia che vengano comprese da un altro spirito e da questo rivelate alla mente. Se infatti immagini di tal genere vengono rivelate - ed evidentemente non possono venir rivelate dal corpo - non ci resta da dire se non che sono rivelate da qualche spirito.

Si nega che l'anima abbia la facoltà divinatoria.

13. 27. Alcuni - è vero - sostengono che l'anima umana ha in se stessa una facoltà divinatoria. Ma se è così, come mai l'anima non è in grado di esercitarla ogni volta che lo vuole? Forse perché non ha l'aiuto necessario per poterla effettuare? E allora, quando riceve l'aiuto, può forse riceverlo da nessuno o dal corpo per mettere in atto quella facoltà? Non ci resta dunque altra ipotesi se non quella che l'anima venga aiutata da uno spirito. Inoltre in che modo viene aiutata? Accade forse nel corpo qualcosa per cui si liberi - per così dire - dal corpo e balzi fuori lo sforzo mentale dell'anima e arrivi fino al punto di vedere in se stessa le immagini simboliche delle cose ch'erano già in essa senza che fossero viste, allo stesso modo che riteniamo anche nella memoria molti oggetti che non sempre vediamo? O sono forse immagini formate nell'anima che prima non c'erano, o sono in qualche spirito in cui l'anima, penetrando e poi lanciandosi fuori può vederle? Ma se quelle immagini erano già nell'anima come sue proprie, perché mai non poteva anche comprenderle? Talvolta, infatti, anzi il più delle volte, essa non le comprende. O forse, allo stesso modo che il suo spirito è aiutato a

vedere in sé le immagini, così anche la mente, senza ricevere un simile aiuto, non può capire le cose che sono nello spirito? O forse non si tratta d'allontanare o allentare gli impedimenti frapposti dal corpo perché l'anima di proprio impulso sia attratta verso ciò che deve contemplare, ma è l'anima stessa a esser trasportata verso quegli oggetti, sia per vederli con lo spirito, sia per conoscerli con l'intelletto? O forse l'anima vede quegli oggetti talora da se stessa e talora per mezzo di un altro spirito? Qualunque sia di queste ipotesi quella giusta, non si deve affermare alcunché avventatamente. Una cosa tuttavia non dev'essere messa in dubbio: le immagini corporali viste dallo spirito, sia di chi è sveglio, sia di chi dorme, sia di chi è malato, non sempre sono segni d'altre realtà; sarebbe però strano se potesse aver luogo un'estasi senza che somiglianze di realtà materiali abbiano un significato.

L'influsso del demonio e degli angeli buoni.

13. 28. Naturalmente non c'è da stupirsi che anche degli indemoniati dicano talvolta verità che sfuggono alla conoscenza dei presenti; il fatto è certamente dovuto a una non so quale misteriosa unione con lo spirito cattivo di modo che lo spirito dell'ossesso e quello del vessatore risulta in un certo senso un unico e medesimo spirito. Quando invece uno spirito buono afferra o rapisce lo spirito d'una persona per trasportarlo a visioni straordinarie, non può esserci alcun dubbio che quelle immagini sono segni d'altre cose utili a conoscersi, poiché questo è un dono di Dio. Senza dubbio è assai difficile distinguere quando lo spirito maligno agisce in un modo apparentemente pacifico e, senza vessare il corpo, prende possesso dello spirito umano e dice quello che può, dicendo finanche la verità e svelando utili conoscenze del futuro. Egli allora si maschera - come dice la Scrittura - da angelo di luce 37, affinché, una volta acquistatosi la fiducia [d'una persona] riguardo a cose evidentemente buone, con l'inganno nei suoi tranelli l'attragga. Questo spirito - a quanto io penso - non può riconoscersi che mediante il dono di cui parla l'Apostolo quando elenca i diversi doni di Dio: a un altro il

discernimento degli spiriti 38.

14. 28. Non è difficile discernere lo spirito cattivo quando ha raggiunto il suo scopo, quello cioè di condurre uno a ciò ch'è contrario ai buoni costumi o alla norma della fede; poiché in tal caso sono molti i capaci di discernerlo. Il dono del discernimento invece, fin dall'inizio - quando lo spirito appare ancora a molti come uno spirito buono - di primo acchito mette uno in grado di giudicare immediatamente se uno spirito è cattivo.

La visione intellettiva non inganna.

14. 29. Tuttavia, sia mediante visioni corporali, sia mediante immagini d'oggetti materiali rivelate nello spirito, gli spiriti buoni istruiscono [le persone] mentre quelli cattivi le ingannano. La visione intellettuale al contrario non inganna poiché o non la comprende chi l'interpreta diversamente da quello che è oppure, se la comprende, ne scopre immediatamente la verità. Gli occhi infatti non sanno che fare quando vedono un oggetto somigliante a un altro oggetto e che non riescono a distinguere dall'altro; così pure l'attenzione dell'anima non può far nulla quando nello spirito si forma l'immagine d'un oggetto ch'essa non è in grado di distinguere dall'oggetto stesso. Allora però interviene l'attività dell'intelletto che ricerca il significato degli oggetti visti oppure l'utilità che vogliono insegnare; allora o scopre la verità e così raggiunge l'effetto [della sua ricerca] oppure non la scopre, e allora continua a riflettere per non cadere in un errore esiziale a causa d'una funesta temerità.

L'errore nelle visioni spirituali non sempre è nocivo.

14. 30. Un intelletto assennato sa giudicare, con l'aiuto di Dio, la natura e l'importanza delle cose, a proposito delle quali non è dannoso per l'anima giudicarle diversamente da quello che sono in realtà. Uno, per esempio, può essere giudicato buono dalle persone buone anche se nell'intimo è cattivo; ciò è piuttosto funesto per lui anziché pericoloso per coloro che lo giudicano, purché lo sbaglio

non riguardi la vera realtà, cioè lo stesso Bene, grazie al quale uno diventa buono. Così non nuoce ad alcuno credere nel sonno che siano oggetti reali le immagini delle cose viste in sogno, come non fu un male per Pietro di credere, a causa della subitaneità del miracolo, d'avere una visione quando fu sciolto dalle catene e fu condotto [fuori della prigione] da un angelo 39, o quando nell'estasi rispose al Signore: Non sia mai, Signore, poiché non ho mangiato mai nulla di profano o d'impuro 40, credendo che fossero veri animali gli oggetti che gli erano stati fatti vedere nel vassoio 41. Quando noi scopriamo che tutte queste cose sono diverse da come le avevamo credute allorché le vedevamo, non sentiamo alcun rammarico che ci siano apparse in quel modo, purché non abbiamo da rimproverarci né un'infedeltà ostinata né un'interpretazione falsa o sacrilega. Perciò anche quando il diavolo c'inganna con visioni corporali, nessun danno ci viene arrecato per il fatto che gli occhi vengono illusi, se non sbagliano riguardo alle verità di fede e alla sana intelligenza, mediante la quale Dio insegna a coloro che sono a lui ubbidienti. Oppure se il diavolo ingannasse l'anima con una visione spirituale mediante immagini d'oggetti materiali, inducendola a pensare che sia corpo quello che non lo è, non reca alcun danno all'anima purché non consenta a una cattiva suggestione.

Come giudicare il consenso dato ad azioni viste in sogno.

15. 31. Talvolta perciò sorge la questione circa il consenso dato durante il sonno quando alcuni sognano perfino d'avere un rapporto carnale o contrariamente al loro ideale di vita religiosa o anche ai buoni costumi. Siffatti sogni avvengono solo perché ci vengono in sogno le cose che pensiamo anche da svegli - senza acconsentire al piacere che si prova per esse, ma immaginandole come quando, per qualche motivo, parliamo anche di tali argomenti - e durante il sonno quelle immagini tornano alla mente con tanto risalto da eccitare per via di un processo naturale la carne, e il liquido [seminale], raccolto nei suoi meati per cause naturali, lo emette attraverso gli organi

genitali: così, neppure io potrei parlare di questo argomento. Orbene, se le immagini di queste cose corporali, alle quali non potevo non pensare per esporre queste idee, si presentassero in sogno con la stessa vividezza con cui i corpi si presentano agli occhi d'uno ch'è desto, potrebbe accadere ciò che invece non potrebbe fare senza peccato una persona sveglia. Chi infatti potrebbe non rappresentarsi ciò almeno quando parla di questo e la necessità dell'argomento esige ch'egli dica qualcosa dell'unione carnale ch'egli ha avuta? Inoltre, quando l'immagine che si forma nell'immaginazione di chi parla, si presenta nella visione di chi sogna, tanto vivida che non può distinguersi da un'effettiva visione carnale, la carne immediatamente si eccita e segue ciò che ordinariamente è l'effetto di tale eccitazione: ciò avviene senza peccato come senza peccato ne parla uno da sveglio e senza dubbio, per parlarne, non ha potuto non pensare al coito. Tuttavia, grazie alla buona disposizione, l'anima purificata dal desiderio d'un bene migliore, distrugge molte brame passionali che non hanno alcuna attinenza con gli stimoli naturali della carne; siffatti stimoli le persone caste li reprimono e frenano quando sono sveglie, mentre quando dormono non possono fare altrettanto poiché non sono in grado di controllare le rappresentazioni d'immagini corporee non distinguibili dai corpi reali. Grazie dunque a quella buona disposizione dell'anima anche nel sonno risultano evidenti certi suoi meriti. Anche Salomone, per esempio, preferì [in una visione] mentre dormiva, la sapienza a tutti gli altri beni e la chiese ai Signore, disprezzando tutte le altre cose, e - come attesta la Scrittura - il suo desiderio riuscì gradito al Signore che non tardò a dargli l'adeguata ricompensa per il suo eccellente desiderio 42.

I sensi e la visione corporale.

16. 32. Stando così le cose, le visioni corporali hanno attinenza con i sensi del corpo che fluiscono attraverso una specie di canaletti di capacità differente. Quel che nel corpo è l'elemento più sottile di tutti gli altri e perciò più simile all'anima è la luce; anzitutto essa è diffusa, allo stato puro, attraverso gli occhi e risplende con i raggi

luminosi emessi dagli occhi per percepire gli oggetti visibili, inoltre essa, unendosi, mediante una sorta di mescolanza in primo luogo con l'aria pura, in secondo luogo con l'aria fosca e tenebrosa, in terzo luogo con il vapore acqueo più denso e in quarto luogo con sostanze terrene compatte dà origine ai cinque sensi - insieme a quello della vista in cui essa è più perfetta essendo allo stato puro --, come ricordo di avere spiegato nel quarto e anche nel settimo libro. Ora, il cielo visibile ai nostri occhi e da cui risplendono i luminari e gli altri astri è certamente superiore a tutti gli elementi materiali, come il senso della vista è superiore agli altri sensi del corpo. Ma poiché ogni spirito è senza dubbio superiore a ogni corpo, ne segue che la natura spirituale, compresa quella in cui sono prodotte le immagini d'oggetti materiali, è superiore a questo nostro cielo fisico non per il posto che occupa ma per l'eccellenza della sua natura.

In che modo si forma l'immagine nello spirito.

16. 33. A questo punto viene fuori una cosa straordinaria: sebbene lo spirito abbia la precedenza sul corpo e l'immagine d'un corpo viene dopo un corpo, tuttavia - poiché ciò ch'è posteriore nel tempo si forma in ciò ch'è anteriore nella natura - l'immagine d'un corpo in uno spirito è più eccellente del corpo stesso considerato nella sua propria sostanza. Inoltre non si deve credere neppure che un corpo produca qualcosa nello spirito, come se lo spirito fosse soggetto, al pari d'una materia, all'azione del corpo. Poiché chi produce qualche cosa è, sotto ogni rispetto, superiore alla cosa con la quale egli la produce. Ora, il corpo non è in alcun modo superiore allo spirito; al contrario è evidente ch'è lo spirito superiore al corpo. Sebbene dunque noi prima vediamo un corpo che non avevamo visto in precedenza e se ne formi allora un'immagine nel nostro spirito, per mezzo del quale ci ricordiamo dell'oggetto quando esso è assente, tuttavia non è il corpo a formar quell'immagine nello spirito ma è lo spirito a formarla in se stesso. Ciò avviene con una straordinaria rapidità ed è impossibile spiegare quanto essa sorpassi le azioni tanto lente del nostro corpo: appena gli occhi vedono un oggetto se ne

forma l'immagine nello spirito di colui che lo vede senza neppure un attimo d'intervallo. Lo stesso avviene a proposito dell'udito: se lo spirito immediatamente non formasse in se stesso l'immagine della parola percepita dalle orecchie e non la serbasse nella memoria, uno non saprebbe se la seconda sillaba fosse proprio la seconda per il fatto che naturalmente non esisterebbe più la prima, dileguatasi dopo aver colpito l'orecchio. Così ogni vantaggio del discorrere, ogni dolcezza del canto, infine ogni movimento relativo alle azioni del corpo svanirebbe e cesserebbe e non acquisterebbe alcuno sviluppo, se lo spirito non serbasse il ricordo dei movimenti fisici passati per collegarli con altre azioni future; ma di certo non sarebbe il ricordo di quei movimenti futuri se non se ne fosse formata un'immagine in se stesso. In noi ci sono anche le immagini dei nostri movimenti futuri prima che abbiano inizio le azioni stesse. Quale azione infatti compiamo noi con il corpo che lo spirito non abbia formato in precedenza nel suo pensiero, vedendo prima in se stesso e in un certo modo ordinando le somiglianze di tutte le nostre azioni visibili?

Come le visioni spirituali sono conosciute dal demonio.

17. 34. È difficile scoprire e spiegare in qual modo gli spiriti - anche quelli immondi - vengano a conoscere quelle immagini d'oggetti materiali presenti nell'anima nostra, oppure quale ostacolo incontri l'anima nostra da parte del nostro corpo terrestre, che c'impedisce di vedere a nostra volta nel nostro spirito le immagini che hanno essi. Da sicurissime testimonianze mi risulta che i demoni hanno svelato i pensieri degli uomini; essi tuttavia, se potessero intuire nell'interno dell'uomo l'intima natura delle virtù, non li tenterebbero. Se, per esempio, il demonio avesse potuto intuire la notissima ed eroica pazienza di Giobbe, non avrebbe certamente desiderato d'essere sconfitto da colui ch'egli tentava. D'altronde non deve sorprenderci il fatto ch'essi annunciano eventi già passati ma accaduti in località lontane, della realtà dei quali si ha conferma solo dopo alcuni giorni. [Gli spiriti cattivi] sono in grado di fare ciò non solo grazie all'acume della loro vista incomparabilmente superiore alla nostra ma anche

alla straordinaria agilità dei loro corpi, senza dubbio di gran lunga più sottili dei nostri.

Predizioni di un ossesso forse solo frenetico.

17. 35. Da sicure informazioni mi risulta pure che un tale posseduto da uno spirito immondo, e che viveva ritirato in casa sua, era solito indicare in qual momento un prete si metteva in cammino da una località distante dodici miglia per recarsi a visitarlo, tutti i luoghi ove si trovava lungo il tragitto, di quanto s'avvicinava, quando entrava nel suo podere, in casa sua e nella sua camera da letto fino a quando si trovava alla sua presenza. Tutti questi particolari, anche se l'ossesso non li vedeva con gli occhi, non li avrebbe tuttavia palesati con tanta veracità se non li avesse visti in qualche modo; ma l'uomo era in preda alla febbre e annunciava quelle cose come se fosse in uno stato di delirio frenetico. E forse era proprio un frenetico, ma a motivo di quei fenomeni lo si reputava un ossesso. Nessun alimento per ristorarsi accettava dai suoi, ma solo da quel prete; resisteva inoltre ai suoi con tutta la violenza che poteva e si calmava solo alla venuta del prete; a lui solo si mostrava ubbidiente, a lui solo rispondeva docilmente. Tuttavia quell'alienazione mentale od ossessione demoniaca non cedé neppure all'esorcismo del prete, se non quando guarì dalla febbre e in seguito non provò mai più nulla di simile.

Predizioni d'un tale veramente frenetico.

17. 36. Conosco anche un tale ch'è senza dubbio frenetico, il quale predisse la morte d'una donna, non come chi predice il futuro ma come chi ricorda un fatto già trascorso. Una volta infatti, mentre veniva menzionata quella donna in sua presenza, "È morta - esclamò - io l'ho vista che veniva portata al sepolcro e sono passati per questa strada con il cadavere". La donna però era ancora viva e in buona salute; ma pochi giorni dopo essa morì all'improvviso e fu condotta al sepolcro lungo la strada ch'egli aveva predetto.

Visioni di un ragazzo gravemente infermo.

17. 37. C'era, ugualmente, nel nostro monastero un ragazzo che all'inizio della pubertà soffriva dolori atroci negli organi genitali. I medici non riuscivano a diagnosticare che specie di malattia fosse quella; tutto quel che sapevano era che il membro virile era nascosto nella cavità del pube, in modo che non si sarebbe potuto vedere neppure qualora fosse stato asportato il prepuzio che, per la sua eccessiva lunghezza, penzolava in fuori, e solo allora si sarebbe potuto scoprire a stento. Stillava poi un umore viscoso e irritante che procurava dolori brucianti ai testicoli e all'inguine. Questi dolori acuti non li aveva però di continuo ma, quando li sentiva, prorompeva in alte e forti urla agitando scompostamente le membra, sebbene la sua intelligenza restasse interamente sana, come quando si è in preda a violenti dolori fisici. Poi in mezzo alle sue grida perdeva i sensi e rimaneva supino con gli occhi aperti ma senza vedere alcuno dei presenti, senza scuotersi quando gli davano dei pizzicotti. Poco dopo, svegliandosi come dal sonno, non sentiva più dolore e rivelava le cose che aveva viste. Passati però pochi giorni soleva ricadere nelle medesime crisi. Egli affermava che in tutte o in quasi tutte le sue visioni vedeva due persone di cui una era un anziano e l'altra un giovinetto: esse gli dicevano o mostravano ciò che raccontava d'aver udito o visto.

Visione dei beati e dei dannati avuta dallo stesso.

17. 38. Un giorno vide un coro di fedeli che cantavano inni con gioia, circonfusi di luce meravigliosa, e una schiera di empi immersi nelle tenebre, i quali soffrivano diversi e atroci tormenti, mentre l'anziano e il giovanetto l'accompagnavano glieli mostravano e gli spiegavano perché gli uni avevano meritato la felicità e gli altri l'infelicità. Questa visione egli l'ebbe la domenica di Pasqua, dopo aver trascorso tutta la Quaresima senza sentire alcuno di quei dolori che prima gli erano risparmiati appena per tre giorni di seguito. Proprio all'inizio della Quaresima aveva avuto una visione, in cui

quelle due persone gli avevano promesso che durante quei quaranta giorni non avrebbe sentito alcun dolore. Quei due inoltre gli diedero una specie di prescrizione medica, quella cioè di farsi tagliare il prepuzio troppo lungo. Egli seguì il loro consiglio e per lungo tempo non sentì più alcun dolore. Allorché però cominciò a sentire di nuovo gli stessi dolori e ad avere le stesse visioni, ricevette da quei due di nuovo un consiglio, d'immergersi cioè nel mare fino al pube e uscirne solo dopo esserci rimasto per un certo tempo, promettendogli che per l'avvenire non avrebbe sentito più quell'atroce dolore ma solo il fastidio di quell'umore viscoso. In seguito non andò mai più soggetto alla perdita dei sensi né mai più ebbe visioni simili a quelle ch'era solito avere quando tra dolori e terribili urli restava completamente privo dei sensi e diventava muto. Più tardi tuttavia i medici con le loro cure riuscirono a guarirlo ma egli non perseverò nella vocazione religiosa.

Cause e modalità delle visioni spirituali.

18. 39. Se uno potesse investigare e comprendere con certezza le cause e le modalità di queste visioni e divinazioni, preferirei le sue spiegazioni anziché si aspettino altri da me la discussione delle mie opinioni. Tuttavia non nasconderò ciò che penso, in modo che i dotti non mi deridano prendendomi per uno che asserisce categoricamente, e gli ignoranti non mi prendano per un maestro che desidera insegnare, ma dagli uni e dagli altri sia considerato come uno che discute e ricerca piuttosto che come uno che sa. Io considero tutte queste visioni simili a quelle di chi sogna. Ora, anche i sogni sono talvolta falsi e talvolta veri, talora perturbati e talora tranquilli; i sogni veri poi sono alle volte del tutto simili agli eventi futuri o sono previsioni chiare, mentre altre volte sono previsioni annunciate con significati oscuri e - per così dire - espresse in modo figurato: la stessa cosa può dirsi di tutte quelle visioni. Ma gli uomini amano scoprire cose ignote con loro meraviglia e indagare le cause di fatti insoliti mentre non si curano di conoscere fatti quotidiani, per lo più simili a quelli, che hanno spesso un'origine anche più oscura. Così

avviene per le parole, cioè per i segni, che usiamo nel parlare. All'udire una parola insolita si cerca di sapere anzitutto che cos'è, ossia che cosa significhi e, dopo averlo saputo, si cerca di sapere donde deriva quel termine mentre non ci si preoccupa affatto d'ignorare tante parole che usiamo nel linguaggio quotidiano. Allo stesso modo, quando accade qualcosa d'insolito, di natura corporale o spirituale, si cerca di scoprirne ansiosamente le cause e la natura e se ne esige la spiegazione dai dotti.

Qualunque sia la natura delle visioni, basta ritenere che non sono corpo.

18. 40. Quando, per esempio, uno mi domanda che significhi catus e rispondo: prudens (cioè "assennato") o acutus (cioè "d'ingegno acuto") e la risposta non lo soddisfa ma continua a domandare donde deriva la parola catus, sono solito replicare e domandare a mia volta donde derivi la parola acutus. Ciò tuttavia quel tale l'ignorava certamente ma, poiché quella era una parola corrente, si rassegnava ad ignorarne l'origine. Quando invece una risuona alle sue orecchie una parola strana, crede d'avere una nozione insufficiente del suo significato se non rintraccia anche la sua derivazione. Così dunque, se uno mi domanda donde derivano le immagini d'oggetti materiali che appaiono nell'estasi - cosa che raramente accade all'anima --, io domando a mia volta donde derivano le immagini che appaiono nel sogno e che l'anima percepisce ogni giorno, ma nessuno si cura di far l'indagine di questo fenomeno o non la si fa a sufficienza. Si pensa infatti che la natura di siffatte visioni sia meno meravigliosa perché avvengono ogni giorno, o che si debba prestar loro minore attenzione perché succedono a tutti, oppure si crede che, nell'ipotesi che facciano bene quanti non indagano su di esse, farebbero meglio a non essere curiosi neppure riguardo alle visioni straordinarie. Io, al contrario, mi meraviglio assai di più e rimango stupito maggiormente quando considero la rapidità e la facilità con cui l'anima forma in se stessa le immagini d'oggetti materiali percepite mediante gli occhi del corpo che non quando considero le visioni

prodotte nel sogno o anche nell'estasi. Tuttavia quale che sia la natura di quelle immagini, essa non è certamente corporea. Colui, al quale non è sufficiente sapere ciò, cerchi di saperne da altri anche l'origine: io confesso di non saperla.

Origine delle visioni spirituali.

19. 41. Questa è la conclusione che si può trarre facilmente dai fatti di cui abbiamo esperienza e di cui ho portato degli esempi). Così il pallore, il rossore, il tremore o anche una malattia del corpo hanno cause derivanti talvolta dal corpo, tal'altra dall'anima. Sono causate dal corpo quando all'interno di esso c'è un versamento di liquido o quando vi s'introduce dall'esterno un alimento o qualche altro elemento corporeo. Al contrario sono generate dall'anima quando essa è turbata dalla paura o confusa per la vergogna o è mossa dall'ira o dall'umore o da qualche altra emozione di tal genere; ciò accade non senza ragione se è vero che l'elemento spirituale, che anima e governa il corpo, quando è turbato più violentemente produce anche un turbamento più violento. Così avviene anche all'anima quando rivolge la sua attenzione agli oggetti che le sono presentati non per mezzo d'una sostanza incorporea e si rivolge a essi senza poter distinguere se siano corpi o immagini mentali di corpi; questa sua condizione dipende talora dal corpo, talora da uno spirito. Dipende dal corpo sia per un fenomeno naturale, come accade nelle visioni di chi sogna - poiché dormire è per l'uomo una funzione del corpo - sia per il turbamento dei sensi a causa di qualche malattia, come quando i frenetici vedono oggetti materiali e insieme immagini simili agli oggetti materiali, come se fossero anch'essi sotto i loro occhi oppure quando hanno perduto completamente i sensi come accade spesso a coloro che afflitti da lunghe e pericolose malattie e ben presenti con il corpo ma a lungo assenti con lo spirito e che più tardi, tornati alle normali relazioni con gli altri, raccontano d'aver visto molte cose. Questa condizione dell'anima dipende, al contrario, dallo spirito quando alcuni, pur essendo completamente validi e sani di corpo, sono rapiti in estasi fuori di sé e così anche mediante i sensi

del corpo vedono veri corpo e mediante lo spirito cose simili ai corpi ma senza poterle distinguere dei corpo, oppure sono rapiti fuori dei sensi del corpo senza però percepire assolutamente nulla per mezzo di essi e così, per effetto di quella visione spirituale, si vengono a trovare tra immagini mentali di corpi. Ma quando a rapire [fuori dei sensi] delle persone per far avere a loro visioni di tal genere è uno spirito cattivo, ne fa o degli ossessi o dei frenetici o dei falsi profeti. Quando, al contrario, a rapire [fuori dei sensi] è uno spirito buono, ne fa dei fedeli che pronunciano parole misteriose oppure, se queste sono intelligibili, ne fa dei veri profeti o ne fa, secondo le circostanze, dei veggenti che raccontano la visione che dev'essere manifestata da essi.

Funzione del corpo nelle visioni spirituali.

20. 42. Quando però la causa di simili visioni dipende dal corpo, non è il corpo a presentarle, poiché il corpo non ha il potere di formare alcunché di spirituale, ma alle volte il processo dell'attenzione, che parte dal cervello e regola la sensazione, è assopito o turbato o anche bloccato. Allora, poiché il corpo non le permette affatto o solo in parte di percepire gli oggetti o dirigere verso di essi la forza della sua attenzione, l'anima stessa - la quale con un moto suo proprio non può tralasciare questa sua attività - forma da se stessa nello spirito immagini di oggetti materiali o contempla quelle che le sono presentate. Ma se essa le forma da se stessa, sono soltanto rappresentazioni immaginative; se invece contempla quelle che le vengono presentate, sono immagini mostrate in una visione. Infine, quando gli occhi soffrono di qualche disturbo oppure sono spenti - perché la causa non risiede nel cervello dal quale è guidata la forza intenzionale della sensazione - si formano siffatte visioni di oggetti materiali sebbene l'ostacolo a percepire gli oggetti derivi da parte del corpo. I ciechi infatti vedono oggetti nel sonno piuttosto che nella veglia. Nel sonno infatti il processo della sensazione che conduce lo sforzo dell'attenzione fino agli occhi è assopito nel cervello e perciò l'attenzione si distoglie [dalle vie dei sensi], si dirige altrove e

percepisce le immagini che si presentano nel sogno come se fossero le forme degli oggetti presenti agli occhi: per conseguenza, sembrandogli d'essere desto, chi dorme s'immagina di vedere non immagini di oggetti ma oggetti veri e propri. Quando, al contrario, i ciechi sono svegli, l'attenzione è condotta attraverso le stesse vie ma, giunta alla sede degli occhi, non si spinge innanzi [verso gli oggetti] ma rimane lì e perciò i ciechi si accorgono d'essere svegli e d'essere nelle tenebre quando vegliano anche durante il giorno piuttosto che quando dormono sia di giorno che di notte. D'altra parte anche tra coloro che non sono ciechi, parecchi dormono a occhi aperti senza vedere nulla con i loro occhi, ma ciò non significa che non vedono proprio nulla, poiché vedono in spirito le immagini dei sogni; se al contrario sono svegli ma con gli occhi chiusi, non hanno né le visioni di coloro che dormono né quelle di coloro che sono desti. Tuttavia, poiché in costoro il processo della sensazione non è né assopito né turbato né bloccato ma va dal cervello fino agli occhi e conduce l'attenzione dell'anima fin proprio alle porte del corpo sebbene chiuse, ne segue che essi possono rappresentarsi immagini d'oggetti ma senz'affatto scambiarli per veri oggetti percepiti dagli occhi.

Connessione e correlazione dell'anima con il corpo.

20. 43. È molto importante sapere ove si produce l'ostacolo che impedisce di percepire gli oggetti, quando l'ostacolo dipende dal corpo. Se risulta che l'ostacolo si trova all'entrata stessa o, per così dire, alla porta dei sensi - come per esempio negli occhi, nelle orecchie e negli altri sensi del corpo - viene impedita soltanto la percezione degli oggetti materiali, mentre l'attenzione dell'anima non è distornata verso un altro oggetto in modo da scambiare le immagini degli oggetti per oggetti reali. Se, al contrario, la causa dell'impedimento è nell'interno del cervello da cui si dipartono le vie per arrivare a percepire gli oggetti esterni, allora sono assopiti o turbati o interrotti gli organi mediante i quali esplica le sue energie tese a vedere o percepire gli oggetti esterni. Ma poiché l'anima non

perde questa sua tensione, ma forma immagini tanto vivide che non è in grado di distinguere le immagini degli oggetti dagli oggetti veri e propri e non sa se ha a che fare con le une o con gli altri e, quando lo sa, lo sa in modo di gran lunga diversa da quello ch'essa ha quando è consapevole delle immagini degli oggetti presenti nella sua fantasia o che si presentano alla sua immaginazione. Questo fenomeno non può essere compreso - sia pure solo in qualche modo - se non da coloro che l'hanno esperimentato. Da ciò deriva che, mentre io dormivo, mi rendevo conto di vedere qualcosa in sogno e tuttavia le immagini da me viste non le distinguevo dagli oggetti reali come di solito le distinguiamo quando ce le rappresentiamo anche ad occhi chiusi o quando siamo nelle tenebre. L'attenzione dell'anima ha un potere diverso secondo che arrivi agli organi sensori anche chiusi o che nello stesso cervello - da cui essa tende a percepire gli oggetti - esista una causa che la svia verso un altro oggetto; in tal caso, benché sappia talora di non vedere oggetti reali ma immagini d'oggetti, oppure, a causa della sua poca istruzione, pensi che siano anch'esse oggetti reali pur rendendosi conto di vederle non con gli occhi del corpo ma con lo spirito, ciononondimeno questa disposizione è di gran lunga diversa dall'attività per cui la tensione dell'anima la rende presente al proprio corpo. Ecco perché anche i ciechi sanno d'essere svegli quando distinguono con sicurezza le immagini degli oggetti rappresentate nell'immaginazione dagli oggetti che non possono vedere.

Le visioni in cui interviene un agente estraneo.

21. 44. Quando invece in un corpo sano con i sensi non assopiti nel sonno l'anima è rapita da qualche arcana forza spirituale verso visioni di cose assomiglianti ad oggetti materiali, non ne segue che, poiché è diverso il modo della visione, sia diversa anche la natura delle cose viste, atteso che tra le cause d'origine fisica vi sono differenze che sono talvolta anche di natura contraria. Così, nel caso dei frenetici quando non dormono è piuttosto nel cervello che i canali della sensazione sono turbati e perciò essi vedono oggetti

come li vedono i sognanti la cui attenzione durante il sonno è sviata dalle percezioni dello stato di veglia ed è portata ad avere quella sorta di visioni. Ora, benché il primo caso avvenga nello stato di veglia e l'altro nel sonno, tuttavia gli oggetti visti nell'uno e nell'altro non sono di specie diversa poiché procedono dallo spirito, dal quale e nel quale si formano le immagini degli oggetti materiali. Così, benché sia diversa la causa che distoglie l'attenzione, quando l'anima d'una persona sana di corpo e sveglia viene rapita da una misteriosa forza spirituale in modo da vedere, invece di un oggetto, immagini rappresentanti realtà materiali, la natura delle visioni è tuttavia la medesima. Infatti non può dirsi neppure che, quando la causa risiede nel corpo, l'anima produce con il suo proprio potere, senz'alcuna preveggenza del futuro, immagini d'oggetti materiali come fa di solito quando si rappresenta qualcosa, mentre al contrario, quando è rapita da uno spirito perché abbia siffatte visioni, queste le sono presentate da Dio; la sacra Scrittura infatti dice chiaramente: Io effonderò il mio Spirito su ogni uomo; i giovani avranno visioni e i vecchi faranno sogni 43, attribuendo entrambi i fenomeni all'azione di Dio. La Scrittura dice anche: A lui apparve in sogno un angelo del Signore e gli disse: Non aver paura di prendere con te la tua sposa Maria 44, e ancora: Prendi il bambino e va' in Egitto 45.

Lo spirito umano è rapito da uno spirito buono solo perché riveli qualcosa.

22. 45. Io pertanto non penso che lo spirito di una persona venga rapito da uno spirito buono per fargli vedere immagini di tal genere se non quando esse hanno un significato speciale; quando invece la causa delle visioni è nel corpo in modo che lo spirito umano s'indirizzi verso di esse per vederle più distintamente, non si deve credere che abbiano sempre un significato; tuttavia ne hanno uno quando sono ispirate da uno spirito che le rivela sia a uno che dorme sia a uno sofferente di qualche disturbo fisico da cui sia privato dell'uso dei sensi del corpo. Io conosco pure casi di persone sveglie e non afflitte assolutamente da alcuna malattia né tormentate dal

delirio, nelle quali furono prodotte, mediante qualche misterioso impulso, certe rappresentazioni che, in seguito a spiegazioni date oralmente, si rivelarono essere delle profezie. Ciò è successo non solo a persone che avevano pronunciato frasi alle quali avevano dato un senso diverso; è questo il caso del gran sacerdote Caifa che fece una profezia senza l'intenzione di farla; ma è il caso anche di altre persone che avevano intenzione di fare una predizione riguardo ad eventi futuri.

Predizioni fatte per gioco dai giovani e avveratesi.

22. 46. Alcuni giovani, per esempio, in una località ove erano capitati durante un loro viaggio, volendosi divertire con una burla, si finsero astrologi, pur ignorando assolutamente il nome dei dodici segni dello zodiaco. Vedendo che il loro ospite ascoltava sbalordito ciò che dicevano e asserivano ch'era perfettamente vero, continuarono il gioco con maggiore audacia. L'ospite restava tuttavia affascinato e approvava tutto ciò che quelli dicevano. Alla fine li interrogò sulla sorte del figlio di cui aspettava ansiosamente il ritorno poiché era lontano da lungo tempo e tardava in modo inconcepibile; egli quindi era angosciato pensando che gli fosse accaduta qualche disgrazia. Quei giovani però non si preoccupavano della verità che l'ospite avrebbe potuto conoscere dopo la loro partenza e, pur di renderlo tuttavia felice per il momento, sul punto di apprestarsi a partire gli risposero che il figlio stava bene, che si avvicinava e che sarebbe arrivato lo stesso giorno in cui gli facevano la predizione. Essi infatti non temevano che, una volta trascorso interamente quel giorno, il loro ospite si mettesse il giorno seguente sulle loro tracce per redarguirli. Ma, per venire subito alla conclusione, nel momento in cui si disponevano a partire, ecco che all'improvviso arrivò il figlio mentre essi erano ancora lì, in casa.

Predizione fatta da un altro giovane per scherzo e avveratasi.

22. 47. Così pure un'altra volta, durante una festa pagana, un giovane

danzava accompagnato da un flautista in un luogo dov'erano molti idoli. Egli non era un frenetico posseduto da spirito alcuno ma, come sapevano i circostanti e gli spettatori, imitava per gioco gli ossessi. Era infatti usanza che prima di pranzo si offrissero sacrifici e gl'invasati dagli spiriti si abbandonassero ai loro atti furiosi e che dopopranzo a nessuno dei giovani, che l'avessero desiderato, fosse proibito d'imitarli per gioco. Fu così che quel giovane, mentre eseguiva la sua danza, chiese ed ottenne dalla folla circostante che se la rideva, di fare silenzio e allora predisse che durante la notte ormai imminente sarebbe stata uccisa da un leone nel bosco vicino una persona e che l'indomani sul far del giorno la folla avrebbe abbandonato il luogo della festa e si sarebbe recata a vedere il cadavere di quel malcapitato. La cosa andò proprio in quel modo, sebbene da tutte le sue buffonate apparisse a tutti gli spettatori assai chiaro ch'egli aveva fatto quella predizione per gioco e per scherzo, senza aver avuto mailo spirito turbato o essere stato mai fuor dei sensi. Egli stesso rimase tanto più stupito di ciò ch'era accaduto quanto più era conscio dello stato d'animo in cui si trovava e con quali espressioni aveva predetto quel fatto.

È assai difficile sapere come si formano nello spirito le visioni.

22. 48. In qual modo arrivano nello spirito queste visioni? Vi si formano forse originariamente o sono introdotte già formate e percepite grazie a una sorta d'unione [con il loro spirito]? In questo modo gli angeli mostrerebbero agli uomini i propri pensieri e le immagini degli oggetti materiali ch'essi formano in precedenza nel proprio spirito grazie alla loro conoscenza del futuro, allo stesso modo ch'essi vedono i nostri pensieri non certo con gli occhi - poiché non vedono con il corpo ma con lo spirito - con la differenza però che gli angeli conoscono i nostri pensieri anche se noi non lo vogliamo, mentre noi non possiamo conoscere i loro pensieri se non a condizione che ce li rivelino essi stessi. Gli angeli infatti - a mio avviso - hanno il potere di nascondere i loro pensieri con mezzi spirituali, allo stesso modo che noi nascondiamo il nostro corpo agli

occhi altrui ponendo degli ostacoli tra noi e loro. E come mai avviene che nel nostro spirito si percepiscono talora solo immagini significative senza che si sappia se abbiano un significato, mentre altre volte si capisce che significano qualcosa ma il loro significato non risulta certo; altre volte, al contrario, l'anima umana, per una sorta di rivelazione, non solo vede nello spirito queste immagini, ma con la mente conosce anche il loro significato? Ciò è assai difficile saperlo e, ammesso che lo sapessimo, è assai arduo discuterlo e spiegarlo.

Ricapitolazione: v'è in noi una natura spirituale dove si formano le immagini degli oggetti.

23. 49. Per ora tuttavia credo sia sufficiente mostrare che certamente esiste in noi una natura spirituale in cui si formano le immagini degli oggetti materiali. Essa agisce sia quando con i sensi fisici percepiamo un oggetto e subito si forma nello spirito e vien conservata nella memoria l'immagine dell'oggetto, sia quando rimuginiamo nella mente immagini di oggetti assenti ma già conosciuti, per formare una certa visione spirituale mediante le immagini già esistenti nello spirito anche prima che ce le rimuginassimo nella mente; sia quando gli oggetti, che noi non conosciamo ma della cui esistenza non dubitiamo, ci rappresentiamo immagini non corrispondenti a quel che sono realmente ma come ci si presentano all'immaginazione; oppure quando, secondo il nostro arbitrio o la nostra immaginazione, ci rappresentiamo altri oggetti inesistenti o dei quali ignoriamo l'esistenza; oppure quando diverse forme di immagini di corpi si presentano all'anima senza il nostro concorso o contro la nostra volontà. La natura spirituale inoltre agisce in noi quando, avendo intenzione di compiere un'azione fisica, disponiamo nei particolari il progetto da realizzarsi in quell'azione e li anticipiamo tutti nel pensiero; oppure nel corso dell'azione, quando parliamo o facciamo qualcos'altro, anticipiamo tutti i movimenti del corpo rappresentandoceli nell'intimo dello spirito mediante le loro immagini per poterli eseguire - poiché

nessuna sillaba, per breve che sia, è pronunciata al suo giusto posto senza che prima sia prevista e risuoni [nella fantasia] --; così pure agisce quando nel sonno si vedono sogni che hanno o non hanno un significato, o quando, essendo turbati i canali interni delle sensazioni a causa d'una malattia, lo spirito confonde le immagini degli oggetti con gli oggetti reali al punto che è quasi affatto impossibile distinguerli - e ciò può accadere sia quando essi abbiano un significato che quando si presentino senza avere alcun significato - oppure si ha l'azione della natura spirituale quando, per l'aggravarsi d'una malattia o per un dolore che ostruisce i canali interni attraverso i quali l'attenzione dell'anima si spinge fuori e, mediante gli organi del corpo, si sforza di percepire il proprio oggetto, nascono o si presentano casualmente nello spirito, con forza maggiore di quando esso è stornato dai sensi nel sonno, immagini delle realtà materiali che hanno un significato o che appaiono senza alcun significato. La natura spirituale agisce infine quando, senz'alcuna causa proveniente dal corpo, sotto l'azione d'uno spirito che se ne impossessa e la rapisce fuori dei sensi, l'anima è trasportata alla visione di immagini di realtà corporee di tal genere e, pur confondendo le immagini con gli oggetti dei sensi, conserva anche l'uso dei sensi del corpo; o quando, rapita da uno spirito, l'anima è distolta dall'uso di tutti i sensi del corpo in modo da essere interamente assorta nella visione spirituale di sole immagini di oggetti materiali,nel qual caso io non vedo come possa esserci visione di qualcosa priva di significato.

Visione spirituale e visione intellettiva.

24. 50. Per conseguenza la natura spirituale in cui non sono prodotti oggetti materiali ma immagini d'oggetti, ha visioni di una specie inferiore a quelle che mediante la sua luce ha la mente e l'intelligenza. Da questa facoltà vengono infatti giudicate le conoscenze inferiori e vengono viste le realtà che non sono né corpi né cose non aventi alcuna forma simile ai corpi: tali sono la stessa mente e ogni retto sentimento dell'anima - a cui sono contrari i suoi vizi riprovati e condannati giustamente negli uomini --. In qual altro

modo infatti si vede l'intelletto se non con un atto dello stesso intelletto? Allo stesso modo [noi vediamo] la carità, la gioia, la pace, la longanimità, la cordialità, la bontà, la fedeltà, la mitezza, il dominio di sé 46, e tutte le altre virtù somiglianti, per mezzo delle quali ci avviciniamo a Dio, e [infine] Dio stesso, dal quale, per mezzo del quale e nel quale esistono tutte le cose 47.

L'ordine gerarchico delle tre specie di visioni.

24. 51. Differenti sono quindi le visioni che si formano nella medesima anima, sia quelle percepite mediante il corpo - come il cielo fisico e la terra e tutto ciò che in essi può essere conosciuto nella misura che può essere conosciuto [dall'uomo] - sia quelle percepite dallo spirito, ossia le immagini dei corpi, delle quali abbiamo già parlato a lungo --, sia quelle che sono comprese dalla mente e che non sono né corpi né immagini di corpi. In queste visioni però c'è naturalmente un ordine gerarchico, e una è più eccellente di un'altra. Ora, la visione spirituale è superiore a quella corporale; a sua volta la visione intellettuale è superiore a quella spirituale. Infatti non può esserci visione corporale senza quella spirituale, dal momento che nel medesimo istante in cui un oggetto materiale è percepito da un senso del corpo, si produce anche nell'anima qualcosa non identico all'oggetto percepito ma qualcosa di simile a esso. Se ciò non accadesse, non ci sarebbe neppure la sensazione per mezzo della quale si percepiscono gli oggetti esterni. Non è infatti il corpo ad avere le percezioni ma è l'anima per mezzo del corpo, del quale si serve come d'un messaggero per formare in se stessa [l'immagine] dell'oggetto esterno che viene richiamato alla sua attenzione dal mondo esterno. Non può, dunque, esserci una visione corporale se non c'è allo stesso tempo anche una visione spirituale; ma tra le due visioni non può esserci distinzione finché non sia passata quella corporale e l'oggetto percepito mediante i sensi del corpo non si trovi nello spirito. D'altro canto non può esserci una visione spirituale senza che ci sia anche quella corporale, quando appaiono nello spirito immagini d'oggetti assenti o quando ne

formiamo molte con la libera attività dell'anima o si presentano allo spirito contro il nostro volere. Così pure la visione spirituale ha bisogno di quella intellettuale quando dev'essere giudicato il suo contenuto, mentre quello intellettuale non ha bisogno della visione spirituale la quale è inferiore a quella. La visione corporale è quindi inferiore a quella spirituale ma tutt'e due sono inferiori a quella intellettuale. Quando perciò noi leggiamo: L'uomo spirituale giudica ogni cosa, egli invece non è giudicato da nessuno 48, non dobbiamo intenderlo nel senso dello "spirito" in quanto distinto dall'anima intellettuale - come nella frase dell'Apostolo: Pregherò con lo spirito, ma pregherò pure con l'intelligenza 49 - ma nel senso inteso da San Paolo in quest'altro passo: Rinnovatevi nello spirito della vostra mente 50. Abbiamo infatti già spiegato, più sopra, che in un altro senso è detta "spirito" anche la stessa mente, cioè la facoltà mediante la quale l'uomo spirituale giudica ogni cosa. Io perciò penso possa dirsi logicamente e naturalmente che la visione spirituale occupa, diciamo così, un posto intermedio tra la visione intellettuale e quella corporale. Non è quindi illogico - a mio parere - dire che una cosa, la quale per verità non è un corpo ma è immagine d'un corpo, è intermedia tra ciò che è realmente un corpo e ciò che non è né un corpo né immagine d'un corpo.

In quali visioni l'anima può ingannarsi.

25. 52. L'anima viene però ingannata dalle immagini delle cose non a causa di un loro difetto, ma della supposizione in base alla quale le giudica, allorché, per difetto d'intelligenza, scambia le apparenze con la realtà di cui quelle sono immagini. L'anima dunque s'inganna nella visione corporale quando si figura che avvenga negli oggetti ciò che si presenta ai sensi del corpo, - come a coloro che viaggiano su una nave pare che si muovano gli oggetti che stanno fermi sulla terra, e a coloro che guardano il cielo sembra che siano fisse le stelle che invece si muovono. Così quando i raggi emessi dagli occhi sono divergenti, ci pare di vedere due immagini d'una stessa lampada; e un remo nell'acqua appare spezzato, e così dicasi di molti altri

fenomeni di tal genere - oppure quando l'anima scambia un oggetto per un altro oggetto perché gli somiglia nel colore o nel suono o nel sapore o nel tatto; ecco perché anche un medicamento mescolato con la cera cotto in una pentola è scambiato per un legume, e il rombo d'un carro che passa è preso per un tuono, e l'erba aromatica chiamata cedrina, se non è esaminata da nessun altro senso, la si prende per un limone, o una vivanda condita con una salsa dolciastra sembra confezionata con il miele, e se al buio si tocca un anello mai visto prima, lo si crede d'oro mentre è di rame o d'argento; oppure l'anima s'inganna quando, nel vedere all'improvviso e di punto in bianco certi oggetti, si turba e crede di vederli in sogno o di avere una visione spirituale di tal genere. In tutti i casi di visioni corporali si ricorre quindi all'attestazione degli altri sensi e soprattutto a quella della mente e della ragione in modo da scoprire, per quanto è possibile, che cosa c'è di vero in siffatta specie di visioni. Nella visione spirituale invece, vale a dire nelle immagini dei corpi viste dallo spirito, l'anima s'inganna quando siffatte immagini le prende per oggetti reali o quando, formandosi delle immagini basate su una ipotesi o una falsa congettura, corrispondono anche a oggetti che si figura esistenti senza averli mai visti. Nelle intuizioni dell'intelletto, al contrario, l'anima non s'inganna. Poiché o essa comprende [ciò che vede] e allora possiede la verità, oppure, se non possiede la verità, l'anima non riesce a comprenderlo. Per conseguenza una cosa è, per l'anima, sbagliare riguardo agli oggetti ch'essa vede, un'altra è sbagliare perché non li vede.

Visioni spirituali causate da Dio.

26. 53. Succede alle volte che l'anima sia rapita [fuori dei sensi] per avere visioni in cui lo spirito contempla immagini somiglianti agli oggetti in modo da essere completamente estraniata dai sensi del corpo - più di quanto non lo sia ordinariamente nel sonno, ma meno di quanto lo è nella morte --; allora appunto avviene che l'anima, mediante l'ispirazione e l'aiuto di Dio, si rende conto di vedere nello spirito non oggetti materiali ma immagini di oggetti, come succede a

coloro i quali sono consci di vedere in sogno anche prima di svegliarsi. Può darsi inoltre che nelle visioni spirituali si vedano eventi futuri - che si vedono attraverso le immagini presentate all'anima - in modo da essere riconosciuti come futuri con assoluta chiarezza sia perché l'intelligenza umana è aiutata da Dio, sia per il fatto che ne spiega il significato qualcuno presente in siffatte visioni, come veniva spiegato a Giovanni nell' Apocalisse 51. In questo caso si tratta d'una rivelazione importante anche se per caso colui, al quale sono rivelati quegli eventi, ignora se sia uscito fuori del corpo o si trovi ancora nel corpo; se infatti questa conoscenza non è rivelata a chi è rapito in estasi, è possibile ch'egli ignori questo suo stato se non gli viene rivelato.

Perfezione e felicità della visione intellettiva.

26. 54. Inoltre se uno, allo stesso modo ch'è stato rapito fuori dei sensi del corpo per essere tra le immagini dei corpo che vengono contemplate dallo spirito, viene anche rapito fuori delle stesse immagini per essere trasportato nella regione - diciamo così - delle realtà intellettuali e degl'intelligibili ove la verità appare trasparente senz'alcuna immagine corporale e la sua visione non è offuscata da nessuna nube di false opinioni, lì le virtù dell'anima non sono più penose né fastidiose; lì la concupiscenza non è più frenata con lo sforzo della temperanza, l'avversità non è più tollerata con la fortezza, l'iniquità non è più punita con la giustizia, il male non è più evitato con la prudenza. Lì l'unica e perfetta virtù è amare ciò che si ama. Lì infatti la felicità si beve alla sua stessa sorgente dalla quale si sparge per la nostra vita qualche spruzzo al fine di vivere con temperanza, con fortezza, con giustizia e prudenza tra le prove di questo mondo. Per raggiungere questa mèta, ove sarà il riposo sicuro e l'ineffabile visione della verità, noi ci sottoponiamo allo sforzo di trattenerci dai piaceri e sopportare le avversità, aiutare gli indigenti e opporci ai menzogneri. Lì si vede la gloria del Signore, non mediante una visione simbolica o corporale, come fu vista [da Mosè] sul monte Sinai 52, né mediante una visione spirituale come la vide

Isaia 53 o Giovanni nell' Apocalisse 54, ma per mezzo d'una visione diretta, nella misura ch'è capace di percepirla l'anima umana mediante la grazia di Dio che la eleva a sé, per parlare da bocca a bocca a colui ch'egli ha reso degno d'un siffatto colloquio parlandogli non con la bocca del corpo ma con la bocca della mente.

La visione che Mosè ebbe da Dio.

27. 54. Così - penso io - deve intendersi ciò che la Scrittura dice di Mosè 55.

27. 55. Egli infatti - come leggiamo nell' Esodo - aveva desiderato di vedere Dio non certo come l'aveva visto sul monte [Sinai] né come lo vedeva dentro la tenda, ma nella sua essenza divina, per quanto può percepirla una creatura razionale e intellettuale allorché viene rapita fuori da ogni specie di simboli enigmatici dello spirito. La Scrittura infatti dice così: Se dunque ho trovato la grazia ai tuoi occhi, mostra a me te stesso; fa' che io ti possa vedere chiaramente 56, sebbene qualche riga prima si legga che Dio parlava a Mosè faccia a faccia come uno parla a un suo amico 57. Mosè dunque capiva ciò che vedeva ma desiderava di vedere ciò che non vedeva. Infatti - come si legge qualche riga dopo - avendogli Dio detto: Tu hai trovato grazia ai miei occhi e io ti conosco meglio di tutti gli altri, Mosè rispose: Lasciami vedere la tua gloria 58. Mosè allora, per la verità, ricevette dal Signore una risposta espressa sotto figura e che sarebbe troppo lungo spiegare adesso: Tu non potrai vedere il mio volto e restare in vita, poiché nessuno potrà vedere il mio volto e restare in vita 59. Dio poi soggiunse dicendogli: Ecco un luogo vicino a me: tu starai sulla roccia. Appena passerà la mia gloria, io ti porrò sulla sommità della roccia e ti coprirò con la mia mano e tu mi vedrai di spalle, ma il mio volto tu non lo vedrai 60. La Scrittura però nei passi seguenti non racconta che quella visione sia avvenuta anche in modo che Mosè vedesse Dio in persona e ciò dimostra assai chiaramente che le espressioni della Scrittura sono soltanto figurate per simboleggiare la Chiesa. È infatti la Chiesa "il

luogo vicino al Signore" poiché è il suo tempio ed è costruita sulla roccia; inoltre tutte le altre espressioni di questo passo concordano con questa interpretazione. Se tuttavia Mosè non avesse meritato di vederla gloria di Dio ch'egli aveva desiderato ardentemente di contemplare, nel libro dei Numeri Dio non direbbe ad Aronne e Maria, suoi fratelli: Ascoltate le mie parole. Se ci sarà un vostro profeta, io, il Signore, mi farò conoscere da lui in visione e gli parlerò per mezzo di sogni. Non così farò con il mio servo Mosè, che è l'uomo di fiducia in tutta la mia casa: io parlerò con lui da bocca a bocca in visione diretta e non per enigmi ed egli ha visto la gloria del Signore 61. Ma non si deve pensare che queste espressioni indichino una sostanza corporale resa presente ai sensi del corpo, poiché certamente in questo modo parlava Dio con Mosè faccia a faccia, a tu per tu; quando tuttavia Mosè gli disse: Mostra a me te stesso 62, e anche adesso, rivolgendosi a coloro che egli rimproverava e al di sopra dei quali esaltava i meriti di Mosè, Dio parlava in questo modo per mezzo d'una creatura corporea resa pesante ai sensi del loro corpo. In quella maniera dunque e nella sua essenza divina parlava Dio in modo di gran lunga più intimo e misterioso in un colloquio ineffabile in cui nessuno potrà vederlo mentre vive in questa vita mortale nei sensi del corpo, ma è concesso solo a chi in certo qual modo muore a questa vita dopo aver abbandonato interamente il corpo oppure quando si estrania e viene rapito fuori dei sensi del corpo al punto di non sapere più, con ragione, come dice l'Apostolo, se si trova ancora nel suo corpo o fuori del corpo, quando viene rapito e trasportato a questa visione.

Intellettiva fu la visione di San Paolo.

28. 56. Se perciò questa terza specie di visione, ch'è superiore non solo a ogni visione corporale con cui, per mezzo dei sensi del corpo, si percepiscono gli oggetti materiali, ma è superiore anche ad ogni visione spirituale con cui le immagini degli oggetti sono viste dallo spirito e non dall'intelletto è ciò che l'Apostolo chiama "terzo cielo", con essa la gloria di Dio è vista da coloro i cuori dei quali vengono

purificati affinché possano vederla. Ecco perché la Scrittura dice: Beati i puri di cuore perché vedranno Dio 63, non per mezzo di qualche simbolo reso presente sotto forma corporea o spirituale come in uno specchio oscuramente, ma faccia a faccia 64, o - come dice la Scrittura a proposito di Mosè - "da bocca a bocca", cioè mediante una visione dell'essenza di Dio sia pur nella misura quanto si voglia limitata di cui è capace di percepirla l'anima umana, che ha una natura diversa da quella di Dio, anche se purificata da ogni sozzura terrestre ed estraniata da tutti i sensi del corpo e rapita fuori d'ogni immaginazione corporale. Lontani da Dio noi siamo in esilio, appesantiti dal peso [del corpo] mortale e corruttibile per tutto il tempo in cui camminiamo nella fede e non ancora nella visione 65, anche quando in questo mondo noi viviamo santamente. Perché allora non dovremmo credere che Dio al grande Apostolo, maestro dei pagani, rapito fino a quella sublime visione, volle mostrare la vita in cui dovremo vivere in eterno dopo questa vita terrena? E perché non dovrebbe chiamarsi "paradiso" quello, senza confonderlo con quello in cui visse corporalmente Adamo tra alberi fronzuti e carichi di frutti? Poiché anche la Chiesa che ci raduna nel seno della carità è chiamata paradiso con alberi carichi di frutti 66. Ma questa espressione [della sacra Scrittura] ha un senso figurato per il fatto che il paradiso, ove visse realmente Adamo, era simbolo della Chiesa mediante una figura di ciò che doveva venire. Se però consideriamo la cosa più attentamente potremo forse pensare che il paradiso materiale, in cui visse Adamo con il suo corpo, era il simbolo non solo della vita che i fedeli servi di Dio trascorrono quaggiù nella Chiesa, ma anche della vita che dopo questa durerà in eterno. Così Gerusalemme, che significa visione di pace, sebbene sia evidentemente una città di questa terra, è simbolo della Gerusalemme celeste, che è la nostra madre eterna nei cieli. Quest'ultimo senso può applicarsi a coloro che sono salvati nella speranza e, sperando ciò che ancora non vedono, lo aspettano con costanza 67, tra i quali i figli della donna abbandonata sono numerosi, più numerosi di quelli di colei che ha avuto marito 68, ma può applicarsi anche agli stessi angeli santi mediante la Chiesa della multiforme sapienza di Dio 69, con i quali dopo questo pellegrinaggio terrestre dobbiamo vivere senza alcuna pena e senza fine.

Agostino ignora se ci siano altri cieli oltre il terzo e altre specie di visioni.

29. 57. Ma il terzo cielo al quale fu rapito l'Apostolo potremmo concepirlo pensando che ne esista anche un quarto e altri ancora più in alto, al di sotto dei quali si troverebbe quel "terzo cielo". Così alcuni sostengono l'esistenza di sette cieli, altri di otto, altri di nove o anche di dieci cieli, molti dei quali - affermano - sarebbero disposti a gradini nel solo cielo chiamato firmamento e perciò argomentano o pensano che siano corporei; ma ora sarebbe troppo lungo discutere quelle argomentazioni e opinioni. Può anche darsi che qualcuno sostenga o dimostri, se ne è capace, che anche nelle visioni spirituali o intellettuali vi siano molti gradi e questi siano disposti secondo una progressione in rapporto alle rivelazioni più o meno luminose. Ora, comunque stiano le cose e vengano interpretate e qualunque sia, tra le diverse opinioni, quella che a ciascuno piacerà adottare, io fino a questo momento non posso conoscere o mostrare se non queste tre specie di rappresentazioni di oggetti visti in sogno o di visioni e cioè: quelle percepite dal corpo, dallo spirito e dalla intelligenza. Ma stabilire quale sia il numero e i gradi di differenza di ciascuna specie di visioni e determinare il relativo grado di superiorità di ciascuna di esse rispetto alle altre confesso d'ignorarlo.

La visione spirituale e l'intervento degli angeli nel mostrare le immagini e altre visioni consuete nella veglia e nel sonno.

30. 58. Ma allo stesso modo che nella luce fisica di questo mondo si trova il cielo che vediamo al di sopra della terra e dove brillano il sole, la luna e le stelle, corpi di gran lunga più eccellenti di quelli terrestri, così nelle visioni di natura spirituale - ove noi vediamo le immagini di oggetti materiali in una specie di luce incorporea ch'è

loro propria - ci sono oggetti straordinari e davvero divini mostrati dagli angeli in modo meraviglioso. Sia che grazie a una specie di facile ed efficace congiunzione o mescolanza facciano sì che le loro visioni divengano anche nostre, sia che sappiano - io non so come - formare la nostra visione nel nostro spirito, è una cosa difficile a comprendersi e più difficile a dirsi. Vi sono poi altre visioni [in sogno] più frequenti e umane che traggono origine dal nostro spirito in molte maniere o sono in qualche modo fornite allo spirito dal corpo a seconda che siano disposti nel corpo o nella mente. Poiché gli uomini non solo quando sono svegli rimuginano nel loro spirito immagini d'oggetti materiali, le quali sono il riflesso delle loro preoccupazioni, ma anche quando dormono sognano spesso ciò di cui sentono il bisogno: ciò si spiega perché trattano i loro affari spinti dalla cupidigia dell'anima e, se per caso si sono addormentati con la fame e con la sete, se ne stanno bramosi a bocca aperta davanti a vivande e bevande. Ora, a mio avviso, tutte queste visioni, paragonate alle rivelazioni fatteci dagli angeli, devono essere valutate con il criterio con cui, riguardo alla nostra natura corporale, paragoniamo le realtà terrestri con quelle celesti.

Diverse specie di visioni intellettuali.

31. 59. Così nelle visioni intellettuali alcune cose sono viste nella stessa anima, come, per esempio, le virtù - alle quali sono opposti i vizi - sia quelle destinate a rimanere [anche nella vita futura] come la pietà, sia quelle utili in questa vita ma destinate a cessare, come la fede, grazie alla quale crediamo le realtà che ancora non vediamo, come anche la speranza per cui aspettiamo con pazienza i beni futuri, e come la pazienza con cui sopportiamo tutte le avversità finché non arriveremo alla mèta dei nostri desideri. Sì, queste virtù e le altre della stessa specie che sono necessarie per condurre a termine il pellegrinaggio terreno, non esisteranno più nella vita futura, per ottenere la quale sono necessarie; anch'esse tuttavia sono viste con l'intelletto, poiché non sono dei corpi né hanno forme somiglianti a quelle dei corpi. Una cosa diversa è però la Luce, dalla quale è

illuminata l'anima perché possa vedere, comprendendole conforme alla verità, le cose sia in se stessa sia in questa Luce. Questa Luce infatti è Dio stesso, mentre l'anima è una creatura la quale, benché razionale e intellettuale, fatta a immagine di lui, quando si sforza di contemplare quella Luce, batte le palpebre a causa della sua debolezza e non riesce a vederla interamente. Eppure è per mezzo della Luce ch'essa comprende ogni cosa per quanto ne è capace. Quando dunque l'anima è rapita là e, per essere stata sottratta ai sensi carnali, è resa presente in modo più distinto di fronte a quella visione - non per il fatto d'esserle più vicina nello spazio fisico, ma per un certo modo che è proprio della sua natura - e al di sopra di sé vede la Luce, mediante la cui illuminazione vede tutto ciò che vede anche in sé con l'intelletto.

Dove mai va l'anima all'uscire dal corpo e come può godere e soffrire.

32. 60. Ora, se mi si chiede se l'anima nel dipartirsi dal corpo vien trasportata in qualche luogo materiale oppure in uno spazio immateriale ma simile a luoghi materiali, o se, al contrario, in nessuno di essi ma in un luogo più eccellente non solo dei corpi ma anche delle immagini dei corpi, risponderò senz'altro ch'essa non può essere portata in un luogo materiale se non con un "corpo" oppure non è portata in nessun luogo materiale. Orbene, se l'anima può avere un "corpo" quando si partirà dal corpo, lo dimostri chi ne è capace; io non lo credo. L'anima, al contrario, è portata, a seconda dei meriti, in un soggiorno spirituale o in luoghi di pena la cui natura è simile a quella dei corpi, luoghi come quelli mostrati a coloro che, rapiti fuori dei sensi, giacendo come se fossero morti, videro le pene dell'inferno. Costoro portavano con sé una certa somiglianza del loro corpo con cui potevano essere portati là e sperimentare con la somiglianza dei loro sensi. Io infatti non capisco perché l'anima avrebbe una somiglianza del proprio corpo quando, mentre il corpo resta privo di sensi pur non essendo totalmente morto, vede oggetti come quelli [delle visioni] raccontate da molte persone una volta

tornate tra i vivi appena usciti da quel rapimento, e non l'avrebbe quando, a causa della morte effettiva esce totalmente dal suo corpo. Ne segue dunque che l'anima è portata o verso luoghi di pena oppure verso altri luoghi somiglianti a quelli materiali, non tuttavia di pena, ma di pace e di gioia.

Realtà delle pene e della felicità dell'aldilà.

32. 61. Ora, non si può dire che quelle pene o quella pace e quella gioia siano false, poiché le cose sono false quando si scambia una cosa per un'altra a causa di un giudizio erroneo. Così, per esempio, s'ingannava certamente Pietro quando vedeva quel vassoio e immaginava che in esso fossero non immagini di corpi, ma corpi reali 70. Egli errava anche in un'altra occasione quando, avendolo sciolto dalle catene un angelo, uscì dal carcere camminando con il proprio corpo a contatto con oggetti materiali e tuttavia credeva d'avere ancora una visione 71. Ciò si spiega poiché da una parte gli animali contenuti in quel vassoio erano immagini spirituali somiglianti a quelle corporali e d'altra parte la visione d'un uomo sciolto dalle catene per un miracolo aveva l'apparenza di un'immagine spirituale. In entrambi i casi l'anima s'ingannava ma solo perché scambiava una cosa per un'altra. Gli oggetti dunque, da cui le anime, una volta uscite dal corpo, provano il bene o il male, non sono materiali ma solo somiglianti ad essi, dal momento che anche le anime appaiono a se stesse sotto forme simili ai loro corpi; ciononostante quegli oggetti sono reali e sono reali la gioia o la pena prodotte da una sostanza spirituale. Anche nel sonno infatti c'è una gran differenza tra l'aver sogni di gioia o incubi di sofferenza. Ecco perché alcuni si rattristano svegliandosi da sogni in cui avevano goduto dei beni che avevano bramato mentre in altre occasioni, svegliandosi da sogni in cui erano stati in preda a terrori e tormenti, ebbero paura di dormire per non ricadere nei medesimi incubi. Ora, certamente non si deve dubitare che quelle che si chiamano pene dell'inferno sono più intense e perciò sono percepite con dolore più vivo. Coloro, infatti, che sono stati rapiti fuori dei sensi del corpo,

hanno raccontato in seguito d'essersi trovati in esperienza più forte di quella d'un sogno benché naturalmente fosse meno intensa di quanto sarebbe stata se fossero morti del tutto. L'inferno dunque esiste, ma io penso che la sua natura sia spirituale, non materiale.

Realtà e natura dell'inferno.

33. 62. Non si devono ascoltare nemmeno coloro i quali affermano che l'inferno corrisponde allo svolgersi della vita presente e che non esiste dopo la morte; ma se la vedano essi in qual senso interpretare le finzioni poetiche. Noi non dobbiamo allontanarci dall'autorità delle Sacre Scritture, alle quali solo dobbiamo prestare fede a proposito di questo problema. Potremmo d'altronde dimostrare che i sapienti pagani non dubitarono affatto della realtà dell'inferno che dopo la vita presente riceve le anime die morti. Con ragione però ci si pone in quesito perché mai si dice che l'inferno è sottoterra, se non è un luogo materiale, o perché si chiama inferno, se non è sotterra. Al contrario, che l'anima non è materiale non è solo una mia opinione ma oso anzi proclamare apertamente di saperlo con certezza. Chi però afferma che l'anima non può avere la somiglianza d'un corpo o addirittura delle membra d'un corpo, dovrebbe dire che non è l'anima quella che in sogno vede se stessa camminare o star seduta, andare e tornare qua e là a piedi o volando, ma nulla di ciò può avvenire senza ch'essa abbia una certa somiglianza d'un corpo. Per conseguenza, se essa porta anche nell'inferno siffatta somiglianza - che non è corporea ma qualcosa di simile a un corpo - sembra che si trovi ugualmente anche in luoghi non fisici ma simili a quelli fisici, sia nel riposo che nei tormenti.

Il soggiorno delle anime giuste: il seno di Abramo.

33. 63. Ciononostante debbo confessare altresì di non aver trovato un testo [della sacra Scrittura] ove sia chiamato "inferno" il soggiorno ove riposano le anime dei giusti. Noi inoltre, per la verità, non senza ragione crediamo che l'anima di Cristo andò fino ai luoghi

ove sono tormentati i peccatori per liberare dai loro tormenti coloro che, per la sua inscrutabile giustizia, aveva deciso dover liberare. In qual altro senso infatti si può intendere ciò che dice la Scrittura: Dio lo risuscitò dai morti dopo aver abolito le sofferenze degli inferi, poiché non era possibile ch'egli fosse tenuto in loro potere? 72. Io non vedo che si possa intendere [questa frase] se non nel senso ch'egli liberò alcuni dalle pene dell'inferno in virtù del potere per cui è il Signore, poiché ognuno piega a lui le ginocchia nei cieli, sulla terra e sottoterra 73; a causa del suo potere egli non poteva neppure essere tenuto nei lacci delle pene ch'egli aveva sciolti. Ma né Abramo né quel povero ch'era nel suo seno - cioè nel soggiorno misterioso del suo riposo - si trovavano in mezzo alle sofferenze, poiché [nella sacra Scrittura] leggiamo che tra il loro riposo e i tormenti dell'inferno è stabilito un grande abisso; d'altronde la Scrittura non dice neppure ch'essi fossero nell'inferno, poiché [Cristo] dice: Ora avvenne che quel povero morì e fu portato dagli angeli nel seno di Abramo. Morì anche il ricco e fu sepolto. Stando [questi] nell'inferno tra i tormenti, ecc. 74. Vediamo quindi che l'inferno è menzionato non a proposito del riposo del povero ma a proposito del castigo del ricco.

La tristezza è un male non piccolo dell'anima.

33. 64. Quanto a ciò che Giacobbe dice ai suoi figli: Voi farete scendere con dolore la mia vecchiaia nell'inferno 75, sembra piuttosto indicare che egli temeva di restare sconvolto a causa d'una tristezza sì grande da andare non al riposo dei beati ma nell'inferno dei peccatori. La tristezza infatti è un male non lieve per l'anima, dal momento che anche l'Apostolo era tanto ansioso per un fedele nel timore che fosse oppresso da una tristezza più grave 76. Come dunque ho detto, non ho ancora trovato e cerco ancora un passo delle Scritture - parlo solo di quelle canoniche - in cui il termine "inferno" sia preso in senso buono. Quanto poi al "seno di Abramo" e al riposo in cui quel povero fu portato dagli angeli non so se alcuno possa intenderli se non in senso buono. Non vedo, per conseguenza, come

potremmo credere che quel riposo sia nell'inferno.

Si discute ove sia il paradiso e se possa essere il seno di Abramo.

34. 65. Ma mentre stiamo cercando di dare una risposta al quesito che ci siamo proposti - e sia che la troviamo, sia che non la troviamo --, la lunghezza di questo libro ci spinge a concluderlo una buona volta. Noi abbiamo cominciato la discussione sul paradiso a proposito d'un passo dell'Apostolo, in cui dice di conoscere un uomo, ch'era stato rapito fino al terzo cielo, ma d'ignorare se con il corpo o senza il corpo, e d'essere stato rapito in paradiso e d'aver udito parole arcane che nessuno può ripetere. Noi perciò non determiniamo alla leggera se il paradiso è sito nel terzo cielo oppure se [l'Apostolo] fu rapito anche al terzo cielo e poi di lì nel paradiso. Poiché, se può chiamarsi con ragione "paradiso", nel senso proprio della parola, un luogo ricco di alberi e, in senso figurato, anche una regione - diciamo così - spirituale, ove si gode la felicità, è "paradiso" non solo il terzo cielo, qualunque cosa esso sia - che in realtà è una cosa meravigliosa e sommamente bella --, ma anche la gioia derivante dalla buona coscienza nell'uomo. Ecco perché anche la Chiesa, per i fedeli servi di Dio che vivono nella temperanza, nella giustizia e nell'amore verso Dio, è chiamata giustamente "paradiso" 77, ricca com'è di grazie abbondanti e di caste delizie 78, poiché anche nelle tribolazioni si gloria della propria pazienza ed è ricolma di grande gioia poiché le consolazioni di Dio rallegrano la sua anima in proporzione della moltitudine delle sofferenze che prova nel suo cuore 79. Con quanta maggior ragione può dunque chiamarsi "paradiso" dopo questa vita anche il seno di Abramo in cui non ci sarà più alcuna tentazione ma un meraviglioso riposo dopo tutte le sofferenze di questa vita! Poiché anche lì c'è una luce sua propria e tutta speciale di natura certamente straordinaria. Tale era la luce che vide quel ricco tra i tormenti e nelle tenebre dell'inferno; sebbene ci fosse di mezzo un grande abisso, tuttavia anche da tanto lontano la vide così chiara da riconoscervi il povero ch'egli una volta aveva disprezzato.

Gli inferi sono "un luogo spirituale".

34. 66. Se le cose stanno così, si dice o si crede che l'inferno è situato sotterra perché nello spirito è presentata un'appropriata somiglianza delle cose corporali; in tal modo, poiché le anime die defunti, che hanno meritato l'inferno, hanno peccato per l'amore della carne, mediante immagini delle realtà corporee, è procurato loro ciò che suole essere procurato a un cadavere che ordinariamente è sepolto sotterra. L'inferno perciò in latino si chiama inferi poiché è situato al di sotto [della terra]. Allo stesso modo poi che nell'ambito dei corpi, se si attengono alla legge di gravità, quelli pesanti sono più in basso, così nell'ambito degli spiriti si trovano più in basso tutti quelli che sono più tristi. Ecco perché si dice che anche nella lingua greca l'etimologia del nome con cui è denotato l'inferno esprime il significato di "ciò che non ha nulla di piacevole". Tuttavia il nostro Salvatore, dopo essere morto per noi, non disdegnò di visitare anche quella parte del mondo per liberare di lì coloro ch'egli non poteva ignorare dover essere liberati conforme alla sua divina, occulta giustizia. Ecco perché all'anima del buon ladrone, al quale aveva detto: Oggi sarai con me in paradiso 80, promise non l'inferno ove sono puniti i peccatori, ma il seno di Abramo - poiché Cristo non può non essere dappertutto, essendo lui la Sapienza di Dio che penetra in ogni cosa a causa della sua purezza 81 - oppure promise il paradiso, sia ch'esso si trovi nel terzo cielo o in qualsiasi altro luogo in cui fu rapito l'Apostolo dopo essere stato al terzo cielo, se pur è vero che l'unica dimora, in cui sono le anime dei beati, non è l'unica e medesima cosa denominata con nomi diversi.

I tre cieli spiegati in rapporto alle tre specie di visioni.

34. 67. Pare dunque che per "primo cielo" sia giusto intendere - con un termine generico - tutto questo cielo materiale che si trova al di sopra delle acque e della terra, per secondo cielo invece quello visto dallo spirito, sotto immagini corporali - come quello dal quale a Pietro rapito in estasi fu fatto scendere quel vassoio pieno di

animali 82-- e per "terzo cielo" ciò che la mente contempla dopo essere stata separata, allontanata e rapita completamente fuori dei sensi del corpo e talmente purificata da essere capace di vedere e udire in modo ineffabile - grazie alla carità dello Spirito Santo - le realtà che si trovano in quel cielo e la stessa essenza di Dio come anche il Verbo di Dio, per mezzo del quale è stata fatta ogni cosa 83. Non senza ragione noi crediamo non solo che l'Apostolo fu rapito fin lassù 84, ma altresì che forse è lì il paradiso più eminente e - se così può dirsi - il paradiso dei paradisi. Se infatti l'anima buona trova la gioia nel bene che si trova in ogni creatura, quanto più eccellente è la gioia ch'essa trova nel Verbo di Dio, per mezzo del quale è stata fatta ogni cosa?

La risurrezione dei corpi necessaria per la beatitudine dell'anima.

35. 68. Ma che bisogno hanno gli spiriti dei defunti di riprendere il proprio corpo nella risurrezione, se possono avere la suprema felicità senza il loro corpo? È un'obiezione che potrebbe turbare qualcuno ma per verità è un problema troppo difficile a essere trattato completamente in questo libro. Non si deve tuttavia dubitare affatto che la mente dell'uomo, anche allorché è rapita fuori dei sensi del corpo o quando, dopo la morte, avendo abbandonato il corpo, non è più soggetta alle immagini dei corpi, non è in grado di vedere l'essenza immutabile di Dio, come la vedono gli angeli santi. Ciò può avvenire per qualche altra causa misteriosa o perché è innata nell'anima una specie di brama naturale di governare il corpo. Questa brama raffrena in qualche modo l'anima dal tendere con tutte le sue forze verso quel sommo cielo fino a quando non sarà riunita al corpo in modo che quella sua brama rimanga soddisfatta nel governare il corpo. Se, al contrario, il corpo è di tal natura che è difficile e gravoso governarlo come lo è questa carne che si corrompe e appesantisce l'anima 85 - derivando esso da una discendenza corrotta dal peccato - maggiormente distoglie la mente dalla visione del sommo cielo. Era dunque necessario che l'anima fosse strappata ai

sensi della medesima carne perché le fosse mostrato come potesse raggiungere quella visione. Quando perciò l'anima, fatta uguale agli angeli riprenderà questo corpo non più quale corpo naturale ma, a causa della futura trasformazione, divenuto corpo spirituale, raggiungerà la perfezione della sua natura, obbediente e dirigente, vivificata e vivificante con una facilità tanto ineffabile che tornerà a sua gloria il corpo che le era di peso.

In qual modo avranno luogo nei beati le tre specie di visioni.

36. 69. Poiché anche allora ci saranno ovviamente le tre specie di visioni che abbiamo spiegato ma non ci sarà alcun errore che ci farà scambiare una cosa per un'altra né a proposito delle cose corporali, né di quelle spirituali e molto meno a proposito di quelle intellettuali. L'anima godrà perfettamente [nella visione] di queste realtà percepite dall'intelletto ed esse saranno talmente presenti ed evidenti che in confronto ci sono molto meno chiare le forme corporee di questo mondo che noi percepiamo adesso con i sensi del corpo: in quest'ultime forme sono assorte molte persone al punto di pensare che non ve ne siano altre e immaginare che tutto ciò che non è di tal genere non esista affatto. I sapienti invece, a proposito di queste forme [d'oggetti] si comportano diversamente: benché quelle appaiano più ovvie o più eccellenti, essi tuttavia si attengono con maggior sicurezza alle cose di cui si rendono conto, secondo il grado della loro intelligenza, oltrepassando le forme corporali, benché non siano capaci di contemplare le realtà intelligibili con la mente in modo così chiaro come vedono le realtà sensibili con i sensi del corpo. Gli angeli santi al contrario, se da una parte svolgono il compito di giudicare e governare le realtà del mondo materiale, d'altra parte non sono attaccati a esse in modo più intimo; essi inoltre discernono con lo spirito le immagini simboliche di quelle realtà e le trattano, per così dire, con tanta efficacia da poterle comunicare anche allo spirito degli uomini mediante una rivelazione. Per di più essi contemplano l'immutabile essenza del Creatore così chiaramente che, poiché la vedono e l'amano, la preferiscono a tutte le altre cose e

giudicano ogni cosa alla luce di essa e si dirigono verso di essa per essere mossi da essa nell'agire e regolano [così] ogni loro azione in conformità con essa. Infine all'Apostolo, sebbene rapito fuori dei sensi del corpo fino al terzo cielo e al paradiso, mancò certamente una cosa per avere una piena e perfetta conoscenza delle cose, poiché non sapeva s'egli c'era con il corpo o senza il corpo. Questa conoscenza [a noi] non mancherà certamente quando, dopo che avremo ripreso il corpo nella riusrrezione dei morti, questo corpo corruttibile si rivestirà d'incorruttibilità e questo corpo mortale si rivestirà d'immortalità 86. Poiché ogni cosa sarà evidente senza errore e senza ignoranza, occupando ciascuna di esse il proprio posto, sia le corporali che le spirituali e le intellettuali, nella propria natura integra e nella perfetta felicità.

Secondo alcuni interpreti il terzo cielo indica la distinzione tra l'uomo corporale, l'uomo animale e quello spirituale.

37. 70. Io so tuttavia che alcuni dei più stimati commentatori delle Sacre Scritture in conformità con la fede cattolica, che mi hanno preceduto, hanno dato un'interpretazione diversa di quello che l'Apostolo chiama "terzo cielo"; essi cioè vorrebbero sostenere che vi sia una distinzione tra l'uomo corporale, l'uomo naturale e l'uomo spirituale; l'Apostolo inoltre sarebbe stato rapito per contemplare in una visione di straordinaria evidenza il regno delle realtà incorporee che le persone spirituali anche in questa vita amano e desiderano godere al di sopra di ogni altra cosa. La ragione per cui io invece ho preferito chiamare spirituale e intellettuale ciò che quelli chiamano forse naturale e spirituale, usando solo termini differenti per indicare cose identiche, credo d'averla spiegata a sufficienza nella prima parte di quest' [ultimo] libro.

LIBRO INCOMPIUTO

Regole per l'esegesi della Sacra Scrittura.

1. 1. Quando si tratta di spiegare i difficili problemi che presentano le realtà della natura, che noi crediamo fatte da Dio, creatore onnipotente, si deve procedere non per via di affermazioni ma per via d'indagini, soprattutto in quelli presentati dalla Bibbia che è garantita dall'autorità di Dio; riguardo ad essa difficilmente evita il peccato di sacrilegio chi afferma temerariamente un'opinione incerta e dubbia; l'incertezza propria del ricercatore non deve comunque oltrepassare i limiti della fede cattolica. Ora, poiché molti eretici sono soliti esporre le Sacre Scritture interpretandole alla stregua delle proprie opinioni contrarie alla fede insegnata dalla dottrina cattolica, prima d'interpretare questo libro è necessario esporre brevemente la fede cattolica.

Compendio della fede.

1. 2. Eccola: Dio, Padre onnipotente, ha creato e ordinato tutte le creature per opera del proprio Figlio unigenito, cioè mediante la propria Sapienza e Potenza, della stessa sostanza sua ed eterna come lui, nell'unità dello Spirito Santo anch'esso della sua stessa sostanza ed eterno come lui. Con il termine di "Trinità" si denota l'unico Dio, e la fede cattolica ci obbliga a credere ch'è stato lui a fare e creare ogni cosa ch'esiste, in quanto esiste. Per conseguenza tutte le creature, sia quelle dotate d'intelligenza che quelle materiali, oppure - come si potrebbe dire più brevemente seguendo l'espressione delle Sacre Scritture - sia quelle invisibili che quelle visibili, sono state create da Dio a partire non dalla natura di Dio ma dal nulla; nelle creature inoltre non c'è nulla di comune con la Trinità, se non il fatto che a crearle è stata la Trinità, mentre esse sono state create. Per questo motivo non è lecito dire o credere che l'universo creato sia della stessa sostanza di Dio o eterno come lui.

Il male è peccato o castigo del peccato.

1. 3. D'altra parte tutte le cose fatte da Dio sono molto buone; non esistono, al contrario, nature cattive, ma tutto ciò che noi chiamiamo "male" o è peccato o castigo del peccato. Il peccato poi non è altro che il libero consenso della volontà al male quando propendiamo verso ciò che è vietato dalla giustizia e da cui abbiamo la possibilità di astenerci. In altre parole: il peccato non sta nelle cose stesse ma nel loro uso illegittimo. L'uso delle cose poi è legittimo quando l'anima resta fedele alla legge di Dio e rimane soggetta all'unico Dio con amore perfetto, e governa tutte le altre cose a lei soggette senza cupidigia o sensualità, cioè secondo la legge di Dio. In tal modo l'anima riuscirà a governale senza difficoltà e senza timore affannoso, ma con somma facilità e felicità. È, al contrario, castigo del peccato quando l'anima si tormenta a causa delle creature che non le sono sottomesse dacché essa non rimane soggetta a Dio; le creature invece ubbidivano a lei quando essa ubbidiva a Dio. Il fuoco quindi non è un male poiché è una creatura di Dio, ma tuttavia la nostra debole natura viene bruciata da esso per causa del peccato. Si chiamano poi peccati naturali quelli che inevitabilmente commettiamo prima d'essere aiutati dalla misericordia di Dio, dopo essere caduti in questa vita per il peccato del libero arbitrio.

Incarnazione, nascita, passione di Cristo: fondazione della Chiesa.

1. 4. L'uomo però viene rinnovato da nostro Signore Gesù Cristo quando l'ineffabile e immutabile Sapienza di Dio in persona s'è degnata di assumere la natura umana completa e intera e nascere dalla Vergine Maria per opera dello Spirito Santo, esser crocifisso, sepolto, risorgere e salire al cielo, avvenimenti già compiuti, e venire a giudicare i vivi e i morti alla fine del mondo e alla risurrezione dei morti nella loro carne, cosa che deve ancora avvenire come ci è insegnato. È stato concesso lo Spirito Santo a quanti credono in lui. Da lui è stata istituita la Chiesa, nostra madre, che si chiama

cattolica per il fatto che nella sua totalità è perfetta e non cade in alcun errore, ed è diffusa su tutta la terra. A coloro che si pentono sono rimessi i peccati anteriori, viene promessa la vita eterna e il regno dei cieli.

Sensi secondo i quali interpretare la Sacra Scrittura: storico, allegorico, analogico, etiologico.

2. 5. In conformità a questa fede si devono esaminare i problemi che si possono porre in questione e si possono discutere riguardo a questo libro che comincia con le parole: Nel principio Dio fece il cielo e la terra 1. Da alcuni commentatori delle Scritture vengono insegnati quattro modi con cui spiegare la Legge, i cui vocaboli possono essere enunciati in greco, ma in latino possono essere solo dichiarati e spiegati e cioè: secondo la storia, secondo l'allegoria, secondo l'analogia, secondo l'etiologia. Si ha la storia quando sono ricordati fatti, umani o divini, già avvenuti; l'allegoria quando le parole sono intese in senso figurato; l'analogia quando si mostra la concordanza dell'Antico col Nuovo Testamento; l'etiologia quando si espongono le cause delle espressioni o dei fatti.

Si espone Gen 1, 1.

3. 6. Per quanto dunque riguarda le parole della Scrittura: Nel principio Dio fece il cielo e la terra, ci si può chiedere se si debbono intendere solo nel senso propriamente storico-letterale oppure se hanno un senso figurato e in qual modo si accordano col Vangelo, e per qual motivo questo libro comincia così. Secondo il senso letterale, ci si chiede inoltre che cosa vuol dire nel principio, cioè o nel principio del tempo o nella stessa Sapienza di Dio, poiché lo stesso Figlio di Dio chiamò se stesso il "Principio" quando gli fu chiesto: Chi sei tu? e rispose: Il Principio che vi parla 2. C'è infatti un Principio senza principio e c'è un Principio con un altro Principio. Il Principio senza principio è solo il Padre e perciò crediamo che tutte le cose derivano da un solo Principio. Il Figlio invece è il

Principio, sì, ma derivante dal Padre. Anche la stessa prima creatura intellettuale può chiamarsi principio rispetto alle creature fatte da Dio, rispetto alle quali essa è il capo. Poiché, sebbene si chiami giustamente principio il capo, tuttavia in una nota gradazione l'Apostolo non chiama la donna capo d'alcuno, in quanto dice che capo della donna è l'uomo, capo dell'uomo è Cristo e capo di Cristo è Dio 3, cosicché la creatura è unita al Creatore.

Significato di: Nel principio.

3. 7. Forse la Scrittura dice: Nel principio perché da principio fu fatto il cielo e la terra? Oppure non potè essere creato da principio il cielo e la terra tra le creature, se gli angeli e tutte le Potestà intellettuali furono fatte al principio? Poiché necessariamente dobbiamo credere che gli angeli sono creature di Dio e furono fatti da lui. Il Profeta infatti enumera anche gli angeli nel Salmo 148 allorché dice: Egli ordinò e furono fatti, comandò e furono creati 4. Se nel principio furono fatti gli angeli, ci si può chiedere se siano stati fatti nel tempo o prima d'ogni tempo o all'inizio del tempo. Se furono fatti nel tempo, vuol dire che vi fu già un tempo prima che gli angeli fossero fatti; e poiché anche lo stesso tempo è una cosa creata, ne deriva che è necessario ritenere che qualcosa fu fatta prima degli angeli. Se invece affermiamo che furono fatti all'inizio del tempo e, per conseguenza, il tempo cominciò con essi, deve dirsi ch'è falso quanto sostengono alcuni, che cioè il tempo cominciò ad esistere col cielo e con la terra.

Il tempo, come ogni creatura, ha avuto inizio.

3. 8. Se invece gli angeli furono fatti prima del tempo, bisogna indagare in qual senso la Scrittura, nei versetti seguenti, dica: Dio inoltre ordinò: Vi siano luminari nel firmamento del cielo per far luce sulla terra, e distinguano la notte dal giorno e siano segnali per le stagioni, per i giorni e per gli anni 5. Secondo questo passo potrebbe infatti sembrare che la serie dei tempi cominciò quando il

cielo e i luminari del cielo cominciarono a percorrere le loro orbite prestabilite. Se ciò è vero, in qual modo poterono esistere i giorni prima ch'esistesse il tempo, se il tempo ebbe origine dal moto dei luminari che la Scrittura afferma essere stati fatti il quarto giorno? Forse che questa ordinata disposizione dei giorni, conforme all'abitudine di parlare propria dell'umana debolezza, fu stabilita in base alla norma della narrazione biblica d'insegnare cioè in modo semplice verità sublimi anche ai semplici: norme per cui anche lo stesso modo d'esprimersi del narratore non può far altro se non usare alcune parole al principio, alcune nel mezzo e altre alla fine del discorso? Oppure la Scrittura dice forse che i luminari furono creati nel corso dei tempi che si misurano col movimento dei corpi in ragione della loro durata? Questi tempi infatti non esisterebbero, se non ci fosse il moto dei corpi, mentre così essi sono ben noti agli uomini. Se ammettiamo questa ipotesi dobbiamo porci il quesito se, oltre al moto dei corpi, ci possa essere il tempo nel moto delle creature incorporee, com'è l'anima e lo stesso spirito che si muove in rapporto ai propri pensieri e, a causa di questo moto, ha in sé prima un'idea e poi un'altra, e questo fatto non si può comprendere senza che ci sia un intervallo di tempo. Se ammettiamo ciò, può anche intendersi che il tempo esistesse prima del cielo e della terra nell'ipotesi che gli angeli furono fatti prima del cielo e della terra. In realtà c'erano già delle creature che, mediante moti incorporei, facevano trascorrere il tempo, e giustamente si pensa che insieme con quelle creature c'era anche il tempo, come nel caso dell'anima che è abituata ai moti corporei a causa dei sensi corporei. Potrebbe darsi però che ciò non si avveri quando si tratta delle creature più alte e sovreminenti. Ma comunque stia la cosa (la cosa è assai misteriosa e impenetrabile alle congetture umane) si deve certamente ammettere per fede - anche se supera la capacità della nostra intelligenza - che ogni creatura ha un inizio e che il tempo stesso è una creatura e perciò ha un inizio e non è coeterno al Creatore.

Che significa: cielo e terra in Gen 1, 1.

3. 9. Si potrebbe anche credere che la Scrittura parli di "cielo e terra" come di tutto il mondo creato, in modo che chiama "cielo" non solo questo nostro firmamento visibile ed etereo, ma anche quelle creature invisibili delle sovreminenti Potestà e, al contrario, chiama "terra" tutta la parte inferiore del mondo con gli animali dai quali è abitata. Oppure sono chiamate col nome di "cielo" le creature sublimi e invisibili, con quello di "terra", al contrario, ogni essere visibile, sicché le parole della Scrittura: Nel principio Dio creò il cielo e la terra 6, potrebbero intendersi di tutto il mondo creato? E ciò forse per il fatto che non illogicamente ogni essere visibile, a paragone delle creature invisibili, si chiama "terra", in modo che le prime si chiamano col nome di "cielo". Anche l'anima, infatti, ch'è invisibile, quando si gonfia per amore delle realtà visibili e s'insuperbisce per il fatto di possederle, è chiamata "terra", come dice la Scrittura: Perché t'insuperbisci, o terra e cenere? 7

La materia informe.

3. 10. Possiamo però chiederci se la Scrittura chiama "cielo e terra" tutte le cose già distinte e disposte nel loro ordine oppure se, col termine di "cielo e terra", chiama la stessa materia dell'universo dapprima informe, che per ineffabile comando di Dio è stata distinta e sistemata nelle nature formate e magnifiche da noi ora ammirate. Sebbene infatti noi leggiamo nella Scrittura: Tu che hai fatto il mondo traendolo dalla materia informe 8, non possiamo tuttavia dire che la stessa materia - di qualunque specie essa sia - non fosse fatta da Colui dal quale dichiariamo e professiamo per fede derivare ogni cosa; di conseguenza si chiama mondo anche la stessa ordinata disposizione di ciascuna delle cose formate e distinte quale ch'essa sia, mentre, al contrario, si chiama "cielo e terra" la stessa materia come se fosse il germe primordiale del cielo e della terra; "cielo e terra" ch'era come qualcosa di confuso e mescolato, adatto a ricevere le forme da Dio creatore. Facciamo qui punto all'indagine sulla

frase: Nel principio Dio creò il cielo e la terra 9, poiché non era conveniente affermare nulla di queste cose senza una ragione.

La terra invisibile.

4. 11. Ora la terra era invisibile e caotica, e le tenebre ricoprivano l'abisso e lo Spirito di Dio si portava al di sopra delle acque 10. Questo passo viene di solito criticato empiamente dagli eretici che sono contrari all'Antico Testamento allorché dicono: "In qual modo in principio Dio fece il cielo e la terra, se la terra già esisteva?", senza capire che questa frase è stata aggiunta per spiegare in quale stato si trovava la terra, di cui prima era stato detto: Dio fece il cielo e la terra. La frase, dunque, dev'essere intesa così: "In principio Dio fece il cielo e la terra ma questa terra, fatta da Dio, era invisibile e caotica, finché non fu distinta da Dio in un ordine determinato, traendola fuori dalla confusione". O piuttosto è preferibile intendere che in questo completamento della frase è ricordata di nuovo la medesima materia cosmica che precedentemente è stata chiamata col nome di "cielo e terra" di modo che il senso sarebbe il seguente: "In principio Dio fece il cielo e la terra; ora ciò che è stato chiamato "cielo e terra" era la terra invisibile e confusa e le tenebre coprivano l'abisso", vale a dire: "Ciò ch'è chiamato "cielo e terra" era una sorta di materia confusa, a partir dalla quale, una volta distintine gli elementi e ricevutane la forma, sarebbe stato fatto il mondo, che risulta composto di due grandissime parti, cioè il cielo e la terra?". Questo stato confuso della materia avrebbe potuto così essere fatto capire dall'intelligenza della gente comune, se la Scrittura avesse parlato di "terra invisibile e confusa" ovvero disordinata o non disposta secondo un ordine, e avesse parlato delle tenebre sopra l'abisso, cioè sopra una profondità vastissima; questa profondità, a sua volta, è stata chiamata così per il fatto che non può essere penetrata dall'intelligenza di nessuno a causa della sua stessa informità.

Le tenebre sopra l'abisso.

4. 12. E le tenebre erano sopra l'abisso 11. L'abisso era forse al di sotto e le tenebre al di sopra come se fossero già distinti i luoghi? O piuttosto viene ancora spiegata la confusione della materia, che in greco è chiamata anche χάος e la Scrittura dice: Le tenebre erano sopra l'abisso perché non c'era ancora la luce? Se ci fosse stata la luce, questa sarebbe stata certamente al di sopra, poiché sarebbe stata più in alto e avrebbe illuminato ciò che stava al di sotto di essa. In realtà, se uno considera attentamente che cosa sono le tenebre, scopre che non sono se non l'assenza della luce. Ecco perché la Scrittura dice: Le tenebre erano sopra l'abisso, come se dicesse: "Non c'era la luce sull'abisso". Perciò la materia, di cui trattiamo, che dalla susseguente opera di Dio viene distinta ed ordinata nelle diverse forme delle cose, è chiamata "terra invisibile e caotica", e "abisso" privo di luce, mentre più sopra è denotata col nome di "cielo e terra", che bisogna intendere nel senso indicato precedentemente da noi, cioè di germe del cielo e della terra, se pur è vero che dicendo "cielo e terra" non volle presentarci prima l'universo creato, sicché in seguito, dopo aver indicato la materia, passasse in rassegna le diverse parti del mondo.

Lo Spirito sopra le acque.

4. 13. Lo Spirito di Dio inoltre si portava al di sopra delle acque 12. La Scrittura non aveva detto in nessun passo: "Dio fece l'acqua", eppure non si deve affatto credere che Dio non avesse fatto l'acqua e che questa esistesse già prima ch'egli creasse qualcosa. Egli infatti è Colui dal quale viene tutto, grazie al quale esiste tutto, verso il quale tende tutto 13, come dice l'Apostolo. Dio dunque fece l'acqua, e credere il contrario è un grande errore. Perché mai quindi la Scrittura non dice che Dio fece l'acqua? Forse perché ancora una volta volle chiamare "acqua" la medesima materia che aveva denotata coi termine di "cielo e terra", o di "terra invisibile e caotica", o di "abisso"? Perché mai, infatti, non si sarebbe potuta

chiamare anche "acqua" se poté essere chiamata "terra", pur non essendo ancora né acqua distinta e formata né terra né alcun'altra cosa? Ma forse fu dapprima chiamata "cielo e terra", la seconda volta "terra caotica e abisso privo di luce", la terza volta, con termine appropriato, "acqua"; forse perché con la prima denominazione di "cielo e terra" fosse denotata la materia dell'universo creato per il quale era stata fatta assolutamente dal nulla; con la seconda denominazione di "terra confusa" e di "abisso" fosse indicato lo stato informe, poiché tra tutti gli elementi la terra è la più informe e la meno splendente; col terzo termine di "acqua" fosse indicata la materia soggetta all'opera del Creatore, poiché l'acqua è più mobile della terra e perciò, a causa della facilità di essere lavorata e perché si lascia trasformare più facilmente, la materia sotto le mani del Creatore doveva essere chiamata "acqua" piuttosto che "terra".

Perché con acqua è denotata la materia informe.

4. 14. Così pure l'aria è più mobile dell'acqua, ma non illogicamente si crede o si comprende che l'etere è più mobile della stessa aria; ma col termine di "aria" o di "etere" meno appropriatamente sarebbe stata denotata la materia. Si crede infatti che questi elementi posseggano maggiormente la potenza attiva, mentre al contrario la terra e l'acqua posseggono di più la potenza passiva. Se questa potenza è occulta, penso ch'è certamente un fatto evidente che l'acqua e alcune altre cose terrene sono mosse dal vento; il vento poi è l'aria mossa e - diciamo così -ondeggiante. Essendo dunque evidente che l'aria muove l'acqua ma occulta la forza da cui il vento è mosso, perché sia vento, chi potrebbe dubitare che la materia è denotata più appropriatamente col termine di "acqua" poiché viene mossa, anziché con quello di "aria" che la muove? Ora, l'esser mosso è subire un'azione, il muovere, invece, è esercitare un'azione. A ciò s'aggiunge il fatto che i prodotti del suolo vengono irrigati con l'acqua affinché possano nascere e svilupparsi completamente, sicché pare quasi che la medesima acqua si trasformi nei vegetali che nascono. Per questo motivo la materia sarebbe stata denotata col

termine più appropriato di "acqua", essendo presentata come soggetta all'opera del Creatore a causa della sua adattabilità ad essere trasformata in qualsiasi specie di corpi nascenti, anziché col termine di "aria", a proposito della quale si può osservare solo la mobilità mentre le mancano tutte le altre qualità con cui si poteva indicare più appropriatamente la materia. In tal modo il senso completo della frase sarebbe: Nel principio Dio fece il cielo e la terra 14,cioè fece la materia che potesse prendere la forma del cielo e della terra; questa materia era terra invisibile e caotica 15 ossia informe e una profondità priva di luce; questa tuttavia, poiché sarebbe stata sottoposta all'azione del Creatore che la modellava, per il fatto stesso che ubbidisce a chi la lavora, è chiamata anche "acqua".

Le varie denominazioni della materia informe.

4. 15. A proposito dunque dei termini con cui fu denominata la materia, dapprima è stato indicato il fine di essa, cioè in vista di che cosa è stata fatta, in secondo luogo è stato indicato proprio il suo stato informe, in terzo luogo la dipendenza e la sottomissione al Creatore. Per questo motivo dapprima la materia è chiamata "cielo e terra" - poiché per questo era stata fatta - in secondo luogo "terra invisibile e caotica" e "tenebre sopra l'abisso", vale a dire il vero e proprio stato informe privo di luce - e perciò è detta "terra invisibile" -, in terzo luogo "acqua sottomessa allo Spirito" per ricevere una disposizione e le varie forme. Ecco perché lo Spirito di Dio si portava sull'acqua: per farci comprendere che era lo Spirito a operare, l'acqua invece era l'elemento con cui operava, era cioè la materia adatta ad essere lavorata. Quando infatti diciamo che questi tre termini, materia del mondo, materia informe, materia capace d'essere lavorata, sono denominazioni d'un'unica realtà: al primo termine corrisponde bene il cielo e la terra: al secondo l'oscurità, la confusione, la profondità, le tenebre, al terzo la facilità di lasciarsi trattare; sopra questa materia si porta ormai lo Spirito del Creatore per operare.

Come lo Spirito si portava sulle acque: prima ipotesi.

4. 16. Lo Spirito di Dio inoltre si portava al di sopra dell'acqua 16. Non si portava com'è portato l'olio al di sopra dell'acqua, com'è portata l'acqua al di sopra della terra, cioè come fosse contenuto in essa ma, se per comprendere questo fatto si devono prendere esempi dalle realtà visibili, si portava come questa luce del sole e della luna si porta al di sopra degli oggetti di quaggiù, ch'essa illumina sulla terra, poiché non è contenuta in essi ma, essendo contenuta nel cielo, si porta al di sopra di essi. Dobbiamo anche guardarci dal credere che lo Spirito di Dio si porti al di sopra della materia come attraverso lo spazio, ma in virtù d'una certa potenza attiva e creatrice, affinché ciò su cui si portava fosse fatto e creato, allo stesso modo che la volontà dell'artefice si porta al di sopra del legno o di qualsiasi altra materia sottoposta a lavorazione o anche sopra le stesse membra del proprio corpo che egli muove per operare. Ma anche questo paragone, pur essendo di certo più eccellente di qualsiasi altro oggetto, è tuttavia di scarso o di quasi nessun valore per comprendere l'azione con cui lo Spirito di Dio si portava sopra la materia del mondo sottomessa a lui per essere lavorata. Noi però, tra le cose che, bene o male, possono essere comprese dalla gente, non troviamo un paragone più evidente e più appropriato all'argomento di cui trattiamo. A proposito quindi di riflessioni di tal genere si deve tenere in grandissimo conto quanto dice la Scrittura; Voi che benedite il Signore, esaltatelo per quanto potrete, poiché egli è più grande di tutte le sue opere 17. Questo però si può dire solo se in questo passo s'intende di Dio lo Spirito Santo, da noi adorato nella stessa ineffabile e immutabile Trinità.

Come lo Spirito si portava sulle acque: seconda ipotesi.

4. 17. Si potrebbe però intendere anche in un altro senso. Per Spirito di Dio potremmo cioè intendere una creatura dotata di una forza vitale che contiene tutto quanto questo mondo visibile e tutte le realtà materiali; creatura, alla quale Dio onnipotente ha dato un certo

potere di servire a lui per operare riguardo a ciò che viene prodotto. Questo spirito, essendo più eccellente di qualsiasi corpo etereo, poiché qualsiasi creatura invisibile è superiore a qualsiasi creatura visibile, non illogicamente si chiama spirito di Dio. In realtà che cosa mai non appartiene a Dio, dal momento che, a proposito della terra, la Scrittura dice: Del Signore è la terra e quanto contiene 18? La stessa Scrittura inoltre, con un'espressione sintetica generale, dice: Poiché tutte le cose sono tue, o Signore, che ami la vita 19. Ma questo spirito si può intendere nel senso suddetto solo se la frase: Nel principio Dio fece il cielo e la terra 20, la intendiamo detta di una creatura visibile. In tal modo sopra la materia delle cose visibili al principio della loro creazione si portava lo spirito invisibile, che tuttavia era anch'esso una creatura, cioè non Dio, ma una natura fatta e formata da Dio. Se al contrario si crede che la materia di tutte le cose, vale a dire non solo di quelle intellettuali ma anche di quelle animali e materiali, è denotata col termine di "acqua", in questo passo per Spirito di Dio non si può assolutamente intendere se non lo Spirito immutabile e santo che si portava al di sopra della materia di tutte le cose fatte e create da Dio.

Spirito può significare il vento: terza ipotesi.

4. 18. A proposito di questo "spirito" può sorgere una terza opinione in base alla quale si crede che mediante il termine "spirito" s'indichi l'elemento dell'aria; in tal modo sarebbero indicati i quattro elementi di cui risulta composto il nostro mondo visibile, vale a dire: cielo, terra, acqua, aria; non perché fossero già distinti e disposti in ordine, ma perché in quella materia informe perché caotica erano tuttavia prefigurati come destinati ad avere origine; quella confusione informe era denotata col termine di "abisso tenebroso". Qualunque però di queste opinioni sia la vera, si deve credere che in tutte le cose che sono state originate, sia le visibili sia le invisibili, non per quanto riguarda i difetti che sono contro natura, ma per quanto riguarda le stesse nature, è autore e creatore Dio, e non v'è assolutamente alcuna creatura che non abbia da lui l'inizio e la perfezione della propria

specie e sostanza.

La parola di Dio è ineffabile.

5. 19. E Dio ordinò: Vi sia la luce. E la luce vi fu 21. Non dobbiamo pensare che Dio disse: Vi sia la luce con la voce emessa dai polmoni o con la lingua e i denti. Queste sono immaginazioni d'individui carnali; ora, pensare secondo la carne è morte 22. La frase: Vi sia la luce fu invece pronunciata in modo ineffabile. Possiamo però chiederci se quelle parole furono rivolte al Figlio unigenito, oppure se la parola che fu detta è il Figlio unigenito, poiché si chiama Verbo di Dio la parola mediante la quale fu fatta ogni cosa 23,purché tuttavia non commettiamo l'empietà di credere che il Verbo di Dio, il Figlio Unigenito, sia - per così dire - una parola pronunciata come facciamo noi. Al contrario, il Verbo di Dio, mediante il quale è stata fatta ogni cosa, non è né cominciato ad esistere né finirà mai di esistere ma, nato senza principio, è eterno come il Padre. La parola quindi: Vi sia la luce, se cominciò e cessò d'essere pronunciata, fu detta piuttosto al Figlio anziché essere essa stessa il Figlio. E tuttavia anche questa parola fu detta in modo ineffabile perché non s'insinui nell'anima un'immagine carnale e turbi l'intelligenza spirituale timorata di Dio; poiché intendere in senso proprio che nella natura di Dio cominci e finisca qualcosa è un'opinione temeraria e pericolosa, che tuttavia può essere scusata con un gran senso d'umanità nelle persone carnali e semplici, non perché persistano in essa, ma perché se ne allontanino. Qualunque cosa infatti si dice che Dio comincia e finisce, non la si deve intendere in alcun modo rispetto alla sua natura ma rispetto alla sua creatura che gli ubbidisce in modi meravigliosi.

Luce creata e luce increata.

5. 20. E Dio ordinò: Vi sia la luce 24. Si tratta forse della luce che appare ai nostri occhi carnali o forse d'una luce segreta che non ci è concesso di vedere mediante i sensi del nostro corpo? E se è segreta,

è forse fisica e si spande nello spazio, forse nelle zone più alte del mondo? Oppure è forse incorporea come quella che si trova nell'anima, alla quale dai sensi del corpo viene riferito il giudizio su ciò che si deve evitare o desiderare: luce di cui non è priva neppure l'anima delle bestie? Oppure è forse la luce superiore che si manifesta nel ragionare e dalla quale ha origine tutto ciò che è stato creato? Quale che sia la luce qui indicata, dobbiamo tuttavia intendere la luce fatta e creata, non quella di cui risplende la stessa Sapienza di Dio, che non è creata ma generata. Non si deve pensare che Dio fosse senza luce prima di aver creato quella di cui si tratta adesso. A proposito di questa infatti, come dimostrano assai bene le stesse parole, è messo in risalto il fatto ch'essa è stata creata: E disse - dice la Scrittura - vi sia la luce, e la luce fu fatta 25. Una cosa è la luce nata da Dio, un'altra è la luce fatta da Dio; la luce nata da Dio è la stessa Sapienza di Dio; la luce fatta, al contrario, è qualunque luce mutevole, sia corporea che incorporea.

Luce creata: forse denota gli angeli.

5. 21. Di solito però rimaniamo sorpresi come mai potesse esserci la luce fisica prima che esistesse il cielo e i luminari del cielo che la Scrittura ci fa conoscere dopo di questa; proprio come se fosse facile o assolutamente impossibile sapere se ci sia qualche altra luce fuori del cielo, che sia tuttavia distinta e diffusa nello spazio e abbracci il mondo. Ma poiché in questo passo si può intendere che si tratti anche d'una luce incorporea, se diciamo che in questo libro viene fatta conoscere non solo la creatura visibile ma ogni specie di creature, che bisogno c'è d'indugiare in questa discussione? E forse per quanto riguarda il quesito che ci si pone, quando cioè furono fatti gli angeli, questi sono indicati simbolicamente in questa luce in modo conciso - è vero - ma tuttavia assai appropriato e conveniente.

Che significa: vide ch'è cosa buona (Gen 1, 4).

5. 22. E Dio vide che la luce è una cosa buona 26. Bisogna intendere

che con questa frase è indicata non la gioia derivante da un bene, diciamo così, insolito, ma l'approvazione dell'opera. Che cosa infatti può dirsi di più appropriato a proposito di Dio, nella misura che può dirsi tra gli uomini, che usando le espressioni: "disse", "fu fatto", "lo approvò"? In tal modo dal fatto che "disse" si comprende il suo comando, con l'espressione "fu fatto" si comprende la sua potenza, dal fatto che "lo approvò" si comprende la sua bontà; proprio come queste realtà ineffabili dovevano essere espresse da un uomo ad altri uomini in modo che potessero essere di giovamento a tutti.

Creazione della luce: è la divisione tra la luce e le tenebre.

5. 23. E Dio separò la luce dalle tenebre 27. Da queste parole si può capire con quanta facilità dell'azione di Dio si dice che furono compiuti questi fatti. Poiché non c'è alcuno che pensi che quando la luce fu fatta fosse confusa con le tenebre e perciò fosse in seguito necessario separarla: la separazione della luce dalle tenebre avvenne invece per il fatto stesso che la luce fu creata. Può forse la luce essere unita alle tenebre 28? Dio dunque separò la luce dalle tenebre perché fece la luce, l'assenza della quale si chiama tenebra. Tra la luce e le tenebre c'è poi la differenza che c'è tra l'essere vestito e l'esser nudo, o tra ciò che è pieno e ciò che è vuoto, e altri esempi simili.

Le varie specie di luce.

5. 24. Abbiamo già detto più sopra in quanti sensi si può intendere la luce, la cui assenza e il cui contrario si può chiamare la tenebra. Orbene, ci sono tre specie di luce: la prima è quella che si vede con gli occhi del nostro corpo, corporea anch'essa, come quella del sole, della luna delle stelle e di qualsiasi altro corpo di tal genere; contrarie a questa luce sono le tenebre quando un luogo è privo di luce. Un'altra specie di luce è parimenti la vita sensitiva e capace di distinguere le cose che dal corpo sono trasmesse al giudizio dell'anima, come le cose bianche e nere, le cose squillanti e roche, di

odore grato e spiacevole, dolci o amare, calde o fredde, e così tutte le altre cose di tal genere. Una cosa infatti è la luce percepita dagli occhi, e un'altra cosa è quella con cui, mediante gli occhi, si possono giudicare le stesse sensazioni. Quella infatti risiede nel corpo, questa invece, sebbene per mezzo del corpo percepisca ciò che prova, risiede tuttavia nell'anima. Le tenebre contrarie a questa luce sono spie d'insensibilità o, per meglio dire, di mancanza della facoltà sensitiva, cioè il non aver sensazioni, sebbene vengano introdotte nei sensi cose che potrebbero essere percepite dai sensi, se nell'essere vivente ci fosse questa luce per mezzo della quale si hanno le sensazioni. E ciò non avviene quando mancano gli organi del corpo come nei ciechi e nei sordi - poiché nell'anima di questi tali risiede la luce di cui trattiamo, mentre mancano gli organi del corpo -; ciò inoltre non avviene neppure allo stesso modo in cui non si sente una voce nel silenzio, quando nell'anima si trova anche questa luce ed esistono gli organi del corpo ma non viene introdotto nulla che si possa percepire dai sensi. Non è dunque privo di questa luce chi non percepisce mediante i sensi, ma quando non esiste nell'anima una siffatta potenza che non si è soliti chiamare neppure anima, ma solo vita come quella che ha una vite o un altro albero o qualsiasi specie di piante, se pure è vero che ci si possa convincere in alcun modo che le piante hanno almeno una vita siffatta, mentre alcuni eretici commettono un grave errore credendo che le piante non solo hanno sensazioni attraverso il fusto, cioè vedono, odono, distinguono il calore e il fuoco, ma capiscono le ragioni e conoscono i nostri pensieri; ma questa è un'altra questione. Le tenebre di questa luce, in virtù della quale si ha qualunque sensazione, sono dunque l'insensibilità che si riscontra quando qualsiasi essere vivente non ha la stessa facoltà di percepire sensazioni. Ora, ammette che si chiama con un termine appropriato "luce" questa facoltà chiunque ammette che si chiama giustamente "luce" la facoltà con cui ci è palese qualsiasi cosa. Quando noi diciamo: "È chiaro che ciò è armonioso, che questo è dolce, che ciò è freddo" - e così altre cose corporee di tal genere che per caso percepiamo con i sensi del corpo - la luce per cui queste cose sono evidenti è certamente nell'intimo dell'anima, sebbene le cose di cui si ha la sensazione vi siano introdotte attraverso il corpo. La terza specie di luce esistente nelle creature può intendersi quella in virtù della quale noi ragioniamo. La tenebra contraria a questa luce è l'irrazionalità, come sono irrazionali le anime delle bestie.

Dio ha creato le nature, non le loro deficienze ch'egli ha ordinato.

5. 25. Sia dunque che questa frase della Genesi per luce primordiale fatta da Dio nella natura voglia fare intendere quella del cielo fisico, vale a dire quella sensibile di cui partecipano gli animi, sia che voglia s'intenda quella razionale che posseggono non solo gli angeli ma anche gli uomini, bisogna credere che Dio separò la luce dalle tenebre 29 per il fatto stesso che la luce fu creata; poiché una cosa è la luce, altra cosa è l'assenza della luce che Dio ordinò mediante le tenebre contrarie alla luce. La Scrittura infatti non dice che Dio fece le tenebre, poiché Dio fece la bellezza degli esseri e non la loro deficienza che rientra nel nulla, a partire dal quale Dio creatore fece ogni cosa. Noi tuttavia comprendiamo che da Dio furono disposte nel loro ordine le deficienze quando la Scrittura dice: E Dio separò la luce dalle tenebre, affinché nemmeno le stesse deficienze fossero prive del loro ordine, dal momento che Dio regola e amministra tutte le cose. Così accade anche quando si canta: le pause di silenzio a intervalli determinati e misurati, sebbene siano assenza di voci, sono tuttavia bene ordinate da chi è esperto nel canto e contribuiscono in qualche modo alla dolcezza dell'intera armonia. Così anche in pittura le ombre servono a far risaltare le parti in rilievo e piacciono non già per la bellezza ma per l'ordine in cui sono disposte. Dio infatti non è autore neppure dei nostri peccati e tuttavia ne è il regolatore quando dispone i peccatori in quello stato e li costringe a soffrire le pene meritate. Questo significa il fatto che le pecore sono poste a destra, i capri invece a sinistra 30. Alcune cose dunque Dio non solo le fa ma le regola pure, altre invece le regola soltanto. I giusti non solo li fa ma li regola anche, i peccatori invece, in quanto sono peccatori, non

li fa ma li regola soltanto. Quando infatti pone i primi alla destra e i secondi alla sinistra, il fatto che ordina che vadano al fuoco eterno si riferisce all'ordine dei meriti. Così la bellezza degli esseri e le stesse nature non solo le crea ma le regola anche; ma le deficienze relative alla bellezza degli esseri e i difetti delle nature Dio non li fa ma li regola soltanto. Egli dunque disse: Vi sia la luce, e la luce fu fatta 31, ma non disse: "Vi siano le tenebre, e le tenebre furono fatte". Di queste due cose dunque l'una la fece, l'altra invece Dio non la fece, ma tuttavia le regolò entrambe quando separò la luce dalle tenebre. In tal modo, per il fatto che le cose le fa lui, ciascuna di esse è bella, e poiché le regola lui, sono tutte belle.

Il nome giorno dato alla luce notte dato alle tenebre.

6. 26. Dio inoltre chiamò giorno la luce e notte le tenebre 32. Siccome è nome d'una cosa non solo "la luce" ma anche "il giorno", e a loro volta "tenebre" e "notte" sono entrambi nomi di cose diverse, era forse necessario dire che furono posti nomi alle cose in modo che una cosa cui fu posto un nome fosse appunto denominata con un altro nome - infatti non si poteva fare diversamente - e perciò la Scrittura dice: Dio chiamò giorno la luce, in modo che si potesse dire indifferentemente anche a rovescio: "Dio chiamò luce il giorno e chiamò tenebre la notte"? Che cosa gli potremmo rispondere, se uno ci domandasse: "Fu imposto il nome di giorno alla luce o al giorno il nome di luce"? Poiché queste due parole, in quanto vengono pronunciate con voce articolata per indicare delle realtà, sono certamente dei nomi. Così anche riguardo alle altre due cose si può porre il quesito: "Fu imposto il nome di notte alle tenebre o il nome di tenebre alla notte?". In verità, come determina la Scrittura, è evidente che alla luce fu dato il nome di "giorno" e alle tenebre il nome di "notte", poiché dicendo: Dio fece la luce e separò la luce dalle tenebre, non si trattava ancora di nomi; i termini "giorno" e "notte" furono usati in seguito, pur essendo "luce" e "tenebre" certamente dei nomi anch'essi, indicanti certe realtà come "giorno" e "notte". Questa frase dunque deve interpretarsi in questo modo '

poiché non si sarebbe potuto enunciare diversamente una realtà che ricevette il nome, se non con un nome, o piuttosto questa denominazione si deve interpretare come l'atto stesso di distinguere realtà diverse? In effetti non ogni specie di luce è "giorno" né ogni specie di tenebre è "notte", ma con il termine di "giorno" e di "notte" vengono chiamate la luce e le tenebre regolate e distinte dal loro vicendevole alternarsi. Ogni vocabolo infatti serve per distinguere le cose. Ecco perché è anche stato chiamato "nome" ciò che serve a "denotare", un mezzo - diciamo così - per "distinguere", poiché deve servire a "denotare", cioè a distinguere e aiutare chi fa la professione d'insegnante. Lo stesso separare la luce dalle tenebre è forse dunque la stessa cosa che il chiamare "giorno" la luce e "notte" le tenebre, di modo che il regolare queste due cose equivale e dar loro un nome. O piuttosto questi vocaboli ci vogliono indicare che cosa Dio chiamò "luce" e che cosa "tenebre", come se la Scrittura dicesse: "Dio fece la luce e separò la luce dalle tenebre; chiamò poi giorno la luce e notte le tenebre, affinché non s'intenda qualche altra luce che non sia il giorno e qualche altra tenebra che non sia la notte"? Poiché, se ogni specie di luce potesse intendersi per "giorno" e se ogni specie di tenebra si denotasse col termine di "notte", forse non sarebbe stato necessario dire: E Dio chiamò giorno la luce e notte le tenebre.

Di che giorno e di che notte qui si tratta.

6. 27. Si potrebbe ugualmente porre il quesito di qual giorno e di qual notte parli la Scrittura. Se vuole che s'intenda il nostro giorno, che s'inizia al sorgere del sole e termina al tramonto, e la notte di quaggiù che s'intenda dal tramonto al sorgere del sole, non so come potessero esistere prima che fossero fatti i luminari del cielo. O forse la stessa durata delle ore e del tempo poteva esser già chiamata così anche senza una linea di separazione tra la luce e le tenebre? Inoltre in qual modo questo avvicendarsi, indicato col nome di "giorno" e di "notte", può applicarsi alla luce razionale, se è questa ch'è indicata qui, o alla luce sensibile? O piuttosto queste cose sono indicate non già in base a un reale avvenimento, ma a una possibile eventualità,

dato che alla ragione può subentrare l'errore e all'intelligenza una certa stoltezza?

Il giorno inteso come la durata da un mattino al successivo (Gen 1, 5).

7. 28. E fu sera e fu mattina: primo giorno 33. Il giorno, adesso, non è chiamato nello stesso senso di quanto era detto: E Dio chiamò giorno la luce, ma nel senso in cui, per esempio, noi diciamo che il mese ha trenta giorni, poiché con questo termine indichiamo anche la notte, mentre in precedenza si parla del giorno separato dalla notte. Pertanto, quell'opera di Dio è indicata come compiuta durante una giornata e per conseguenza la Scrittura dice che fu sera e fu mattina, cioè il primo giorno, in modo cioè che sia un solo giorno che si svolge dall'inizio di un giorno all'inizio di un altro giorno, cioè da un mattino ad un altro mattino, come noi chiamiamo i giorni aggiungendovi, come ho detto, la notte. Ma in qual modo fu fatta la sera e il mattino? Forse che Dio fece la luce e separò la luce dalle tenebre nel medesimo lasso di tempo uguale a quello per cui si estende la luce del giorno, senza contare la notte? Come mai però sta scritto: È nelle tue mani il potere quando tu vuoi 34, se Dio ha bisogno d'uno spazio prolungato di tempo per compiere qualche opera? O piuttosto sono bensì compiute da Dio tutte le cose - diciamo così - con l'abilità e con la ragione e non con uno spazio prolungato del tempo, ma per mezzo della potenza che compie durevolmente anche le cose che vediamo non essere durevoli ma passeggere? Non si può infatti credere che, allo stesso modo che succede nel nostro discorso in cui alcune parole passano e ne subentrano altre, così avvenga nella stessa abilità d'un artista grazie all'opera della quale gli si presenta alla mente un'espressione oratoria durevolmente artistica. Sebbene dunque Dio, che esercita il potere quando vuole, compia le sue opere senza durata di tempo, tuttavia le stesse nature temporali compiono i loro movimenti nell'ambito del tempo. La Scrittura dunque forse dice: Fu sera e fu mattina: primo giorno, allo stesso modo che mediante la ragione si prevede che così

debba o possa avvenire e non come avviene in periodi di tempo. Poiché contemplò nella propria ragione, sotto l'ispirazione dello Spirito Santo, l'opera di Dio lo scrittore sacro che disse: Colui che perdura eternamente ha creato ogni cosa simultaneamente 35, ma nella Genesi molto opportunamente la narrazione delle cose create da Dio è esposta ordinatamente come fatte a intervalli di tempo, affinché la stessa disposizione narrativa che non poteva esser compresa con una immutabile contemplazione dagli spiriti piuttosto deboli, fosse compresa - diciamo così - da questi occhi in quanto esposta secondo un ordine siffatto nel libro [della Genesi].

Il firmamento e le acque al di sopra e al di sotto di esso.

8. 29. Dio inoltre disse: Vi sia un firmamento in mezzo alle acque e serva a separare le acque dalle acque. E così fu. Dio fece il firmamento e separò le acque ch'erano sotto il firmamento dalle acque ch'erano sopra il firmamento 36. Forse che le acque al di sopra del firmamento erano tali, quali erano quelle che noi vediamo sotto il firmamento? O piuttosto, poiché sembra che questa frase indichi l'acqua al di sopra della quale si portava lo Spirito, e la intendevamo come la materia stessa del mondo, si deve credere che in questo passo sia la medesima, separata solo dal firmamento interposto in modo che quella al di sotto sarebbe la materia fisica, quella al di sopra invece la materia animale? La Scrittura in effetti chiama "firmamento" ciò che poi chiama "cielo". Tra i corpi poi non v'è alcuno più eccellente dei corpi celesti. Alcuni corpi infatti sono celesti, altri invece terrestri; i celesti inoltre sono certamente più nobili, e tutto ciò che oltrepassa la natura dei corpi celesti non so in qual modo possa chiamarsi "corpo", ma è forse una potenza soggetta alla ragione con cui si conosce Dio e la verità; questa materia, poiché è suscettibile d'una forma per mezzo della virtù e della prudenza, con cui il vigore si raffrena e si reprime la sua instabilità e perciò appare, in un certo senso, materiale, da Dio è giustamente chiamata "acqua" e sorpassa tutto ciò che abbraccia il cielo fisico non già in virtù d'uno spazio locale ma della sua natura incorporea. E poiché Dio chiamò

"cielo" il firmamento, non è illogico pensare che tutto ciò ch'è al di sotto del cielo etereo, in cui tutte le cose stanno tranquille e stabili, è più mutevole e dissolubile. Ci sono stati alcuni che, riguardo a questa materia corporea plasmata prima di ricevere la forma specifica e la distinzione delle forme, per cui fu chiamata "sotto il firmamento", credevano che la superficie del cielo comprendesse queste acque visibili e fredde. E come prova di questa tesi si sono sforzati d'addurre la lentezza d'uno dei sette pianeti ch'è superiore a tutti gli altri, chiamato dai greci Φαίνων, e compie l'orbita zodiacale in trenta anni, ed è lento perché più vicino alle acque fredde che si trovano al di sopra del cielo. Non riesco a capire come una tale opinione possa essere sostenuta da coloro che indagano questi fenomeni astronomici con grande acume d'ingegno. Ora, nessuna di queste cose dev'essere affermata con leggerezza ma devono essere discusse tutte con cautela e discrezione.

Il firmamento e la sua forma specifica.

8. 30. E Dio disse: In mezzo alle acque sia il firmamento e separi le acque dalle acque. E così fu 37. Dopo aver detto: Così fu, che bisogno c'era di aggiungere: E Dio fece il firmamento e separò le acque, che sono sotto il firmamento, dalle acque che sono sopra il firmamento 38? Avendo infatti detto precedentemente: E Dio disse: Sia fatta la luce. E la luce fu fatta 39, l'agiografo non soggiunse di nuovo: "E Dio fece la luce"; qui invece, dopo che Dio disse: Sia fatto. E così fu fatto, si soggiunse: E Dio fece.Forse di qui appare chiaro che non si deve intendere come materiale la luce affinché non sembri che Dio - dicendo Dio intendo la Trinità - la facesse mediante qualche altra creatura e, al contrario, si creda che questo firmamento del cielo, essendo materiale, ricevesse la forma specifica mediante un'altra creatura spirituale, di modo che alla natura spirituale fosse impressa prima in maniera razionale dalla Verità l'impronta che potesse essere impressa materialmente perché fosse il firmamento del cielo? R forse per questo motivo che la Scrittura dice: E Dio disse: Sia fatto. E così fu fatto? Forse rispetto alla stessa natura

razionale fu fatto prima ciò con cui s'imprimesse all'oggetto materiale la forma specifica?

9. 30. Con l'aggiunta: E Dio fece il firmamento e separò le acque, ch'erano sotto il firmamento, da quelle ch'erano sopra il firmamento 40, s'indica forse anche la cooperazione di quella materia, perché fosse fatta la sostanza del cielo? O forse non viene espresso prima ciò che è espresso dopo a scopo di varietà, affinché cioè il contesto del discorso non venisse a noia e non è necessario citare ogni cosa minuziosamente? Ciascuno preferisca ciò che può; soltanto si guardi bene dall'affermare alcunché a vanvera e qualche cosa ignota come se fosse nota; si ricordi inoltre, poiché è un uomo, d'indagare riguardo alle opere di Dio solo nella misura che gli è permessa.

Prima e poi nel compiersi delle opere, non però nella creazione.

9. 31. E Dio chiamò cielo il firmamento 41. La spiegazione esposta più sopra riguardo alla denominazione delle cose può considerarsi anche a proposito di questa frase, poiché non ogni firmamento è "cielo". E Dio vide ch'è una cosa buona 42. La spiegazione che ho data più sopra a proposito di questa affermazione, la ripeterei di nuovo, se non che vedo che la narrazione non segue il medesimo ordine. Più sopra infatti è detto: E Dio vide che la luce è una cosa buona 43, e subito dopo si soggiunge: Dio separò la luce dalle tenebre e chiamò giorno la luce e notte le tenebre 44; qui invece, dopo essere stato narrato affatto, che si diceva già compiuto, e dopo essere stato chiamato "cielo" il firmamento, infine si dice: E Dio vide ch'è una cosa buona. Se l'espressione è stata cambiata senza lo scopo di evitare la noia, siamo costretti senz'altro ad intenderla nel senso che Dio fece ogni cosa simultaneamente. Per qual motivo, infatti, Dio vide prima ch'è una cosa buona e poi impose il nome, adesso invece prima impone il nome e poi vede ch'è una cosa buona? Perché ciò, se non perché questa assenza di distinzione cronologica ci fa capire che nell'opera di Dio non ci sono intervalli di tempo,

sebbene si trovino nelle stesse opere? Quanto però riguarda gli intervalli di tempo, nel compiersi di un'opera c'è un prima e un dopo e non può esserci narrazione di fatti che prescinda da essi, anche se Dio ha potuto compierli senza di essi. E fu sera e fu mattina: secondo giorno 45. Di questo si è trattato già più sopra e credo che anche in questo caso valgano le stesse ragioni.

La forma specifica dell'acqua e della terra.

10. 32. Dio inoltre disse: L'acqua che è sotto il cielo si raccolga in un sol luogo e appaia l'asciutto. E così fu 46. Per conseguenza di ciò si può credere piuttosto ragionevolmente, come pensavamo, che l'acqua, di cui parla in precedenza, fosse proprio la materia del mondo. E certo, se tutto il mondo era interamente ricoperto dall'acqua, da dove o dove si sarebbe potuta raccogliere? Se infatti l'agiografo aveva denotato con il nome di "acqua" la massa caotica della materia, questo ammassamento deve intendersi come fosse la vera e propria formazione, di modo che la forma specifica dell'acqua fosse tale quale noi vediamo ch'è adesso. Anche la stessa espressione: appaia l'asciutto può essere intesa come la formazione della terra al fine che la terra avesse la forma specifica che noi vediamo adesso. Poiché essa era detta invisibile e caotica quando ancora mancava la forma specifica della materia. Disse dunque Dio: Si raccolga l'acqua ch'è sotto il cielo, vale a dire: la massa di materia corporale sia ridotta nella sua forma affinché sia quest'acqua che noi percepiamo con i sensi. Si raccolga in un solo ammasso: con la denotazione di "unità" si sottolinea la natura intima della forma. L'essere formato infatti significa esattamente che una cosa è ridotta in un sol tutto, poiché il principio d'ogni forma è l'unità nel suo grado più alto. E appaia l'asciutto, vale a dire: riceva la forma visibile e distinta dalla massa confusa. A ragione l'acqua viene riunita perché appaia la terra ferma, vale a dire: viene trattenuta la fluidezza della materia, perché venga alla luce ciò ch'è nascosto. E così avvenne, forse anche ciò avvenne prima rispetto alle ragioni della natura intellettuale, affinché la frase che segue: E l'acqua si

raccolse in un solo ammasso ed apparve l'asciutto non sembrasse un'aggiunta superflua, avendo la Scrittura già detto: E così avvenne, ma comprendessimo che, dopo la creazione degli esseri razionali e spirituali, segui anche quella degli esseri materiali.

Dio chiamò, ecc. (Gen 1, 10) cioè distinse e formò.

10. 33. E Dio chiamò terra l'asciutto e mare la massa dell'acqua 47. Anche adesso la Scrittura si esprime in questo modo per facilitare la nostra comprensione, poiché non ogni acqua è un mare né ogni cosa asciutta è una terra. Quale dunque fosse l'acqua e quale l'asciutto si doveva distinguere con dei nomi. Si può anche pensare non illogicamente che la denominazione data da Dio fosse proprio la distinzione e la formazione di quelle realtà. E Dio vide ch'è una cosa buona 48. Anche qui è conservato lo stesso ordine narrativo; si applichino perciò a questa frase le spiegazioni date per le altre frasi consimili a questa.

Perché è detto: che portino seme secondo la propria specie.

11. 34. E Dio disse: la terra produca erbe per nutrimento, che portino seme secondo la propria specie e somiglianza, e alberi da frutto che portino frutti aventi in se stessi il seme secondo la propria somiglianza 49. Dopo che furono fatti la terra e il mare e dopo che Dio impose loro il nome e ne riconobbe la bontà - cosa che abbiamo detto spesso non doversi intendere compiuta ad intervalli di tempo, perché all'ineffabile facoltà di Dio nell'agire non s'accompagni alcuna lentezza - l'agiografo non soggiunse immediatamente come nei due giorni precedenti: E fu sera e fu mattina: terzo giorno 50, ma fa seguire un'altra opera: La terra produca erbe per alimento che portino seme secondo la propria specie e somiglianza, e alberi da frutto che facciano frutti aventi in se stessi il seme secondo la propria somiglianza. Non è detto così della luce, del firmamento, delle acque, della terraferma, poiché la luce non ha una discendenza che le succeda, né il cielo nasce da un altro cielo, né la terra o il mare

generano altri mari o altre terre che succedano loro. in questo caso dunque in cui la somiglianza degli esseri che nascono conservano la somiglianza con quelli che passano, fu necessario dire: Che portino seme secondo la propria specie e somiglianza, il cui seme è in essi secondo la propria somiglianza.

La creazione delle piante.

11. 35. Tutti questi vegetali però sono sulla terra in modo da rimanere uniti alla stessa terra mediante le radici e attaccati ad essa, ma d'altra parte in modo da esserne per un certo verso separati. Per questo motivo io penso che in questa narrazione si conserva l'indicazione di questa natura, poiché da una parte i vegetali furono creati nel giorno in cui apparve la terra, ma tuttavia d'altra parte Dio disse di nuovo che la terra producesse germogli, e di nuovo è detto: E così fu e quindi, secondo la norma esposta più sopra, dopo aver detto: E così fu, parla subito dopo dell'esecuzione vera e propria dell'opera: E la terra produsse erbe per alimento che portano ciascuna seme secondo la propria specie, e alberi fruttiferi aventi il seme in loro stessi, ciascuno secondo la propria specie. E di nuovo dice: Dio vide ch'è una cosa buona 51. Così queste due azioni da un lato sono unite in un sol giorno e dall'altro vengono separate tra di loro dalle parole di Dio ripetute. Io credo che ciò sia avvenuto riguardo alla terra e al mare, poiché si doveva distinguere maggiormente la natura di questi vegetali che, in quanto nascono e muoiono, si propagano mediante il seme che li sostituisce. Si deve forse pensare che la terra e il mare potevano essere creati nello stesso istante non solo quanto alle ragioni della creatura spirituale, nel qual caso tutto fu creato simultaneamente, ma anche quanto alla stessa attività motoria materiale, mentre al contrario gli alberi e qualsiasi altra specie di piante non sarebbero potuti nascere se non fosse già esistita la terra in cui germogliare? Per questo forse doveva essere ripetuto il comandato di Dio, per indicare che gli alberi erano stati creati differenti eppure non dovevano essere creati in un giorno diverso per il fatto che sono fissi e attaccati alla terra? Ma può

sollevarsi la questione perché mai Dio non pose un nome alle piante; questa omissione è dovuta al fatto che la loro moltitudine non lo permetteva? Detta questione però sarà esaminata meglio in seguito, quando noteremo altre cose alle quali Dio non pose un nome, come invece lo pose alla luce, al cielo, alla terra e al mare. E fu sera e fu mattina: terzo giorno 52.

I luminari, i giorni e le notti in Gen 1, 14.

12. 36. Dio inoltre ordinò: Ci siamo luminari nel firmamento del cielo, e risplendano sulla terra per distinguere il giorno dalla notte e servano di segni anche per i tempi, per i giorni e per gli anni e servano da lampade nel firmamento del cielo per illuminare la terra 53. I luminari furono fatti il quarto giorno e di essi è detto: servano anche per segnare i giorni. Che significano dunque i tre giorni trascorsi senza i luminari? Oppure, perché mai serviranno per segnare i giorni, se anche senza di essi poterono esistere i giorni? Forse perché mediante il moto di questi luminari si può distinguere più chiaramente la durata del tempo e l'intervallo tra i vari periodi di tempo? O forse queste enumerazioni di giorni e di notti serve ad indicare la distinzione tra la natura non ancora fatta e quelle già fatte? Sicché venne chiamata mattina per la forma specifica delle nature fatte, sera invece per la mancanza della forma? Poiché, per quanto riguarda il loro Creatore le nature sono belle nell'aspetto e nelle forme, per quanto invece dipende da esse possono invece venire meno per il fatto d'essere state create dal nulla e, in quanto non vengono meno, non dipende dalla loro materia, che deriva dal nulla, ma da Colui che è l'Essere supremo e fa esistere cose di diversa natura nel loro genere e ordine.

Il firmamento con i suoi luminari.

12. 37. Dio inoltre ordinò: Ci siano dei luminari nel firmamento del cielo, perché risplendano sulla terra 54; questo è forse detto delle stelle fisse o anche dei pianeti? Ma i due luminari, il maggiore e il

minore, sono annoverati tra i pianeti. In qual maniera dunque tutti gli astri furono creati nel firmamento, dal momento che ciascun pianeta ha la propria orbita o rivoluzione circolare? O, forse, poiché nelle Scritture da una parte leggiamo che vi sono molti cieli e da un'altra che vi è il cielo, come ad esempio in questo passo ove anche il firmamento è chiamato "cielo", dobbiamo pensare che si parli di tutta questa compagine del cielo fisico, la quale contiene tutti gli astri, sotto la quale regna la serenità dell'atmosfera pura e tranquilla, al di sotto della quale si agita parimenti l'aria turbolenta e tempestosa del nostro mondo? Perché risplendano sulla terra e separino il giorno dalla notte 55. Non aveva forse Dio già separato la luce dalle tenebre e aveva chiamato "giorno" la luce e "notte" le tenebre? Da ciò risulta chiaro che aveva separato il giorno dalla notte. Che significa ora quanto è detto dei luminari: E separino il giorno dalla notte? Questa distinzione è forse fatta ora per mezzo dei luminari in modo da essere conosciuta anche da coloro che usano solo gli occhi carnali per contemplare queste realtà. Dio al contrario fece fare questa separazione prima ancora che i luminari si muovessero nel loro giro di rivoluzione, in modo da potersi comprendere da poche persone guidate dallo Spirito Santo una ragione perspicua? 0 forse si deve pensare che Dio separò un altro giorno da un'altra notte, cioè tra la forma specifica che veniva impressa a quello stato informe e lo stato informe che restava ancora da formare mentre, al contrario, diverso è il giorno di quaggiù e diversa è la notte, l'alternarsi dei quali si osserva nel moto circolare del cielo, e non può avvenire se non col sorgere e tramontare del sole?

I tempi, i giorni, gli anni, i mesi (Gen 1, 14).

13. 38. E servano da segni per i tempi, per i giorni, per gli anni 56. A me pare che le parole: servano da segni rendano chiara l'espressione seguente: e per i tempi, perché non s'intenda una cosa per segni e un'altra per tempi. Adesso infatti parla dei tempi di quaggiù, i quali mediante la distinzione degli intervalli fanno capire che al di sopra di loro c'è l'eternità immutabile, affinché il tempo appaia un segno,

ossia un'orma - per così dire - dell'eternità. Così pure, quando soggiunge: per i giorni e per gli anni, mostra di quali tempi parla, risultando i giorni della rivoluzione delle stelle fisse, gli anni al contrario risultando evidenti quando il sole compie l'orbita dello zodiaco, meno evidenti invece quando ciascuno dei pianeti compie la rivoluzione nella propria orbita. La Scrittura infatti non dice: "e per i mesi", forse perché l'anno della luna è un mese, come i dodici anni della luna sono un anno della stessa, chiamata Fetonte dai greci, e trent'anni del sole sono un anno della stella detta Fenonte. E forse così, quando tutte le stelle saranno tornate al punto iniziale, si compierà il "grande anno", di cui molti hanno detto molte cose. O forse dice: perché servano da segni, con cui s'indica un corso sicuro per le navi; per i tempi, invece, siccome c'è la stagione della primavera, l'estate, l'autunno e l'inverno, poiché anche queste stagioni variano secondo la rotazione degli astri e conservano il loro avvicendarsi e il loro ordine; per i giorni e per gli anni, invece, deve intendersi forse come è stato già esposto?

Si spiega il versetto 15 di Gen 1.

13. 39. E servano da luci nel firmamento del cielo e per illuminare la terra 57. Già in precedenza era stato detto: Nel firmamento del cielo siano lampade per illuminare la terra; perché crediamo che la frase sia stata ripetuta? Forse allo stesso modo che delle piante era stato detto che portassero seme contenuto in loro stesse secondo la propria specie e somiglianza, così qui, al contrario, dei luminari si dice: siano fatti, e: siano; cioè "siano fatti e non "generino", ma siano essi da soli. E così fu. È conservato l'ordine espositivo consueto.

Il versetto 16: la luna e le sue fasi.

13. 40. E Dio fece i due luminari: il luminare maggiore quale inizio del giorno, e il luminare minore quale inizio della notte, e le stelle 58. Per qual motivo parli d'inizio del giorno e d'inizio della notte, sarà chiaro di qui a poco. E, al contrario, incerto se le stelle, di

cui si parla subito dopo, appartengano o no all'inizio della notte. Alcuni però sostengono che qui si fa intendere che la luna fu creata piena fin da principio, poiché la luna piena sorge all'inizio della notte, cioè subito dopo il tramonto del sole. È però illogico cominciare il computo non dal primo giorno della luna, bensì dal sedicesimo o dal quindicesimo. Ma non dobbiamo neppure lasciarci impressionare dalla considerazione che il luminare che fu fatto avrebbe dovuto essere creato completo. La luna infatti è completa ogni giorno, ma la sua forma intera non può esser vista dagli uomini se non quando la luna si trovi in opposizione al sole dalla parte contraria; d'altronde anche quando si trova in congiunzione con il sole, dato che si trova al di sotto di esso, sembra essere sparita, ma anche allora è piena, per il fatto ch'è illuminata dalla parte opposta e non può essere vista da coloro che si trovano al di sotto, vale a dire dagli abitanti della terra. Questi fenomeni non possono essere insegnati con poche parole, ma con sottili argomentazioni e con la dimostrazione fatta con figure geometriche visibili.

Dio fa e contemporaneamente colloca le creature.

13. 41. E Dio li pose nel firmamento del cielo per illuminare la terra 59. Come mai è detto: Siano nel firmamento, ed ora come mai è detto: Dio fece i luminari e li pose nel firmamento, come se fossero stati fatti fuori del firmamento e di poi collocati lì, pur essendo stato già detto che fossero lì? Si vuole forse far intendere con ciò ripetutamente che Dio non agisce come di solito agiscono gli uomini, ma il suo operare è narrato come può essere narrato a uomini, vale a dire che da parte degli uomini una cosa è fare e un'altra è collocare, da parte di Dio invece l'una e l'altra azione è identica perché egli colloca facendo e fa collocando?

La preminenza del sole nel giorno e della luna nella notte.

13. 42. E siano preposti al giorno e alla notte e separino il giorno dalla notte 60. Ciò che qui spiega dicendo: Siano preposti al giorno

ed alla notte è ciò che prima aveva detto: Separino il principio del giorno e il principio della notte. Quel "principio" dobbiamo dunque intenderlo nel senso di superiorità, poiché durante il giorno tra le cose che si vedono non c'è nulla di più eccellente della luna e delle stelle. Per conseguenza non ci deve più mettere in imbarazzo quell'ambiguità, e dobbiamo credere che le stelle sono state poste in questo passo dalla Scrittura in modo da appartenere al "principio", avessero cioè il primato sulla notte. E Dio vide ch'è una cosa buona 61. È conservato lo stesso ordine narrativo. Dobbiamo però ricordarci che Dio non pose il nome a questi esseri, anche se l'agiografo avrebbe potuto dire: " E Dio chiamò stelle i luminari ", poiché non ogni luminare è una stella.

Si spiega Gen 1, 19.

13. 43. E fu sera e fu mattina: quarto giorno 62. Se uno considera questi giorni contrassegnati dal sorgere e dal tramontare del sole, questo giorno non è il quarto, ma forse il primo, pensando che il sole sorse nello stesso momento che fu fatto e tramontò finché venissero creati tutti gli altri astri. Ma chi comprende che per un verso il sole si trova altrove quando da noi è notte, e per un altro verso altrove è notte quando il sole si trova da noi, indagherà in un senso più elevato l'enumerazione di questi giorni.

I rettili dell'acqua: forse dell'atmosfera più bassa (Gen 1, 20).

14. 44. Dio inoltre ordinò: Le acque producano rettili di anime viventi e alati, che volino sulla terra nel firmamento del cielo. E così fu 63. Gli animali che nuotano sono chiamati rettili perché non camminano con i piedi. O sono forse chiamati così perché ve ne sono altri che sulla terra strisciano sott'acqua? Ci sono infatti nelle acque altri animali forniti di penne, come i pesci che sono coperti di squame, o come altri pesci che ne sono privi ma tuttavia si sorreggono con le penne. Può essere messo in dubbio se questi devono essere annoverati tra gli uccelli in questo passo. Ma perché

l'agiografo assegna alle acque e non all'aria proprio gli uccelli? t una questione non indifferente, poiché non possiamo intendere che in questo passo si tratti solo degli uccelli ai quali sono familiari le acque, come gli smerghi, le anitre e tutti gli altri animali di tal genere. Se infatti avesse parlato solo di questi, in un altro passo non avrebbe tralasciato di parlare degli altri uccelli, dei quali alcuni sono tanto lontani dalle acque che non bevono neppure. Salvo che qui la Scrittura chiami " acqua " l'aria dell'atmosfera vicina alla terra poiché, per via della rugiada che si forma nelle notti serene, quest'aria dimostra anche di essere umida, poiché si condensa anche in nubi. Ora una nube è acqua, come costatano tutti coloro ai quali è capitato di camminare sui monti in mezzo alle nubi oppure nei campi tra le nebbie. Si dice infatti che gli uccelli nella nostra atmosfera, non possono volare nell'atmosfera più alta e più pura, che da tutti è chiamata "aria", per il fatto che non sostiene il loro peso a causa della sua leggerezza. Si asserisce inoltre che in quell'aria non possono condensarsi le nubi né scatenarsi tempeste di alcun genere, poiché non c'è assolutamente il vento fino al punto che si narra che sulla vetta monte Olimpo, che si dice elevarsi sopra la zona di quest'aria umida, si è soliti tracciare delle lettere nella polvere e l'anno seguente le si trovavano integre e intatte da coloro che regolarmente ogni anno salivano sul monte summenzionato.

Che cosa denotano i termini acqua e firmamento.

14. 45. Per questo motivo si può non illogicamente pensare che nelle Sacre Scritture viene chiamato "firmamento" del cielo lo spazio che si estende fino a questa zona più alta, per cui si crede che anche l'atmosfera superiore assolutamente tranquilla e serena rientra nel "firmamento". Con questo termine di "firmamento" può infatti essere simboleggiata la stessa tranquillità e una gran parte della realtà. Per conseguenza io penso che in più di un passo dei Salmi si afferma anche: La tua verità giunge fino alle nubi 64, poiché non c'è nulla di più stabile e sereno della verità. Le nubi inoltre si condensano al di sotto di questa zona dell'atmosfera assolutamente serena. Anche se

questo lo si intende in senso figurato, è stato tuttavia preso da realtà aventi una certa somiglianza con queste cose; in tal modo sembra che la creatura materiale più inalterabile e più pura che si estende dalla sommità del cielo fino alle nubi, cioè fino all'atmosfera caliginosa, turbolenta e umida, raffigura giustamente la verità. Sono dunque assegnati - a buon diritto - alle acque gli uccelli che volano sulla terra sotto il firmamento del cielo, poiché non impropriamente questa atmosfera è chiamata acqua. Da ciò si può anche capire che la Scrittura non dice nulla dell'atmosfera, in che modo cioè e quando fosse creata, in quanto l'atmosfera inferiore è compresa sotto la denominazione di "acqua", quella superiore invece sotto il termine di "firmamento", e in tal modo non è stato tralasciato alcun elemento.

Come interpretare: Si raccolgano le acque, ecc.

14. 46. Forse però uno potrebbe fare questa obiezione: "Se con l'espressione: l'acqua si raccolga 65, intendiamo che l'acqua fu fatta a partire dalla confusione della materia e questo riunirsi insieme delle acque fu chiamato da Dio "mare", in qual modo possiamo dire che questa atmosfera fu fatta allora, dal momento che non viene chiamata "mare", anche se può essere chiamata "acqua"? Ecco perché a me pare che mediante l'espressione: appaia l'asciutto venga indicata la forma specifica non solo della terra ma anche della nostra atmosfera più densa, poiché per mezzo di essa viene illuminata la terra affinché possa essere vista chiaramente da noi. Con l'unico verbo: appaia, ci vengono fatte conoscere tutte le operazioni senza le quali la terra non potrebbe manifestarsi ai nostri sensi e cioè: la sua formazione, l'azione con cui fu liberata dalle acque, su di essa fu distesa l'atmosfera, attraverso la quale dalla parte superiore del mondo su di essa si trasmette la luce. O piuttosto si deve pensare che mediante l'espressione della Scrittura: l'acqua si raccolga, si vuol mettere in evidenza la forma di questa atmosfera poiché sembra che l'aria che respiriamo, condensandosi, produca l'acqua? La Scrittura ha forse chiamato così il raccogliersi dell'acqua in una massa perché si formasse il mare, sicché ciò che non è ammassato, ossia ciò che non è condensato viene portato in alto, sia " acqua " capace di

sostenere gli uccelli che volano e le siano appropriati entrambi i nomi, cioè tanto quello di "acqua", più leggera, quanto quello di "aria", più densa. Ma per qual motivo non è detto quando fu fatta quest'aria? È forse vero quanto sostengono alcuni, che cioè l'aria che noi respiriamo, a causa dell'evaporazione del mare e della terra, è resa tanto più densa dell'aria più elevata e più pura, da essere adatta a sostenere il volo degli uccelli e d'altra parte tanto più leggera delle acque, con cui si lava il corpo, che quella, a paragone di essa, la percepiamo come secca e aerea? E siccome la Scrittura aveva già parlato della terra e del mare, che bisogno c'era che parlasse delle loro esalazioni, ossia delle acque in cui volano gli uccelli, dal momento che uno ha capito che quell'aria assolutamente pura e serena è assegnata al firmamento?

Perché la Genesi tace la creazione delle sorgenti e dei fiumi.

14. 47. D'altra parte la Scrittura, parlando delle sorgenti e dei fiumi, non dice neppure come sono stati creati. Ora, coloro che indagano e discutono questi fenomeni, affermano che, per via del movimento superficiale dell'aria, dal mare si solleva invisibilmente il vapore d'acqua dolce evidentemente per via di queste esalazioni che noi non possiamo osservare in alcun modo: queste esalazioni si condensano in nubi, e in tal modo la terra bagnata dalle piogge emette a goccia a goccia l'acqua in caverne assai occulte e ve la trasuda nella misura in cui, dopo essersi raccolta e penetrata per diversi meati, scaturisce in sorgenti sia piccole sia capaci di formare dei fiumi. Gli scienziati sostengono che di questo fenomeno è prova il fatto che l'evaporazione dell'acqua marina fatta bollire e raccolta in una serpentina presenta, a chi l'assaggia, acqua dolce. A tutti inoltre appare evidente che le sorgenti diminuiscono di portata poiché risentono l'effetto della scarsezza delle piogge. Ciò è attestato anche dalla Storia sacra: nel tempo della siccità Elia pregò per chiedere la pioggia; mentre pregava ordinò ad Eliseo di guardare verso il mare; vedendo salire di lì una nuvoletta piccola piccola, al re che stava in ansia fece annunciare ch'era imminente la pioggia, dalla quale fu

bagnato mentre ancora fuggiva. Anche Davide dice: O Signore, che chiami l'acqua del mare e la riversi sulla faccia della terra 66. Per questo motivo, essendo stato nominato il mare, sarebbe stato superfluo parlare delle altre acque, sia di quelle che apportano la rugiada e con la loro leggerezza procurano l'aria agli uccelli che volano, sia di quelle delle sorgenti e dei fiumi, se le prime sono prodotte dalle evaporazioni, e le seconde hanno origine dalle piogge che, dopo essere state assorbite dalla terra, tornano al punto di prima.

Si spiega ancora il versetto 20.

15. 48. Le acque producano rettili di anime viventi 67. Perché mai è stato aggiunto viventi? Potrebbero esistere anime se non viventi? O forse si è voluto mettere in risalto questa vita più evidente che hanno gli animali dotati di sensi, dato che le piante ne sono prive? E producano alati che volino sulla terra al di sotto del firmamento del cielo 68. Se gli alati non volano nell'atmosfera purissima ove non si formano le nubi, è evidente ch'essa non fa parte di quel firmamento, poiché si dice che gli alati volano sulla terra sotto il firmamento del cielo. E così avvenne 69. È conservata la medesima disposizione narrativa. Ecco perché si trova quest'aggiunta come per tutte le altre opere di Dio, a eccezione di quella della luce che fu creata per prima.

Perché a volatile è stato aggiunto alato.

15. 49. E Dio creò i grandi cetacei e ogni specie di anima di rettili che furono prodotti secondo la propria specie dalle acque e ogni specie di volatili alati secondo la propria specie 70. Dovremo certamente ricordarci che l'espressione "secondo la propria specie" è usata dalla Scrittura a proposito delle creature che si riproducono mediante la propagazione seminale, come già è stato detto delle erbe e degli alberi. E ogni specie di volatili alati. Perché qui c'è l'aggettivo alato? Può esserci forse un volatile privo di ali? Ma se può esserci un tale volatile, forse che Dio non fece una tale specie, dal momento che non si riesce ad immaginare come sia stato fatto?

Può forse volare un animale se è privo assolutamente di ali? Poiché i pipistrelli, le locuste o cavallette, le mosche e ogni altro animale di tal genere ch'è privo di penne, non è privo di ali. Alati dunque è stato aggiunto perché intendessimo che non si parla dei soli uccelli, poiché i pesci sono alati e volano sulla terra sotto le acque; ecco perché non si dice: " uccelli ", ma: e volatili alati, cioè volatili in generale. E Dio vide che sono cose buone 71. Anche a proposito di questa formula, dev'essere intesa nel senso spiegato per tutte le altre formule simili a questa.

La benedizione di Dio agli animali (Gen 1, 22).

15. 50. E Dio li benedisse dicendo: Crescete e moltiplicatevi e riempite le acque del mare, e i volatili si moltiplichino sulla terra 72. Volle che la benedizione fosse efficace per la fecondità che appare nella successione della prole, affinché mediante la benedizione le cose create deboli e soggette alla morte, conservino la propria specie attraverso nuove nascite. Ma poiché anche le piante conservano, mediante nuove nascite, la somiglianza con quelle che muoiono, per qual motivo Dio non le benedisse? Forse perché sono prive della conoscenza sensibile ch'è simile alla ragione? Non è forse senza motivo che Dio usi la seconda persona per esprimere la benedizione, rivolgendo - per così dire - la parola a questi esseri viventi, come se lo ascoltassero: Crescete e moltiplicatevi e riempite le acque del mare, e tuttavia non si arriva sino alla fine della benedizione con la medesima seconda persona, poiché la frase prosegue così: E i volatili si moltiplichino sulla terra. Non si dice: "Moltiplicatevi sulla terra". Salvo che mediante questa stessa espressione si voglia far capire che la sensibilità degli animali non è tanto affine alla ragione da essere in grado d'intendere perfettamente le parole che Dio rivolgeva loro, come invece possono intenderle gli animali dotati d'intelligenza e capaci di servirsi della ragione.

Sera e mattina, ossia materia informe e materia formata.

15. 51. E così avvenne 73. A questo punto chi è tardo d'ingegno deve ormai svegliarsi totalmente per capire quale specie di giorni sono quelli di cui si tratta. Dio ha dato agli esseri viventi determinati ritmi di sviluppo dei loro semi, ritmi che conservano una meravigliosa invariabilità in forza d'una determinata disposizione, in modo che un determinato numero di giorni conforme alla propria specie di ciascuno, portino nel ventre le creature concepite e covino le uova deposte - la legge che regola questa natura è mantenuta dalla sapienza di Dio, che si estende da un confine all'altro e regola ogni cosa con dolcezza 74 -; come mai quindi in un sol giorno poterono non solo concepire ma anche diventare gravidi, riscaldare e alimentare i nati, riempire le acque del mare e moltiplicarsi sulla terra? Così infatti la Scrittura soggiunge: E così avvenne 75, prima che arrivasse la sera. Ma senza dubbio, quando dice: Fu fatta la sera, l'agiografo menziona la materia informe; quando dice: Fu fatto il mattino, indica la forma impressa alla materia dalla stessa azione creatrice, poiché così conclude il giorno dopo l'azione del Creatore. Iddio tuttavia non disse: Sia fatta la sera, oppure: Sia fatto il mattino, poiché l'espressione della Scrittura è una menzione assai concisa delle cose fatte con la materia e la forma specifica, simbolizzate rispettivamente con i termini " sera " e " mattino ". Quelle cose la Scrittura aveva comunque già detto essere state fatte da Dio, pur non avendo detto però che la deficienza - cioè la tendenza [delle cose] ad avviarsi dalla forma specifica verso la materia e il nulla, se con ragione pensiamo che ciò fosse indicato con il termine " notte " - fu fatta da Dio, ma solo disposta nel suo ordine, allorché più sopra aveva detto: Dio separò la luce dalle tenebre venendo in tal modo simboleggiata la materia informe che, sebbene fatta dal nulla, non è inesistente ma possiede la capacità di assumere varie forme specifiche. Con il termine "tenebre" può intendersi anche il nulla assoluto, non creato da Dio ma a partire dal quale Dio fece tutte quante le cose che si degnò di fare per la sua ineffabile bontà, essendo onnipotente e perciò dal nulla creò tante cose.

Si spiega il versetto 23.

15. 52. E fu sera e fu mattina: il quinto giorno 76. A questo punto, dopo aver detto: E così avvenne, l'agiografo non aggiunse, come al solito, l'esecuzione delle opere come se venissero fatte una seconda volta, poiché era stato detto già prima. Inoltre con la benedizione riguardante la generazione della prole non veniva creata alcuna natura ma venivano conservati, attraverso i successivi discendenti, gli esseri già creati. Ecco perché non dice neppure: E Dio vide che è una cosa buona, poiché a Dio era già piaciuta la natura stessa che doveva solo essere mantenuta con il parto di altri figli. In questo passo pertanto non è ripetuta se non la frase: E così avvenne, e immediatamente si parla della " sera " e della " mattina ", termini con cui - l'abbiamo già detto - l'opera compiuta viene indicata riguardo alla materia informe e alla forma specifica impressale, salvo che agli studiosi venga in mente un'idea migliore e più elevata.

Distinzione tra bestie, quadrupedi e serpenti.

15. 53. E Dio disse: La terra produca anime vive, secondo la propria specie, di quadrupedi, serpenti, bestie della terra secondo la propria specie e di bestiame minuto secondo la propria specie. E così avvenne 77. Perché mai dopo la parola anime viene aggiunto vive, e che cosa vuol dire: secondo la propria specie, e la solita conclusione espressa con le parole: E così avvenne, sono questioni da esaminare e intendersi come è stato spiegato più sopra. Sebbene in latino con il termine "bestie" s'indichi in genere ogni animale privo di ragione, tuttavia nel nostro passo devono distinguersi le specie in modo che per quadrupedi s'intendano le bestie da soma, per serpenti tutti i rettili, per bestie e fiere tutti i quadrupedi che non aiutano l'uomo nel lavoro, ma danno qualche provento a coloro che li pascolano.

Si spiega il versetto 25.

16. 54. E Dio fece le bestie della terra secondo la loro specie e il bestiame minuto secondo la propria specie e tutti i rettili secondo la

loro specie 78. La ripetizione della frase: E Dio fece, dal momento che già era stato detto: E così avvenne 79, dev'essere esaminata alla stregua della norma esposta in precedenza. Io credo che in questo passo con il termine "bestiame" sono indicati i quadrupedi d'ogni specie che vivono allevati dagli uomini. L'espressione: E Dio vide ch'è una cosa buona 80, deve intendersi come al solito.

Si parla dell'uomo separatamente dagli altri esseri viventi (Gen 1, 26).

16. 55. E Dio disse: Facciamo l'uomo a nostra immagine e somiglianza 81. Anche a proposito di questo passo deve notarsi da un lato una certa unione e da un altro una certa separazione degli esseri viventi, poiché la Scrittura dice che l'uomo fu fatto lo stesso giorno che furono fatte le bestie; essi infatti sono insieme tutti esseri viventi della terra. Ciononostante a causa della superiorità della ragione, conforme alla quale l'uomo è fatto a immagine e somiglianza di Dio, si parla separatamente di lui dopo che a proposito di tutti gli altri la Scrittura conclude come al solito dicendo: E Dio vide ch'è una cosa buona 82.

Perché Dio nel creare l'uomo dice: Facciamo, non: Sia fatto.

16. 56. Si deve anche notare il fatto che, a proposito degli altri animali, Dio disse: Sia fatto. E così fu; qui invece Dio disse: Facciamo, volendo lo Spirito Santo indicare anche in questo modo la superiorità della natura umana. Ora a chi si è rivolta adesso la parola: Facciamo, se non a chi era la Parola: Sia fatto, trattandosi delle altre creature? Poiché tutto è stato fatto per mezzo di Lui e nulla è stato fatto senza di Lui 83. Ma perché pensiamo che in altri casi è stato detto: Sia fatto, se non fosse egli in persona a creare per ordine del Padre, mentre in questo caso è detto: Facciamo, solo perché entrambi facessero insieme e nello stesso tempo? O forse, perché tutto ciò che fa il Padre lo fa per mezzo del Figlio, in questo caso è detto: Facciamo affinché in tal modo all'uomo, per il

quale è stata fatta la stessa Scrittura, fosse mostrato, proprio nel caso riguardante lui stesso, che quando parla il Padre, lo stesso Padre fa ciò che fa il Figlio? In tal modo, per quanto riguarda l'espressione: Sia fatto. E fu fatto usata negli altri casi, qui verrebbe spiegato che la parola creatrice non fu distinta dall'atto creatore ma furono entrambi simultanei, dal momento che qui è detto: Facciamo.

Perché è detto che l'uomo è stato fatto ad immagine di Dio.

16. 57. Dio poi disse: Facciamo l'uomo a nostra immagine e somiglianza 84. Ogni immagine è simile a colui del quale è immagine, ma non tutto ciò che è simile a un qualcuno è anche immagine di lui. Così quando si tratta d'immagini riflesse in uno specchio o riprodotte in una pittura, in quanto esse sono immagini sono necessariamente anche simili a colui del quale sono immagini; ma due persone, anche se sono simili tra loro, tuttavia se una non è nata dall'altra, nessuna delle due può dirsi immagine dell'altra. In effetti si ha un'immagine quando essa è la riproduzione di qualcuno. Perché dunque la Scrittura, dopo aver detto: a immagine, aggiunse: a somiglianza, come se ci potesse essere un'immagine dissimile? Sarebbe quindi bastato dire: a immagine. O forse una cosa è ciò che è simile ' e una cosa diversa è la somiglianza, come una cosa è una persona casta e una cosa diversa è la castità, una cosa è una persona forte, un'altra cosa è la fortezza e perciò, allo stesso modo che tutto ciò ch'è forte lo è per effetto della fortezza e tutto ciò che è casto lo è per effetto della castità, così tutto ciò che è simile lo è per effetto della somiglianza? Tuttavia non si può dire, in senso del tutto appropriato, che la nostra immagine sia la nostra somiglianza pur potendosi dire, ciononostante, in senso proprio ch'essa è simile a noi; per conseguenza vi è la somiglianza, in virtù della quale è simile tutto ciò che è casto. La castità invece è casta senza che sia partecipe di null'altro, mentre tutto ciò che è casto lo è in quanto partecipe di essa. La castità risiede certamente in Dio in cui è anche la Sapienza, la quale è la Sapienza ma non a causa d'una partecipazione, mentre, in quanto è partecipe di essa, è sapiente l'anima di chiunque. Anche

la Sapienza di Dio, per mezzo della quale tutto è stato fatto, si chiama quindi "Somiglianza" in senso proprio, essendo simile non perché è partecipe di qualche altra somiglianza, ma perché è essa stessa la somma Somiglianza; essendo partecipi della quale sono simili tutte le cose fatte da Dio per mezzo di essa.

Perché all'espressione: a immagine, è aggiunta l'altra: a somiglianza.

16. 58. L'aggiunta dell'espressione: a somiglianza, a quella precedente, cioè: a immagine, è forse una spiegazione al fine di mostrare che quella ch'è denotata col termine di immagine non è tanto simile a Dio come se fosse partecipe di qualche altra somiglianza, ma che questa è la stessa somiglianza, di cui sono partecipi tutte le creature che sono chiamate simili. Allo stesso modo esiste in Dio anche la stessa castità, essendo partecipi della quale sono caste le anime, e così vi è pure la sapienza, essendo partecipi della quale sono sapienti le anime, come vi è la bellezza, essendo partecipi della quale sono belle tutte le cose che sono belle. Ora, se Dio avesse parlato solo di somiglianza, non avrebbe fatto capire ch'essa è stata generata da lui; se invece avesse parlato solo d'immagine, avrebbe certo fatto capire ch'essa è stata generata da lui; se invece avesse parlato solo d'immagine, avrebbe certo fatto capire ch'essa è talmente simile, da essere non solo simile, ma la stessa Somiglianza. Come inoltre nulla è più casto della stessa castità, nulla più sapiente della stessa sapienza e nulla più bello della stessa bellezza, così non può chiamarsi o pensarsi o esserci assolutamente nulla di più simile alla stessa somiglianza. Si comprende perciò che al Padre è talmente simile la propria Somiglianza, da corrispondere nella misura più completa e perfetta alla natura di lui.

Come il Verbo, somiglianza del Padre, imprime la forma alle cose.

16. 59. Ma quanta potenza abbia per imprimere la forza specifica

alle realtà create la Somiglianza di Dio, per mezzo della quale tutte le cose sono state fatte - sebbene ciò superi immensamente i pensieri dell'uomo - lo possiamo giudicare in certo qual modo se consideriamo che ogni natura, non solo quella che si mostra agli esseri che percepiscono le cose unicamente con i sensi, ma anche quella che si mostra a coloro che ragionano, conserva la forma specifica della totalità risultante delle parti simili tra loro. Conforme appunto alla Sapienza di Dio, si chiamano sapienti le anime razionali, ma questo appellativo non si estende ad altri esseri che non siano razionali, poiché non possiamo chiamare sapiente nessuna bestia e molto meno gli alberi o il fuoco o l'aria o l'acqua o la terra, sebbene anche tutte queste cose, in quanto esistono, esistono proprio per mezzo della Sapienza di Dio. Noi però diciamo simili tra loro non solo le pietre ma anche gli animali, gli uomini, gli angeli. Orbene, parlando di ciascuna cosa diciamo che la terra è la terra per il fatto di avere i propri elementi simili tra loro, come pure l'acqua non potrebbe essere acqua, se in qualsiasi di tutti i suoi elementi non fosse simile a tutti gli altri suoi elementi, e qualsiasi - per quanto piccola - parte d'aria non potrebbe essere aria, se fosse dissimile da tutta la restante massa e così pure una particella di fuoco o di luce è quel che è per il fatto che non è dissimile dalle altre parti. Così, a proposito d'ogni pietra, d'ogni albero o del corpo di qualunque animale, si può riconoscere o comprendere che non esisterebbe con gli altri esseri della propria specie, ma neppure ciascuno di essi in se stesso, qualora non avesse le parti simili tra loro. Inoltre tanto più bello è un corpo, quanto più simili sono le parti di cui risulta. D'altronde non solo l'amicizia delle anime con altre anime, risultante da costumi somiglianti, ma anche in ciascun'anima le azioni e le virtù somiglianti - senza le quali non può esserci la stabilità del carattere - sono la dimostrazione della felicità. Tutte queste cose possiamo chiamarle certamente somiglianti, ma non la " somiglianza " vera e propria. Ecco perché, se l'universo risulta di cose simili tra loro in modo che, pur essendo ciascuna di esse quel che è, costituiscano tutte lo stesso universo non solo creato ma anche governato da Dio, certamente per mezzo della suprema, immutabile e incontaminabile Somiglianza di lui che creò tutte le cose, furono fatte di tal natura da essere belle a causa delle parti simili tra loro; non tutte però sono fatte a somiglianza di lui, ma solo la sostanza razionale: tutto perciò è stato fatto per mezzo di essa, ma non tutto a somiglianza di essa.

In che cosa l'uomo è simile a Dio.

16. 60. La sostanza razionale fu quindi fatta non solo per mezzo della Somiglianza di Dio ma anche a somiglianza d'essa, poiché non fu interposta alcun'altra natura, dal momento che l'anima intellettiva dell'uomo - cosa questa che non comprende se non quando è purissima e beatissima - non si unisce con nessun'altra cosa se non con la Verità in persona, che si chiama Somiglianza, Immagine e Sapienza del Padre. Per conseguenza la frase: Facciamo l'uomo a nostra immagine e somiglianza 85, la s'intende nel giusto senso solo relativamente a ciò che nell'uomo è intimo ed essenziale, ossia in relazione all'anima razionale. Tutto l'uomo infatti dev'essere valutato in base a ciò che in lui ha la preminenza e lo distingue dalle bestie: tutto il resto ch'è nell'uomo, invece, benché sia bello nel suo genere, è tuttavia comune alle bestie e perciò nell'uomo deve stimarsi poco; salvo che il fatto per cui la figura del corpo umano è eretta, rivolta a guardare verso il cielo, non contribuisca, in qualche misura, a farci credere che anche lo stesso corpo fu fatto a somiglianza di Dio, nel senso cioè che, allo stesso modo che la Somiglianza di Dio non è opposta al Padre, così il corpo umano non è opposto al cielo come è il corpo degli altri animali: questi infatti, proni come sono verso terra, si sdraiano sul ventre. Questo fatto però non dev'essere inteso in senso assoluto, poiché il nostro corpo è di gran lunga differente dal cielo; quanto invece alla Somiglianza, ch'è il Figlio, non può avere nulla di dissimile da Colui al quale egli è simile. Tutte le altre cose infatti, simili tra loro, sono tra loro anche dissimili in parte; al contrario la Somiglianza vera e propria di Dio non è a lui dissimile sotto alcun riguardo. Il Padre però è solo il Padre e il Figlio non è altro che il Figlio, poiché anche quando si chiama " la Somiglianza "

del Padre, sebbene ciò provi che non c'è tra loro alcuna differenza, il Padre tuttavia non è solo, dal momento ch'egli ha la propria Somiglianza.

L'uomo, immagine di Dio in senso analogico, non assoluto.

16. 61. E Dio disse: Facciamo l'uomo a nostra immagine e somiglianza 86. Quanto abbiamo detto più sopra spiega molto bene queste parole della Scrittura, in cui leggiamo che Dio disse: Facciamo l'uomo a nostra immagine e somiglianza, nel senso che per "Somiglianza" di Dio, conforme alla quale fu fatto l'uomo, si può intendere lo stesso Verbo di Dio, ossia il Figlio unigenito, non certo nel senso che l'uomo è la medesima Immagine e Somiglianza uguale al Padre. Anche l'uomo tuttavia è immagine di Dio come assai chiaramente ci mostra l'Apostolo che dice: L'uomo, veramente, non deve coprirsi il capo essendo immagine e gloria di Dio 87. Questa immagine però, fatta ad immagine di Dio, non è uguale e coeterna a Colui del quale è immagine, anche se non avesse peccato assolutamente mai. Ora, il senso preferibile da dare a queste parole di Dio è quello d'intendere che la frase è espressa al plurale e non al singolare: Facciamo l'uomo a nostra immagine e somiglianza, per la ragione che l'uomo è fatto a immagine non del solo Padre o del solo Figlio o del solo Spirito Santo, ma della stessa Trinità. Questa Trinità è Trinità in modo da essere l'unico Dio, allo stesso modo che Dio è unico in modo da essere Trinità. Dio infatti non disse, rivolgendosi al Figlio: "Facciamo l'uomo a tua immagine", oppure: " a immagine mia", ma disse: a immagine e somiglianza nostra; da questa pluralità chi oserebbe separare lo Spirito Santo? Ma poiché questa pluralità non costituisce tre dèi ma un solo Dio, per questo dobbiamo comprendere che la Scrittura subito dopo soggiunse la frase al singolare e disse: E Dio fece l'uomo a immagine di Dio, affinché non s'intendesse come se Dio Padre facesse l'uomo a immagine di Dio, cioè di suo Figlio; altrimenti in qual modo sarebbero vere le parole a immagine nostra, se l'uomo fu fatto a immagine del solo Figlio? Per conseguenza, perché è vero ciò che disse Dio: a immagine nostra, la

Scrittura dice così: Dio fece l'uomo a immagine di Dio, come se dicesse: "a immagine sua", cioè a immagine della stessa Trinità.

Si confuta l'opinione di Origene circa la frase: a immagine e somiglianza di Dio.

16. 62. Alcuni però pensano che non è ripetuta la parola " somiglianza" e non è detto: " E Dio fece l'uomo a immagine e a somiglianza di Dio", poiché solo in quel momento fu fatto a immagine, mentre la somiglianza gli era riservata alla risurrezione dei morti, come se ci fosse un'immagine in cui non c'è somiglianza. Ora, se non è del tutto simile, senza dubbio non è neppure un'immagine. Tuttavia, perché non sembri che trattiamo questo argomento solo alla luce della ragione, dobbiamo avvalerci anche dell'autorità dell'apostolo Giacomo che, parlando della lingua dell'uomo, dice: Con essa benediciamo Dio e con essa malediciamo gli uomini fatti a somiglianza di Dio 88.

Note primo libro

1 - Cf. Mt 13, 52.	22 - Gn 1, 2.	43 - Sap 11, 18.
2 - 1 Cor 10, 11.	23 - Gn 1, 3.	44 - Gn 1, 2.
3 - Gn 2, 24.	24 - Gn 1, 2.	45 - Gn 1, 3.
4 - Cf. Ef 5, 32.	25 - Gn 1, 2.	46 - Sir 1, 4.
5 - Gn 1, 1.	26 - 1 Cor 12, 31.	47 - Cf. Sap 7, 27.
6 - Gn 1, 2.	27 - Ef 3, 19.	48 - Gn 1, 1.
7 - Gn 1, 3.	28 - Gn 1, 10.	49 - Gn 1, 4.
8 - Gn 1, 1.	29 - Gn 1, 2.	50 - Gn 1, 5.
9 - Mt 3, 17.	30 - Gn 1, 3.	51 - Gn 1, 4.
10 - Cf. Gn 11, 7.	31 - Gn 1, 1.	52 - Gn 1, 3-4.
11 - Gv 1, 1.	32 - Gn 1, 3.	53 - Gn 1, 3-4.
12 - Gv 1, 3.	33 - Gn 1, 1.	54 - Gn 1, 5.
13 - Gn 1, 1.	34 - Gn 1, 5.	55 - Gn 1, 18.
14 - Gn 1, 4.	35 - Gn 1, 3.	56 - Cf. Mt 23, 37.
15 - Cf. Gv 10, 30.	36 - Gn 1, 5.	57 - Cf. 1 Cor 14, 20.
16 - Gn 1, 1.	37 - Qo 1, 5.	58 - Gn 1, 3.
17 - Gv 8, 25.	38 - Qo 1, 6.	59 - 1 Tm 1, 7.
18 - Gn 1, 3.	39 - Cf. Sal 135, 8.	60 - Cf. Sal 33, 9.
19 - Gn 1, 2.	40 - Gn 1, 3.	61 - Cf. Mt 12, 1.
20 - Gn 1, 3-4.	41 - Gn 1, 1.	62 - Col 2, 3.
21 - Gn 1, 1.	42 - Gn 1, 2.	

Note secondo libro

1 - Gn 1, 6-8.	13 - Gn 1, 6.	25 - Gn 1, 2.
2 - Sap 11, 21.	14 - Gn 1, 9.	26 - Gn 1, 1.
3 - Sal 135, 6.	15 - Gn 1, 3.	27 - Gn 1, 9.
4 - Sal 135, 5.	16 - Gn 1, 3.	28 - Gn 1, 11-13.
5 - Mt 6, 26; Sal 8, 9.	17 - Cf. Rm 1, 20.	29 - Gn 1, 14-19.
6 - Mt 16, 3.	18 - Cf. Rm 11, 34-36.	30 - Gn 1, 14.
7 - Gn 1, 6.	19 - Gn 1, 2.	31 - Gn 1, 14.
8 - Gn 1, 7.	20 - Sal 103, 2.	32 - Gn 1, 14.
9 - Gn 1, 6. 9.	21 - Cf Is 40, 22 (sec. LXX).	33 - Sal 135, 8-9.
10 - Gv 1, 3.	22 - Cf. Confe. 13, 15.	34 - 1 Cor 15, 41.
11 - Gn 1, 6.	23 - Gn 1, 9-10.	35 - Gn 1, 16.
12 - Cf. Gv 1, 3-4.	24 - Cf. 1, 12, 26-14, 28.	36 - Gn 1, 16.
		37 - Cf. Gn 25, 25.

Note terzo libro

1 - Gn 1, 20-23.	17 - Gn 1, 24.	33 - Gn 1, 28.
2 - Sal 148, 4-5.	18 - Sap 8, 1.	34 - Ef 4, 23.
3 - Sal 148, 4.	19 - Gn 1, 21.	35 - Col 3, 10.
4 - Cf. 2 Pt 3, 5-7.	20 - Cf. Sal 48, 13.	36 - Gn 1, 26.
5 - Cf. Gn 7, 20.	21 - Gn 1, 22.	37 - Gn 1, 22.
6 - Cf. 2 Pt 3, 5-7.	22 - Cf. Sal 103, 24.	38 - Gn 1, 27.
7 - LUCANO, Pharsalia 2, 271. 273.	23 - Cf. Sap 8, 1.	39 - 1 Cor 11, 7.
8 - Sal 148, 8-9.	24 - Fil 3, 12.	40 - Gn 1, 27.
9 - Sal 148, 1.	25 - 2 Cor 12, 7-9.	41 - Gn 1, 27.
10 - Sal 148, 7.	26 - Cf. Dn 6, 22; 14, 38.	42 - Gn 1, 28.
11 - Gn 1, 20.	27 - Cf. Dn 9, 4-19.	43 - Gn 1, 30-31.
12 - Sal 148, 7.	28 - Cf. At 28, 5.	44 - Gn 1, 29.
13 - Sal 148, 8.	29 - Cf. Lc 12, 7.	45 - Gn 1, 9.
14 - Sal 148, 8.	30 - Gn 1, 11.	46 - Gn 1, 31.
15 - Gn 1, 24-25.	31 - Gn 3, 18.	
16 - Gn 1, 24.	32 - Gn 1, 26-31.	

Note quarto libro

1 - Gn 2, 1-3.	19 - Sap 8, 1.	37 - 2 Pt 1, 19.
2 - Gn 2, 2 (sec. LXX).	20 - Cf. Sap 7, 24.	38 - Cf. Mt 22, 30.
3 - Sap 11, 21.	21 - At 17, 28.	39 - Cf. Sal 117, 24.
4 - Cf. Rm 11, 36.	22 - Cf. Gv 5, 26.	40 - Gn 1, 14.
5 - Sap 11, 21.	23 - Gn 2, 2.	41 - Cf. Gv 8, 12.
6 - Sap 11, 21.	24 - Gv 5, 17.	42 - Cf. At 4, 11.
7 - Cf. Sap 9, 15.	25 - Cf. Es 20, 8.	43 - Sal 54, 18.
8 - Gn 1, 3. 6.	26 - Cf. Rm 6, 4.	44 - Rm 1, 20.
9 - Cf. Rm 5, 5.	27 - Gn 1, 1.	45 - Sap 9, 15.
10 - Gn 22, 12.	28 - Cf. Lc 10, 39-42.	46 - Gn 1, 7.
11 - Ef 4, 30.	29 - At 17, 28.	47 - Cf. Sap 8, 1.
12 - Gal 4, 9.	30 - Gn 2, 2.	48 - Sal 32, 9.
13 - Cf. 1 Pt 1, 10.	31 - Gn 1, 3.	49 - Cf. Sir 18, 1.
14 - Gn 2, 2.	32 - Gn 1, 7.	50 - Cf. Sir 18, 1.
15 - Gn 2, 2.	33 - Gn 1, 9.	51 - 1 Cor 15, 52.
16 - Gv 5, 17.	34 - Gn 1, 10.	52 - Cf. Sap 7, 24.
17 - Gv 19, 30.	35 - Ef 5, 8.	
18 - Gv 5, 17.	36 - Rm 13, 12-13.	

Note quinto libro

1 - Gn 2, 4-6.	20 - Gn 2, 6.	39 - Sir 18, 1.
2 - Gn 1, 1.	21 - Gn 2, 6.	40 - Gc 1, 17.
3 - Gn 2, 4.	22 - Cf. Sal 104, 34.	41 - Cf. Gal 3, 19.
4 - Gn 2, 5.	23 - Gn 2, 4-5.	42 - Ef 3, 8-11.
5 - Sal 145, 6.	24 - Gn 2, 6.	43 - Cf. Mt 22, 30.
6 - Cf. Sir 18, 1.	25 - Gv 1, 1-3.	44 - Cf. Eb 1, 2.
7 - Gn 2, 5.	26 - Rm 11, 34-36.	45 - Prv 8, 23 (sec. LXX).
8 - Gn 1, 12.	27 - Gv 1, 4.	46 - Sal 103, 24.
9 - Gn 1, 11-12.	28 - Sal 103, 24.	47 - 1 Tm 3, 16.
10 - Cf. Gv 5, 17.	29 - Col 1, 16.	48 - Gv 5, 17.20-21.
11 - Cf. Gn 2, 8-9.	30 - Gv 5, 26.	49 - 1 Cor 15, 36-38.
12 - Cf. Rm 11, 36.	31 - Gv 1, 1. 4.	50 - Cf. Gn 2, 2.
13 - Cf. Is 11, 2-3.	32 - Gb 28, 12-13.	51 - Sap 6, 17.
14 - Gn 1, 1.	33 - Gb 28, 22-25.	52 - Sal 148, 7-8.
15 - Gn 2, 5.	34 - Es 3, 14.	53 - Cf. Mt 10, 29.
16 - 1 Cor 3, 7.	35 - At 17, 28.	54 - Cf. Mt 6, 30.
17 - Gn 2, 6.	36 - Sap 13, 9.	55 - Gn 2, 4.
18 - Gn 2, 5.	37 - Gv 1, 3. 10.	56 - Gn 2, 5.
19 - Gn 2, 6.	38 - Sap 11, 18.	57 - Gn 2, 6.

Note sesto libro

1 - Gn 2, 7.	20 - Gb 14, 4 (sec. LXX).	39 - Sal 8, 6.
2 - Gn 1, 26-28.	21 - Cf. Rm 5, 12.	40 - Cf. Fil 2, 7.
3 - Gn 2, 24.	22 - Cf. Rm 9, 11.	41 - 1 Cor 15, 44-49.
4 - Gn 2, 4-5.	23 - Gn 2, 1-3.	42 - Cf. Lc 15, 32.
5 - Sir 18, 1.	24 - Gn 2, 3.	43 - Cf. 1 Cor 15, 53.
6 - Gn 2, 8-9.	25 - Gn 2, 7.	44 - 1 Cor 15, 45.
7 - Gn 2, 9.	26 - Sal 43, 3.	45 - Rm 8, 10-11.
8 - Gn 2, 18-22.	27 - Sal 135, 11-12.	46 - 1 Cor 15, 45.
9 - Gn 1, 27-28.	28 - Cf. Gv 1, 3.	47 - Cf. Mt 22, 30.
10 - Gn 1, 29.	29 - Sal 101, 26.	48 - Cf. Ef 4, 23.
11 - Cf. Gn 1, 27.	30 - Sal 94, 5.	49 - Cf. 1 Cor 15, 53-54.
12 - Sir 18, 1.	31 - Sal 48, 13.	50 - Rm 8, 10.
13 - Mt 28, 20.	32 - Gn 1, 25.	51 - Cf. Rm 5, 12; 1 Cor 15, 22.
14 - Ger 1, 5.	33 - Cf. Col 3, 2.	52 - Ef 4, 21-22.
15 - Cf. Eb 7, 9-10.	34 - Ger 1, 5.	53 - Ef 4, 23-24.
16 - Gn 1, 26-29.	35 - Cf. Gv 2, 9.	54 - Col 3, 9-10.
17 - Ger 1, 5.	36 - Cf. Es 7, 10.	55 - Cf. Lc 15, 22.
18 - Cf. Ef 1, 4.	37 - Cf. Is 38, 5; 2 Re 20, 6.	56 - Ef 4, 23.
19 - Cf. Rm 9, 11.	38 - Cf. Mt 22, 30.	57 - Gal 6, 1.

Note settimo libro

1 - Gn 2, 7.
2 - Gn 2, 7.
3 - Is 57, 16 (sec. LXX).
4 - Is 57, 17 (sec. LXX).
5 - Sal 48, 13. 21.
6 - Sal 73, 19.
7 - Sal 48, 13.
8 - Sal 73, 19.
9 - Cf. Mt 7, 15; Sal 90, 13.
10 - Gn 2, 7.
11 - Gn 1, 21.
12 - Gn 2, 7.
13 - Cf. CICERONE, Tuscul. 1, 10, 22. 17, 41. 26, 65. 27, 66.
14 - Gn 1, 26.
15 - Gn 1, 27.
16 - Cf. Sap 7, 24-25.
17 - Cf. Sap 8, 1.
18 - Cf. Rm 9, 11.
19 - Cf. 2 Cor 5, 10.
20 - Gn 1, 27-28.
21 - Gn 2, 9.
22 - Gn 2, 19.
23 - Gn 2, 4-5.
24 - Cf. Gn 2, 4-5.
25 - Sir 18, 1.
26 - Cf. Gn 2, 2.
27 - Cf. Gv 5, 17.
28 - 1 Tm 6, 16.

Note ottavo libro

1 - Gn 2, 8.	22 - Cf. Ef 5, 32.	42 - Gn 2, 16s.
2 - Cf. Rm 5, 14.	23 - 1 Re 19, 5-8.	43 - Cf. Gn 1, 12. 31.
3 - Cf. Mt 7, 7.	24 - 1 Re 17, 16.	44 - Cf. Is 7, 14; Mt 1, 23.
4 - De Gn c. Man. 2, 2, 3.	25 - Cf. Gn 1, 31.	45 - Cf. 1 Tm 2, 5.
5 - Gn 2, 8.	26 - Gn 2, 10-14.	46 - Cf. Gv 1, 1. 14.
6 - Gn 2, 9.	27 - Lc 10, 30.	47 - Is 7, 16 (sec. LXX).
7 - Gn 1, 29.	28 - Gn 8, 11. 24.	48 - Cf. Gv 6, 38.
8 - Gn 1, 29.	29 - Cf. Gn 2, 8.	49 - Rm 5, 19.
9 - Cf. 1 Cor 2, 9.	30 - 1 Cor 3, 7.	50 - 1 Cor 15, 22.
10 - Gn 2, 9.	31 - Gn 8, 11.	51 - Gn 2, 16-17.
11 - Prv 3, 18.	32 - Gn 2, 5.	52 - Gn 2, 17.
12 - Cf. Gal 4, 24-26.	33 - Gn 3, 18.	53 - 1 Cor 14, 35.
13 - Cf. Es 17, 6.	34 - Sir 10, 12.	54 - Cf. Gn 3, 8.
14 - 1 Cor 10, 4.	35 - Gn 2, 15.	55 - 1 Tm 6, 16.
15 - Prv 3, 18.	36 - Sal 15, 2.	56 - Rm 11, 36.
16 - Es 12, 3-11.	37 - Sal 72, 28.	57 - Gn 2, 16-17.
17 - Cf. Lc 15, 23.	38 - Sal 58, 10.	58 - Gv 1, 1-3.
18 - Sal 117, 22.	39 - Ef 2, 10.	59 - Cf. Sap 7, 27.
19 - Cf. Lc 23, 43.	40 - Ef 2, 8-10.	60 - 1 Tm 6, 16.
20 - Cf. Lc 16, 24.	41 - Fil 2, 12-13.	61 - Cf. Fil 2, 7.
21 - Gn 2, 24; Ef 5, 31.		

Note nono libro

1 - Gn 2, 18-24.	17 - Cf. Gn 5, 25.	33 - Gal 3, 19.
2 - Gn 2, 19.	18 - Cf. Ml 4, 5; Ap 11, 3-7.	34 - Gn 1, 27.
3 - Sal 148, 7.	19 - Mt 22, 30.	35 - Cf. Nm 17, 8.
4 - Gn 2, 18.	20 - Gn 2, 17.	36 - Cf. Gn 18, 1; 21, 2.
5 - Gn 1, 3.	21 - Rm 7, 22-25.	37 - Cf. Nm 22, 28.
6 - Sal 84, 9.	22 - Rm 8, 10.	38 - Prv 2, 19.
7 - Zc 2, 3.	23 - Cf. Rm 7, 23.	39 - Cf. Ef 2, 9.
8 - Mt 3, 17.	24 - Ef 2, 3.	40 - Cf. Eb 7, 9-10.
9 - Cf. Ap 1, 14-15.	25 - Gn 4, 1. 25.	41 - Gn 1, 27.
10 - Gn 1, 27-28.	26 - Cf. Gn 11, 1-8.	42 - Cf. Ef 3, 9-10.
11 - Cf. Eb 13, 4.	27 - Gn 2, 21.	43 - Cf. Gal 3, 19.
12 - Dt 29, 5.	28 - Gn 2, 19.	44 - Cf. 1 Cor 3, 7.
13 - Mt 22, 30.	29 - Gn 2, 19.	45 - Cf. Sal 72, 17.
14 - Cf. Mt 20, 10.	30 - Cf. Gio 2, 1.	46 - Gn 2, 23-24.
15 - Cf. 2 Re 2, 11.	31 - Cf. Gio 4, 6-7.	47 - Mt 19, 4.
16 - Cf. Ebr 11, 40.	32 - 1 Cor 3, 7.	

Note decimo libro

1 - Gn 2, 23.	23 - Cf. Gn 2, 7.	45 - Sal 21, 18-19.
2 - Gn 1, 27.	24 - Cf. Gn 3, 19.	46 - Sal 21, 2.
3 - Gn 1, 27.	25 - Sal 67, 39.	47 - Lc 2, 40.
4 - Ez 37, 9-10.	26 - Rm 5, 12.	48 - Cf. Lc 2, 42-52.
5 - Gv 20, 22.	27 - Rm 5, 18-19.	49 - Cf. Gal 5, 17.
6 - Cf. Sap 1, 7.	28 - Gal 5, 17.	50 - Sap 8, 19.
7 - Is 57, 16.	29 - Cf. Sal 83, 3.	51 - Cf. Gv 1, 14.
8 - Sal 32, 15.	30 - Sir 1, 26.	52 - Gv 3, 6.
9 - Ef 2, 8-10.	31 - Gal 5, 17.	53 - Cf. Rm 7, 23.
10 - Sal 50, 12.	32 - Lc 3, 6.	54 - Gv 3, 6.
11 - Zac 12, 1.	33 - Cf. Ef 2, 3.	55 - Cf. Mt 7, 7.
12 - Sap 8, 19-20.	34 - Rm 6, 12-13.	56 - Cf. Mt 7, 11.
13 - Rm 9, 10.	35 - Ger 1, 5.	57 - TERTULL., De anima 7, 4.
14 - Sal 103, 29-30.	36 - Cf. Rm 9, 11.	58 - TERTULL., De anima 9, 5.
15 - Cf. 2 Mac 7, 23.	37 - Cf. Rm 5, 19.	59 - TERTULL., De anima 9, 8.
16 - Sal 102, 14.	38 - Sap 4, 11.	60 - Cf. Gn 41, 26.
17 - Sir 10, 9.	39 - 1 Cor 15, 22.	61 - Cf. At 10, 11.
18 - Cf. Rm 10, 3.	40 - Rm 5, 19.	62 - TERTULL., De anima 37, 5.
19 - Cf. Gb 30, 19.	41 - Rm 5, 12.	63 - TERTULL., De anima 37, 5.
20 - Sal 102, 14.	42 - Sap 8, 19-20.	64 - TERTULL., De anima 37, 6-7.
21 - Gal 2, 20.	43 - Cf. Sap 9, 15.	
22 - Qo 12, 7.	44 - Cf. Sap 7, 2.	

Note undicesimo libro

1 - Gn 2, 25-2, 24.	35 - Gn 1, 31.	69 - Sal 29, 8.
2 - Gn 2, 25.	36 - Mt 25, 41.	70 - Gn 3, 8.
3 - Gn 2, 25.	37 - Gb 40, 19 (sec. LXX).	71 - Gn 3, 8.
4 - Cf. Rm 7, 23.	38 - Cf. Rm 1, 17; Mt 19, 28; Lc 22, 30; 1 Cor 6, 3.	72 - Gn 3, 9.
5 - Gn 3, 1.		73 - Gn 3, 10.
6 - Cf. Ger 4, 22.	39 - Cf. Gv 8, 44.	74 - Cf. Rm 1, 21-22.
7 - Cf. Lc 16, 8.	40 - Is 14, 12-15.	75 - Cf. Gn 18, 1.
8 - Cf. Rm 13, 1.	41 - Mt 13, 28.	76 - Gn 3, 11.
9 - Gc 4, 6.	42 - Gv 6, 71.	77 - Gn 3, 12.
10 - Prv. 16, 18.	43 - Gal 3, 29.	78 - Gn 3, 13.
11 - Sal 29, 7.	44 - Gal 3, 16.	79 - Sal 40, 5.
12 - Sal 29, 8-9.	45 - 1 Cor 12, 12.	80 - Cf. Sal 128, 4.
13 - Gc 1, 14-15.	46 - Ez 28, 12-13.	81 - Gn 3, 14-15.
14 - Gal 6, 1.	47 - Ct 4, 12-13.	82 - Cf. De Gn c. Man. 2, 17, 26-18, 28.
15 - Cf. Rm 11, 20.	48 - Prv 26, 11; 2 Pt 2, 21-22.	
16 - Rm 9, 22-23.		83 - Gn 3, 16.
17 - 2 Cor 10, 17.	49 - Cf. Mt 12, 43-45.	84 - Gal 5, 13.
18 - Cf. Rm 12, 3.	50 - Sal 3, 5.	85 - Cf. 1 Tm 2, 12.
19 - Sal 110, 2.	51 - Ez 28, 14.	86 - Gn 3, 17-19.
20 - Cf. Gc 1, 15.	52 - Ez 28, 15.	87 - Gn 3, 20.
21 - Cf. Gn 1, 20-26.	53 - Cf. 2 Pt 2, 4.	88 - Gn 3, 21.
22 - Cf. Mt 8, 32.	54 - Cf. Gv 13, 2.	89 - Gn 3, 22.
23 - Sir 10, 15.	55 - Gn 3, 1.	90 - Gn 1, 26.
24 - 1 Tm 6, 10.	56 - Cf. Nm 22, 28.	91 - Gv 14, 23.
25 - 2 Tm 3, 2.	57 - Cf. Es 7, 10-11.	92 - Gn 3, 24.
26 - 1 Cor 13, 5.	58 - Cf. Rm 11, 33.	93 - Gn 3, 22-23.
27 - 1 Cor 13, 4.	59 - Gn 3, 1-3.	94 - Gn 3, 24.

28 - Gv 8, 44.	60 - Sal 102, 18.	95 - Gn 3, 24.
29 - Gal 6, 1.	61 - Gn 3, 4-5.	96 - 1 Cor 11, 7.
30 - Rm 12, 12.	62 - Gn 3, 6.	97 - Cf. Gal 3, 27-28.
31 - Sal 2, 11.	63 - Gn 3, 3.	98 - 1 Tm 2, 13-14.
32 - Cf. Gv 8, 44.	64 - Gn 3, 7.	99 - Rm 5, 14.
33 - Gb 40, 14 (sec. LXX).	65 - Cf. Rm 7, 23.	100 - Gn 3, 12-13.
34 - Sal 103, 26.	66 - Gn 2, 23.	101 - Cf. 1 Re 11, 4.
	67 - Gn 3, 7.	
	68 - Cf. Lc 24, 13-31.	

Note dodicesimo libro

1 - 2 Cor 12, 2-4.
2 - Cf. At 10, 11.
3 - Cf. Ap 1, 13-20.
4 - Cf. Ez 37, 1-10.
5 - Cf. Is 6, 1-7.
6 - 2 Cor 12, 2.
7 - Es 33, 13.
8 - Cf. Ap 13, 1; 17, 15. 18.
9 - 2 Cor 12, 2.
10 - 2 Cor 12, 2.
11 - 2 Cor 12, 2.
12 - 2 Cor 12, 2.
13 - Mt 22, 39.
14 - Col 2, 9.
15 - Col 2, 17.
16 - 1 Cor 15, 44.
17 - Sal 148, 8.
18 - Qo 3, 21.
19 - Ef 4, 23-24.
20 - Col 3, 10.
21 - Rm 7, 25.
22 - Gal 5, 17.
23 - Gv 4, 24.
24 - 1 Cor 14, 14.
25 - 1 Cor 14, 2.
26 - 1 Cor 14, 16.
27 - 1 Cor 14, 16.
30 - 1 Cor 14, 15.
31 - Mt 22, 39.
32 - Cf. Dn 5, 5-28.
33 - At 10, 11-13.
34 - At 10, 17-20.
35 - At 10, 15.
36 - At 10, 28.
37 - 2 Cor 11, 14.
38 - 1 Cor 12, 10.
39 - Cf. At 12, 7-9.
40 - At 10, 14.
41 - Cf. At 10, 11-14.
42 - Cf. 1 Re 3, 5-15.
43 - Gi 2, 28.
44 - Mt 1, 20.
45 - Mt 2, 13.
46 - Gal 5, 22-23.
47 - Cf. Rm 1, 36.
48 - 1 Cor 2, 15.
49 - 1 Cor 14, 15.
50 - Ef 4, 23.
51 - Ap 1, 10 ss.
52 - Cf. Es 19, 18.
53 - Cf. Is 6, 1.
54 - Cf. Ap 1, 10 ss.
55 - Cf. Nm 12, 8.
56 - Es 33, 13.
59 - Es 33, 20.
60 - Es 33, 21-23.
61 - Nm 12, 6-8.
62 - Es 13, 18.
63 - Mt 5, 8.
64 - Cf. 1 Cor 13, 12.
65 - Cf. 2 Cor 5, 6-7.
66 - Ct 4, 13.
67 - Cf. Gal 4, 26-27.
68 - Cf. Ef 3, 10.
69 - Cf. Ef 3, 10.
70 - Cf. At 10, 11-12.
71 - Cf. At 12, 7-9.
72 - At 2, 24.
73 - Cf. Fil 2, 10.
74 - Lc 16, 22-26.
75 - Gn 44, 29.
76 - Cf. 2 Cor 2, 7.
77 - Cf. Sir 40, 27.
78 - Cf. Ct 8, 5.
79 - Cf. Sal 93, 19.
80 - Lc 23, 43.
81 - Cf. Sap. 7, 24.
82 - Cf. At 10, 10-12.
83 - Gv 1, 3.
84 - Cf. 2 Cor 12, 2-4.
85 - Cf. Sap 9, 15.

28 - Cf. Gn 41, 1-32.	57 - Es 11, 17.	86 - Cf. 1 Cor 15, 53.
29 - Cf. Dn 2, 27-45; 4, 16-24.	58 - Es 33, 12-13.	

Note libro incompiuto

1 - Gn 1, 1.	31 - Gn 1, 4.	61 - Gn 1, 18.
2 - Gv 8, 25.	32 - Gn 1, 5.	62 - Gn 1, 19.
3 - Cf. 1 Cor 11, 3.	33 - Gn 1, 5.	63 - Gn 1, 20.
4 - Sal 148, 5.	34 - Sap 12, 18.	64 - Sal 35, 6; 56, 11.
5 - Gn 1, 14.	35 - Sir 18, 1.	65 - Gn 1, 9.
6 - Gn 1, 1.	36 - Gn 1, 6-7.	66 - Amos 5, 8; 9, 6.
7 - Sir 10, 9.	37 - Gn 1, 6.	67 - Gn 1, 20.
8 - Sap 11, 18.	38 - Gn 1, 7.	68 - Gn 1, 20..
9 - Gn 1, 1.	39 - Gn 1, 3.	69 - Gn 1, 9.
10 - Gn 1, 2.	40 - Gn 1, 7.	70 - Gn 1, 21.
11 - Gn 1, 2.	41 - Gn 1, 8.	71 - Gn 1, 21.
12 - Gn 1, 2.	42 - Gn 1, 8.	72 - Gn 1, 22.
13 - Rm 11, 36.	43 - Gn 1, 4.	73 - Gn 1, 23.
14 - Gn 1, 1.	44 - Gn 1, 4-5.	74 - Sap 8, 1.
15 - Gn 1, 2.	45 - Gn 1, 8.	75 - Gn 1, 23.
16 - Gn 1, 2.	46 - Gn 1, 9.	76 - Gn 1, 23.
17 - Sir 43, 33.	47 - Gn 1, 10.	77 - Gn 1, 24.
18 - Sal 23, 1.	48 - Gn 1, 10.	78 - Gn 1, 25.
19 - Sap 11, 27.	49 - Gn 1, 11.	79 - Gn 1, 24.
20 - Gn 1, 1.	50 - Gn 1, 13.	80 - Gn 1, 25.
21 - Gn 1, 3.	51 - Gn 1, 12.	81 - Gn 1, 26.
22 - Cf. Rm 8, 6.	52 - Gn 1, 13.	82 - Gn 1, 25.
23 - Cf. Gv 1, 1-3.	53 - Gn 1, 14-15.	83 - Gv 1, 3.
24 - Gn 1, 4.	54 - Gn 1, 14.	84 - Gn 1, 26.
25 - Gn 1, 4.	55 - Gn 1, 14.	85 - Gn 1, 26.
26 - Gn 1, 4.	56 - Gn 1, 14.	86 - Gn 1, 26.
27 - Gn 1, 4.	57 - Gn 1, 15.	87 - 1 Cor 11, 7.

28 - 2 Cor 6, 14.	58 - Gn 1, 16.	88 - Gc 3, 9.
29 - Gn 1, 4.	59 - Gn 1, 17.	
30 - Cf. Mt 25, 33.	60 - Gn 1, 18.	

Indice

LIBRO PRIMO..7

Senso letterale e senso figurato nella sacra Scrittura............................7
Significato di "principio", "cielo e terra"..7
Che significa "cielo e terra"...8
Creazione della luce..9
La voce di Dio nel creare la luce...9
La voce di Dio e il Verbo di Dio nel creare la luce............................10
Natura della luce creata da Dio..10
Forse Dio creò "dicendo" nel suo Verbo?..10
Come vien creata la creatura informe..11
Rapporto tra il Verbo (la Sapienza) e la creatura...............................12
"Acqua": materia corporea o vita spirituale fluttuante?....................13
La Trinità operante nell'origine e nella perfezione della creatura......13
Che vuol dire: Lo Spirito aleggiava sulle acque................................14
Dio ama le sue creature perché esistano e sussistano.........................15
Quando Dio pronunciò: Vi sia la luce?..15
Di che specie era la "voce" di Dio con cui creò la luce?...................16
La parola di Dio fu pronunciata nel tempo o fuori del tempo?..........16
Da Gen 1, 5 pare che la luce fu creata nello spazio di un giorno......17
Creazione istantanea della luce e sua separazione dalle tenebre.......18
Dio chiamò luce il giorno, cioè nelle ragioni eterne della sua Sapienza.............18
Il giorno e la notte si avvicendano lungo il percorso del sole nelle 24 ore............19
Luce spirituale o luce fisica?...20
La luce primordiale o la successione dei giorni?...............................20
Luce e ombra: giorno e notte prima della creazione del sole............21
Con qual luce si succedevano i tre giorni e le tre notti?....................22
Dove si raccolsero le acque che coprivano la terra?..........................22
Quando furono create la terra e l'acqua sotto forma visibile?...........23
L'essere mutevole proviene da materia informe creata da Dio..........24
Sono concreate la materia e la forma delle cose................................25
In che modo la Scrittura denota l'informità della materia.................26
Altra ipotesi sul giorno e sulla notte: effusione e contrazione della luce...............26
La luce spirituale, la luce increata e l'illuminazione delle creature spirituali e razionali..27
Spiegazione allegorica della separazione della luce dalle tenebre....28

Che cosa fu propriamente la separazione della luce dalle tenebre..........................28
Che cosa denoterebbe il mattino e la sera precedente i luminari.........................29
Dio opera mediante le ragioni eterne del Verbo e l'amore dello Spirito Santo......30
Occorre cautela nell'interpretare le sacre Scritture...30
Nell'interpretare passi oscuri della sacra Scrittura non si deve affermare nulla
temerariamente..31
Si deve interpretare la Genesi senza asserire un'unica opinione ma proponendone
varie...33
Qual senso scegliere nelle frasi spiegabili in diverso modo od oscure.................34

LIBRO SECONDO...37

Il firmamento nel mezzo delle acque...37
Alcuni negano che le acque siano al di sopra del cielo sidereo...........................37
Loro argomenti..38
La sacra Scrittura e le scienze naturali..39
L'aria al di sopra delle acque..39
Il fuoco al di sopra dell'aria..41
Perché secondo un esegeta l'aria atmosferica, detta cielo, è chiamata anche
firmamento..41
Le acque al di sopra dell'aria..42
Le acque al di sopra del cielo sidereo...43
Che significano: "sia", "così fu", "fece"..44
Con "sia" e "così fu" s'indica la persona del solo Padre o anche quella del Figlio?
....45
Altra ipotesi: la creazione è opera di tutta la Trinità?...45
Ogni creatura ha la sua ragione nel Verbo..46
Le cose, create mediante il Verbo, sussistono per la bontà dello Spirito Santo......47
Che vuol dire: fece..47
Perché, a proposito della luce, non fu aggiunto: e Dio fece................................48
La conoscenza della ragione delle cose negli angeli e la loro creazione.............49
Dio rivelò agli angeli gli esseri che volle creare...49
Conclusione sulle formule del racconto genesiaco...50
La Scrittura vuole insegnare la salvezza dell'anima, non la figura del cielo o verità
scientifiche..51
La Scrittura non può essere in contraddizione con se stessa o con la scienza........51
Come spiegare le immagini di "volta" e di "pelle" usate per indicare il cielo........52
Il moto del cielo e l'appellativo di "firmamento"..53
Le acque separate dalla terra e l'informità di questa...54
La creazione dei vegetali..55
Creazione dei luminari..56

L'ordine e la finalità della creazione..57
Relazione tra i luminari e la successione dei giorni e delle notti....................58
In qual senso e di che cosa gli astri sono "segni"...59
In qual fase fu creata la luna?..60
Si spiegano le varie fasi della luna..61
Si spiega Ps 135, 8-9..62
Hanno gli astri il medesimo splendore?..62
Le stelle sono diverse fra loro...63
Contro gli indovini poiché si basano su princìpi e calcoli falsi........................64
Argomento contro gli astrologi; è il caso dei gemelli.......................................64
Perché alle volte gli indovini predicono il vero..65
Si suole indagare se le stelle sono animate da spiriti..66

LIBRO TERZO..68

Creazione degli animali dall'acqua e dalla terra: relazione tra questi elementi......68
Difficoltà a proposito del diluvio..68
Affinità di natura dell'acqua e dell'aria...69
Mutua trasformazione degli elementi, secondo l'opinione di alcuni................70
I quattro elementi...70
Relazione dei cinque sensi dell'uomo con i quattro elementi...........................71
La sensazione in rapporto ai quattro elementi..72
L'aria in rapporto al cielo e all'acqua..72
Perché la Genesi dice che gli uccelli sono nati dalle acque..............................73
Perché la Genesi chiama gli uccelli: volatili del cielo......................................74
Perché i pesci sono chiamati: rettili d'animali viventi. Prima opinione...........75
Seconda opinione...75
Ripartizione degli animali secondo gli elementi...76
Il "luogo" dei demoni..77
Il corpo aereo dei demoni..78
Gli animali terrestri..79
I quadrupedi...80
La formula: secondo la loro specie e le ragioni eterne.....................................81
Altre spiegazioni possibili...82
Perché quella formula non è usata per l'uomo..82
Perché la benedizione fu da Dio impartita, oltre all'uomo, ai soli animali acquatici.
....83
I problemi relativi agli insetti..84
La creazione degli insetti e il problema della generazione spontanea..............84
Perché furono creati gli animali nocivi...85
Perché furono create le bestie che si danneggiano a vicenda...........................86

Perché gli animali dilaniano i cadaveri per cibarsene..................................87
Perché e quando furono creati i rovi e le spine..88
Una risposta più esauriente sui rovi..88
Perché solo quando creò l'uomo Dio disse: Facciamo..............................89
Rispetto a che cosa l'uomo è immagine di Dio..90
Perché nella creazione dell'uomo non fu detto: e così avvenne................91
E così avvenne indica la conoscenza degli esseri irrazionali nel Verbo....91
Immortalità dell'uomo e generazione..92
Secondo alcuni la creazione dell'anima è indicata con il verbo "fece", quella del corpo con "plasmò"..93
A che si riferisce e che significa: così avvenne?..94
Perché non è detto che l'uomo era buono..95
La natura può essere deformata dal peccato, ma l'universo resta bello....96

LIBRO QUARTO..98

In qual senso intendere i sei giorni..98
La perfezione del numero sei..99
Il numero sei è il primo dei numeri perfetti..100
Esame degli altri numeri...100
Diverso rapporto tra numeri perfetti, imperfetti e più che perfetti...........101
Ordine della creazione secondo i numeri...102
Sap 11, 21: Hai disposto ogni cosa secondo misura, numero e peso......103
Misura, numero e peso della realtà morale e spirituale; numero senza numero...104
In qual senso intendere i termini suddetti...105
Si spiega Sap 11, 21..105
In Dio la ragione della misura, del numero e del peso, secondo cui tutto è stato disposto...105
Ipotesi per spiegare Sap 11, 21...106
Dove vedeva Dio le cose da disporre?..107
Dio compì le sue opere in sei giorni. Perché il sei? È numero perfetto?.............108
Come intendere il riposo di Dio al settimo giorno...................................108
Interpretazione figurata...108
Dio si riposò è un'espressione con il verbo causativo..............................109
Altre espressioni della sacra Scrittura con verbi causativi.......................110
Si spiega un'altra metonimia di Gal 4, 9..110
Si chiede se Dio poté riposare in senso proprio.......................................111
In che modo può essere vero che Dio si riposò al settimo giorno e che ancora adesso continua ad agire..112
Un altro modo di conciliare il riposo di Dio e la sua continua attività....112
Ancora lo stesso argomento..113

Il sabato giudaico e quello cristiano..114
Perché Dio consacrò il giorno del suo riposo..115
Si risolve la questione precedente..116
Dio non ha bisogno delle opere da lui fatte..117
Ecco perché si riposò dopo il sesto giorno..118
Il nostro riposo in Dio..118
Conclusione: Dio si riposa sempre in se stesso poiché trova la sua felicità solo in se stesso..119
Perché il riposo di Dio non ha mattino né sera..119
Prima spiegazione: la fine del giorno è la sera, cioè la notte, e l'altro inizio è il mattino..120
I giorni della creazione e quelli della nostra settimana..121
Come intendere il riposo di Dio e quello della creatura..121
Perché al mattino del settimo giorno non segue la sera..122
Perché il settimo giorno non ebbe la sera: seconda spiegazione..................................123
Si pone il quesito se il settimo giorno fu creato..124
La luce primordiale creata per l'avvicendarsi del giorno e della notte..................125
La conoscenza mattutina e vespertina della creatura spirituale....................................126
Differenza tra la conoscenza delle cose nel Verbo e quella delle cose in se stesse.
....127
La conoscenza degli angeli..128
Perché la Scrittura non parla della notte per i sei giorni della creazione..............129
I sei giorni della creazione sono un unico giorno...130
Differenza fra i giorni della nostra settimana e quelli della creazione.........................131
L'interpretazione data sulla luce e sul giorno spirituale...132
Simultaneità della conoscenza angelica mattutina e vespertina..................................133
Negli angeli e in cielo è sempre giorno, sera e mattina rispetto alla conoscenza di Dio e delle creature..133
In che modo all'inizio della creazione il giorno, la sera e la mattina non erano simultanee nella conoscenza angelica...134
Se i giorni, sera e mattina furono simultanee nella conoscenza angelica, non furono senza un ordine..135
La luce creatrice e la luce creata..136
La creazione avvenne simultaneamente o a intervalli di giorni?..................................137
Perché si deve sostenere la creazione simultanea delle cose......................................138
Tutto fu creato simultaneamente ma tuttavia durante sei giorni..................................139
Nelle cose create esiste un "prima" e un "poi" che non si possono definire alla stregua dell'ordinario corso dei tempi...140
Tutto è stato creato simultaneamente e con ordine prestabilito..................................141
Conclusione sui sei giorni: il "prima" e il "poi" esistono nella connessione delle creature, non nell'efficacia del Creatore...141

LIBRO QUINTO...144

I giorni della Genesi ripetizione di un unico giorno.................................144
Il cielo e la terra "prima" e "dopo" la creazione del giorno.....................145
Si spiega meglio il contesto di Gen 2, 4..145
Perché è aggiunto: la verzura campestre...146
Dall'ordine della narrazione si comprende la simultaneità della creazione..........147
La creazione dei vegetali prima del sole prova la settenaria ripetizione dell'unico giorno..148
Perché è detto che le verzure furono create prima che germogliassero...........149
Le cose che sono nel Verbo prima di ogni creatura non furono create..........149
I vegetali furono creati nelle loro ragioni causali......................................150
Le creature sono conosciute diversamente dall'angelo e dall'uomo...............151
Creazione nelle ragioni causali e creazioni visibili....................................151
L'inizio del tempo...152
Anteriorità temporale e anteriorità causale..153
Piano universale e ordine della creazione..153
Il giorno primordiale e gli altri sette giorni..154
Conclusioni delle precedenti spiegazioni...155
Perché l'erba creata prima che piovesse...155
Pioggia e lavoro dell'uomo riguardo alle piante...156
La sorgente irrigante la terra, la pioggia e la creazione dei vegetali...........156
Tutti i germi primordiali sono umidi e crescono con l'umidità...................157
Qual era la "sorgente" di Gen 2, 6?..158
Seconda ipotesi della spiegazione...158
Entro quali limiti si può congetturare su ciò che la Scrittura tace..............159
Difficoltà riguardo alla "sorgente" di Gen 2, 6...160
In che senso intendere quella sorgente...160
Conclusione delle considerazioni sulla "sorgente" di Gen 2, 6..................161
Creazione del tempo e fuori del tempo...162
Tre modi di considerare la creazione..163
a) Nella sapienza di Dio..163
Tutto è stato creato mediante il Verbo, luce delle anime............................164
In qual senso tutte le cose sono vita del Verbo...164
"Vita" delle anime razionali è la luce del Verbo..165
In che modo tutte le cose create erano conosciute dal Creatore.................165
Con la mente percepiamo più facilmente Dio che le creature....................166
Un altro modo di considerare la creazione...167
b) nella simultaneità dell'atto creativo: La duplice conoscenza angelica....168
Gli angeli sono messaggeri di Dio, esecutori dei suoi ordini.....................169
Agli angeli fu rivelato il mistero del regno dei cieli dall'origine del tempo..........169

c) Nel divenire temporale..170
In qual senso Dio non crea nuove specie di esseri...171
Tutto è governato dalla divina Provvidenza..172
Argomenti comprovanti la divina Provvidenza...173
Come Dio ha creato simultaneamente ogni cosa eppure opera senza interruzione.
....174
Potenzialità e causalità nella creazione...175
Conclusione...175

LIBRO SESTO..**178**

Gen 2, 7 s'intende della prima formazione dell'uomo o di quella fatta nella successione dei tempi?...178
Prima ipotesi: l'uomo creato tale e quale fin dal sesto giorno...........................178
L'ipotesi è vagliata alla luce della sacra Scrittura...179
La stessa ipotesi viene discussa su altri passi della Scrittura............................180
Dio creò le cose simultaneamente ma opera fino al presente...........................181
Risposta a un'obiezione sugli alberi del paradiso..182
Creazione potenziale e causale dell'uomo e sua creazione nel tempo...............182
Seconda ipotesi: la duplice creazione dell'uomo...184
Bisogna comprendere bene la creazione primordiale o causale........................184
L'uomo fu creato dapprima nelle sue cause..185
Le cause costitutive dell'uomo sono anteriori a tutti i germi visibili.................186
Non si può dire che le anime sono state create prima dei corpi........................186
Obiezione: la voce di Dio rivolta all'uomo il sesto giorno................................187
Dio conosce le creature prima che vengano all'esistenza..................................188
Non ha alcun merito chi non è ancora nato...189
Obiezione: l'eredità del peccato..190
Soluzione: duplice specie di causalità...190
In qual senso le opere del sesto giorno furono simultaneamente abbozzate e terminate..191
Conclusioni: l'uomo creato a suo tempo invisibilmente nell'anima e visibilmente nel corpo...192
Quando si pensa a Dio che plasmò l'uomo è da rigettarsi qualunque antropomorfismo..193
In che senso l'uomo è l'opera principale di Dio..193
Dio creò l'uomo e gli animali mediante il suo Verbo.......................................194
In quale età o statura fu creato Adamo..195
Dio non ha bisogno del tempo per compiere le sue opere................................196
Le ragioni causali inserite originariamente nel mondo.....................................197
Il primo uomo fu formato secondo le ragioni causali.......................................198

Potenzialità e attualità negli esseri..199
Prescienza di Dio e gioco delle cause seconde..199
Adamo fu creato secondo le cause primordiali...200
Dio creò forse il nostro corpo: animale, non spirituale?................................201
Obiezione: in qual modo il nostro corpo sarà rinnovato.................................202
Discussione e soluzione della precedente obiezione......................................203
La morte dovuta al peccato..204
Il corpo di Adamo era insieme animale e condizionatamente immortale.............204
Come saremo rinnovati quaggiù e nella risurrezione dei corpi.....................205
Mortale era Adamo per il suo corpo animale, immortale per un dono del Creatore. 205
Differenza tra il corpo di Adamo e quello nostro..206
Il rinnovamento dell'uomo nel corpo e nello spirito......................................207
Adamo, spirituale per la mente, era animale per il corpo anche nel paradiso......208
Il problema dell'anima di Adamo...208

LIBRO SETTIMO..**210**

La creazione dell'anima umana..210
Si riesamina la frase: Dio soffiò e insufflò..210
L'anima non è emanazione della sostanza di Dio..211
L'anima non è né emanazione di Dio né il nostro soffio...............................211
A quale condizione si può dire che l'anima è il soffio di Dio.......................212
L'anima non deriva dall'essere di Dio o dagli elementi del mondo..............213
L'anima viene forse dal nulla?..213
L'anima sarebbe forse il fiato di Dio tratto dal nulla?...................................214
Esisteva forse una materia dell'anima?..214
Impossibile dire di che specie sarebbe stata quella materia..........................215
Quella materia non avrebbe potuto essere "vita felice"................................216
Quella materia non può essere un'anima irrazionale.....................................217
Si confuta la metempsicosi...217
Dalla somiglianza dei costumi non deriva che l'anima dell'uomo trasmigri nelle bestie...218
Si confuta l'argomento dei filosofi che propugnano la metempsicosi..........219
Trasmigrazioni immaginarie sognate...220
La tesi dei Manichei peggiore di quella dei filosofi......................................220
L'anima non è tratta da un elemento corporeo..221
L'anima non deriva dall'aria..221
Teorie dei medici riguardo al corpo umano...222
L'anima è incorporea...223
Senso dell'espressione: "anima vivente"...223

Il soffio di Dio sul volto dell'uomo..224
I tre ventricoli del cervello...224
Superiorità dell'anima su tutto ciò che è corporeo......................................225
L'anima non è ciò che sono gli organi del corpo...226
Non si deve immaginare un quarto elemento del mondo da cui deriva l'anima...227
L'anima conosce se stessa interamente...228
La facoltà dell'anima con cui ritiene le immagini dei corpi.......................228
L'anima è spirito vitale..229
Conclusioni sulla natura dell'anima...229
Aporìe sull'origine e sulla ragione causale dell'anima................................230
In una creatura spirituale la ragione causale dell'anima?...........................230
Non è nella natura angelica la ragione causale dell'anima........................231
Prima ipotesi: l'anima esiste prima di venire nel corpo..............................232
Se l'anima preesisteva, che cosa l'avrebbe spinta a venire nel corpo?.....233
Se l'anima si unì al corpo di propria volontà, non prevedeva il futuro....234
L'anima viene nel corpo per desiderio naturale...235
L'anima è stata creata con una materia spirituale..235
Seconda ipotesi: l'anima creata contemporaneamente al corpo................235
Difficoltà scritturistiche riguardo all'origine e alla creazione dell'anima..............236
In qual modo Dio ha fatto le cose presenti e le future?..............................237
Conclusione: verità certe e opinioni discutibili riguardo all'anima..........238

LIBRO OTTAVO..**240**

Il paradiso terrestre: realtà o figura?..240
Senso letterale e senso allegorico nei libri della Scrittura.........................240
Obiezione: il racconto di fatti meravigliosi diverso da quello della creazione.....241
I fatti narrati con termini concreti sono da intendere anzitutto in senso proprio..242
Perché Agostino espose allegoricamente la Genesi contro i Manichei...243
La piantagione degli alberi nel paradiso...244
In che modo Dio parlava creando le ragioni causali degli esseri..............245
L'albero della vita..246
L'albero della vita insieme realtà concreta e simbolo................................247
L'albero della vita era reale ma anche simbolo della sapienza.................248
Di che natura era il cibo offerto da quell'albero..249
L'albero della conoscenza del bene e del male...250
I fiumi del paradiso...251
La sorgente e il percorso di quei fiumi...252
Si può credere che l'uomo fu posto nel paradiso per lavorarlo senza fatica.........252
L'agricoltura e la potenzialità della natura creata da Dio..........................253
La duplice azione della Provvidenza per le creature..................................254

L'agricoltura considerata nel senso allegorico: paragone tra l'albero e l'uomo....254
Che significa: per coltivarlo e custodirlo..255
Prima ipotesi: spiegazione allegorica...255
Seconda ipotesi: altra spiegazione allegorica...256
Senso preferibile: Dio lavora e conserva l'uomo..257
Perché la Scrittura chiama qui Dio: il Signore...258
L'uomo è incapace di fare il bene senza Dio..259
Come Dio lavora l'uomo...260
L'uomo diventa buono per mezzo di colui che è immutabilmente buono............260
Perché all'uomo fu proibito di mangiare il frutto di quell'albero buono?.............261
Il gran bene dell'ubbidienza e il gran male della disubbidienza..........................261
Il peccato è ribellione alla volontà di Dio...262
Dal disprezzo del precetto di Dio l'esperienza del male..............................262
Duplice maniera di conoscere il bene e il male...264
Perché l'albero della conoscenza del bene e del male fu chiamato così.............265
L'uomo avrebbe potuto capire cos'è il male prima di sperimentarlo..................265
Obiezione: come potevano intendere la parola di Dio i progenitori?..................267
La proibizione riguardo all'albero fu data anche alla donna?........................267
In qual modo Dio parlò all'uomo?...268
La duplice opera della Provvidenza..269
La creatura corporale, mutevole nel tempo e nello spazio, la spirituale nel tempo, Dio in nessun modo...269
In che modo Dio immobile muove le creature si arguisce dall'esempio dell'anima.
....270
In che modo l'anima muove le membra del corpo......................................271
Il medesimo argomento...271
In qual modo Dio muove le creature, in qual modo l'anima.......................272
Sapienza con cui Dio governa il mondo..273
L'azione degli angeli verso le creature..274
Come Dio governa le creature corporee..274
Come Dio governa le creature spirituali..275
Dio, rimanendo sempre lo stesso, governa tutte le creature........................276
In qual modo parla Dio..277
In qual modo Dio parlò ad Adamo..277

LIBRO NONO...280

I testo di Gen 2, 18-24 commentato in questo libro...................................280
Perché la Scrittura dice: Dio plasmò dalla terra, ecc..................................281
In qual modo parlò Dio: forse con parole o sillabe temporali?...................281
In qual modo Dio si manifesta all'uomo...282

In che senso la donna è aiuto dell'uomo...283
Si può pensare che anche nel paradiso ci poteva essere il matrimonio................283
Lo stato di natura integra prima del peccato..284
Perché i progenitori non ebbero rapporti sessuali prima del peccato.................284
Il ruolo della donna..285
La successione dei figli, se Adamo non avesse peccato......................................286
I progenitori sarebbero potuti essere trasferiti fuori della terra come Elia fino alla fine del mondo...286
Lodevole la verginità, ma anche il matrimonio con i suoi tre beni......................287
È difficile evitare rettamente un vizio senza cadere nel suo contrario.................288
Avrebbero i progenitori potuto procreare nel paradiso terrestre?.......................289
La donna fu creata per procreare anche se l'uomo non avesse dovuto morire......290
La concupiscenza e la morte..290
Come sarebbe diventato il corpo dei progenitori, se non avessero peccato.........291
L'atto coniugale prima del peccato sarebbe stato scevro di passione.................292
Conclusioni sul sesso femminile e l'atto coniugale nel paradiso terrestre............293
Che cosa prefigurava Adamo che imponeva il nome agli animali.......................294
Perché il fatto reale aveva un significato profetico...295
Si tratta dello stesso argomento...295
Che cosa prefigurava la creazione della donna..296
In qual modo gli animali furono presentati ad Adamo.......................................297
Gli uomini hanno in comune le passioni con le bestie ma se ne distinguono per il giudizio..298
In qual modo fu creata la donna e il ministero degli angeli nella creazione o riforma degli esseri...299
Causa prima e causa seconda...300
Il duplice governo di Dio verso le creature nei loro moti naturali e volontari......301
Difficoltà di definire cosa sia "un fatto naturale"...301
È difficile discernere un fatto naturale da uno miracoloso..................................302
La ragione causale della creazione della donna...303
Determinismo causale delle nature e onnipotenza divina...................................304
La causalità trascendente di Dio...305
Modo misterioso per cui fu creata la donna...305
L'ufficio degli angeli riguardo alla venuta del Cristo..306
L'estasi di Adamo..307

LIBRO DECIMO..**308**

Fu l'anima della donna derivata da quella dell'uomo?..308
Si risponde al quesito...309
Stato della questione secondo le indagini dei libri precedenti............................310

Triplice ipotesi sull'origine dell'anima..311
Come la terza ipotesi è compatibile con la creazione simultanea.......................312
La questione dev'essere meglio esaminata..313
Certezze sulla natura e sull'origine dell'anima..313
L'anima non deriva né dagli angeli né dagli elementi, né dalla sostanza divina.. 314
Esame della seconda e terza opinione alla luce di Is 57, 7................................315
Un altro passo scritturistico: Ps 32, 15..315
Si analizza Zac 12, 1..316
Come debba intendersi Sap 8, 9-10...317
Che vuol dire Ps 103, 29-30...318
Interpretazione allegorica di Ps 103, 29-30...318
Si discute il passo di Eccle 12, 7..319
Conclusione: il problema sull'origine dell'anima non si risolve facilmente con la Scrittura..320
Si discute Rom 5, 12. 18-19 rispetto alle due opinioni......................................321
L'argomento tratto dal battesimo dei bambini...321
Nella carne e nell'anima la causa della concupiscenza.....................................322
L'anima concupisce finché il peccato abita nel corpo.......................................323
Vantaggi della suddetta tesi..324
Ripresa della discussione sul battesimo dei bambini...325
Teoria traducianista sul pedobattesimo..325
Risposta da parte dei fautori del creazionismo..326
Necessità del battesimo ai bambini per liberarsi dalla pena del peccato originale e domare la concupiscenza..327
Esame più accurato dello stesso argomento..327
Che cosa potrebbero rispondere i sostenitori del creazionismo.........................328
Il battesimo e la morte prematura dei bambini..329
Universalità del peccato originale...330
Nuovo esame di Sap 8, 19-20 favorevole ad entrambe le opinioni....................331
Continua la spiegazione di Sap 8, 19-20..332
Può quel testo applicarsi all'anima e al corpo di Cristo?..................................332
Da chi ebbe Cristo l'anima?..334
L'anima di Cristo non era nei lombi di Abramo..335
Può quel testo suffragare il traducianesimo per gli altri uomini tranne Cristo?...336
Argomento per la prima opinione..337
Agostino confessa d'essere indeciso tra le due tesi..338
Si esamina il testo di Io 3, 6...339
Conclusione: nessun testo allegato è decisivo per l'una o l'altra opinione...........340
Che cosa devono evitare i fautori del traducianesimo.......................................341
L'errore di Tertulliano riguardo all'anima..342
Stranezze e contraddizioni nell'opinione di Tertulliano sull'anima...................343

Dio non è simile alle immagini con cui si manifestò allo spirito dei suoi servi....343
Pensiero di Tertulliano sulla crescita dell'anima..344
Assurdità nell'opinione di Tertulliano..345

LIBRO UNDECIMO..**348**

La tentazione e la caduta dell'uomo in Gen 2, 25 - 3, 24......................................348
Senso letterale e senso allegorico nella sacra Scrittura..349
Perché i progenitori non si vergognavano della loro nudità..................................350
Di che specie era e donde proveniva l'astuzia del serpente..................................350
Il diavolo poteva sedurre solo per mezzo del serpente..351
Perché fu permessa la tentazione..352
L'uomo soggiacque alla tentazione per la superbia..352
Utilità della tentazione..353
Perché l'uomo non fu creato impeccabile..354
Perché Dio crea individui che prevede di condannare..355
Lo stesso argomento..356
Prescienza di Dio e libertà dell'uomo...357
Perché Dio non converte i malvagi..357
Il castigo dei malvagi serve alla correzione degli altri..358
Prescienza e provvidenza di Dio..359
Perché il demonio tentò per mezzo del serpente..359
La natura del demonio è buona perché creata da Dio..360
La superbia, causa della caduta degli angeli..361
La superbia e l'amor proprio fonti d'ogni male..361
I due amori e le due città..362
Quando avvenne la caduta del demonio..363
Era felice il demonio prima di peccare?...364
La felicità dell'uomo nel paradiso...365
Quale felicità poteva godere l'uomo nel paradiso..365
Condizione degli angeli prima di peccare..366
Si può pensare che l'angelo cadde all'inizio della creazione................................367
Fu forse il diavolo creato cattivo fin dall'origine?..367
Si confuta la precedente ipotesi..367
Perché Dio creò il demonio e crea i malvagi...368
Per la superbia il diavolo decadde dalla felicità che avrebbe goduta..................370
Gli empi, gli apostati di Cristo e della Chiesa sono "corpo" del diavolo..............370
Sono corpo del diavolo anche gli eretici..372
Conclusione: quattro ipotesi sulla caduta degli angeli..373
Come il diavolo tentò l'uomo con il serpente e con la donna..............................374
Come il serpente poté conversare con la donna..375

In che senso il diavolo è chiamato "il più prudente", cioè "astuto"......................376
Il serpente poté parlare alla donna per un prodigio del demonio......................376
Il dialogo tra il serpente e la donna......................377
Il serpente persuade con la menzogna le persone bramose del proprio potere.....377
In che senso si aprirono gli occhi dei progenitori......................378
"Aprire gli occhi" qui e nell'episodio di Emmaus significa "conoscere"..............379
La morte e la concupiscenza sopraggiunte dopo la trasgressione del precetto divino......................380
In che modo Dio parlava ai progenitori......................381
La vergogna dei progenitori......................382
Dio interroga, cioè rimprovera Adamo......................382
Si esamina la risposta di Adamo......................383
La scusa di Adamo piena di superbia......................383
Nemmeno Eva, rimproverata da Dio, confessa il peccato......................384
Il serpente non viene né interrogato né rimproverato ma è maledetto......................385
Il castigo della donna: esser soggetta al marito......................386
Quale fu il castigo di Adamo e perché questi chiamò "vita" la moglie................387
Significato simbolico delle tuniche di pelle......................387
Le parole di Gen 3, 22 sono la condanna dell'orgoglio......................388
Adamo espulso dal paradiso......................389
Il paradiso terrestre e quello spirituale......................389
Opinioni sulla natura del primo peccato: a) brama intempestiva della conoscenza. 390
b) ridicolo far consistere il primo peccato nella prematura unione maritale........390
Eva intermediaria del peccato di Adamo......................391
Anche Salomone pervertito dall'amore delle sue donne......................392
Adamo fu ingannato come Eva ma in modo diverso......................392

LIBRO DODICESIMO......................**394**

Tema del libro; il paradiso di cui parla San Paolo......................394
Il terzo cielo è forse identico al paradiso?......................394
Le visioni nel sogno......................395
Visioni nell'estasi......................396
Visioni riferite dalla Scrittura......................396
Di qual natura fu la visione dell'Apostolo......................397
Perché l'Apostolo non dice come poté vedere quanto vide?......................397
Paolo assicura d'essere stato rapito realmente al terzo cielo......................398
Il terzo cielo non è un simbolo n, l'immagine di una realtà materiale......................398
Il terzo cielo non è un'immagine spirituale......................399
Né il terzo cielo né il corpo apparvero a Paolo come immagini......................399

Di che natura era il cielo ove fu rapito Paolo...400
Si discute se il cielo fosse corpo o spirito..400
Diversi modi di ratti estatici..401
Le tre specie di visioni indicate in un sol precetto...402
Visioni corporali (sensibili), spirituali, intellettive...403
Una cosa può essere chiamata corporale o in senso proprio o in senso figurato..403
Diversi sensi del termine "spirituale"..404
La visione spirituale..405
Differenza tra "spirito" e "anima intellettiva"...406
La visione intellettiva...407
Gerarchia delle tre specie di visioni..408
La visione del re Baldassarre..409
La visione di San Pietro..409
Visione corporale (sensibile) e visione spirituale..410
Due casi di visione spirituale..411
Si nega che l'anima abbia la facoltà divinatoria..412
L'influsso del demonio e degli angeli buoni..413
La visione intellettiva non inganna...414
L'errore nelle visioni spirituali non sempre è nocivo....................................414
Come giudicare il consenso dato ad azioni viste in sogno............................415
I sensi e la visione corporale..416
In che modo si forma l'immagine nello spirito..417
Come le visioni spirituali sono conosciute dal demonio...............................418
Predizioni di un ossesso forse solo frenetico..419
Predizioni d'un tale veramente frenetico..419
Visioni di un ragazzo gravemente infermo...420
Visione dei beati e dei dannati avuta dallo stesso..420
Cause e modalità delle visioni spirituali...421
Qualunque sia la natura delle visioni, basta ritenere che non sono corpo............422
Origine delle visioni spirituali...423
Funzione del corpo nelle visioni spirituali..424
Connessione e correlazione dell'anima con il corpo....................................425
Le visioni in cui interviene un agente estraneo..426
Lo spirito umano è rapito da uno spirito buono solo perché riveli qualcosa........427
Predizioni fatte per gioco dai giovani e avveratesi.......................................428
Predizione fatta da un altro giovane per scherzo e avveratasi.....................428
È assai difficile sapere come si formano nello spirito le visioni....................429
Ricapitolazione: v'è in noi una natura spirituale dove si formano le immagini degli oggetti..430
Visione spirituale e visione intellettiva...431
L'ordine gerarchico delle tre specie di visioni..432

In quali visioni l'anima può ingannarsi...433
Visioni spirituali causate da Dio..434
Perfezione e felicità della visione intellettiva..435
La visione che Mosè ebbe da Dio..436
Intellettiva fu la visione di San Paolo..437
Agostino ignora se ci siano altri cieli oltre il terzo e altre specie di visioni..........439
La visione spirituale e l'intervento degli angeli nel mostrare le immagini e altre visioni consuete nella veglia e nel sonno..439
Diverse specie di visioni intellettuali..440
Dove mai va l'anima all'uscire dal corpo e come può godere e soffrire...............441
Realtà delle pene e della felicità dell'aldilà..442
Realtà e natura dell'inferno..443
Il soggiorno delle anime giuste: il seno di Abramo..443
La tristezza è un male non piccolo dell'anima..444
Si discute ove sia il paradiso e se possa essere il seno di Abramo.....................445
Gli inferi sono "un luogo spirituale"..446
I tre cieli spiegati in rapporto alle tre specie di visioni......................................446
La risurrezione dei corpi necessaria per la beatitudine dell'anima..................447
In qual modo avranno luogo nei beati le tre specie di visioni..........................448
Secondo alcuni interpreti il terzo cielo indica la distinzione tra l'uomo corporale, l'uomo animale e quello spirituale..449

LIBRO INCOMPIUTO...450

Regole per l'esegesi della Sacra Scrittura..450
Compendio della fede..450
Il male è peccato o castigo del peccato..451
Incarnazione, nascita, passione di Cristo: fondazione della Chiesa.................451
Sensi secondo i quali interpretare la Sacra Scrittura: storico, allegorico, analogico, etiologico..452
Si espone Gen 1, 1...452
Significato di: Nel principio...453
Il tempo, come ogni creatura, ha avuto inizio..453
Che significa: cielo e terra in Gen 1, 1...455
La materia informe...455
La terra invisibile..456
Le tenebre sopra l'abisso...457
Lo Spirito sopra le acque...457
Perché con acqua è denotata la materia informe..458
Le varie denominazioni della materia informe...459
Come lo Spirito si portava sulle acque: prima ipotesi......................................460

Come lo Spirito si portava sulle acque: seconda ipotesi...................................460
Spirito può significare il vento: terza ipotesi..461
La parola di Dio è ineffabile..462
Luce creata e luce increata..462
Luce creata: forse denota gli angeli..463
Che significa: vide ch'è cosa buona (Gen 1, 4)...463
Creazione della luce: è la divisione tra la luce e le tenebre.................................464
Le varie specie di luce...464
Dio ha creato le nature, non le loro deficienze ch'egli ha ordinato.....................466
Il nome giorno dato alla luce notte dato alle tenebre..467
Di che giorno e di che notte qui si tratta...468
Il giorno inteso come la durata da un mattino al successivo (Gen 1, 5)..............469
Il firmamento e le acque al di sopra e al di sotto di esso.....................................470
Il firmamento e la sua forma specifica..471
Prima e poi nel compiersi delle opere, non però nella creazione........................472
La forma specifica dell'acqua e della terra...473
Dio chiamò, ecc. (Gen 1, 10) cioè distinse e formò..474
Perché è detto: che portino seme secondo la propria specie................................474
La creazione delle piante...475
I luminari, i giorni e le notti in Gen 1, 14...476
Il firmamento con i suoi luminari...476
I tempi, i giorni, gli anni, i mesi (Gen 1, 14)...477
Si spiega il versetto 15 di Gen 1..478
Il versetto 16: la luna e le sue fasi...478
Dio fa e contemporaneamente colloca le creature..479
La preminenza del sole nel giorno e della luna nella notte..................................479
Si spiega Gen 1, 19..480
I rettili dell'acqua: forse dell'atmosfera più bassa (Gen 1, 20).............................480
Che cosa denotano i termini acqua e firmamento..481
Perché la Genesi tace la creazione delle sorgenti e dei fiumi..............................483
Si spiega ancora il versetto 20...484
Perché a volatile è stato aggiunto alato...484
La benedizione di Dio agli animali (Gen 1, 22)...485
Sera e mattina, ossia materia informe e materia formata.....................................486
Si spiega il versetto 23..487
Distinzione tra bestie, quadrupedi e serpenti..487
Si spiega il versetto 25..487
Si parla dell'uomo separatamente dagli altri esseri viventi (Gen 1, 26)..............488
Perché Dio nel creare l'uomo dice: Facciamo, non: Sia fatto..............................488
Perché è detto che l'uomo è stato fatto ad immagine di Dio................................489
Perché all'espressione: a immagine, è aggiunta l'altra: a somiglianza................490

Come il Verbo, somiglianza del Padre, imprime la forma alle cose..................490
In che cosa l'uomo è simile a Dio..................492
L'uomo, immagine di Dio in senso analogico, non assoluto..................493
Si confuta l'opinione di Origene circa la frase: a immagine e somiglianza di Dio. 494

Note primo libro..................495

Note secondo libro..................496

Note terzo libro..................497

Note quarto libro..................498

Note quinto libro..................499

Note sesto libro..................500

Note settimo libro..................501

Note ottavo libro..................502

Note nono libro..................503

Note decimo libro..................504

Note undicesimo libro..................505

Note dodicesimo libro..................507

Note libro incompiuto..................509

CERCA LE ALTRE OPERE DI SANT'AGOSTINO SU

LIMOVIA.NET

GRAZIE!

www.ingramcontent.com/pod-product-compliance
Lightning Source LLC
Chambersburg PA
CBHW050117170426
43197CB00011B/1613